Maria Schindelegger

Die Armierung des Blickes
Margaret Bourke-Whites Fotografien aus dem Zweiten Weltkrieg

Maria Schindelegger studierte Kunstgeschichte, Philosophie und Amerikanistik in Wien, Hamburg und München. Ihr Arbeits- und Forschungsschwerpunkt liegt im Bereich Fotografie und Visualisierung von Krieg und Gewalt. Sie organisierte zahlreiche Ausstellungen, Publikationen und Tagungen u. a. für das Künstlerhaus Wien und das Zentralinstitut für Kunstgeschichte in München. Von 2009 bis 2015 leitete sie die Fotosammlung The Walther Collection in Neu-Ulm. Aktuell arbeitet sie an einem Forschungsprojekt zur visuellen Kultur der befreiten Konzentrationslager. (Kontakt: maria.schindelegger@gmx.at)

Maria Schindelegger

Die Armierung des Blickes

Margaret Bourke-Whites Fotografien aus dem Zweiten Weltkrieg

Neofelis Verlag

Inhalt

Bringing the war home
Zur Einleitung

Schon kurz nach Entwicklung des fotografischen Verfahrens wurden die ersten Kameras auf die Kriegsschauplätze dieser Welt gerichtet. Bereits aus dem Mexikanisch-Amerikanischen Krieg von 1846–1848 sind Daguerreotypien überliefert, die militärisch bedeutsame Gebäude oder Einzel- und Gruppenporträts von Soldaten zeigen.[1] Rasch verdrängte die Fotografie andere Visualisierungsformen wie Zeichnung oder Malerei. Mit dem Einsatz der Fotografie als Medium der Kriegsberichterstattung wurde allerdings auch das mit ihr verbundene Paradigma der Objektivität auf das gelieferte Bildmaterial übertragen. Fotografien liefern den unverstellten Blick auf das Kriegsgeschehen, sie zeigen die Realität des Krieges und lassen die Betrachter*innen unmittelbar daran teilhaben – so das vielbemühte und bis heute wirksame Verständnis. So lobte der Autor einer Besprechung von Alexander Gardners Ausstellung von Fotografien des Amerikanischen Bürgerkrieges am 20. Oktober 1862 in der *New York Times*:

> Mr. Brady has done something to bring home to us the terrible reality and earnestness of war. If he has not brought bodies and laid them in our door-yards and along the streets, he has done something very like it.[2]

1 Zur visuellen Repräsentation des Mexikanisch-Amerikanischen Krieges siehe vor allem Martha A. Sandweiss / Rick Stewart / Ben W. Huseman (Hrsg.): *Eyewitness to War. Prints and Daguerreotypes of the Mexican War, 1846–1848*. Ausstellungskatalog Amon Carter Museum of Western Art, Fort Worth. Washington, D. C.: Smithsonian Institution Press 1989.

2 Brady's Photographs. Pictures of the Dead of Antietam. In: *The New York Times*, 20.10.1862, S. 5.

Das amerikanische Bildmagazin *LIFE* pries noch 1942 in einer Eigenwerbung seine Berichterstattung mit dem Argument, dass es „war as it really is" zeige.[3] Und auch der bekannte zeitgenössische Fotojournalist und Kriegsberichterstatter James Nachtwey stellt auf seiner Homepage seinen Fotografien das Motto voraus: „I have been a witness, and these pictures are my testimony."[4] Bis heute werden Fotografien in politischen Prozessen als Instanzen der Augenzeugenschaft eingesetzt und als Beweis instrumentalisiert, um Meinungen in Hinblick auf gewalttätige und kriegerische Auseinandersetzungen zu beinflussen. So sollten etwa die Aufnahmen vermeintlicher Massaker und Massengräber im Kosovokrieg 1999 oder die „Präsentation" irakischer Massenvernichtungswaffen mittels Satellitenbildern, Grafiken und Fotografien durch den US-Außenminister Colin Powell vor dem UN-Sicherheitsrat 2003 den Weg zu einer militärischen Intervention ebnen.[5]

Digitale Möglichkeiten der Produktion und Publikation von Fotografien einerseits, vor allem aber der veränderte Gebrauch von Gewaltbildern in den Medien im Kontext gewalttätiger Konflikte andererseits führten in den letzten 15 Jahren zu einer veränderten Auffassung hinsichtlich des Dokumentationscharakters und der Authentizität von fotografischen Bildern: Wenn Menschen, wie beim Einsturz des World Trade Center am 11. September 2001 in New York oder entführte Journalisten wie Daniel Pearl, allein für die Entstehung von Bildern, die in den Medien zirkulieren können, getötet werden, lassen sich Fotografien oder Videos nicht mehr einfach auf eine rein dokumentarische Funktion reduzieren. Schnell wurde 9/11 zu einer historischen Zäsur im Umgang mit Bildern stilisiert. Sie seien nicht mehr nur Repräsentationen eines Ereignisses, sondern selber eine „Waffe", wie der Politikwissenschaftler Herfried Münkler betonte[6] oder, wie der Kunsthistoriker Horst Bredekamp formulierte, bilden sie „gegenwärtig die Geschichte nicht ab, sondern erzeugen sie."[7] Während diese Auffassungen

3 Vgl. There Are Two Ways to Learn about War. In: *LIFE*, 30.11.1942, S. 130–131, hier S. 131.

4 Siehe http://www.jamesnachtwey.com/ (Zugriff am 28.01.2017).

5 Siehe dazu ausführlich Tom Holert: Vom Zeigen. Überzeugungsarbeit in der visuellen Kultur der Gegenwart. In: Ders.: *Regieren im Bildraum*. Berlin: b_books 2008, S. 85–124.

6 Siehe dazu u. a. Herfried Münkler: 9/11. Das Bild als Waffe in einer globalisierten Welt. In: Stiftung Haus der Geschichte Bundesrepublik Deutschland (Hrsg.): *Bilder im Kopf. Ikonen der Zeitgeschichte*. Austellungskatalog Haus der Geschichte. Köln: DuMont 2009, S. 151–161; Gerhard Paul: Das Bild als Tat und die neuen Bilderkriege. In: Felix Hoffmann (Hrsg.): *Unheimlich vertraut. Bilder vom Terror*. Ausstellungskatalog C/O Berlin. Köln: König 2011, S. 134–148.

7 „Wir sind befremdete Komplizen". Horst Bredekamp im Interview mit Ulrich Raulff. In: *Süddeutsche Zeitung*, 28.05.2004, S. 17.

Bildern die Rolle von scheinbar autonom und eigenständig agierenden Instanzen innerhalb eines politischen Kräftefeldes zuschreiben, begannen an den Visual Culture Studies orientierte und vom Machtbegriff Michel Foucaults ausgehende Kunst- und Kulturhistoriker die bildpolitischen Strategien und Funktionsweisen hinter diesen Bildern zu untersuchen: Wie werden Kriege über Bilder legitimiert oder delegitimiert, wie Gesellschaften über Bilder regiert? Wie werden Inhalt und Wirksamkeit von Bildern durch kulturell geprägte Vorstellungs- und Bildräume gespeist und nachhaltig gelenkt? Autoren wie Tom Holert, Linda Hentschel, Clement Cheroux oder Nicholas Mirzoeff haben diesen Fragen in den letzten zehn Jahren in wichtigen Veröffentlichungen Aufmerksamkeit gewidmet und sie am Beispiel von kriegerischen Konflikte im Gefolge des sogenannten Krieges gegen den Terror untersucht.[8]

Auch wenn heute andere Verbreitungsbedingungen für Fotografien gelten und eine neue, asymmetrische Form der Kriegsführung an Bedeutung gewonnen hat,[9] ist doch verwunderlich, dass diese Fragen in Bezug auf historisches Bildmaterial nur sporadisch gestellt werden. Nicht erst seit der Jahrtausendwende gilt, dass über Visualität Meinungen befördert, Entscheidungen legitimiert oder Feindbilder aufgebaut werden. Dennoch sind die meisten Studien zur historischen Kriegsfotografie stark motivisch und historisch ausgerichtet. Im Zentrum steht die Beantwortung der Fragen wer, was, wann und wo. Damit wird, wenn auch unbewusst, ein dokumentarisches Verständnis der Fotografien fortgeschrieben, das sie auf den Status von passiven Informationsträgern reduziert. Zudem stehen oftmals entkontextualisierte Einzelbilder im Fokus der Aufmerksamkeit, die in Überblickswerken zur Kriegsfotografie oder zu einzelnen Konflikten als Aneinanderreihung herausragender Höhepunkte der Geschichte oder Ikonen der Kriegsfotografie präsentiert werden. Zu den wichtigsten Ausnahmen zählen Caroline Brothers Studie zum Spanischen Bürgerkrieg 1997 und John Taylors zwei Untersuchungen zum Verhältnis von Kriegsfotografie und

8 Vgl. u. a. Holert: *Regieren im Bildraum*; Linda Hentschel (Hrsg.): *Bilderpolitik in Zeiten von Krieg und Terror. Medien, Macht und Geschlechterverhältnisse.* Berlin: b_books 2008; W. J. T. Mitchell: *Das Klonen und der Terror. Der Krieg der Bilder seit 9/11*, aus d. Amerik. v. Michael Bischoff. Berlin: Suhrkamp 2011; Nicholas Mirzoeff: *Watching Babylon. The War in Iraq and Global Visual Culture.* New York / London: Routledge 2005 u. Clément Chéroux: *Diplopie. Bildpolitik des 11. September*, aus d. Franz. v. Robert Fajen. Konstanz: Konstanz UP 2011.

9 Vgl. Herfried Münkler: *Die neuen Kriege.* Reinbek: Rowohlt 2002; ders.: *Der Wandel des Krieges. Von der Symmetrie zur Asymmetrie.* Weilerswist: Velbrück 2006.

Medien 1991 und 1998.[10] Beide nehmen das veröffentlichte Bild in Zeitungen und Zeitschriften zum Ausgangspunkt ihrer Analyse und beziehen sich methodisch auf den anglo-amerikanischen Kunst- und Fotohistoriker John Tagg, der 1988 in seinem Buch *The Burden of Representation* aufbauend auf Michel Foucault und Louis Althusser die Praxis der Fotografie, ihre Produktion und ihren Gebrauch konsequent in Bezug zu historischen und politischen Prozessen setzte und dabei insbesondere der Bedeutung von Machtverhältnissen und ideologischen Strukturen nachging.[11]

Die Fotografin Margaret Bourke-White (1904–1971) ist neben Robert Capa und Lee Miller eine der zentralen Figuren der anglo-amerikanischen Bildberichterstattung im Zweiten Weltkrieg. Ziel der vorliegenden Studie ist es, am Beispiel Bourke-Whites die kulturhistorische Aufarbeitung eines Konvoluts historischer Kriegsfotografien aus dem Zweiten Weltkrieg mit aktuellen Forschungsansätzen zur Bildpolitik von Kriegen und gewalttätigen Konflikten nach 9/11 zu verbinden und so neue Zugänge zur Analyse und Interpretation historischen Bildmaterials zu eröffnen. Die Arbeit positioniert sich dabei weniger im Kontext der deutschen Ausprägung einer Bildwissenschaft, die die Eigenlogik und autonome Wirkmacht von Bildern betont, sondern im Umfeld der US-amerikanischen Visual Culture Studies, die sich dem gesamten Feld des Visuellen widmen. Sie interessieren sich für die kulturelle und historische Gebundenheit von Bildern und fragen nach den Praktiken und Prozessen des Sehens und Zeigens, mithin auch der sozialen und ideologischen Funktionalität, etwa in Hinblick auf Subjektkonstitution und der Ausübung von Machtverhältnissen.[12] Wichtige Impulse für diese Arbeit kamen von Autoren wie Stuart Hall und Abigail Solomon-Godeau, die sich aufbauend auf der Kritik an hegemonialen Machtverhältnissen, die sich im Visuellen niederschlagen, mit der ideologischen Dimension von Nachrichten- und Dokumentarfotografie auseinandersetzten.

10 Vgl. Caroline Brothers: *War and Photography. A Cultural History*. London / New York: Routledge 1997; John Taylor: *War Photography. Realism in the British Press*. London / New York: Routledge 1991; ders.: *Body Horror. Photojournalism, Catastrophe and War*. New York: New York UP 1998.

11 Vgl. John Tagg: *The Burden of Representation. Essays on Photographies and Histories*. Amherst: University of Massachusetts Press 1988.

12 Die Arbeit baut dabei u. a. auf einem Verständnis der Visual Culture Studies auf, wie es Irit Rogoff formuliert hat. Siehe Irit Rogoff: Studying Visual Culture. In: Nicholas Mirzoeff (Hrsg.): *The Visual Culture Reader*. London / New York: Routledge 1998, S. 14–26. Zu den Unterschieden zwischen Bildwissenschaft und Visual Culture Studies siehe Susanne von Falkenhausen: Verzwickte Verwandtschaftsverhältnisse. Kunstgeschichte, Visual Culture, Bildwissenschaft. In: Philine Helas / Maren Polte / Claudia Rückert / Bettina Uppenkamp (Hrsg.): *Bild / Geschichte. Festschrift für Horst Bredekamp*. Berlin: Akademie 2007, S. 3–14.

1. Untersuchungsmaterial und Forschungslage

Margaret Bourke-White zählt zu den prägenden Figuren der US-amerikanischen Fotografie der ersten Hälfte des 20. Jahrhunderts. Aufbauend auf ihrer Arbeit als Werbe- und Industriefotografin Ende der 1920er Jahre und ihrem Beitrag zur Visualisierung des *Machine Age*, lieferte sie in den folgenden Jahren wichtige Impulse für die sozialdokumentarische Fotografie und den Fotojournalismus. Über ihre Tätigkeit für das amerikanische Bildmagazin *LIFE* erhielt sie 1942 eine Akkreditierung als Bildberichterstatterin für den Zweiten Weltkrieg – als eine der ersten Frauen. Ihre Fotografien und Texte aus dieser Zeit, genauer von 1942 bis 1945, stehen im Mittelpunkt dieser Arbeit. Die Analyse beschränkt sich allerdings nicht allein auf Motive, die man gemeinhin als Kriegsfotografie versteht und die hauptsächlich das Frontgeschehen oder direkte Kampfhandlungen umfassen. Angesichts der Entgrenzung des Krieges auf sämtliche Ressourcen von Staat, Wirtschaft und Gesellschaft, die für den Kriegserfolg mobilisiert werden mussten, ist es unablässig, auch Bilder der Kriegsindustrie und Kriegstechnik, von Zivilisten der fremden und der eigenen Nation sowie von Soldaten, die nicht unmittelbar in Kampfhandlungen verwickelt sind, in die Untersuchung mit einzubeziehen. Unter Kriegsfotografie werden demzufolge Aufnahmen verstanden, die im Zusammenhang mit einer kriegerischen Auseinandersetzung entstanden sind, auch wenn sie nicht direkt eine Kampfhandlung zeigen.[13]

Bereits zur Entstehungszeit der Aufnahmen wurden zahlreiche Fotografien von Margaret Bourke-White aus dem Zweiten Weltkrieg in Zeitschriften, allen voran dem Bildmagazin *LIFE*, und in von der Fotografin selbst herausgegebenen Büchern veröffentlicht. Sie stellen allerdings nur einen kleinen Teil des erhalten gebliebenen Bildmaterials dar, die Spitze des Eisbergs, die es durch zahllose Selektionsprozesse bis hin zur Veröffentlichung geschafft hat. Demgegenüber stehen mehrere Tausend Aufnahmen, die sich in Form von Kontaktabzügen und Vintage Prints im Bildarchiv von *LIFE* (das digitalisiert wurde und online einsehbar ist) und dem privaten Archiv der Fotografin an der Syracuse University in den USA erhalten haben.[14] Sie ermöglichen den Überblick über die

13 Der englische Sprachraum unterscheidet hier zwischen *war photography* and *combat photography*, also Kriegsfotografie und Kampffotografie.

14 Hinweis zu den Abbildungen: Aus Kostengründen konnten nur die wichtigsten Aufnahmen aus dem *LIFE*-Archiv abgedruckt werden. Dies gilt vor allem auch für die Abbildung ganzer Seiten und Photo-Essays aus dem *LIFE Magazine*, von denen nur einige wenige ausgewählt wurden. Alle Ausgaben von *LIFE* können jedoch online unter dem Link https://books.google.de/books/about/LIFE.html?id=R1cEAAAAMBAJ&redir_esc=y eingesehen werden. (Zugriff am 28.01.2017). Das Archiv der Fotografin an der Syracuse University war zum Zeitpunkt

gesamte inhaltliche und motivische Bandbreite von Bourke-Whites Arbeit im Zweiten Weltkrieg. Im Vergleich zu den veröffentlichten Aufnahmen lassen sich so Schwerpunktsetzungen der Fotografin, aber auch Zensurbestrebungen und inhaltliche Gewichtungen innerhalb des Publikationsprozesses nachvollziehen. Besonders hilfreich sind hierbei Markierungen und Vermerke sowohl der Zensurbehörden als auch der *LIFE*-Redaktion auf den Kontaktabzügen. In diesem Zusammenhang erweisen sich auch die umfangreichen textlichen Quellen im Archiv der Fotografin als besonders wertvoll. Die erhaltene Korrespondenz mit *LIFE*-Redakteuren gibt beispielsweise Aufschluss über die konkreten Aufträge und inhaltlichen Vorstellungen des Magazins. Den weitaus größten Teil des Materials machen jedoch Margaret Bourke-Whites Notizen aus, die sie abgetippt den Negativen beilegte, um der Redaktion in New York Hintergrundinformationen zu den aufgenommenen Situationen und Personen zu liefern, die daraus die Bildunterschriften zusammenstellte.

Ziel der Arbeit ist jedoch nicht allein Bourke-Whites Kriegsfotografien im Kontext ihres eigenen Werkes aufzuarbeiten, sondern vor allem auch in Bezug zur visuellen Kultur der Zeit, insbesondere der USA in den 1930er und 1940er Jahren, zu stellen. Bourke-White arbeitete nicht voraussetzungslos in einer visuell neutralen Welt, sondern war umgeben von einer Vielzahl von Bildentwürfen, die bereits mit bestimmten Bedeutungen und Funktionen aufgeladen und verknüpft waren. Dieses Bildmaterial lässt sich im Sinne von Kaja Silvermans „screen", als „Vor-gesehenes", das Einfluss darauf hat, was zu einem bestimmten Zeitpunkt wie gesehen und mit welchen Bedeutungen es aufgeladen wird, verstehen.[15] Clément Chéroux bezeichnet diesen Prozess des Ineinandergreifens und Überlagerns von Bildern als „Interikonizität"[16]. Dies macht einerseits die Auseinandersetzung mit den zwei dominierenden fotografischen Positionen vor Kriegsbeginn nötig: der *New Objectivity* im Kontext der Visualisierung des technologischen und industriellen Fortschritts der USA und der sozialdokumentarischen Fotografie im Umfeld der Farm Security Administration (siehe Erläuterung in Kapitel I.3.). Andererseits werden immer wieder Bezüge zu historischen Vorläufern der Kriegsfotografie, aber auch zu Vergleichsbeispielen aus dem Zweiten Weltkrieg hergestellt. Welche Bildmotive und Visualisierungskonventionen greift sie auf? Wo beschreitet sie eigenständig neues Terrain? Auch hier liefern unter anderen

der Drucklegung des Buches für mehrere Jahre für konservatorische und restauratorische Maßnahmen geschlossen. Aus diesem Grund konnten keine Fotografien oder Kontaktabzüge aus dem Archiv in das Buch mit aufgenommen werden.

15 Kaja Silverman: Dem Blickregime begegnen. In: Christian Kravagna (Hrsg.): *Privileg Blick. Kritik der visuellen Kultur.* Berlin: ID-Archiv 1997, S. 41–64, hier S. 58.

16 Chéroux: *Diplopie,* S. 74.

das *LIFE*-Bildarchiv und die gedruckte Ausgabe der Zeitschrift einen reichen Fundus an Aufnahmen ihrer Kollegen aus dem Zweiten Weltkrieg wie George Strock, George Silk, Carl Mydans oder Eugene W. Smith. Die Sichtung aller *LIFE*-Ausgaben von 1936 bis 1946 sowie der Kriegsausgaben von *LOOK* und der *New York Times*, zwei weiteren wichtigen und meinungsbildenden Publikationen in den USA, ermöglicht es die jeweils zu unterschiedlichen Zeitpunkten im Verlauf des Krieges dominierenden ideologischen und visuellen Tendenzen herauszuarbeiten. Die Vergleichsmöglichkeiten beschränken sich dabei nicht nur auf den redaktionellen Inhalt der Zeitungen, sondern auch auf Werbeanzeigen, die populäre Inhalte für ein Massenpublikum verarbeiteten. Ziel dieser Vergleiche ist die Einbettung der Fotografien Margaret Bourke-Whites in die visuelle Kultur der 1930er und 1940er Jahre der USA und der Versuch, nachzuzeichnen, wie bereits existierende Bildentwürfe und damit verbundene Bedeutungen für den kriegerischen Kontext aufgegriffen und adaptiert wurden.
Zahlreiche Aufnahmen Bourke-Whites aus dem Krieg, etwa die eines Luftangriffes über Nordafrika oder aus den deutschen Konzentrationslagern, erhielten bereits zu Lebzeiten der Fotografin große öffentliche Aufmerksamkeit. Mittlerweile haben sie Eingang gefunden in ein kulturelles Bildgedächtnis, das die Ereignisse des Zweiten Weltkrieges stellvertretend repräsentiert und vergegenwärtigt. Auch heute noch werden ihre Fotos aus dem Krieg in aufwendigen Bildbänden und Überblicksdarstellungen zum Zweiten Weltkrieg abgedruckt und von Postergalerien im Internet vertrieben. Diese Popularität birgt jedoch die Gefahr der Ikonisierung und Ästhetisierung ihrer Fotografien, die einer grundlegenden und auch kritischen Auseinandersetzung bislang im Wege stehen. Ihre Aufnahmen werden häufig als herausragende Dokumente historischer Ereignisse glorifiziert oder auf einen Status als ästhetische Objekte reduziert.[17]

17 Siehe zum Beispiel Theodore M. Brown: *Margaret Bourke-White, Photojournalist*. Ausstellungskatalog. Ithaca, NY: Andrew Dickson White Museum of Art, Cornell University 1972. Der Kunsthistoriker Brown bezeichnet Bourke-White als „unsentimental witness". Ihre Fotografien aus dem Krieg versteht er dementsprechend als Zeugnisse historischer Ereignisse. (ebd., S. 73). Trotz der Bedeutung, die er dieser Phase beimisst, widmet er dem Zweiten Weltkrieg nur zweieinhalb Seiten. Hauptthemen sind – und dies setzt sich in der weiteren Literatur fort – ihr Besuch 1941 bei Stalin in Moskau und ihre Arbeit in den deutschen Konzentrationslagern. Mehrfach betont Brown, dass der Krieg Bourke-White zu einem „Hollywood Star" gemacht habe und ihre internationale Berühmtheit gefördert hätte. So scheint es nicht verwunderlich, dass er besonders auf die beiden Kriegsereignisse eingeht, die entsprechende Aufmerksamkeit in den zeitgenössischen Medien erhalten hatten. Auch Bourke-Whites *LIFE*-Kollege Sean Callahan stellt erneut die Weltgeschichte als Erfolgsgeschichte der Fotografin vor; diese fügt sich aus einzelnen, ihrer Autobiografie entnommenen Anekdoten zusammen. Die persönliche Biografie überschreibt sowohl die Geschichte als auch eine differenzierte Lesart der Fotografien. Vgl. Sean Callahan: *The Photographs of Margaret*

Bourke-Whites außergewöhnliches Leben und ihr bereits zu Lebzeiten etablierter Starstatus lenken die Interpretation ihrer Arbeit zudem in eine stark biografische Richtung.[18] Die Interpretation ihrer Fotografien aus dem Zweiten Weltkrieg blieb so über einen Zeitraum von vierzig Jahren nahezu unverändert. Die Leitargumente der Autoren, bei den Aufnahmen handele es sich um Dokumente eines historischen Augenblickes – oftmals eingebunden in eine pazifistisch-moralische Stoßrichtung – oder einer herausragenden persönlichen Erfahrung, finden sich auch in den zahlreichen, oftmals von Bildagenturen oder Zeitschriften wie *LIFE* oder *Stern* herausgegebenen Bildbänden zum Zweiten Weltkrieg. Gleiches gilt für Überblicksdarstellungen zur Kriegsfotografie,[19] in denen meist auch Aufnahmen von Margaret Bourke-White

Bourke-White. New York: Bonanza / New York Graphic Society 1972. Sowohl bei Brown als auch bei Callahan kristallisieren sich zwei Interpretationsansätze heraus, die bis heute die Literatur über Margaret Bourke-White und insbesondere ihre Arbeit aus dem Zweiten Weltkrieg dominieren. Einerseits werden ihre Aufnahmen als „Dokumente" oder „Zeugnisse" von Ereignissen welthistorischer Bedeutung angesehen. Andererseits lässt ein biografischer Ansatz die Aufnahmen zu Zeugnissen des herausragenden Lebens, aber auch des Mutes und des Erfolges der Fotografin werden, die diesen Ereignissen beigewohnt hat. Eine grundlegende kritische Aufarbeitung der Fotografien Bourke-Whites aus dem Zweiten Weltkrieg fand bis heute nicht statt. Im Gegenteil, der 2013 im Zusammenhang mit einer europaweit tourenden Ausstellung entstandene Katalog *Margaret Bourke-White. Moments in History* greift die bekannten Lesarten erneut auf. Bereits der Titel kündigt hier an, dass die Aufnahmen herausragende Momente der Weltgeschichte präsentieren. Oliva María Rubio (Hrsg.): *Margaret Bourke-White. Moments in History*. Austellungskatalog Martin-Gropius-Bau 2013. Madrid: Fábrica 2013.

18 Die umfangreichste Biografie zu Margaret Bourke-White legte 1987 die Kunsthistorikerin und Fotokritikerin Vicki Goldberg vor. Im Zentrum ihres Buches stehen allerdings die Persönlichkeit und das Privatleben der Fotografin. Insgesamt widmet sie fünf Kapitel den Ereignissen des Zweiten Weltkrieges; auch diese berufen sich größtenteils auf Bourke-Whites eigene Veröffentlichungen. Dazu kommen ausführliche, auf Interviews mit Wegbegleitern beruhende „Charakterstudien" und Ausführungen zu ihren Liebesbeziehungen während des Zweiten Weltkrieges. Vgl. Vicki Goldberg: *Margaret Bourke-White. A Biography*. London: Heinemann 1987.

19 Zum Beispiel Jorge Lewinski: *The Camera at War. A History of War Photography from 1848 to the Present Day*. London: Allen 1987; Maitland Edey (Hrsg.): *Great Photographic Essays from Life*. Boston: New York Graphic Society 1978; Peter Howe: *Shooting Under Fire. The World of the War Photographer*. New Work: Artisan 2002; Robert Fox (Hrsg.): *Camera in Conflict. Armed Conflict. The Hulton Getty Picture Collection*. Köln: Könemann 1996; Richard B. Stolley (Hrsg.): *World War 2. History's Greatest Conflict in Pictures*. Boston / New York: Little, Brown 2001; John Keegan / Philipp Knightley (Hrsg.): *The Eye of War*. London: Weidenfeld & Nicolson 2003; Max Hastings: *The Faces of World War II*. London: Cassell 2008.

veröffentlicht sind.[20] Das Objektivität versprechende dokumentarische Paradigma der Fotografie und des Fotojournalismus im Speziellen bleibt dabei weitgehend unangetastet, obwohl es in der Zeit, als die ersten Monografien und Biografien zu Margaret Bourke-White erschienen, von Kunst- und Kulturwissenschaftlern wie Stuart Hall oder Abigail Solomon-Godeau bereits problematisiert worden war. Beide Autoren streichen heraus, dass gerade der als objektiv verstandene dokumentarische Modus von Fotografien den Blick auf verborgene Interessen verstellt und die Formation von sowohl mentalen als auch materiellen Bildern von bestimmten Wissenskonfigurationen und Machtstrukturen durchzogen ist. Diese ganz grundsätzliche Feststellung lieferte den methodischen Ausgangspunkt für eine kritische Revision von Margaret Bourke-Whites Fotografien aus den Zweiten Weltkrieg. Ergänzt wird sie um darauf aufbauende aktuelle Theorien zur Rolle des Visuellen in gewalttätigen und kriegerischen Konflikten, die infolge der Ereignisse des 11. September 2001 entstanden sind und die im Bild nicht sichtbaren Rahmenbedingungen, sowie den Gebrauch und die Wirkung der Bilder in den Vordergrund stellen.

2. Fragestellung und methodische Überlegungen

In seinem 1973 erschienen Artikel „The Determination of News Photographs" beschreibt der Soziologe und Kulturwissenschaftler Stuart Hall den doppelten Charakter der Nachrichtenfotografie, bestehend aus dem Nachrichtenwert („news value") und einer ideologischen Ebene („ideological level"), die ineinandergreifend sinnstiftend wirken. Gemeinsam binden sie die zu vermittelnde Nachricht an die vorherrschende ideologische Einstellung der Gesellschaft, die sie reproduzieren und gleichzeitig bestätigen. Über die ideologische Ebene, die von den Redaktionen durch die Auswahl der Bilder und das Verfassen entsprechender Bildunterschriften gesteuert wird, werden den Ereignissen politische und moralische Werte zugeschrieben. Dieser ideologische Gehalt verschwindet allerdings laut Hall hinter der scheinbaren Neutralität des Nachrichtenwertes:

20 Z. B. Lewinski: *Camera at War*, S. 110, 134; Rainer Fabian / Hans Christian Adam: *Bilder vom Krieg. 130 Jahre Kriegsfotografie – eine Anklage*, hrsg. v. Rolf Gillhausen. Hamburg: Gruner & Jahr 1983, S. 258. Abgebildet sind auch hier die kanonisierten Fotografien: eine Nachtaufnahme der Luftangriffe auf Moskau sowie Aufnahmen aus den deutschen Konzentrationslagern.

> News photos have a specific way of passing themselves off as aspect of 'nature'. They repress their ideological dimensions by offering themselves as literal visual-transcriptions of the 'real world'. [...] But by appearing literally to reproduce the event as it *really* happened, news photos surpress their selective/interpretive/ideological function.[21]

Die amerikanische Kunsthistorikerin Abigail Solomon-Godeau weitet dieses Vermögen der Fotografie in ihrem 1986 erschienen Artikel „Who is speaking thus" auf den Bereich der Dokumentarfotografie und im Besonderen auf die sozialdokumentarische Fotografie aus.[22] Während Hall die Herstellung des ideologischen Gehaltes vor allem in der Auswahl der Bilder und dem Verfassen von Bildunterschriften durch die Redaktion sieht, geht Solomon-Godeau einen Schritt weiter und argumentiert, dass die Bilder bereits zum Zeitpunkt ihrer Entstehung von textuellen, epistemologischen und ideologischen Systemen umschlossen sind, die deren Bedeutung und Wirkung mitbestimmen und dementsprechend in die Analyse der Fotos miteinbezogen werden müssen. Solomon-Godeaus Interesse gilt darüber hinaus den Machtverhältnissen, die sich zwischen Fotograf*innen, Dargestellten und Betrachter*innen entfalten, und der Frage, wie dominante gesellschaftliche Verhältnisse über die sozialdokumentarische Fotografie nicht nur reproduziert, sondern auch verstärkt werden. Die von Solomon-Godeau formulierte Rolle der Fotografie als einflussreiches Steuerungselement innerhalb gesellschaftlicher und politischer Prozesse sowie die Frage nach den versteckten Machtverhältnissen hinter scheinbar objektiven, ein Ereignis rein dokumentierenden Fotografien erlangten um die Jahrtausendwende eine neue Aktualität.

Um die Determinanten, die im Bild selbst nicht sichtbar sind, dieses aber grundlegend mitstrukturieren, genauer fassen zu können, nutzen sowohl der deutsche Kunsthistoriker Tom Holert als auch die amerikanische Philosophin und Philologin Judith Butler das Konzept des Rahmens.[23] Über einen Rahmen werden

21 Stuart Hall: The Determination of News Photographs. In: Stanley Cohen / Jock Young (Hrsg.): *The Manufacture of News. Social Problems, Deviance and the Mass Media*. London: Constable 1973, S. 176–190, hier S. 188.

22 Auf Deutsch erschienen als Abigail Solomon-Godeau: Wer spricht so? Einige Fragen zur Dokumentarfotografie, aus d. Amerik. v. Wilfried Pranter. In: Herta Wolf (Hrsg.): *Diskurse der Fotografie. Fotokritik am Ende des fotografischen Zeitalters*, Bd. II. Frankfurt am Main: Suhrkamp 2003, S. 53–74.

23 Holert: *Regieren im Bildraum*; Judith Butler: *Raster des Krieges. Warum wir nicht jedes Leid beklagen*, aus d. Amerik. v. Reiner Ansen. Frankfurt am Main/New York: Campus 2010 (Der Originaltitel lautet *Frames of War*).

der Ein- und Ausschluss visueller Information und deren Deutung reguliert; er legt überhaupt erst fest, was repräsentierbar ist und was nicht.[24] Der Rahmen funktioniert nicht nur als reale oder ideologische Begrenzung eines Bildes, sondern strukturiert auch dessen Form und Inhalt. Er ist einerseits eine reale, apparativ und körperlich bedingte Ausschnittsbegrenzung, andererseits auch eine Funktion „strategischer Interessen, ökonomischer Bedingungen und politischer Möglichkeiten".[25] Letztere gilt es zu untersuchen, um das produktive, oftmals politisch motivierte Potenzial der Bilder besser ausloten zu können. Im Kontext der Kriegsfotografie bilden vor allem politische, militärische und ökonomische Mächte und Interessen, die wiederum gesellschaftliche und kulturelle Werte mitbestimmen, klassische Rahmen, die sich beispielsweise in Zensurbestimmungen ausdrücken.

Rahmen strukturieren nicht nur die Produktion, sondern auch den Gebrauch von Bildern. In dieser Hinsicht sind sie flexibel zu denken. „Rahmen [werden] unausweichlich mit der Bewegung durch Raum und Zeit durchbrochen", so Butler, und können mit neuen Kontexten auch neue Bedeutungen eingehen.[26] Butler sieht darin die Möglichkeit für Subversion – etwa einer Kritik an den herrschenden Machtverhältnissen, die den ursprünglichen Rahmen hervorgebracht haben.[27] Es ist also notwendig, zu bedenken, dass sich Rahmensetzungen im Verlauf des Krieges verändern können, so im Falle von Zensurbestimmungen oder der gesellschaftlichen und politischen Einstellung gegenüber dem Feind. Auch lässt sich diese These für die Analyse unterschiedlicher Verwendungskontexte nutzbar machen. Wie verändern sich Inhalt und Aussage entsprechend dem jeweiligen Publikationsorgan, beispielsweise in Bourke-Whites eigenen Büchern, dem Bildmagazin *LIFE* oder militärischen Publikationen? Wie kann eine etablierte Ikonografie, beispielsweise der sozialdokumentarischen Fotografie, für neue Aussagen umgewertet werden?

Mit der Frage des Rahmens ist eng die Frage nach der Instrumentalität von Bildern verbunden. Welche Funktion üben sie bei der Visualisierung und

24 Die Rolle des Rahmens, so zeigt Butler in ihrem Buch, ist nicht allein auf das visuelle Feld beschränkt, sondern bestimmt allgemein affektive und ethische Handlungen. Sie entscheiden mit über die Bedingungen von Wahrnehmbarkeit und damit auch über die Anerkennung beispielsweise von Leben als menschlich und damit betrauerbar.

25 Holert: *Regieren im Bildraum*, S. 26.

26 Butler: *Raster des Krieges*, S. 19.

27 Butler nennt die Aufnahmen der Folterungen der Häftlinge aus Abu Ghraib als Beispiel. Ursprünglich eine Geste der Erniedrigung und Teil der Folter wurden sie zum Synonym für Unmenschlichkeit und Brutalität der herrschenden US-Regierung und des Militärs.

Durchsetzung spezifischer Interessen und bei der Entfaltung von Machtverhältnissen aus? Grundlage für ein Verständnis dieses Prozesses ist die von Tom Holert und Linda Hentschel entwickelte These des „Visuellen als Regierungstechnologie"[28], die von Michel Foucaults Begriff der „Gouvernementalität" ausgeht. Im Mittelpunkt dieses Konzeptes steht eine Dezentralisierung politischer Macht und Kontrolle, die sich dahingehend verschoben hat, dass sich eine Gesellschaft über Bilder selbst steuert und kontrolliert. „Die Vorschrift wird zur Handlungsmöglichkeit und Selbstlenkung. Kommunikation verläuft nicht von oben nach unten, sondern über netzartige Handlungsanreize", so Hentschel.[29] Die Wirksamkeit von Bildern innerhalb dieses Konzeptes beruht nicht zuletzt darauf, dass sie an Prozessen der Formierung von Subjekten beteiligt sind und Angebote zur Identitätsbildung liefern, über die beispielsweise der innere Zusammenhalt oder die Normierung einer Gesellschaft gefördert beziehungsweise die Abgrenzung nach Außen betrieben wird – ein in Kriegszeiten ungemein wichtiger Prozess.[30] Als besonders effektiv für die Manipulation von Gesellschaften erweist sich der „Bildraum der Massenkultur", wie es Tom Holert in Anlehnung an einen von Walter Benjamin geprägten Begriff formuliert. Über Elemente der Massenkultur und der Unterhaltungsindustrie werden gesellschaftliche Normierungsvorgaben oder politische Botschaften transportiert. Deutlich tritt dies bei Bourke-White in Bezügen zum Hollywoodkino oder zu positiv besetzten Formen von ziviler Arbeit zutage, die sie für die Visualisierung von Soldaten und militärischer Arbeit heranzieht. Einerseits entstehen so den politischen Notwendigkeiten angepasste positive Identifikationsfiguren; andererseits bietet die Rückbindung an Diskurse der zivilen Massenkultur eine „Normalisierung des Militärischen"[31], die – so lautet eine Grundthese dieser Arbeit – den Krieg für die eigene Gesellschaft akzeptierbar macht und einen Sicherheit versprechenden Rahmen offeriert. Damit ist ein letzter und für diese Arbeit wichtiger Punkt des Regierens mit Bildern und Bildlichkeit angesprochen: die Immunisierung der Gesellschaft. Grundcharakteristikum dieser neuen Regierungstechnik ist die grundsätzliche Instabilität und Gefährdung des menschlichen Lebens. Glück und Sicherheit, so

28 Linda Hentschel: Haupt oder Gesicht? Visuelle Gouvernementalität seit 9/11. In: Hentschel: *Bilderpolitik*, S. 185–200, hier S. 189.

29 Hentschel: Haupt oder Gesicht, S. 189; Holert: *Regieren im Bildraum*, S. 15–16.

30 Siehe dazu ebd., S. 28; Butler: *Raster des Krieges*, S. 11–12.

31 Tom Holert: Überlebenswissen. Zur Normalisierung des Militärischen. In: Thomas Oberender / Wim Peeters / Peter Risthaus (Hrsg.): *Kriegstheater. Zur Zukunft des Politischen III*. Berlin: Alexander 2006, S. 23–66.

argumentiert Linda Hentschel, seien Güter, auf die permanent hingearbeitet werde, die jedoch nie ganz erreicht werden könnten und so beständiger Antriebsmotor für eine Selbstoptimierung der Gesellschaft und ihrer Individuen blieben. Über diese Verunsicherung entsteht ein Sicherheitsbedürfnis, das auf medialer Ebene befriedigt wird. „Angst wird produziert, um dann mediale Bewältigungsangebote zu machen", konstatiert Hentschel.[32] Dies geschieht einerseits, indem die Bilder in positiver Weise auf Ängste – etwa vor dem Kriegstod – reagieren. Andererseits werden Grausamkeiten in wohldosierter Menge gezeigt, um gegen die realen Gräuel „geimpft" zu werden, die sie überblenden.[33] Auch Judith Butler geht von einer grundsätzlichen Gefährdung des menschlichen Lebens aus. Diese ist für sie jedoch keine Voraussetzung, sondern bereits der Effekt einer Rahmung, „durch welche das Menschsein in seiner Fragilität und Gefährdung vor Augen geführt wird und durch die es uns möglich wird, für den Wert und die Würde des menschlichen Lebens einzustehen und mit Zorn auf seine Entwürdigung oder Entwertung zu reagieren. Und es gibt Rahmensetzungen, die jede Empfänglichkeit ausschließen und die selbst permanent Ausschluss betreiben, indem sie gleichsam negieren, was nicht explizit gezeigt wird."[34] Diese Form der Gefährdung spielt vor allem bei der Wahrnehmung von Personengruppen, die als „Feinde" definiert werden, eine ausschlaggebende Rolle, aber auch im Falle der Visualisierung der Opfer der Konzentrationslager.

Margaret Bourke-Whites Fotografien aus dem Zweiten Weltkrieg lassen sich in diesem Sinne als Teil einer mentalen Landesverteidigung, als „Armierung" der amerikanischen Gesellschaft im Krieg verstehen, die über das Sehen von Bildern funktioniert. Der Titel der Arbeit, *Die Armierung des Blickes*, spielt darauf an, dass Krieg führende Nationen, umso mehr im Zeitalter der Massenmedien, maßgeblich über das Sehen von Bildern mobilisiert, aber auch in ihrer Identität gestärkt und wehrhaft gemacht werden. Zwei übergeordnete Fragestellungen, die als inhaltliche Klammer die Hauptkapitel der Arbeit verknüpfen, stehen dabei im Vordergrund. Erstens: Wie versuchte Margaret Bourke-White in ihren Fotografien Akzeptanz für den Krieg zu schaffen? Dies beinhaltet Fragen zu möglichen Identifikationsangeboten und etwaigen Sicherheit versprechenden Rahmungen. Zweitens: Wie visualisierte Bourke-White das Machtverhältnis zwischen den gegnerischen Parteien im Krieg in ihren Fotografien, wie manifestierte sie darin Überlegenheit und Unterlegenheit?

32 Hentschel: Haupt oder Gesicht, S. 186.

33 Ebd., S. 186–190.

34 Butler: *Raster des Krieges*, S. 77.

I.
Margaret Bourke-Whites Fotografie bis zum Kriegseintritt der USA

Nachdem im vorigen Kapitel die allgemeine Forschungslage vorgestellt und die spezifische Fragestellung und methodische Herangehensweise erläutert wurden, soll im folgenden Abschnitt in einem kurzen Abriss auf Margaret Bourke-Whites fotografische Karriere vor ihrer Akkreditierung als Kriegsberichterstatterin 1942 eingegangen werden. Dazu werden ihre fotografische Position in den späten 1920er und 1930er Jahren in den USA genauer konturiert sowie spezifische motivische oder formale Schwerpunkte herausgearbeitet. Mit diesem Hintergrundwissen können Kontinuitäten oder Brüche mit ihrer Tätigkeit als Kriegsberichterstatterin erkannt und mögliche Gründe dafür aufgezeigt werden.[1]

1. Piktorialistische Anfänge und erste Erfolge in der Industriefotografie

Margaret Bourke-White wurde 1904 als älteste Tochter einer Familie mit polnisch-irischen Wurzeln in New York geboren. Ihr Vater, ein Ingenieur für Druckerpressen und begeisterter Amateurfotograf, brachte sie früh in Kontakt mit dem Medium Fotografie. 1921 schrieb sie sich am Teachers College der New Yorker Columbia University ein und besuchte dort im ersten Studienjahr einen Fotokurs bei Clarence H. White, einem der damals führenden Piktorialisten

1 Für eine detaillierte Biografie der Fotografin sei auf die Publikationen von Jonathan Silverman und Vicki Goldberg verwiesen. Vgl. Jonathan Silverman: *For the World to See. The Life of Margaret Bourke-White*. New York: Viking 1983; Vicki Goldberg: *Margaret Bourke-White. A Biography*. London: Heinemann 1987.

der USA.[2] White war Mitbegründer von Alfred Stieglitz' Photo-Secession und unterhielt neben seiner Lehrtätigkeit an der Columbia University eine private Ausbildungsstätte für Fotografie, die Clarence H. White School of Photography. Im Gegensatz zu Stieglitz plädierte White für eine Verbindung künstlerischer und angewandter Fotografie. Für ihn war die Kamera ein legitimes Mittel, um als kommerzieller Fotograf für Magazine, die Werbung, aber auch in wissenschaftlichen Anwendungsgebieten seinen Lebensunterhalt zu verdienen.[3] Dieses Fotografieverständnis bot gerade Frauen, die wie Margaret Bourke-White aus einem weniger begüterten Elternhaus stammten, eine vielversprechende Berufsperspektive. Zahlreiche bekannte Fotograf*innen der 1920er und 1930er Jahre, die sich im kommerziellen Bereich erfolgreich etablieren konnten, waren neben Bourke-White Schüler*innen Whites, allen voran Paul Outerbridge, Ralph Steiner, Anton Bruehl, Laura Gilpin und Doris Ullman. Clarence H. Whites Markenzeichen war die idyllische Schilderung häuslichen Lebens im weichgezeichneten Stil der piktorialistischen Fotografie. Als Lehrer vertrat er hingegen eine offene Haltung. Es war ihm nicht wichtig, einen bestimmten Stil zu propagieren, sondern seine Student*innen vor allem in Entwurf und Komposition zu schulen, die als Qualitätsgrundlage für die unterschiedlichsten Anwendungsgebiete der Fotografie dienen sollten.[4]

2 Welches Fach Bourke-White studierte, geht aus der Literatur nicht genau hervor. Ostman und Litell sprechen recht allgemein von „art studies" (Ronald E. Ostman / Harry Litell (Hrsg.): *Margaret Bourke-White. The Early Work 1922–1930.* Boston: Godine 2005, S. XI). Margaret Bourke-White schreibt selbst, dass sie an der Columbia University Kunst, in Michigan Reptilienkunde und in Purdue Paläontologie studiert habe (Margaret Bourke-White: *Portrait of Myself.* Boston: Hall 1985, S. 29). Da sie am Teachers College der Columbia University an Kursen teilnahm, besteht die Möglichkeit, dass sie eine Ausbildung als Lehrerin anstrebte. Auch an der Case Western Reserve University in Cleveland besuchte sie Kurse im „Educational Department" (Ostman / Litell: *The Early Work*, S. XIX), an der Cornell einen Kurs in Journalismus (Goldberg: *A Biography*, S. 63.); ihren Abschluss aber machte sie an der Cornell in Biologie (Stephen Bennett Phillips (Hrsg.)*: Margaret Bourke-White. The Photography of Design, 1927–1936.* Ausstellungskatalog. New York: Phillips Collection / Rizzoli 2003, S. 18).

3 Die Werbebroschüre der privaten Clarence H. White School of Photography verspricht 1920: [Die Schule] „treats photography not only as fine art with an established technique, but also as a practical art, indespensable to modern commerce and industry." (Zit. n. Kathleen A. Erwin: Photography of the Better Type. The Teaching of Clarence H. White. In: Marianne Fulton (Hrsg.): *Pictorialism into Modernism. The Clarence H. White School of Photography.* Ausstellungskatalog George Eastman House Rochester. New York: Rizzoli 1996, S. 152.)

4 „Good spacing, fine balance, the proper amount of detail to enrich the areas, fine distribution of values, these were the essentials demanded of each print", beschreibt eine Studentin Whites von 1922 seine Anforderungen. Zit. n. Erwin: Photography of the Better Type, S. 190, Endnote 13. Wichtigen Einfluss auf das ästhetische Verständnis der Lehre hatte Arthur Wesley Dow, Vorsitzender des Fine Arts Department an der Columbia University und Freund von White,

Im Anschluss an die Columbia University besuchte Margaret Bourke-White bis 1927 vier weitere Universitäten.[5] An allen Studienorten versuchte sie, mit romantischen Campusansichten und Porträts der Studierenden ihre finanzielle Lage aufzubessern.[6] Sowohl in ihrer Themenwahl als auch mit ihrem Stil bewegte sie sich innerhalb der Konventionen der piktorialistischen Fotografie. Bereits Anfang der 1920er Jahre finden sich jedoch vereinzelt Aufnahmen, die von einem großen Interesse an technischen Geräten und Formen zeugen und auf eine klare und sachliche Bildsprache zurückgreifen, wie etwa die Aufnahme eines Kurzwellen-Oszillators, die während ihres Studiums 1922–1924 an der Universität Ann Arbor in Michigan entstanden ist.[7] Nach Abschluss ihres Studiums an der Cornell University im September 1927 ließ sich Margaret Bourke-White in Cleveland nieder, wo ihre Mutter und ihr jüngerer Bruder Roger wohnten. Die Industrie Clevelands und der gesamten USA erlebte in den frühen 1920er Jahren einen Boom. Das Interesse an industriellen Themen und der Glaube an eine positive, von Fortschritt und Technologie geprägte Zukunft für Wirtschaft und Gesellschaft waren im Zeitalter des *Machine Age* noch ungebrochen.[8] Unternehmen – allen voran der Stahl- und Automobilindustrie – erkannten im technischen Medium Fotografie ein wirksames Mittel zur Selbstrepräsentation und Vermittlung von Modernität und Fortschrittlichkeit sowie zur Bewerbung eigener Produktionsmethoden und Produkte. Bereits 1922 hatte Edward Weston das Stahlwerk der American Rolling Mill Corporation (Armco) in Middletown, Ohio, fotografiert. 1927 erhielt Charles Sheeler den Auftrag, das neue Ford-Werk in River Rouge bei Dearborn in Michigan fotografisch festzuhalten. Auch

der in seinem erfolgreichen Lehrbuch *Composition* – aufbauend auf der Verbindung westlicher und östlicher Gestaltungsprinzipien – die Grundsätze von Wiederholung, Symmetrie und den Einsatz formaler Kontraste propagierte; Gestaltungsgrundsätze, die entscheidenden Einfluss auf Margaret Bourke-Whites spätere Produkt- und Werbefotografie haben sollten. Siehe dazu Bonnie Yochelson: Clarence H. White. Peaceful Warrior. In: Fulton: *Pictorialism into Modernism*, S. 28. Stephen Bennett Phillips schreibt, dass Bourke-White die Gestaltugsprinzipien von Dow nicht nur über White und Weber vermittelt bekam, sondern selbst Kurse bei ihm besuchte. Vgl. Phillips: *Photography of Design*, S. 14.

5 Von 1921 bis 1927 studierte sie an den Universitäten Ann Arbor, Purdue, Case Western Reserve und Cornell.

6 Für Abbildungen siehe Ostmann / Litell: *The Early Work*.

7 In Ann Arbor lernte Margaret Bourke-White den jungen Elektrotechnik-Studenten Everett Chapman kennen und ging eine Liebesbeziehung mit ihm ein. 1924 heiratet das junge Paar. Vgl. Goldberg: *A Biography*, S. 34–47. Möglicherweise fotografierte sie auch für seine Arbeit und wurde von ihm in ihrer Technikbegeisterung unterstützt.

8 Allgemein zum *Machine Age* siehe Richard Guy Wilson / Dianne H. Pilgrim / Dickran Tashijan (Hrsg.): *The Machine Age in America 1918–1941*. New York: Brooklyn Museum of Arts / Abrams 1986.

Abb. 1
Margaret Bourke-White:
Otis Stahlwerk,
Cleveland, USA,
1927–1928.

Margaret Bourke-White gelang der nationale Durchbruch mit einem Auftrag aus der Industrie. 1927 ließ das Clevelander Stahlunternehmen Otis von ihr Fotos für eine aufwendige Unternehmensbroschüre erstellen.[9] (Abb. 1) Während Westons und Sheelers Aufnahmen bereits von der klaren und sachlichen Bildsprache der *straight photography* geprägt sind, ist Bourke-White noch ganz der weichgezeichneten und sentimentalen piktorialistischen Tradition verpflichtet. Allerdings orientierte sie sich an einer späteren Ausprägung dieses Stils, die sich ab 1910 der modernen Lebenswelt und den damit verbundenen Erfahrungen und

9 Vgl. Goldberg: *A Biography*, S. 83. Acht der Fotografien, die Bourke-White im Otis-Stahlwerk aufgenommen hatte, wurden von der Firmenleitung und deren Public Relation Manager John Hill ausgewählt und als Illustration für die luxuriöse Firmenpublikation *The Otis Steel Company-Pioneer* verwendet, die 1929 erschien und als Imagebroschüre an bestehende und potenzielle Kunden verschickt wurde. Siehe Phillips: *Photography of Design*, S. 29; Goldberg: *A Biography*, S. 87.

Motiven zuwandte; zu ihren bekanntesten Verfechtern zählen Alfred Stieglitz und Alvin Langdon Coburns.[10] Beide Fotografen zeigen Motive des zeitgenössischen industriellen Lebens, wählen jedoch eine Gestaltungsweise, die zu einer romantisierenden Idealisierung führte.[11]

Bourke-White verstand es, die schwierigen Aufnahmebedingungen in einem Stahlwerk – allen voran die extremen Kontraste zwischen glühendem Stahl und dunkler Umgebung – für die metaphorische Aufladung des Produktionsprozesses und der Produktionsstätte zu nutzen. Sie verklärte und überhöhte die von Lärm, Schmutz und unerträglicher Hitze bestimmte Stahlproduktion.[12] Vor allem das Gießen des flüssigen Stahls wurde zu einem geheimnisvollen, fast magischen Moment, wie in einer Aufnahme aus einem Werk der Ford Motor Company in Detroit von 1929 zu sehen ist, das einen Arbeiter auf einer Brücke über dem Hochofen zeigt. Der gesamte Raum ist ins Dunkel gehüllt, nur unter der Plattform strömt der gleißende Lichtschein glühenden Stahles hervor. Der Mann, der nur als Silhouette zu sehen ist, lüftet seinen Hut, möglicherweise um sein Gesicht vor der Hitze zu schützen. Der Akt des Hut-Ziehens wird in dem Foto jedoch zu einer Geste der Ehrerbietung oder religiösen Andacht vor dem industriellen Schauspiel. Die Industrie galt als die neue Religion, wie Henry Ford formulierte: „Machinery: the New Messiah".[13] Bourke-White gelang es, nicht nur die tatsächliche Produktion ins Bild zu setzten, sondern auch das von der Stahlindustrie reklamierte Image und die damit verbundenen Werte in ihren Fotos zu vermitteln.

10 Die Literatur ist in der stilistischen Einordnung dieser frühen Fotografien sehr ungenau oder schweigt komplett. Vicki Goldberg versucht mit ihrer Einschätzung, Bourke-Whites Stil habe sich schlagartig verändert, einen radikalen Bruch mit dem Frühwerk herzustellen und stützt damit Bourke-Whites eigene Legende des aus dem Nichts kommenden, kometenhaften Aufstieges als Industriefotografin.

11 Zum Beispiel die Aufnahmen *City of Ambition* (1910 von Alfred Stieglitz oder *Chimneys, Pittsburgh*) 1910 von Alvin Langdon Coburn.

12 Mehmed Fehmy Agha, der Artdirector der *Vogue*, bezeichnete die Fotografien in einer Ausstellungsbesprechung als „industrial romantic". Vgl. Maria Hambourg: From 291 to the Museum of Modern Art: Photography in New York, 1910–37. In: Dies. / Christopher Phillips (Hrsg.): *The New Vision. Photography between the World Wars.* Ausstellungskatalog. New York: Metropolitan Museum of Art / Abrams 1989, S. 3–63, hier S. 48

13 Zit. n. Karen Lukic: *Charles Sheeler and the Cult of the Machine.* Cambridge: Harvard UP 1991, S. 80.

2. *Fortune* und die Visualisierung der Massenproduktion

Bereits kurze Zeit nach Abschluss ihres Studiums zählte Margaret Bourke-White nationale Unternehmen wie Chrysler, Republic Steel, die Ford Motor Company oder Lincoln Electric zu ihren Auftraggebern. Etwa zur selben Zeit, um 1929/1930, fand auch ein stilistischer Wandel in ihrer Arbeit statt. Charakteristika des Piktorialismus, wie Unschärfe und schwache Kontraste, wurden zunehmend durch eine klare und sachliche Bildsprache abgelöst. Zugleich experimentierte Bourke-White mit Einflüssen der zeitgenössischen Avantgarde-Fotografie, zum Beispiel dem Konstruktivismus und dem Neuen Sehen.[14] Das industriell gefertigte Produkt wurde zu einem Objekt des *Machine Age*, in dem sich der ästhetische Anspruch von Industrie und Technik ausdrückte.[15]

Die prosperierende Ökonomie der USA in den 1920er Jahren, die Begeisterung für Industrie und industrielle Produkte und eine damit einhergehende moderne Wirtschaftskultur erhielten bald ein eigenes Sprachrohr. Seit 1928 trug sich Henry Luce, Mitbegründer und Herausgeber des wichtigen Wochenmagazins *Time*, mit der Überlegung, ein neues Wirtschaftblatt zu gründen; es sollte höchsten Ansprüchen genügen und alle Facetten der Wirtschaftswelt darstellen, reflektieren und auch kritisieren. Ansprüche stellte er dabei nicht nur an

14 Um 1930 kamen verstärkt Tendenzen der europäischen Avantgardefotografie in die USA. Einerseits durch Reisen amerikanischer Fotografen und Kunstkritiker nach Europa, wie etwa von Walker Evans 1926 nach Paris oder Alfred Barr 1927 nach Deutschland. Andererseits durch Ausstellungen: Die Harvard Society of Contemporary Art organisierte 1930 eine Fotoausstellung und zeigte amerikanische Fotografen wie Strand, Steichen, Stieglitz, Sheeler, Abbott, Evans, Modotti, Weston und auch Bourke-White in Verbindung mit europäischen Fotografen wie Man Ray, Cecil Beaton oder Eugene Atget. Vgl. Hambourg: From 291 to the Museum of Modern Art, S. 44. Im Januar 1932 zeigte die Julien Levy Gallery in New York eine Ausstellung mit surrealistischer Fotografie, darunter Eugene Atget, Herbert Bayer, Max Ernst, Maurice Tabard, Umbo und Moholy Nagy. Von Februar bis März 1932 zeigt sie *Modern European Photography* mit Ilse Bing, Brassai, Florence Henri, Kertesz, Helmar Lerski, Lee Miller und Walter Peterhans. Margaret Bourke-White pflegte Verbindungen zur Galerie und stellte 1932 selbst in der Ausstellung *New York by New Yorkers* aus. Vgl. Hambourg: From 291 to the Museum of Modern Art, S. 45–51.

15 Deutlich wird der stilistische Wandel in der Aufnahme eines Hochofens, den sie 1929 in der Ford-Fabrik River Rouge fotografiert hatte. Die grundsätzlich mit großer Oberflächenpräzision dargestellten Leitungsrohre, Metallbehälter, Leitern und Verbindungswege des Hochofens werden zu formalen Bausteinen und Flächenelementen einer abstrakten Komposition. Die Modernität der Fabrik vermittelt sich so nicht nur über das Motiv der fortschrittlichen Maschinen und Industrienlagen, sondern drückt sich auch im modernen Blick darauf aus. Abgebildet z. B. in Phillips: *Photography of Design*, S. 102–103. Ausführlich zum Verhältnis von Kunstanspruch, Design und Industrie siehe Jennifer Jane Marshalls Studie zur wegweisenden Ausstellung *Machine Art* 1934 im MoMA in New York. Jennifer Jane Marshall: *Machine Art 1934*. Chicago / London: University of Chicago Press 2012.

die Berichterstattung und den Inhalt, sondern auch in ästhetischer Hinsicht. Das Erscheinungsbild orientiert sich an aufwendigen Kunstpublikationen, ist im Folio-Format auf schwerem, handgebundenen Papier gedruckt und mit aufwendigen, zum Teil von zeitgenössischen Avantgarde-Künstlern wie Férnand Léger oder Herbert Bayer gestalteten Titelblättern ausgestattet. Zur kultivierten Aufmachung sollten auch künstlerisch ansprechende Fotografien beitragen. Dafür konnte Henry Luce Margaret Bourke-White gewinnen, auf die er über die Otis-Steel-Broschüre aufmerksam geworden war.[16] Die erste Ausgabe von *Fortune* erschien schließlich im Februar 1930, nur wenige Monate nach dem Zusammenbruch der New Yorker Börse und dem Beginn einer globalen Wirtschaftskrise. Überraschenderweise erwies sich das Magazin trotz der wirtschaftlichen Lage als erfolgreiches Unterfangen und setzte darüber hinaus fotografisch und inhaltlich neue Maßstäbe.[17]
Die erste *Fortune*-Ausgabe beinhaltete vier Beiträge mit Fotografien von Margaret Bourke-White. Die Artikel widmeten sich der Fleisch verarbeitenden Industrie, der Glasherstellung, der industriellen Orchideenzucht und der Industrieregion um die Stadt South Bend in Indiana. Anhand dieser Fotos lassen sich die Grundprinzipien der Produkt- und Industriefotografie von Bourke-White veranschaulichen, die ihre Aufnahmeweise bis weit in die 1940er Jahre prägen sollten. Der Beitrag „Tsaa-a Tsaa-a Tsaa-a" über das Metzgerei-Unternehmen Swift&Co in Chicago ist ein erstes Beispiel der für *Fortune* und Bourke-White

16 Vgl. Goldberg: *A Biography*, S. 101. Über den Erstkontakt zwischen Henry Luce und Margaret Bourke-White gibt es unterschiedliche Versionen. 1925–1927 hatte Luces Verlag Time Inc. seinen Hauptsitz in Cleveland. Eventuell erfuhr er von ihrer Arbeit über seinen Geschäftsfreund Harold Wengler bei der Handelskammer (vgl. Phillips: *Photography of Design*, S. 37). Robert T. Elson schreibt in seiner Geschichte der Time. Inc Verlagsgesellschaft, Luce habe Fotos von Margaret Bourke-White bei der renommierten New Yorker Werbeagentur J. Walter Thompson Agency gesehen. (vgl. Robert T. Elson: *The World of Time Inc. The Intimate History of a Publishing Enterprise*, 1923–1941, Bd. I, hrsg. v. Duncan Norton-Taylor. New York: Atheneum 1968, S. 135.)

17 Innerhalb von vier Jahren verdreifachte sich die Abonnentenzahl von *Fortune* auf 96.000 und das Blatt erwirtschaftete 15 % des gesamten Gewinns von Time Inc. Siehe James Baughman: *Henry R. Luce and the Rise of the American News Media*. Boston: Twayne 1987, S. 66. Mit der Corporate Story etablierte *Fortune* ein neues Text-Bild-Verhältnis in den Printmedien, das zukunftsweisend für die Entwicklung des Photo-Essays werden sollte, und setzte wichtige Impulse unter anderem für die sozialdokumentarische Fotografie. Als erste Zeitschrift in den USA veröffentlichte *Fortune* die Fotografien des Deutschen Erich Salomon und führte damit eine neue Art des Fotografierens, den „candid-camera-style" der Kleinbildkamera, in die US-amerikanische Medienlandschaft ein. Margaret Bourke-White blieb nicht der einzige bekannte Name, der für *Fortune* arbeitete. So wurden auch Walker Evans, Arthur Gerlach oder Otto Hagel für Aufträge verpflichtet und junge Schriftstellertalente wie James Agee oder Archibald McLeish als Autoren angeworben.

Abb. 2
Margaret Bourke-White:
International Silver, 1933.

charakteristischen Corporate Story, die einzelne Unternehmen oder Produktionszweige der amerikanischen Wirtschaft vorstellte.[18] Er zeigte neue Standards im Umgang mit dem Bildmaterial und im Verhältnis von Abbildung und Text. Bourke-Whites Aufnahmen illustrieren nicht einfach einen Text, sondern sind als in sich abgeschlossene und textunabhängige Bildgeschichte lesbar; diese visualisiert in einzelnen, chronologisch aufeinanderfolgenden Einzelschritten den realen Zerteilungsprozess bei der Schlachtung der Schweine und deren Weiterverarbeitung.[19] Sowohl die Autonomie der Fotografien vom Text als auch die Reihung einzelner Fotos zu einer logisch zusammenhängenden Geschichte,

18 Parker Lloyd Smith: Tsaa-a Tsaa-a Tsaa-a. In: *Fortune* 1,1 (1930), S. 54–61.

19 Am Beginn steht die Ankunft der Schweine am Schlachthof und wie die Tiere im Dunkel eines Gebäudes verschwinden. Die nächste Aufnahme zeigt die toten Tiere in Reih und Glied gehängt, gefolgt von Bildern, die veranschaulichen, wie sie gewaschen und in immer kleinere Stücke zerteilt werden, bis lediglich ein gigantischer Raum mit Bergen aus Tiermehl übrig bleibt.

die inhaltlich mehr als die Summe ihrer Einzelbilder ergibt, weist in Richtung Fotoreportage, die sich seit Ende der 1920er Jahre vor allem im Umkreis deutscher Printmedien entwickelte. Bourke-White wählte das Prinzip der Corporate Story in den folgenden Jahren bevorzugt als Instrument der Schilderung massenindustrieller Fertigungsprozesse. Die komplexen Vorgänge dieser Prozesse schlüsselte sie in einzelne Arbeitsschritte und Ereignisabläufe auf – eine Vorgehensweise, die sie später auch auf Vorgänge des Kriegsgeschehens, etwa einen Bombenangriff, übertrug.

Eine andere von Margaret Bourke-White intensiv genutzte Form der Visualisierung von Objekten der Massenproduktion und des Massenkonsums waren die von ihr als „pattern pictures" bezeichneten Aufnahmen.[20] Deren Kennzeichen ist die scheinbar endlose diagonale Reihung identischer Gegenstände, eingefasst durch enge Ausschnitte und die Überschneidung des Motives durch die Bildkanten. Bourke-White fotografierte auf diese Weise eine Vielzahl unterschiedlichster Produkte, von Damenschuhen über Silberlöffel und Glasflaschen bis hin zu Lebensmittelkonserven und Silbervasen. (Abb. 2) Diese Darstellungsweise betont die Struktur der Wiederholung, der Standardisierung und der Menge – alles Charakteristika der industriellen Massenproduktion. Die inhärenten Qualitäten des technischen Mediums Fotografie, wie Bildschärfe und detailreiche Oberflächenwiedergabe, die von Bourke-White in ihren Aufnahmen eingesetzt werden, rücken weitere Qualitäten der industriellen Produktion, vor allem die Perfektion der Oberfläche, in den Mittelpunkt. Makellosigkeit zusammen mit gezielt eingesetzten Lichtreflexen und Glanzeffekten lassen aus den Alltagsgegenständen begehrte Objekte des Massenkonsums werden, die – trotz der wirtschaftlichen Depression – im Überfluss gezeigt werden und so die Prosperität und Produktivität der amerikanischen Wirtschaft propagieren. Das System der Massenproduktion, insbesondere die Herstellung der Produkte am Fließband, wird in den „pattern pictures" in der diagonalen Bewegung von der oberen in die untere Bildecke angedeutet. Die Waren werden präsentiert, als liefen sie kontinuierlich auf einem Fließband vorüber. Diese Darstellungsweise hatte sich seit den 1920er Jahren – ausgehend von Prinzipien der europäischen Avantgarde-Fotografie, hauptsächlich des Neuen Sehens – in der Werbefotografie weit verbreitet und wurde auch von anderen Kollegen, wie Anton Bruehl, Ralph Steiner

20 Der Begriff wurde von Margaret Bourke-White selbst geprägt. Siehe Margaret Bourke-White: Photographing This World. In: *The Nation*, 19.02.1936. Reproduziert in Brown: *Photojournalist*, S. 124.

und Edward Steichen, standardmäßig verwendet.[21] Gegenstände der industriellen Produktion auf diese Weise zu präsentieren, war in einem Maße etabliert und positiv besetzt, dass Bourke-White sie später auch für ihre Aufnahmen von Kriegsgeräten, die für einen Einsatz im industrialisierten Massenkrieg bestimmt waren, verwendet hat.
Neben den „pattern pictures", die System und Werte der Massenproduktion versinnbildlichten, rückte zunehmend auch die Produktion am Fließband an sich in den Mittelpunkt. Dabei adaptierte Bourke-White das Prinzip von Reihung und Wiederholung, indem sie entlang einer dominanten Diagonale im Bild Produkte und Menschen anordnete, die einzelne, zum Teil zeitlich aufeinander folgende Handgriffe verrichteten und so den reibungslosen Ablauf des Produktionsprozesses verdeutlichten. Während hier die durchaus auch positiv verstandene Uniformität sowohl der Produkte als auch der Arbeiter der Massenproduktion sichtbar wird, konzentrierte sich Bourke-White im Gegensatz dazu in einer weiteren häufig angewandten Darstellungsform auf einzelne Personen und in Nahaufnahmen auf deren Hände und den einzelnen Arbeitsschritt, den sie gerade ausführen. Sie knüpfte darin an traditionelle Vorstellungen des hoch qualifizierten „*Hand*werkers" an und verklärte die Entindividualisierung und Dequalifizierung, die die industrielle Arbeit mit sich brachte. Zehn Jahre später griff Bourke-White auch im militärischen Kontext, vor allem im Zuge ihres Auftrages für die Army Service Forces, die für die Logistik der amerikanischen Streitkräfte verantwortlich waren, auf die „pattern pictures" und diese Form der Visualisierung von Arbeit zurück.

3. Politisierung und sozialdokumentarische Fotografie

Die Jahre nach dem Zusammenbruch der Börse 1929 führten zu einem Umdenken in der Medienlandschaft. Die Auswirkungen der Agrar- und Wirtschaftskrise wie Arbeitslosigkeit und Verarmung der Bevölkerung waren unübersehbar geworden und fanden zunehmend Eingang in die Berichterstattung. Die Glorifizierung der Industrie und das Abtauchen in die heile Welt der Unterhaltung machten Berichten über die gesellschaftlichen Auswirkungen der Massenproduktion, einer Auseinandersetzung mit dem Leben der Arbeiter und sozialen Themen Platz. Auch das Wirtschaftsmagazin *Fortune* konnte sich den

21 Zur Konventionalisierung der Avantgardeperspektive siehe Abigail Solomon-Godeau: The Armed Vision Disarmed. Radical Formalism from Weapon to Style. In: Dies.: *Photography at the Dock. Essays on Photographic History, Institutions, and Practices*. Minneapolis: University of Minnesota Press 2003, S. 52–84.

gesellschaftlichen Entwicklungen und Spannungen nicht entziehen und begann Anfang der 1930er Jahre soziale Themen in das Heft zu integrieren. Viele dieser Beiträge hatten zumindest zu Beginn noch einen Bezug zur Wirtschaftswelt oder Sozialpolitik.[22] Im August 1934 erhielten Margaret Bourke-White und der junge Schriftsteller James Agee den Auftrag, über die *dust bowl*, ein Gebiet im Mittleren Westen der USA, das infolge von Rodung, landwirtschaftlicher Ausbeutung, Trockenheit und Bodenerosion von verheerenden Staubstürmen heimgesucht wurde, zu berichten. Die Schicksale der Menschen, die Bourke-White dort kennenlernte, erschütterten sie zutiefst und veränderten ihre Einstellung – auch zur Fotografie:

> I was deeply moved by the suffering I saw and touched particularly by the bewilderment of the farmers. I think this was the beginning of my awareness of people in a human, sympathetic sense as subjects for the camera and photographed against a wider canvas than I had perceived before.[23]

Im Oktober 1934 erschien unter dem Titel „The Drought. A Post-Mortem in Pictures" der Artikel mit Agees Text und siebzehn Aufnahmen von Bourke-White.[24] Der Beitrag markiert einen wichtigen Eckpfeiler eines ganzen Genres der sozialdokumentarischen Fotografie, das sich den Nöten der verarmten Landbevölkerung widmete und in der Fotografie der Farm Security Administration (FSA) seinen Höhepunkt erlebte.[25]

22 So erschienen im Februar 1932 der Beitrag „Housing: Need / Cross Section of Country in which one half the homes fall below the minimum standards of health and decency", im September 1932 „No one has starved ... which is not true" und im Oktober 1934 „On the Dole: 17,000,000".

23 Bourke-White: *Portrait of Myself*, S. 110.

24 James Agee: The Drought. A Post-Mortem in Pictures. In: *Fortune*, Oktober 1934, S. 76–83.

25 Die „Historic Section" der Resettlement Administration (später umbenannt in Farm Security Administration) wurde erst nach Bourke-Whites *dust-bowl*-Artikel, nämlich im Jahr 1935, gegründet. Ihre Aufgabe bestand darin, das Leben und die Not der ländlichen Bevölkerung der USA und die Hilfsprogramme der Regierung zu dokumentieren. Die Aufnahmen sollten vor allem zur Öffentlichkeitsarbeit, etwa für Pressematerial oder Informationsbroschüren, herangezogen werden. Unter Leitung des Ökonomen und Fotografen Roy Stryker waren bekannte Fotografen wie Dorothea Lange oder Walker Evans für die FSA tätig. Siehe allgemein zur FSA David P. Peeler: *Hope among Us yet. Social Criticism and Social Solace in Depression America*. Athens / London: University of Georgia Press 1987, S. 72–78; Detlef Kulessa: *Vision und Dokumentation. Sozial-dokumentarische Photographie der 30er in den USA. Eine ikonologische Betrachtung*. Frankfurt am Main / Bern: Lang 1989; Gilles Mora / Beverly W. Brannan: *FSA. The American Vision*. New York: Abrams 2006. Dorothea Langes gemeinsame Arbeit mit Paul

Auch in Bourke-Whites Privatleben fand zu diesem Zeitpunkt eine zunehmende Sensibilisierung und Politisierung statt, die im Einklang mit der linksliberalen Ausrichtung intellektueller Kreise stand. Im Frühjahr 1934 wurde sie Mitglied der Film and Photo League; diese Vereinigung Kunstschaffender in den USA förderte den Arbeiterfilm und den sowjetischen Film und vertrat eine pazifistische und antifaschistische Haltung. Bourke-Whites politische Einstellung spiegelte sich darüber hinaus im Abonnement der kommunistischen Zeitschrift *Daily Worker* und in Textbeiträgen, die sie für das linksliberale Wochenmagazin *The Nation* verfasste.[26] Zudem engagierte sie sich für den First American Artist Congress, der im Frühjahr 1936 stattfinden sollte. Ziel war es, sich gegen autoritäre politische und gesellschaftliche Tendenzen zu wenden, die nicht zuletzt auch den Freiraum von Künstlern beschnitten, und gleichzeitig eine intellektuelle Front gegen den Faschismus zu bilden. Im Hintergrund der Organisation standen die Kommunistische Partei Amerikas und die Popular Front. Margaret Bourke-White trat nicht nur bei, sondern versuchte aktiv, weitere Künstler zur Teilnahme zu bewegen, darunter Freunde und Kollegen wie Ralph Steiner, Paul Strand, Alfred Stieglitz, Anton Bruehl und Edward Steichen. In ihrem Brief an die Fotografen schrieb sie:

> The aim of the Congress is to discuss the critical situation that has arisen with the approach of War and Fascism as a threat to culture. Those of us who have signed the Call for this Congress did so in the belief that such reactionary tendencies as have appeared in the form of censorship and destruction of works of art, and in the suppression of civil liberties, are symptomatic of more serious conditions to come. It can happen here, but the artists can organize and help to stop it.[27]

Diese Worte verdeutlichen, dass Bourke-White sehr wohl politisch interessiert und engagiert war – ein Aspekt, der vor allem in Überblicksdarstellungen zu ihrem Werk häufig außer Acht gelassen wird. Es ist allerdings durchaus

Taylor an *An American Exodus* begann erst 1935. Siehe Peeler: *Hope among Us yet*, S. 64. Auch Walker Evans' und James Agees Reise in den Süden, die im Buch *Let Us Now Praise Famous Men* münden sollte, fand erst 1936 statt.

26 Vgl. Silverman: *For the World to See*, S. 72; Margaret Bourke-White: Dust Changes America. In: *The Nation*, 22.05.1935; dies.: Photographing this World. In: *The Nation*, 19.02.1936.

27 Zit. n. Silverman: *For the World to See*, S. 77.

naheliegend, dass ihre antifaschistische Haltung auch Einfluss auf ihre Arbeit als Fotografin und Kriegsberichterstatterin hatte.[28]
Die sozialen Themen, für die sich Bourke-White interessierte, stellten allerdings nicht nur inhaltlich, sondern vor allem formal eine Herausforderung dar. Sie war sich sehr wohl bewusst, dass sich mit den neuen Motiven und einer neuen, auf handliche Kameras ausgerichteten Fototechnik auch der fotografische Stil änderte, wie sie 1935 in einem Brief an die *Fortune*-Bildredakteurin Eleanor Treacy schrieb:

> [...] it becomes more and more important to reflect the life that goes behind these photographs [den Industrie- und Produktaufnahmen, Anm. d. Verf.]. This fringes on the candid camera type of photography, and also represents a point of view which I think is becoming increasingly important in regard to photography, and is something I have given much thought lately.[29]

Für sie war es jedoch ein langsames Herantasten. Die Umstellung auf den „candid camera"-Stil fiel ihr schwer. So wurde Bourke-White vor der Veröffentlichung eines Beitrages über einen Tag im Leben eines Automobilarbeiters von Treacy schwer kritisisert:

> There is a general feeling that the pictures were too stiff and posed-looking, and I certainly think you didn't get the spontaniety in your candid shots that there might have been. [...] Never mind if the technical quality of the prints is not as high as you would like to have it for a while. I think it is better to sacrifice that a little in order to get life and action into your pictures.[30]

28 Des Weiteren engagierte sie sich für die League of Women Shoppers, die Konsumboykotts organisierte, um die Durchsetzung von Gewerkschaften in Kaufhäuser zu erreichen, sowie den American Youth Congress und spendete für Flüchtlinge des Spanischen Bürgerkrieges. Siehe Goldberg: *A Biography*, S. 157. Ihr politisches Engagement wurde auch von politischen Gegnern wahrgenommen. Dreizehn Mal wurde sie vom House of Un-American Activities Committe genannt und unter Senator Joseph McCarthy wurde auch eine eigene Akte über sie angelegt. Goldberg: *A Biography*, S. 328; Chris Vials: The Popular Front in the American Century. *LIFE* Magazine, Margarete Bourke-White, and Consumer Realism, 1936–1941. In: *American Periodicals. A Journal of History, Criticism, and Bibliography* 16,1 (2006), S. 74–102, hier S. 94.

29 Zit. n. Goldberg: *A Biography*, S. 149.

30 Zit. n. ebd. Der angesprochene Beitrag wurde veröffentlicht in *Fortune*, Dezember 1935, S. 115–126.

Auch ihre Aufnahmen für die Dürre-Reportage in *Fortune* konzentrierten sich eher auf die Auswirkungen auf Landwirtschaft und Landschaft und nicht auf die katastrophalen Lebensbedingungen der Menschen. Ein Beitrag, den Bourke-White, im Mai 1935 für die Wochenzeitschrift *The Nation* verfasste, macht deutlich, dass sie sich der menschlichen Dimension sehr wohl bewusst war, diese jedoch offensichtlich besser in Worte als in Bilder fassen konnte. Drastisch schildert sie, wie Eltern ihre Kinder mit nassen Tüchern über den Gesichtern schlafen legen, um sie vor dem in alle Körperöffnungen eindringenden Sand zu schützen oder berichtet über einen kleinen Jungen, der sich im Staubsturm verirrt hatte und erstickt war.[31]

Gerade ihre technische Ausrüstung stand einer spontaneren und direkteren Schilderung menschlicher Zustände im Weg. Anstatt mit einer handlichen 35-mm-Kleinbildkamera zu fotografieren, bevorzugte sie Mittel- oder sogar Großformatkameras, die ihrem Perfektionsanspruch – die Komposition, aber auch die Qualität des Abzuges betreffend – besser entsprachen. Sie konzentrierte sich auf statische und zum Teil gestellte Motive, weil ihr diese genügend Zeit zum Aufstellen der Kameraausrüstung und der Beleuchtung sowie für die Komposition des Motivs ließen.[32] Dieser Konflikt zwischen einer unmittelbaren und emotionalen Fotografie, die nah am Menschen und Geschehen sein wollte, und einer statischen Herangehensweise prägte auch noch ihr späteres Werk bis hin zur Kriegsfotografie.

Im Frühjahr 1936 trat der Schriftsteller Erskine Caldwell, der mit dem Buch und Bühnenstück *Tobacco Road* über die Lebensbedingungen verarmter Pachtfarmer in den Südstaaten der USA bekannt geworden war, mit dem Vorschlag an sie heran, ein fotografisches Buchprojekt zu diesem Thema zu entwickeln. Im Sommer 1936 und ein zweites Mal im März 1937 bereisten die beiden die südlichen Bundesstaaten der USA. Das Resultat der Reise, das Buch *You Have Seen*

31 Margaret Bourke-White: Dust Changes America. In: *The Nation*, 22.05.1935, S. 597–598.

32 Für ihre Arbeit an dem Buch *You Have Seen Their Faces* nutzte sie beispielsweise fünf Kameras, eine Großbildkamera, drei Mittelformatkameras und als einzige Kleinbildkamera eine Contax. In einem dem Buch nachgestellten technischen Bericht beschreibt sie ihre Herangehensweise. Im Vorhinein installierte sie ihre Kamera und ein aus mehreren Blitzbirnen bestehendes Belichungsarrangement. Während Caldwell, die Person in ein Gespräch verwickelte, wartete Bourke-White auf den richtigen Gesichtsausdruck und drückte ab. Vgl. Margaret Bourke-White / Erskine Caldwell: *You Have Seen Their Faces*. New York: Modern Age 1937, S. 51–53. Ein ähnliches Kamera-Equipment nutzte sie auch für ihre Aufträge an Kriegsschauplätzen. Nach Nordafrika 1943 nahm sie beispielsweise eine Speed Graphic, zwei Rolleiflex, drei Linhof Fachkameras und eine großformatige Graflex mit. Vgl. Margaret Bourke-White: *They Called It „Purple Heart Valley". A Combat Chronicle of the War in Italy*. New York: Simon & Schuster 1944, S. 13.

Their Faces, erschien 1937. Zeitgleich, ab Juli 1936, arbeiteten auch Walker Evans und James Agee im Auftrag von *Fortune* an einer Dokumentation des Lebens dreier Pachtfarmer-Familien in Hale County, aus der später das Buch *Let Us Now Praise Famous Men* entstehen sollte.[33] Seit 1935 fotografierten Evans und andere Fotografen, wie Dorothea Lange, für die „Historic Section" der Resettlement Administration (ab 1937 Farm Security Administration, FSA), deren Aufgabe darin bestand, die Notlage verarmter Farmer und die Hilfsprojekte des New Deal der Roosevelt-Regierung fotografisch zu dokumentieren und zu propagieren.[34] Allen fotografischen Projekten gemein war das Anliegen, soziale Missstände aufzuzeigen und ein öffentliches Bewusstsein für notwendige Hilfe zu schaffen.

Wie der Buchtitel *You Have Seen Their Faces* nahelegt, sollten diesmal Aufnahmen von Menschen und vor allem von ihren Gesichtern die persönlichen Schicksale und die darüber hinausweisende soziale Katastrophe zum Sprechen bringen:

> The name [des Buches, Anm. d. Verf.] implied just what I had been searching for as I worked. Faces that would express what we wanted to tell. Not just the unusual or striking face, but *the* face that would speak out the message from the printed page.[35]

Um die Gesichter zu dramatisieren, verwendete Bourke-White ausgefallene Blickwinkel, häufig die von ihr bevorzugte Froschperspektive, und dynamisierende Diagonalen, die ein heroisches Bild der Protagonist*innen, die sich den Widrigkeiten entgegenstemmten, vermitteln. Die engen Bildausschnitte zwingen die Betrachter*innen schonungslos in die durch katastrophale Lebensumstände zerstörten und resignierten Gesichter zu blicken. Im Gegensatz zu Walker Evans, der Personen, Innenräume und Gebäude zumeist frontal und unter

33 Vgl. Sharon Corwin / Jessica May / Terri Weissman (Hrsg.): *American Modern: Documentary Photography by Abbott, Evans, and Bourke-White*. Berkeley / Chicago: University of California Press 2010, S. 64–69; Jeff Allred: *American Modernism and Depression Documentary*. Oxford: Oxford UP 2010, S. 93–131.

34 Als New Deal werden eine Reihe von Wirtschafts- und Sozialreformen bezeichnet, die von Präsident Franklin D. Roosevelt und seiner Regierung als Antwort auf die Probleme und Nöte der Agrar- und Wirtschaftskrise der 1930er Jahre ab 1933 umgesetzt wurden. Dazu zählten die Regulierung der Finanzmärkte, die Überwachung der industriellen und landwirtschaftlichen Produktion, die Einführung von Sozialleistungen wie Arbeitslosenversicherung und Mindestlöhne. Arbeitsbeschaffungsprogramme, auch für Künstler, dienten neben finanziellen Leistungen der Armutsbekämpfung. Vgl. David M. Kennedy: *Freedom from Fear. The American People in Depression and War, 1929–1945*. New York / Oxford: Oxford UP 2001, S. 131–217.

35 Bourke-White: *Portrait of Myself*, S. 137.

Abb. 3
Margaret Bourke-White: *Sweetfern, Arkansas,* für das Projekt *You Have Seen Their Faces,* USA, 1936.

natürlicher Beleuchtung fotografierte und dadurch eine gewisse Neutralität und Ausgewogenheit in der Aufnahme zu erreichen versuchte, die er als dokumentarische Objektivität verstand, erzeugte Bourke-White in ihren Bildern Dramatik und Theatralik. Sie entschied sich für weitaus drastischere Motive von Armut und Verwahrlosung, um den Botschaften ihres politischen Engagements Nachdruck zu verleihen.[36] Dabei schreckte sie auch vor schonungslosen Schilderungen des Lebensumfeldes und der körperlichen Verfassung der fotografierten Personen nicht zurück. (Abb. 3) Walker Evans und Dorothea Lange betonten hingegen in

36 Jeff Allred beschreibt diesen spezifischen Stil als „documentary practice that employs the technical precision of advertising work and its keen sense of how to persuade a mass audience while preserving the close contact with social reality". (Allred: *American Modernism*, S. 68.) Siehe auch allgemein ebd. für eine ausführliche Analyse des Buches.

ihren Aufnahmen die Aufrechterhaltung der familiären, häuslichen und moralischen Ordnung in einer Welt des Zusammenbruches sowie die Humanität und Würde, mit der die Menschen diese Krise erduldeten. Die desolaten Häuser erscheinen bei Evans trotz aller Armut ordentlich und aufgeräumt. Zeichen der Sauberkeit wie Besen und Handtücher sind in den Räumen prominent platziert, die durch eine Schönheit der Einfachheit bestechen. Langes zahlreiche Frauenporträts zeigen Frauen, die trotz ihrer misslichen Lage ihre Schönheit und Anmut nicht verloren haben und madonnenhaft mit Kindern ins Bild gesetzt sind oder als ältliche Damen immer noch Moral und Ordnung vermitteln. Auf diese Weise sollten sich die zeitgenössischen Betrachter*innen mit den dargestellten Personen identifizieren können und animiert werden, die Hilfsmaßnahmen der Regierung gutzuheißen, die diese bemitleidenswerten Mitglieder der Gesellschaft wieder in die Gemeinschaft zu integrieren versuchten. Zugleich konnten sie Vorbild sein für die durch die Depression gebeutelte amerikanische Bevölkerung allgemein und sollten Konsens über New-Deal-Programme und ein nationales Einheitsgefühl fördern.[37] Auch einige von Bourke-Whites Aufnahmen lassen sich in dieser Hinsicht lesen und zeichnen ein heroisches und sympathisches Bild der Landbevölkerung. Im Großteil ihrer Aufnahmen lieferte sie jedoch ein schockierendes Bild und hielt ihre Kamera schonungslos auf Personen, denen der soziale, körperliche und geistige Verfall deutlich anzusehen ist. An diesen Aufnahmen und an den fiktiven Aussagen, die den Porträts als Bildunterschrift von Caldwell beigefügt wurden, entzündete sich harsche Kritik, die dem Autorenduo visuelle und kommerzielle Ausbeutung ihrer Modelle vorwarf und den strikten Ethos der sachlichen Dokumentation verletzt sah.[38] Im Gegensatz zu anderen Fotograf*innen hatten Bourke-White und Caldwell – finanziell unabhängig von Regierungsprojekten – jedoch den Freiraum, sich dem von der Regierung geförderten Ansinnen, ein kontrolliertes Bild des Südens und seiner Bewohner*innen zu entwerfen, zu entziehen. Ganz explizit kritisiert Caldwell in seinem Text die Heroisierung und Instrumentalisierung der mittellosen Farmpächterfamilien in den Medien und für Regierungsprogramme:

37 Vgl. Terry Smith: *Making the Modern. Industry, Art, and Design in America*. Chicago / London: University of Chicago Press 1993, S. 68; Peeler: *Hope among Us yet*, S. 101–109.

38 Zu dieser bis heute andauernden Auseinandersetzung siehe John Stomberg: A Genealogy of Orthodox Documentary. In: Mark Reinhardt / Holly Edwards / Erina Duganne (Hrsg.): *Beautiful Suffering. Photography and the Traffic on Pain*. Ausstellungskatalog Williams College Museum of Art Williamstown. Chicago: University of Chicago Press 2007, S. 37–56, hier S. 46–48; Jeanne Follansbee Quinn: The Work of Art. Irony and Identification in „Let Us Now Praise Famous Men“. In: *NOVEL. A Forum on Fiction* 43,3 (2001), S. 338–368.

> The rest of the country doesn't care what happens to all these people. They might make a show of caring, but they've got enough troubles of their own, and a man's own troubles are more important to him than somebody else's. […] The American mind is by this time so accustomed to weeping over lost causes that in this instance there is likelihood of the sharecropper becoming just another figure in a sentimentalizing nation.[39]

Caldwell schreibt weiter: „The sharecropper is anything but a heroic figure at present; […] As an individual he would rather be able to feed, clothe, and house his family properly than to become the symbol of man's injustice to man."[40] Stattdessen versuchten er und Bourke-White den extremen Auswüchsen, der Disparität und Multiperspektivität einer in ihrem Gefüge zerfallenden Gesellschaft gerecht zu werden.

Das Interesse für die soziale Dimension ökonomischer oder politischer Krisen blieb auch während Margaret Bourke-Whites Arbeit als Kriegsberichterstatterin erhalten. Einerseits zeigt sich dies in dem Versuch, das ‚Alltagsleben' der amerikanischen Soldaten, ihre Schlafplätze, ihre Mahlzeiten, aber auch ihre Freizeitbeschäftigungen fotografisch einzufangen. Andererseits wird dieses Ansinnen in ihren Schilderungen des Lebens der italienischen und deutschen Zivilbevölkerung deutlich. Aufbauend auf Bildformeln der sozialdokumentarischen Fotografie geht es ihr allerdings weniger darum, Verständnis und Empathie für diese Personengruppen zu schaffen, sondern die in den sozialdokumentarischen Modus eingeschriebenen Machtverhältnisse zu nutzen, um eine kulturelle und moralische Differenz zur amerikanischen Nation herzustellen.

4. *LIFE* und der Beginn der fotojournalistischen Tätigkeit

Margaret Bourke-Whites Wunsch, sich stärker den sozialen Realitäten des Lebens zu stellen und ihr politisches Bewusstsein auch beruflich einzubringen, führte dazu, dass sie Henry Luces Angebot, für sein neues Bildmagazin *LIFE* zu arbeiten, begeistert annahm.[41] Kurz nach ihrer Rückkehr aus den Südstaaten unterschrieb sie 1936 den Vertrag.

39 Bourke-White / Caldwell: *You Have Seen Their Faces*, S. 28.

40 Ebd.

41 An einen Freund schrieb sie freudig: „People don't realize how serious conditions in this country are … The new job [at Life] will give me more opportunity to work with creative things like this … I am delighted to be able to turn my back on all advertising agencies and go on to life as it really is." (Zit. n. Vials: *Popular Front*, S. 94.)

Angeregt durch den Erfolg europäischer Vorbilder, verfolgte Henry Luce seit 1932 die Konzeption eines wöchentlich erscheinenden Bildmagazins.[42] Das neue Magazin mit dem Namen *LIFE* sollte das zeitgenössische Leben in seiner ganzen Bandbreite behandeln, die Leserschaft informieren, weiterbilden und unterhalten. Es sollte die unterschiedlichsten Interessen einer weißen Mittelklasse abdecken und über nationale und internationale Nachrichten und Politik, Wissenschaft, Gesellschaft, moderne Lebensführung, Mode, Kultur, Sport und auch Kurioses berichteten. *LIFE* sollte laut Luce das Unbekannte, das weit Entfernte, das Verborgene für die Leser*innen sichtbar und verständlich machen und zugleich das Ungewöhnliche und Aufregende im Alltäglichen zeigen.[43] Das Neue am Konzept von *LIFE* war, dass primär Fotos zur Inhaltsvermittlung herangezogen wurden.[44] Zur Umsetzung seiner anspruchsvollen Pläne engagierte Luce vier Fotograf*innen, die bereits Erfahrung auf dem Gebiet des Fotojournalismus gesammelt hatten und zuvor schon für den Verlag Time Inc. tätig waren: Alfred Eisenstaedt, Thomas McAvoy, Peter Stackpole und als einzige Frau Margaret Bourke-White.[45]

42 Die Entwicklung eines Bildmagazins lag seit Ende der 1920er Jahre in der Luft. Auch *Fortune* orientierte sich mit der Veröffentlichung zahlreicher hochqualitativer Fotostrecken an diesem Bedürfnis der Leser. Bereits 1931 hatte die *Vanity-Fair*-Redakteurin Clare Boothe, später die Ehefrau Henry Luces, ihrem damaligen Arbeitgeber Condé Nast die Entwicklung eines Bildmagazines vorgeschlagen. 1932 begann Dwight McDonald, Autor für *Fortune*, an einem ebensolchen zu arbeiten und einen Dummy zu entwickeln. Schließlich gründete Luce unter der Leitung von Daniel Longwell, der 1934 vom Verlag Doubleday – wo er Reisebildbände herausgegeben hatte – zu Time Inc. kam, eine Versuchsabteilung für ein Bildmagazin. Berater von Longwell war Kurt Korff, ehemals Chefredakteur der *Berliner Illustrirten*, der 1933 aus Deutschland emigriert war. Er half Longwell, geeignete Fotografen und weitere Bildquellen zu finden und schulte sein Auge für das Erkennen qualitätsvoller Fotos. Darüber hinaus nutzte Longwell 1935 eine Reise nach Europa, um sich mit Spezialisten des Fotojournalismus und von Bildmagazinen in Großbritannien und Frankreich zu treffen. Vgl. Loudon Wainwright: *The Great American Magazine. An Inside History of Life*. New York: Knopf 1986, S. 1–16.

43 Henry Luce notierte 1936 in einem internen Memo für potenzielle Anzeigenkunden: „To see life; to see the world; to eyewitness great events; to watch the faces of the poor and the gesture of the proud; to see strange things – machines, armies, multitudes, shadows in the jungle and on the moon; to see man's work – his paintings, towers and discoveries; to see things thousands of miles away, things dangerous to come to; the women that men love and many children; to see and take pleasure in seeing; to see and be amazed; to see and be instructed." (Zit. n. Goldberg: *A Biography*, S. 174–175.)

44 In einem internen Memorandum an die Mitarbeiter von *LIFE* sprach John Billings im November 1936 von 5.000 bis 6.000 Fotos, die von den Redaktionen gesichtet wurden. Das „The Getting of Pictures" betitelte Büro-Memorandum datiert auf den 16. November 1936, Margaret Bourke-White Papers, Syracuse University Library, Box 49. Im Folgenden wird das Archiv als MBW Papers abgekürzt.

45 Goldberg: *A Biography*, S. 175.

Mit dem Aufkommen von Bildmagazinen wie *LIFE* etablierte sich auch in den USA eine neue Form der Inhaltsvermittlung: das Photo-Essay. Die Bilder übernahmen dabei nicht die Aufgabe von Illustrationen, sondern entwickelten eine eigenständige, vom Text unabhängige Narration.[46] Maitland Edey, *LIFE*-Redakteur und ehemaliger Kollege von Bourke-White, beschreibt das *LIFE*-Photo-Essay mit folgenden Worten:

> [A] collection of pictures on a single theme, arranged to convey a mood, deliver information, tell a story, in a way that one picture alone cannot. Selection and arrangement are all-important. A successfull photo essay is always greater than the sum of its parts. It has a life of its own. It says more, has a greater impact than any single picture in it.[47]

Der Begriff Photo-Essay, abgeleitet von „photographic essay", wurde laut Loudon Wainwright bereits 1937 von Henry Luce geprägt.[48] Margaret Bourke-White und dem Time Inc. Verlag werden – ausgehend von ihrem Swift&Co-Beitrag für *Fortune* – eine wichtige Rolle in der Entwicklung des Photo-Essays zugeschrieben. Bourke-Whites Reportage über den Fort-Peck-Staudamm, die Titelgeschichte der ersten *LIFE*-Ausgabe 1936, wird allgemein als erste amerikanische Fotoreportage in ihrer charakteristischen Form angesehen.[49] Bis zur massenhaften Verbreitung des Fernsehens als Informationsmedium sollte das Photo-Essay als *das* bestimmende Medium der visuellen Kommunikation auch die Kriegsberichterstattung dominieren.

Um den Entstehungsprozess eines Photo-Essays – auch in Hinblick auf Margaret Bourke-Whites im Krieg entstandene Reportagen – besser nachvollziehen zu können, wird im Folgenden anhand der Beschreibung des ehemaligen *LIFE*-Mitarbeiters Maitland Edey der Entstehungsablauf kurz vorgestellt. Auch wenn die Fotograf*innen der Photo-Essays als Bildautor*innen im Vordergrund standen, entwickelte sich ein Photo-Essay für *LIFE* durch die Zusammenarbeit

46 Zur Geschichte des Fotojournalismus und insbesondere zur Entwicklung des Bildmagazin in den USA siehe Michael Carlebach: *American Photojournalism Comes of Age*. Washington: Smithsonian Institution Press 1997, insb. Kap. 4.

47 Zit. n. Edey (Hrsg.): *Great Photographic Essays from Life*, S. 1.

48 „Fifteen or twenty years ago, people used to write ‚essays' for magazines […] The essay is no longer a vital means of communication. But what is vital is the photographic essay." (Zit. n. Goldberg: *A Biography*, S. 180.)

49 Edey (Hrsg.): *Great Photographic Essays*, S. 1; Goldberg: *A Biography*, S. 180. Auch Bourke-White sah sich selbst in dieser Rolle. Vgl. Bourke-White: *Portrait of Myself*, S. 147.

einer Vielzahl von Beteiligten.[50] Der Spartenredakteur entwickelte zumeist gemeinsam mit seiner Redaktion eine Idee, stellte Recherchen an und entwickelte ein *shooting script*[51] für den Fotografen. Der Bildredakteur entschied, ob das Projekt umgesetzt wurde oder nicht, und wies es einem bestimmten Fotografen zu. Es war auch möglich, dass die Fotograf*innen ein Projekt selbst entwickelten, recherchierten und vorschlugen, wie Margaret Bourke-White in ihrer Autobiografie beschreibt.[52] Meist unterstützt von zumindest einem Recherche-Assistenten begannen die Fotografen ihren Auftrag umzusetzen. *LIFE* motivierte seine Fotograf*innen, möglichst viele Aufnahmen zu schießen, und übernahm für seine festangestellten Mitarbeiter*innen auch die Kosten für Filme, weiteres Material und die Entwicklung. Das sogenannte *overshooting* sicherte dem Magazin eine Vielzahl unterschiedlicher Aspekte und Blickwinkel, bewahrte die Fotograf*innen aber auch vor nachträglichen Forderungen, wenn ein Detail der Geschichte fehlen sollte. Die Negative, meist hunderte, gingen direkt zum *photo negative editor.* Über mehrere Jahrzehnte hinweg übernahm diese Aufgabe Bourke-Whites frühere Sekretärin Peggy Singer-Sargent für die *LIFE*-Fotograf*innen. Der *photo negative editor* wählte am Leuchttisch mit einem Vergrößerungsglas anhand der Negative die besten Aufnahmen aus,

50 So wurde es beispielsweise zum anerkannten Standard, dass die Fotograf*innen im Impressum mit Seitenzahlen als Autor*innen der Bilder genannt wurden. Die Textautor*innen blieben in den meisten Fällen hingegen anonym, um *LIFE* eine einheitliche auktoriale Stimme zu verleihen. Bourke-White hatte sich das Recht auf Namensnennung im Impressum und die namentliche Identifizierung all ihrer in *LIFE* veröffentlichten Aufnahmen bereits 1936 vertraglich zusichern lassen. Vgl. Vertrag mit Time Inc, datiert vom 4. September 1936. MBW Papers, Box 49.

51 Ein *shooting script* gibt den Fotograf*innen eine mehr oder weniger detailliert ausgearbeitete Anleitung an die Hand, welche Motive und Szenen von ihnen für eine Story erwartet werden. Derartige *shooting scripts* waren zum Beispiel auch schon bei der FSA gängige Praxis (vgl. Kulessa: *Vision und Dokumentation*, S. 118–119) und konnten von der allgemeinen Angabe von Motiven wie „Town Halls“ bis hin zu konkreten Vorgaben in Hinsich auf den Blickwinkel etwa „Windowpane in hard rain. Water running down glass in side of car“ reichen (zit. n. ebd., S. 157). Im Archiv von Margaret Bourke-White ist das *shooting script* ihres *LIFE*-Auftrages für die Riverside Church erhalten. Detailliert listet es 38 Einzelpositionen auf, die fotografiert werden sollten. Es umfasst Details von der Chorübung („leader in short sleeves“) über ein Heinrich-Hoffmann-Gemälde in den Gängen, schlagenden Glocken bis hin zur technischen Ausstattung und dem „children's window“. Akribisch notierte Margaret Bourke-White zum Teil Tag und Uhrzeit der Aufnahme und die Belichtungszeiten, mit denen sie gearbeitet hat. Dies macht deutlich, dass auch die Arbeit für *LIFE* in ein enges Korsett an Vorgaben eingebunden war. Vgl. MBW Papers, Box 49.

52 „Sometimes the ideas originated with the editors and sometimes with me. If I dreamed up an idea for a story which I thought would be a good one, I researched it and hunted up people who could give me background on it, and then went to the editors with my idea. If they thought it made sense, they sent me out on it.“ (Bourke-White: *Portrait of Myself*, S. 146.)

markierte sie und ließ sie im Format 8 x 10 oder 11 x 14 abziehen, damit der nächste Schritt – das Layout – folgen konnte. Zum Teil erfolgte die Auswahl aber auch an den Kontaktabzügen. So weisen viele der Kontaktabzüge im Archiv von Margaret Bourke-White Kreuze auf, mit denen sie für eine weitere Bildauswahl markiert worden waren.

In den ersten Jahren von *LIFE* gab es offensichtlich noch kein festes Prozedere für die Erstellung des Layouts eines Photo-Essays. Maitland Edey schreibt, dass vorzugsweise John Billings, Redaktionsleiter von *LIFE* von 1936 bis 1944, diese Aufgabe übernahm:

> He was endlessly resourceful in rescuing items with a pictorial zing but not enough of it to stand by themselves. By clever match-ups and play-offs he would build up the zing. His layouts were bold and straightforward. They went directly to the meat of the story. No fooling around. [...] He liked to shock, and did so over and over again, with pictures of brain operations, with the first pictures ever published in a general magazine of the birth of a baby, with murders, warfare, concentration camp victims. World War II gave him endless opportunity to shock, and he exploited that too, but in a high moral way [...].[53] Billing's preoccupation with pace and impact, and his practice of laying out all stories himself, relegated the designer to a secondary role.[54]

Aus Tagebucheinträgen von Billings geht jedoch hervor, dass auch Henry Luce sowie ein nicht weiter spezifiziertes *layout department* involviert waren. Die Gestaltung des Layouts folgte somit weniger festen Regeln als der Intuition Einzelner. Im Juni 1944 folgte Daniel Longwell auf Billings als Redaktionsleiter und übertrug mehr Verantwortung auf die einzelnen Redaktionen. Erst dessen Nachfolger Joseph Thorndike etablierte mit Charles Tudor die Position eines Artdirectors im heutigen Sinn.[55] Bevor der Beitrag allerdings überhaupt den Redaktionsleiter erreichte, wurde laut Edey folgendermaßen vorgegangen:

53 Edey: *Great Photographic Essays*, S. 8.

54 Ebd., S. 10.

55 Wainwright: *The Great American Magazine*, S. 85–86. Es scheint als hätte es bei *LIFE* keinen Artdirector, wie beispielsweise Aleksander Libermann bei *Vogue*, gegeben, der großen Einfluss auf die Gestaltung und Verwendung von Fotografien hatte. Artdirectoren hatten bei *LIFE* stärker die Funktion von Illustratoren oder Grafikern. So beschreibt Wainwright die Spezialität des ab 1939 als Artdirector für *LIFE* arbeitenden Worthern Paxton auf dem Gebiet der „detailed war illustrations and global diagrams“. Darüber hinaus hatte er eine substanzielle Sammlung an Kartenmaterial zusammengeführt und Künstler wie Tom Lea oder Fletcher Martin als Kriegsmaler engagiert. Wainwright: *The Great American Magazine*, S. 113.

> An ambitious essay went through several transformations before it was ready to be presented to the managing editor. Certain spreads might be laid out two or three ways to see which looked best when photostats of the pictures had been reproduced to the proper scale and pasted to layout sheets the exact size of a double page spread in Life, along with captions, headlines, and text blocks of dummy type so that they looked exactly they way they would when published. When an essay layout was completed it would be thumbtacked – spread by spread – to the cork-covered office wall of the managing editor, the alternative spreads also displayed above or below the others [...].[56]

Als feste Mitarbeiterin deckte Margaret Bourke-White in den nächsten Jahren eine Vielzahl unterschiedlicher Themenbereiche für *LIFE* ab. Die Bandbreite reichte von typischen „Bourke-White-Stories", die im Stile der Corporate Story ein Unternehmen oder ein Produkt vorstellten,[57] über Aufträge in sozialdokumentarischer Manier[58] und politische Hintergrundberichte[59] bis hin zu Gesellschaftsreportagen und wissenschaftlichen Kuriositäten.[60] Die weltpolitischen Umstände ließen *LIFE* jedoch bald zu einem Magazin werden, das seine Leser*innen über internationale Ereignisse und außenpolitische Nachrichten auf dem Laufenden halten wollte. Bereits ab den ersten Ausgaben waren der sino-japanische Konflikt, der Spanische Bürgerkrieg und auch der Aufstieg der Nationalsozialisten in Deutschland und der Faschisten in Italien ein wichtiges Thema.

5. Politische Reiseberichte und erste Kriegsreportagen

In diesem historischen und publizistischen Rahmen etablierte sich Margaret Bourke-White Ende der 1930er Jahre innerhalb der Redaktion von *LIFE* als Spezialistin für politische Reiseberichte aus den Krisenregionen Europas und Nordafrikas und knüpfte damit an ihre Reisen nach Russland und Deutschland

56 Edey: *Great Photographic Essays*, S. 14.

57 Z. B. Parachutes. In: *LIFE*, 22.03.1937, S. 28–34; Portfolio on Paper. In: *LIFE* 05.07.1937, S. 24–29; The Grand Coulee. In: *LIFE*, 11.10.1937, S. 34–39; The Telephone Company. In: *LIFE*, 17.07.1939, S. 56–63.

58 Z. B. Floods Aftermath. In: *LIFE*, 15.02.1937, S. 9– 11; Muncie, Indiana. In: *LIFE*, 10.05.1937, S. 15–25.

59 Z. B. Senate and Senators. In: *LIFE*, 14.07.1937, S. 17–27; Mayor Frank Hague and His Jersey city. In: *LIFE*, 07.02.1938, S. 44–51.

60 Z. B. Life goes to a party with Binghamton lions. In: *LIFE*, 28.11.1938, S. 65–66; Aerosol Makes even Ducks Sink. In: *LIFE*, 27.02.1939, S. 41–42; Life Cycle of the Praying Mantis. In: *LIFE*, 21.08.1939, S. 56–57.

Anfang des Jahrzehntes an.[61] Zwischen 1930 und 1932 war Margaret Bourke-White zweimal nach Deutschland und dreimal in die Sowjetunion gereist. Hauptziel vor allem der ersten Reisen, die im Auftrag von *Fortune* erfolgten, war die Auseinandersetzung mit der Industrie und der Wirtschaft beider Staaten. In Deutschland interessierte vor allem der ökonomische Entwicklungsstand nach der Niederlage im Ersten Weltkrieg.[62] Als eine Art Lagebericht über das Wiedererstarken der deutschen Wirtschaft fotografierte sie in den Produktionsstätten großer deutscher Unternehmen, wie AEG und I. G. Farben, aber auch in den UFA-Studios und der Werft des Norddeutschen Lloyd. Eine zweite Reise führte sie 1932 an Militärstützpunkte, wo sie Übungsmanövern der deutschen Wehrmacht beiwohnte. Beide Aufenthalte etablierten Margaret Bourke-White als Kennerin der deutschen Wirtschaft und Gesellschaft, ein nicht zu unterschätzender Vorteil als sie fünfzehn Jahre später, im Frühjahr 1945, als Kriegsberichterstatterin nach Deutschland zurückkehren sollte.[63]

Zunächst reiste sie jedoch im Frühjahr 1938, kurz nach dem ‚Anschluss' Österreichs an das Deutsche Reich, gemeinsam mit Erskine Caldwell – mittlerweile ihr Ehemann – nach Europa, um über das politische und gesellschaftliche Klima in Staaten zu berichten, die unmittelbar von den deutschen Expansionsbestrebungen bedroht waren.[64] Als Fotografin sah sie ihre Aufgabe darin, die Öffentlichkeit über die politischen Ereignisse aufzuklären und damit ihren Beitrag zum Erhalt der Demokratie zu leisten, wie sie in einem Radiointerview nach ihrer Rückkehr betonte: „It is my firm belief that democracy will not lose hold as long as people really know what is going on and that the photographer has a very valuable part to do in showing what is going on."[65] Nach einem kurzen Aufenthalt in Spanien – Bourke-White und Caldwell waren aktive Unterstützer der Republikaner – reisten sie weiter in die Tschechoslowakei.[66] Bourke-White fotografierte Landschaften sowie die Bewohner in traditionellen Trachten und bei der Feldarbeit, monumentale Porträts und pittoreske Straßenszenen. Im Großen und Ganzen entwarf sie das Bild eines idyllischen, in der Zeit stehen gebliebenen Landes. Im Kontrast dazu fotografierte sie auch eine Nation, die sich auf einen Krieg vorbereitete: Sie porträtierte die

61 1940 nennt das angesehene Magazin *U. S. Camera* Margaret Bourke-White als „the most famous on-the-spot reporter the world over". (Zit. n. Goldberg: *A Biography*, S. 194.)

62 So untertitelte *Fortune* ein Bildportfolio Bourke-Whites „the most important illustrative record yet made of that nation's post-war recovery". (*Fortune*, Oktober 1930, S. 126.)

63 Zu ihren Deutschlandaufenthalten siehe auch Kap. IV.2.

64 Vgl. Goldberg: *A Biography*, S. 211.

65 Zit. n. ebd., S. 213.

66 Vgl. ebd., S. 211.

politische Elite des Landes, die Rüstungsindustrie im Škoda-Werk in Plzeň (Pilsen) und das tschechoslowakische Militär bei Trainingseinsätzen in der Nähe von Prag. Ihre Aufnahmen des Militärs wirken entspannt. Die Soldaten lächeln und posieren augenscheinlich gut gelaunt für die Fotografin. Bourke-White, offenbar in der Darstellung von militärischen und kriegerischen Motiven noch ungeübt, zeigte, was sie sah: junge, freundliche Männer, die an einem schönen Sonnentag mit ihren Waffen trainieren.[67] Caldwell und Bourke-White reisten auch ins Sudetenland, wo sich der Konflikt zwischen Deutschen und Tschechen zuspitzte. Im Zentrum ihres Interesses stand ein Parteitag der sudetendeutschen Fraktion der nationalsozialistischen Partei unter ihrem Führer Konrad Henlein in Reichenberg.[68] Auch eine Gruppe jüdischer Flüchtlinge und eine vom Staat geförderte Talmudschule sind unter den fotografierten Motiven. Die Aufnahmen verweisen – als einige der wenigen Beispiele von Bourke-White – darauf, dass der Zweite Weltkrieg ein von rassistischer Ideologie und Verfolgung getragener Konflikt war. Obwohl die Judenverfolgung bis zu ihren Aufnahmen aus den deutschen Konzentrationslagern keinen expliziten Niederschlag in ihrer Fotografie gefunden hat, war sich Margaret Bourke-White offensichtlich bereits damals dieses Umstandes durchaus bewusst, wie die Versuche unterstreichen, ihrer jüdischen Dolmetscherin zur Emigration in die USA zu verhelfen.[69] Bourke-Whites eigener Vater entstammte einem orthodox-jüdischen Elternhaus, praktizierte seinen Glauben aber nicht. Bourke-White hatte ihrer Biografin Vicki Goldberg zufolge selber ein zwiespältiges Verhältnis zum Judentum. Sie berichtet, dass der Glaube des Vaters in der von der Mutter christlich-katholisch ausgerichteten Familie weitgehend verschwiegen wurde und die Kinder erst nach seinem Tod davon erfuhren. Laut Goldberg hielt sie die jüdische

67 Im Gegensatz dazu beruhen Aufnahmen ihres *LIFE*-Kollegen John Philipps, der ebenfalls in der Tschechoslowakei fotografierte, auf traditionellen Bildformeln des Ersten Weltkrieges. Dazu zählt zum Beispiel das Motiv des „Going over the top“– des Springens über den Schützengraben. Bewegung, Dramatik und das Gefühl des „Nah-dran-Seins“ stehen hier im Vordergrund; so wirkt das Übungsmanöver bei Philipps als bedrohlicher und dramatischer Einblick in eine Kampfhandlung. Eine Auswahl ist im Online-Bildarchiv von *LIFE* einzusehen, zum Beispiel http://images.google.com/hosted/life/6d38ac0de6415032.html (Zugriff am 28.01.2017).

68 Die Fotos aus der Tschechoslowakei sind einzusehen im Online-Bildarchiv von *LIFE* unter den Stichworten Bourke-White und Czechoslovakia: http://images.google.com/search?q=Bourke-White+slovakia&q=source%3Alife&tbm=isch#q=Bourke-White+Czechoslovakia+source:life&spell=1&tbm=isch (Zugriff am 28.01.2017). Das Photo-Essay erschien unter dem Titel „Czechoslovakia. LIFE Presents a Pictorial Survey of a Democracy Defending Its Life“ am 30. Mai 1938 in *LIFE*, S. 50–65.

69 Goldberg: *A Biography*, S. 213.

Herkunft ihres Vaters geheim.[70] Für ihre Wahrnehmung als öffentliche Person spielte das Judentum keine Rolle. Auch als Kriegsberichterstatterin lassen sich keine eindeutigen Hinweise finden, dass sie mehr als andere Kolleg*innen von der Verfolgung der jüdischen Bevölkerung in ihrer Arbeit motiviert worden wäre. Dass sie sich nicht unbedingt als jüdisch verstand, zeigt auch ein Brief an ihre Dolmetscherin. Darin schreibt sie „Certainly you will find no prejudice against *your* race here."[71]

Während Bourke-Whites anschließenden Aufenthaltes in Ungarn entstand eine ähnliche Mischung aus einerseits klassischer Reisereportage mit Aufnahmen von Landschaften, Menschen, dem traditionellen und vor allem ländlich geprägten Leben und Architektur sowie andererseits Porträts von Vertretern aller politischen Couleurs, vom Kommunisten bis hin zum Faschisten und Nationalsozialisten.[72] *LIFE* konzentrierte sich in seinen Beiträgen über die Tschechoslowakei und Ungarn auf eine bunte Mischung aus Landeskunde, Geschichte, Folklore und ein paar Happen aktueller Politik. Die brisante politische Situation in beiden Ländern wird zwar angesprochen, aber ins Karikaturhaft-Lächerliche gezogen.[73]

Henry Luce und seine Frau Claire Boothe Luce reisten im Frühsommer 1938 ebenfalls nach Europa. In Prag trafen sie sich mit Edvard Beneš, dem tschechoslowakischen Präsidenten, und erlebten hautnah den deutschen Antisemitismus und die tschechischen Anstrengungen zum Erhalt von Souveränität und

70 Vgl. Goldberg: *A Biography*, S. 42–43.

71 Zit. n. ebd., S. 213 (Hervorhebung d. Verf.).

72 Die Fotos sind einzusehen im Online-Bildarchiv von *LIFE* unter den Stichworten Bourke-White und Hungary: http://images.google.com/search?q=Bourke-White+hunagry&q=source%3Alife&tbm=isch#q=Bourke-White+hungary+source:life&spell=1&tbm=isch (Zugriff am 28.01.2017). Das Photo-Essay erschien in *LIFE* am 12. September 1938 unter dem Titel „Hungary. The Kingless Kingdom, Wooed by Germany, Clamors For Lost Lands", S. 50–61.

73 Im Beitrag über die Tschechoslowakei wird beispielsweise der den Hitlergruß zeigenden Versammlungsmenge eine Sequenz von Fotos gegenübergestellt, die eine Wurstverkäuferin zeigt, die mit ganz ähnlicher Gestik ihre Ware anpreist. Im Fall von Ungarn wählte die Redaktion Porträts, etwa des Kriegsministers General Eugen Ratz, die das Aussehen der Männer ins Lächerliche überzeichnen. Dies entsprach durchaus den damaligen Darstellungskonventionen in *LIFE*; zu sehen zum Beispiel in Hitler on high. In: *LIFE*, 07.12.1936, S. 13; LIFE Goes to a Hitler Party in West Virginia. In: *LIFE*, 05.12.1938, S. 86–87; Two Little Men Meet in Rome to see a fascist show. In: *LIFE*, 23.05.1938, S. 12–14. Vor allem Hermann Göring war Ziel einer satirischen Bildstrategie; ein Beispiel dafür ist: Göring Poses with His First Child. In: *LIFE*, 25.07.1938, S. 22. Göring gibt darin auf einem Foto einem Löwenbaby die Flasche. Ein vergleichbares Bild war bereits im Februar 1937 auf dem Cover des *Look Magazine* abgebildet. Ein weiteres Beispiel ist: Göring Plays Tennis in Hair Net. In: *LIFE*, 03.04.1939, S. 23.

Demokratie. Diese Erfahrungen führten dazu, dass Luce im Herbst neue inhaltliche Direktiven für die drei Magazine des Time Inc. Verlags vorgab, darunter die strikte Absage an antisemitische Tendenzen.[74] Zudem entwickelte sich Luce zum harschen Kritiker der Isolationismus-Politik der Regierung und warnte vor dem schlechten Zustand des amerikanischen Militärs.[75] Im Juni 1939 reiste er mit seiner Frau erneut nach Europa, besuchte unter anderem Frankreich und Polen, wo sich seine Überzeugung festigte, dass ein Krieg unausweichlich war. Der Verlag begann, erste Vorkehrungen zu treffen, um für die Berichterstattung eines potenziellen Krieges in Europa gewappnet zu sein, zum Beispiel durch die Installierung von Büros in London und Paris. Im Herbst 1939 überschlugen sich die weltpolitischen Ereignisse mit dem Überfall Deutschlands auf Polen und der Kriesgerklärung Großbritanniens und Frankreichs an Deutschland. Mitte Oktober erhielt Margaret Bourke-White den Auftrag, nach London zu fliegen, um dort zunächst über das Leben in Großbritannien im Krieg zu berichten und von dort aus weiter nach Rumänien (Dezember 1939) und danach in die Türkei und Syrien (März 1940) zu reisen. Bourke-White nahm diese Aufgabe äußerst ernst, wie sie in einem Brief am 9. Oktober 1939 an den New Yorker Senator Robert F. Wagner schrieb:

> LIFE magazine is sending me to France and England to cover the LIFE of the people under conditions of war. We all feel that while interesting pictures have been arriving, there has been nothing yet to show how the people actually live in times like these. It is my job to make that as real as possible, and I am looking forward to the assignment as one of the most important I ever had.[76]

Ihre Aufgabe sah sie demzufolge in der Sichtbarmachung der sozialen und gesellschaftlichen Auswirkungen des Krieges. Auffälligerweise spiegelt sich davon allerdings wenig in den spärlich erhaltenen Fotos; es handelt sich dabei vor allem um Porträts bekannter Politiker, darunter Winston Churchill und Haile Selassie, und eine Serie über das verdunkelte London.
Ähnlich wie bei ihren Aufträgen in der Tschechoslowakei und Ungarn zeigen Bourke-Whites Fotos aus Rumänien, der Türkei und Syrien eine Mischung aus Motiven kulturkundlichen Interesses, wie lokale Traditionen, Landschaft,

74 Elson: *Time Inc.*, S. 360.

75 Im Dezember erschien der große Beitrag: Rearmament. U. S. Is Weak in Arms and Industry Unprepared. In: *LIFE*, 19.12.1938, S. 44–58.

76 Zit. n. Silverman: *For the World to See*, S. 105.

Wirtschaft und Industrie, Religion, Städtebau und Architektur im Verbund mit Porträts prominenter Politiker und Aufnahmen der jeweiligen Heere, deren Ausbildung, Ausrüstung und Übungsmanöver sie fotografierte.[77] In Syrien besuchte sie erstmals Truppen einer sich im Krieg befindenden Partei: in den französischen Garnisonen in Aleppo und Dmeir und an einem Außenposten der Französischen Legion in Homs. Doch auch hier scheint der Krieg weit weg zu sein. Ihre Fotografien umfassen Architektur- und Straßenaufnahmen altehrwürdiger Städte wie Damaskus oder Beirut, Aufnahmen bekannter Sehenswürdigkeiten wie den Jupitertempel in Baelebek und vor allem zahlreiche Genreszenen, zum Beispiel orientalisch anmutende Frauen mit Kindern und Tieren vor traditionellen Häusern und Männer beim Kartenspielen oder Beduinen mit ihren Kamelen. Daneben zeigte sie das Alltagsleben in den Lagern, die Zubereitung der Mahlzeiten, die Pflege der Tiere und die Soldaten beim Entspannen: Mit diesen geselligen Alltagsszenen knüpfte sie motivisch an den „picknick war" an, wie es seit Roger Fentons Aufnahmen vom Krimkrieg in der Kriegsfotografie üblich war.[78] Diese Tradition verband sie mit den tradierten Vorstellungen des Nahen Ostens als exotischen Ort des Orients. Der für historische Kriegsfotografien nicht unübliche „touristische Blick"[79], der die Fotografien Bourke-Whites dieser Zeit kennzeichnete, kam hier besonders stark zu tragen und ließ vergessen, dass sich das Land im Krieg befand. Eine ‚befriedende' Rahmung, die sich auch noch 1943 in ihrer Arbeit für die U. S. Air Force in Nordafrika erkennen lässt.

Auch Länder, die Verbündete des Deutschen Reiches waren oder mit ihnen sympathisierten, wurden nicht als potenzielle Bedrohung dargestellt. Vielmehr wurden deren Kultur, folkloristische Lebensart und Geschichte in den Vordergrund gerückt. In der Ausgabe vom 3. Juni 1940 widmete *LIFE* den Großteil

77 Die Fotos sind online einzusehen im Online-Bildarchiv von *LIFE* unter den Stichworten Bourke-White und Syria: http://images.google.com/search?q=Bourke-White+Northafrica+1939&q=source%3Alife&tbm=isch#q=Bourke-White+Syria+source:life&tbm=isch (Zugriff am 28.01.2017). Rumänien unter dem Stichwort Bourke-White und Romania und die Türkei unter Bourke-White und Turkey. Der Beitrag über Rumänien wurde am 19. Februar 1940 unter dem Titel „Romania Has Oil Trouble. Germany and Allies Fight Deadly Hidden War in Neutral Balkans", S. 66–73; der über die Türkei am 8. April 1940 unter dem Titel „Turkey. It Faces The Modern World with New Ways and Modern Machines", S. 76–89 und der über Syrien am 20. Mai 1940 unter dem Titel „Syria. A Big French Army Guards Near East's Ancient Crossroads", S. 86–93 veröffentlicht.

78 Gerhard Paul: *Bilder des Krieges – Krieg der Bilder. Die Visualisierung des modernen Krieges.* München: Fink 2004, S. 63–65.

79 Gerhard Paul konstatiert, dass der Blick auf den Krieg als „touristisches Abenteuer" vor allem ein Charakteristikum des Ersten Weltkrieges sei. Vgl. ebd., S. 117.

des Heftes der landschaftlichen und architektonischen Schönheit sowie der intellektuellen, kulturellen und historischen Tradition und Bedeutung Europas. Das Heraufbeschwören der scheinbar in der Zeit stehen gebliebenen, idyllischen und exotischen Lebenswelten angesichts der Bedrohung durch Faschismus und den fortschreitenden Krieg, das all diese Beiträge verbindet, förderte eine Haltung des Bewahrens und unterstützte indirekt Henry Luces Forderung nach Einmischung der USA in den Krieg und nach Unterstützung der Alliierten zumindest in Form von Rüstungslieferungen.[80]

Um die Jahreswende 1940/1941 verdichteten sich schließlich die Anzeichen, dass es zwischen Deutschland und der Sowjetunion zu einer kriegerischen Auseinandersetzung kommen würde. *LIFE* beauftragte Margaret Bourke-White und Erskine Caldwell, nach Russland zu reisen, um dort für den möglichen Ernstfall als Korrespondenten vor Ort zur Verfügung zu stehen. Die beiden erreichten Moskau Anfang Mai 1941. Die folgenden Wochen verbrachte Bourke-White damit, die Lebensbedingungen in der Hauptstadt zu fotografieren: moderne Gebäude und westliche Autos im Straßenbild Moskaus, die U-Bahn, Lebensmittelgeschäfte und Modeateliers, in denen sich die Waren bis an die Decke türmten. Sie fotografierte Motive aus den Bereichen Bildung und Erziehung, darunter Student*innen der Technischen Hochschule, die städtischen Kinderkrippen und die Redaktion der russischen Tageszeitung *Prawda*. Besonders ausführlich widmete sie sich den unterschiedlichen Religionsgemeinschaften in Moskau.[81] Das Bild Russlands, das ihre Aufnahmen unter der strengen Aufsicht der Behörden zeichnen, ist durchwegs positiv.[82] Es eignete sich dazu, die Wahrnehmung von Russland in den sich zunehmend annähernden USA zu revidieren. Russland wurde als Land vorgestellt, das eine freie Religionsausübung

80 So wendet sich die Redaktion in einer kurzen Anmerkung zu der angesprochenen Ausgabe mit folgenden Worten an die Leser: „Hour by hour, in these dark days, the events in Europe shape the course of American destiny. […] Then it proceeds to examine the beautiful, proud lands that lie in the conqueror's path – France and England, as they were and as they may never be again." (*LIFE*, 03.07.1940, S. 25.) Gerade in Hinblick auf Margaret Bourke-Whites Arbeit muss allerdings auch mitbedacht werden, dass sie sich keineswegs frei bewegen und Motive ihrer Wahl fotografieren konnte, sondern unter der Kontrolle und Zensur der jeweiligen Staaten stand. Vgl. Goldberg: *A Biography*, S. 211.

81 Die Aufnahmen sind online einzusehen im Online-Bildarchiv von *LIFE* unter den Stichworten „Bourke-White, Russia, 1941": http://images.google.com/search?q=Bourke-White+russia+1941&q=source%3Alife&tbm=isch (Zugriff am 28.01.2017).

82 *LIFE* schreibt bei der Veröffentlichung der Fotos, dass die Behörden vor allem Wert darauf gelegt hatten, dass Margaret Bourke-White die positiven Entwicklungen seit ihrem letzten Besuch festhielt. *LIFE*, 11.081941, S. 17.

erlaubte und einem kapitalistischen Prinzip wie dem Konsum offen gegenüberstand.[83] Als Ende Juli die deutschen Bombenangriffe auf Moskau begannen, entschied sich Bourke-White gegen eine Evakuierung, um das Leben in der Stadt zu fotografieren: die Mobilisierung und Ausbildung der Bevölkerung zu Sanitätern und Luftschutzhelfern oder das Gestalten von Propagandaplakaten durch bekannte Künstler. Die russische Bevölkerung wird dabei ausnahmslos als vorbildhafte heroische Verteidigerin ihrer Heimat gezeigt; jeder leistet entsprechend seinen Fähigkeiten seinen Beitrag.[84] Bekannt wurden allerdings ihre Aufnahmen der nächtlichen deutschen Luftangriffe. Die Langzeitbelichtungen zeigen silhouettenhaft im Vordergrund Sehenswürdigkeiten der Stadt Moskau und dahinter den nächtlichen Himmel, erhellt durch Lichtphänomene, die von Leucht- und Magnesiumfackeln, Raketen, Brandbomben oder Geschossen der russischen Flugabwehr herrührten. (Abb. 4) Auch mit diesen Bildern knüpfte Bourke-White an touristische Vorstellung der Stadt an. Die Gebäude halfen den Betrachter*innen, die Aufnahmen konkret in Moskau zu verorten, und entkräfteten zugleich einen möglichen Vorwurf der Fälschung.[85] Die Aufnahmen legten nahe, dass die Kulturschätze einer potenziellen Bedrohung durch die deutsche Wehrmacht ausgesetzt seien und appellierten an die Solidarität der Betrachter*innen in den USA, diesen barbarischen Akt abzulehnen und die russische Nation in ihrem Kampf dagegen zu unterstützen. Im Herbst 1941

83 Beide Seiten waren um gute Stimmung und Anerkennung des Anderen bemüht, da sie sich bei einem Krieg gegen Deutschland aufeinander angewiesen sahen. So erscheint es beispielsweise nicht verwunderlich, dass das ‚heikelste' Thema für die amerikanische Bevölkerung, die Religionsfreiheit, Mitte Oktober 1941 zu einem Zeitpunkt in *LIFE* veröffentlicht wurde, als die amerikanische Regierung nach einem Treffen der ‚Anti-Achsen-Koalition' in Moskau einen Pacht- und Leihvertrag mit der Sowjetunion für Waffenlieferungen beschlossen hatte. Religion in Russia. In: *LIFE*, 13.10.1941, S. 111–121.

84 Ihre Fotografien wurden 1941 in insgesamt sieben Beiträgen in *LIFE* veröffentlicht: Am 11. August „A LIFE Photographer Looks at Moscow a Week before the Nazi Invasion Began", S. 18–27; am 1. September „Moscow Figths off the Nazi Bombers and Prepares for a Long War", S. 16–21; am 13. Oktober „Religion in Russia. Red Godlessness Fails to Empty Its Churches", S. 111–122; am 27. Oktober „Muscovites Take up Their Guns as Nazi Horde Approaches Russian Capital", S. 27–33; am 17. November „Russian Mud and Blood Stall German Army", S. 34–39 und am 1. Dezember die zwei Beiträge über russische Prominente, die Schauspielerin Ljubow Petrowna Orlova und den Schriftsteller Alexei Tolstoi: „Life Calls on a Russian Movie Star", S. 118–119; „Alexei Tolstoy Is Russia's Greatest Writer and also the Wealthiest Men in the U.S.S.R", S. 120–121.

85 Es war eine absolute Sensation, dass Margaret Bourke-White aus Moskau berichten durfte. Es herrschte grundsätzlich ein Fotografierverbot. Viele ausländische Journalisten und Fotografen wurden erst gar nicht ins Land gelassen.

Abb. 4: Margaret Bourke-White: Nachtaufnahme des Kreml während eines deutschen Luftangriffs, Moskau, Sowjetunion, Juli 1941.

zementierte schließlich ein Pacht- und Leihvertrag über Rüstungsgüter die vorläufige Annäherung zwischen der Sowjetunion und den USA.

Erst kurz vor ihrer Abreise Mitte September 1941 war es Margaret Bourke-White möglich, im Rahmen einer durch das Informationsministerium organisierten Pressereise an die Front zu kommen. Der Trupp ausländischer Journalist*innen, darunter Cyrus Sulzberger für die *New York Times*, wurde zu vorab festgelegten Orten gebracht, an denen ‚Nachrichtenereignisse' wie heroische Soldaten der Roten Armee, abgeschossene deutsche Flugzeuge, von deutschen Bomben zerstörte Ruinen, deutsche Kriegsgefangene oder verlassene Schützengräben und Stellungen der Wehrmacht präsentiert wurden. Obwohl Bourke-White in ihrem Buch *Shooting the Russian War* immer wieder davon berichtet, wie der Journalisten-Konvoi unter Beschuss geriet, ist von dieser Gefahr in den Fotos wenig zu spüren. Zu sehen ist immer ein ‚Danach', wenn die Kampfhandlungen bereits eingestellt waren. Als eindrucksvollste Metapher für die Dramatik, Tragik und Zerstörungsgewalt des Krieges wählte sie ein Landschaftsbild: das Schlachtfeld von Yelna, eine niedergewalzte und umgewühlte Ebene unter

Abb. 5: Margaret Bourke-White: *Das Schlachtfeld von Yelna*, Sowjetunion, September 1941.

schicksalsschwerem Wolkenhimmel. (Abb. 5) In Ermangelung aktuellerer Bildmuster griff Bourke-White auf ein Motiv aus der Tradition des Ersten Weltkrieges zurück: die apokalyptische Landschaft nach der Schlacht. Anfang Oktober trat das Paar schließlich die Heimreise an. Auf Bourke-White wartete eine ausgedehnte Vortragsreise, in der sie über ihre Erlebnisse in Russland berichtete. Der Kriegseintritt der USA nur kurze Zeit später, im Dezember 1941, sollte sie schließlich noch näher an Schauplätze des weltumspannenden Krieges heranführen, diesmal jedoch in der Rolle als offiziell akkreditierte Kriegsberichterstatterin der amerikanischen Streitkräfte.

II.
Rahmenbedingungen der Kriegsberichterstattung

Bereits in der Einleitung wurde anhand der Thesen von Judith Butler und Tom Holert festgestellt, dass der formale und inhaltliche Gehalt von Bildern durch außerhalb der Bildgrenzen liegende Institutionen und Interessen, die wiederum spezifische Rahmen ausbilden, vorkonfiguriert werden. Im folgenden Kapitel soll nun eine kurze Einführung in die wichtigsten für die Kriegsberichterstattung aus dem Zweiten Weltkrieg relevanten Rahmungen gegeben werden. Dazu zählen die politisch-ideologischen Vorgaben von Regierungen, Fragen der Propaganda und Zensur, Vorlieben und Vorgaben der Medien, für die die Fotograf*innen arbeiteten, aber auch die persönliche Einstellung der Berichterstatter*innen selbst.

1. Allgemeiner historischer Hintergrund

Die 1930er Jahre waren in den USA außenpolitisch von einem Kurs des Isolationismus geprägt. Einerseits hatte man aufgrund der wirtschaftlichen Depression eigene Probleme zu bewältigen, andererseits stand die Mehrzahl der Amerikaner*innen einer Teilnahme am Zweiten Weltkrieg ablehnend gegenüber. Der Fehler des Ersten Weltkriegs sich in einen europäischen Konflikt verwickeln zu lassen, so der Konsens, sollte nicht wiederholt werden.[1] Die Regierung unter Roosevelt verfolgte stattdessen eine Politik der Abrüstung und Neutralität, die sich ab Mitte der 1930er Jahre, als sich die politischen Konflikte in Europa

1 Vgl. Allan Winkler: *The Politics of Propaganda: The Office of War Information, 1942–1945*. New Haven: Yale UP 1978, S. 1–8. Siehe ausführlich zur Isolationismus- und Abrüstungsdebatte auch David M. Kennedy: *Freedom from Fear*, S. 381–425.

zuspitzten, noch weiter verstärkte.[2] Erst nach der deutschen Besetzung Frankreichs und Roosevelts Wiederwahl als Präsident im November 1940 begann eine vorsichtige Re-Militarisierung und Aufrüstung der USA. Dennoch verfolgte die Regierung offiziell weiterhin eine Politik des „all aid short of war".[3] Den Alliierten sollte jegliche Unterstützung zugutekommen, abgesehen vom Kriegseintritt. So wurden Frankreich, Großbritannien, aber auch die Sowjetunion mit Waffenlieferungen unterstützt. Der Angriff der japanischen Luftwaffe am 7. Dezember 1941 auf den amerikanischen Flottenstützpunkt Pearl Harbour auf Hawaii ließ die isolationistische Stimmung schlagartig umschlagen. Am 8. Dezember 1941 erklärten die USA Japan den Krieg, am 11. Dezember folgte die Kriegserklärung Deutschlands an die USA. Der Angriff traf das Land politisch und wirtschaftlich weitgehend unvorbereitet. Eine rasante Mobilisierung der industriellen, wirtschaftlichen und gesellschaftlichen Ressourcen musste nun erfolgen.[4] Grundlage dessen war die volle Unterstützung der Bevölkerung, die fernab vom tatsächlichen Kriegsgeschehen weit weniger persönlich betroffen war als die Menschen in Großbritannien oder Frankreich. Größte Anstrengungen wurden nun unternommen, die amerikanischen Bürger zu informieren und auf das gemeinsame Kriegsziel einzuschwören. „Public opinion wins wars", gab sich General Dwight D. Eisenhower von der Bedeutung der öffentlichen Meinung für den Kriegsausgang überzeugt.[5] Die Bilder für diese öffentliche Meinungsbildung lieferte ein Heer an Fotografen und Kameramännern, die als zivile oder militärische Vertreter im Auftrag des Militärs und der Presse von den Kriegsschauplätzen berichteten oder für nationale Institutionen der Informationspolitik wie das Office of War Information (OWI) arbeiteten, das im Juni 1942 von Roosevelt ins Leben gerufen worden war. Das OWI wurde aus unterschiedlichen bereits existierenden Behörden wie dem Office of Facts and Figures (geleitet vom Schriftsteller Archibald McLeash), dem Foreign Intelligence Service und nicht zuletzt auch der Farm Security Administration, aus der Fotografen wie Arthur Rothstein und Gordon Parks weiterhin auch für das OWI tätig waren, aufgebaut. Im Zentrum der propagandistischen Doktrin stand der Slogan der *strategy of truth*, der den Bürgern versprach, innerhalb des Rahmens militärischer Sicherheit ein

2 So wurde 1935, als Italien in Äthopien einmarschierte, der sogenannte *Neutrality Act* erlassen, der verbot, an kriegsführende Nationen Waffen zu liefern.

3 Vgl. Kennedy: *Freedom from Fear*, S. 420, 427–428.

4 1939 entsprachen die Rüstungsausgaben der USA lediglich 2 % des Bruttosozialproduktes, 1941 waren es 10 % und 1943 bereits 40 %. Vgl. Alan S. Milward: *War, Economy, and Society 1939–1945*. Berkeley: University of California Press 1979, S. 63.

5 Susan D. Moeller: *Shooting War. Photography and the American Experience of Combat*. New York: Basic 1989, S. 213.

realistisches Bild des Kriegsgeschehens zu liefern. Im Gegensatz zu den totalitäten Regimen der Gegner wurde er als demokratische Berichterstattung ausgewiesen, die es mündigen Bürgen erlaube, sich selbst ein Bild der Lage zu machen.[6] Wahrheit wurde als Waffe verstanden, wie etwa der Leiter der Auslandsabteilung im Herbst 1942 proklamierte: „To all the victims of oppression who may hear us, to all lovers of freedom everywhere, we Americans express the substance of our democratic faith – that the truth is mighty and shall prevail – the truth shall set you free."[7]
Im Folgenden soll jedoch nur auf den ersten Bereich, den der zivilen akkreditierten Pressevertreter*innen im Feld, eingegangen werden, um Margaret Bourke-Whites direkte Arbeitssituation während des Krieges zu beleuchten.

2. Das amerikanische System der Kriegsberichterstattung im Zweiten Weltkrieg

Neben Fotografen und Kameramännern des Signal Corps, die als Soldaten aktiv am Kampfgeschehen beteiligt waren,[8] arbeiteten ausschließlich von der Regierung akkreditierte Personen, die wie Margaret Bourke-White von einzelnen Medien entsandt wurden, als offizielle Berichterstatter*innen an der Front. Die zur Akkreditierung vorgeschlagenen Personen wurden einem Eignungstest unterzogen.[9] Sie erhielten schriftliche Unterlagen zur Vorbereitung und Information wie das *Basic Field Manual* (Handbuch für grundlegende Felddienstvorschriften), das sich noch in Margaret Bourke-Whites Unterlagen befindet; es beinhaltet die Rechte und Pflichten akkreditierter Berichterstatter*innen, einen Verhaltenskodex, Zensurbestimmungen und weitere organisatorische Vorgaben, zum Beispiel das Prozedere für die Ablieferung des aufgenommenen Materials. In Bourke-Whites Unterlagen ist außerdem ein Schreiben des Army War College

6 Zur *strategy of truth* siehe Justin Hart: „In Terms of Peoples Rather Than Nations": World War II Propaganda and Conceptions of U.S. Foreign Policy. In: Kurt G. Piehler / Sidney Pash (Hrsg.): *The United States and the Second World War. New Perspectives on Diplomacy, War, and the Home Front*. New York 2010, S. 68–93, hier S. 75.

7 Zit. n. Cooper Carson: *Interpreting National Identity*, S. 9–10.

8 Ausführlich dazu siehe Peter Maslowski: *Armed with Cameras. The American Military Photographers of World War II*. New York: Free Press / Macmillan 1993.

9 Margaret Bourke-White schreibt, dass sie einer „most thorough investigation on the part of the War Department as to background, patriotism, and reliability" unterzogen wurde. (Bourke-White: *Purple Heart Valley*, S. 14.) Die Journalistin Ruth Cowan, die für Associated Press arbeitete, beschreibt ihre Befragung hingegen als relativ harmlos. Sie sei lediglich nach ihrer körperlichen Fitness, ihrer Begeisterung für Camping und ihrer Verschwiegenheit befragt worden. Vgl. Nancy Caldwell Sorel: *The Women Who Wrote the War*. New York: Arcade 1999, S. 182.

in Washington vom 21. Oktober 1942 erhalten, das konkrete Vorgaben für die zu fotografierenden Sujets macht. Die einzelnen Korrespondent*innen wurden einer der drei Waffengattungen – der Army, der Navy oder der Air Force – und einzelnen Kriegsschauplätzen zugeteilt. Sie wurden bestimmten Operationen zugewiesen oder an einzelne Divisionen gebunden, deren Aktivitäten sie begleiteten. Vor Ort kümmerten sich Presseoffiziere um die Journalist*innen, hielten Pressekonferenzen ab, organisierten Transportmöglichkeiten und die Weitergabe der Filme und Texte an die Zensur oder die Redaktionen. Hochrangige Militärs konnten bestimmte Korrespondenten für sich reklamieren; sie zeigten damit, dass sie sich der Öffentlichkeitswirksamkeit bestimmter bekannter Fotograf*innen und Zeitschriften, wie etwa *LIFE,* bewusst waren.[10] Nachdem ein Auftrag beendet war, mussten sich die Korrespondent*innen erneut akkreditieren lassen, oft mit unsicherem Ausgang. So wurde im Sommer 1943 *LIFE*s Ansuchen, Margaret Bourke-White für die Nordafrika-Kampagne zu akkreditieren, zunächst abgelehnt.[11]

Mehrmals am Tag fuhr ein Kurier die noch unentwickelten Filme von der Front zu einem Flugzeug, das sie zu einem Fotolabor und einem Zensor des Signal Corps brachte oder direkt zu einem größeren Flugplatz transportierte, um die Filme von dort außer Landes zu bringen.[12] Die Negative wurden dann im Pentagon in Washington, im Falle von Margaret Bourke-White zum Teil auch von *LIFE*-Mitarbeiter*innen entwickelt – wohl um die hohen Qualitätsstandards der Aufnahmen durch qualifiziertes Personal zu gewährleisten – und danach der Zensur vorgelegt.[13] In jedem Fall war es ein langer Weg zwischen Front und Publikation. Dazwischen vergingen Wochen, zum Teil sogar Monate.[14] Die langen Zeiträume konnten dazu führen, dass das Ereignis so weit

10 Robert Capa berichtet mehrfach, dass er regelrecht „angeworben" wurde, um die Operation einer bestimmten Einheit zu begleiten und zu fotografieren. Vgl. Robert Capa: *Slightly Out of Focus*. New York: Modern Library 2001, S. 63, S. 117. Der Kriegskorrespondent Herbert Mitgang beschreibt den Einfluss von *LIFE* als „enormously powerfull. Everyone was interested in getting credit for the division […]." (Zit. n. Goldberg: *A Biography*, S. 265.)

11 Brief von Marshall E. Newton, Overseas Liason Branch an Bart Sheridan von *LIFE*, 17.07.1943. MBW Papers, Box 49.

12 Maslowski: *Armed with Cameras*, S. 252.

13 In *Purple Heart Valley* beschreibt sie das Prozedere während ihres Aufenthaltes in Italien: „Each time I returned to Naples for a short rest I used to try to get my notes into shape and send a package of film back to the War Department. The system was to have both negatives and notes go back in the Army pouch to the Pentagon Building. The films were developed in Washington, either by the Signal Corps or by LIFE technicians under Army supervision." (Bourke-White: *Purple Heart Valley*, S. 107.)

14 So erschienen Aufnahmen eines Luftangriffes, den Margaret Bourke-White Mitte Januar 1943 fotografiert hatte, in der *LIFE*-Ausgabe vom 1. März 1943.

zurücklag, dass die Aufnahmen keinen unmittelbaren Nachrichtenwert mehr besaßen und nicht publiziert wurden.[15] Es gab zwar die Möglichkeit, Fotografien per Funk zu übertragen, allerdings war die Qualität mangelhaft und kam gerade für ein Bildmagazin wie *LIFE* kaum infrage. Eine andere Problematik lag darin, dass Filme verschwanden oder durch Dunkelkammer-Personal falsch entwickelt wurden, wie im berühmten Fall von Robert Capa.[16] Auch Margaret Bourke-White musste zweimal den Verlust wichtigen Filmmaterials hinnehmen.[17] Da die Filme unentwickelt weitergegeben wurden, wussten die Fotograf*innen oftmals nicht, ob ihre Aufnahmen gelungen waren und überhaupt verwertbares Material darunter war.[18] Darüber hinaus hatten sie keine Kontrolle, was in den Zeitungen veröffentlicht wurde.[19] Umso wichtiger war es, umfangreiches Informationsmaterial mitzuliefern, das den Redaktionen den Kontext der Aufnahmen und das Dargestellte erklärte, und ein schlüssiges Negativ-Identifikationssystem zu entwickeln, das die Informationen den einzelnen Aufnahmen zuordnete.[20] Das gesammelte Bildmaterial sowohl der zivilen als auch militärischen Fotografen wurde in den Still Photographic War Pool zusammengeführt, der allen militärischen Organisationen sowie – nach erfolgter

15 Das berichtet unter anderen auch der *LIFE*-Fotograf George Rodger. Vgl. Moeller: *Shooting War*, S. 188.

16 Dennis Banks, Assistent in der *Time/LIFE*-Dunkelkammer hatte durch eine falsche Handhabung während des Trocknungsprozesses einen Teil von Capas Negativen der D-Day-Invasion vernichtet beziehungsweise die Filmemulsion so zum Schmelzen gebracht, dass die restlichen Aufnahmen stark verschwommen erschienen. Gerade dieser Effekt verhalf den Aufnahmen allerdings zum Eindruck von Dramatik und Unmittelbarkeit. Vgl. Richard Whelan: *This Is War! Robert Capa at Work*. Ausstellungskatalog International Center of Photography New York. Göttingen: Steidl 2007, S. 238–239.

17 Einmal verschwanden Filme im Pentagon und einmal wurde der Umschlag mit den Filmen vermutlich vom Jeep eines Kuriers in Italien gestohlen. Vgl. dazu die umfangreichen Unterlagen zu den Nachforschungen im Margaret Bourke-White Archiv, MBW Papers, Box 71.

18 Das ging soweit, dass Margaret Bourke-White beispielsweise nicht bemerkte, dass sie in Köln mit einer defekten Kamera fotografierte und erst in einem Telegramm von *LIFE*-Redakteur Elmer Lower erfuhr, dass ein Großteil ihrer Negative unscharf war. Telegramm vom 16.04.1945 an Margaret Bourke-White, MBW Papers, Box 50.

19 Margaret Bourke-White schrieb dazu: „[...] for I knew LIFE would have room to print only a small proportion of the many pictures I took. When we photographers are out on assignment, we cover the subject as thouroghly as possible and the complete series is sifted down in New York. Which pictures see print depends not necessarily on which are the best photographs, but which fit best into whatever editorial idea is being followed for the completed picture story." (Bourke-White: *Purple Heart Valley*, S. 72.)

20 Die Grundinformationen dazu notierten sie und ihre Assistenten in Notizbüchern und versahen jede Aufnahme mit Datum sowie fortlaufender Nummerierung der Filmrollen und der Negative. Die Notizen wurden später für *caption sheets* abgetippt und mit den Filmrollen und -packungen gemeinsam verschickt und zensiert.

Auswahl durch die Zensurbehörden – auch allen Zeitschriften und Magazinen in den USA zur Verfügung stand.[21]

Neben organisatorischen und logistischen Problemen hatten die Kriegsfotografen auch mit extremen klimatischen und geografischen Bedingungen wie Wüstensand, zu kämpfen, die die Funktionstauglichkeit der Apparate beeinträchtigten.[22] Regen und natürlicher sowie künstlicher Nebel machten das Fotografieren teilweise unmöglich. Ein Großteil der militärischen Operationen wurde zudem im Schutz der Dunkelheit ausgeführt. Da aus Sicherheitsgründen nur selten Blitzlicht verwendet werden durfte, ließen sich – wenn überhaupt – nur Aufnahmen geringer Qualität erzielen. In der Hitze des Gefechtes hatte man zudem kaum die Möglichkeit, Lichtsituation und Ablauf der Ereignisse zu kalkulieren, geschweige denn zu beeinflussen.[23] Jeder Fotograf und jede Fotografin entwickelten unterschiedliche Methoden, um mit diesen schwierigen Verhältnissen im Feld zurechtzukommen. Bourke-White verwendete beispielsweise massenhaft synchronisierte Blitzlampen, saß während Transferfahrten mit zwei einsatzbereiten Kameras im Jeep, ihre Taschen voller Filme, sodass sie, auch wenn sie am Straßenrand in Deckung gehen musste, weiter fotografieren konnte.[24] In regelmäßigen Abständen korrigierte sie entsprechend der aktuellen Lichtverhältnissen Blende und Verschlusseinstellungen, um sofort auf den Auslöser drücken zu können.[25] Über all dem drohten schließlich noch die Gefahren von Verletzung und Tod, denen sich die Korrespondent*innen in ihrem Wunsch, möglichst nahe am Geschehen zu sein, aussetzten: Von einundzwanzig Fotografen, die für *LIFE* im Krieg arbeiteten, wurden fünf verwundet, zwei torpediert (darunter auch Margaret Bourke-White, deren Transportschiff vor der nordafrikanischen Küste versenkt wurde), einer geriet in Gefangenschaft, zahlreiche weitere wurden durch Krankheiten, zum Beispiel Malaria, außer Gefecht gesetzt.[26]

21 Siehe dazu im Allgemeinen Moeller: *Shooting War*, S. 155–200; Maslowski: *Armed with Cameras*, S. 28–63. Da *LIFE* wöchentlich erschien, behielt es die Erstveröffentlichungsrechte an den Aufnahmen seiner eigenen Korrespondenten.

22 Auch Margaret Bourke-White blieb davon nicht verschont. So zerstörten andauernde Feuchtigkeit und Regen in Italien mehrere Linsen. Auch die Batterien für ihre Belichtungsanlage wurden dadurch in Mitleidenschaft gezogen und der Apparat ließ sich oftmals nicht mehr auslösen. Vgl. Bourke-White: *Purple Heart Valley*, S. 101.

23 Zu den Beschwernissen siehe Maslowski: *Armed with Cameras*, S. 46–49; S. 66–71.

24 Vgl. Bourke-White: *Purple Heart Valley*, S. 61.

25 Vgl. ebd., S. 134–135.

26 Vgl. Moeller: *Shooting War*, S. 182.

Margaret Bourke-White war als Frau im Feld der Kriegsberichterstattung im Zweiten Weltkrieg keine Ausnahme mehr.[27] Dennoch waren Frauen mit zusätzlichen Problemen und Vorurteilen konfrontiert.[28] Viele Menschen sahen den Journalismus und im Speziellen die Kriegsberichterstattung als eine unangemessene Tätigkeit für eine Frau. Es gab immer noch Medien, in deren Redaktionen Frauen als Journalistinnen unerwünscht waren. Man fürchtete, dass seriöser Journalismus von Frauen weniger ernst genommen würde.[29] Grundsätzlich wurden Kriegsberichterstatterinnen verstärkt ‚weibliche' Themen zugedacht, beispielsweise Berichte aus dem medizinischen und sozialen Bereich oder über ‚andere Minderheiten' wie afroamerikanische Truppenabteilungen.[30] Das häufigste Argument gegen einen Einsatz von Frauen lag in deren vermeintlichem Schutz. In der Praxis sah das so aus, dass die Korrespondentinnen oft weit hinter den feindlichen Linien zurückzubleiben mussten und an bestimmten

27 So arbeiteten neben Margaret Bourke-White auch Lee Miller, Therese Bonney, Toni Frissell oder Dickey Chapelle als Fotografinnen im Feld und zahlreiche Journalistinnen wie Martha Gellhorn (*Colliers*), Helen Kirkpatrick (*Chicago Daily News*) und Ruth Cowan (Associated Press) berichteten über die Ereignisse des Krieges.

28 Neben den im Folgenden angeführten Problemen bestand ein beherrschendes Vorurteil, mit dem sich viele Journalistinnen – auch Margaret Bourke-White – immer wieder konfrontiert sahen und das bis heute in der Literatur über Kriegskorrespondentinnen fortgeschrieben wird, darin, sich Informationen und andere Vorteile durch sexuelle Gefälligkeiten verschafft zu haben. So kommentierte beispielsweise Bourke-Whites *LIFE*-Kollege Eliot Elisofon in Nordafrika die Nachricht, dass sie einen Luftangriff begleiten durfte, mit der Aussage „that he was sorry, but she had one piece of equipment he didn't have." (Zit. n. Goldberg: *A Biography*, S. 264.)

29 Die *Chicago Daily News* weigerte sich lange Zeit, Frauen als Auslandskorrespondentinnen einzusetzen. Sigrid Schultz konnte ihre Serie über die gesellschaftlichen und politischen Zustände in Deutschland nur unter dem Decknamen „John Dickson" veröffentlichen und Betty Wasons Reportagen wurden auf Wunsch ihres Arbeitgebers CBS von einem Mann im Radio vorgelesen. Vgl. Caldwell Sorel: *Women Who Wrote the War*, S. 5, 20; 112. Darüber hinaus gab es auch nationale Unterschiede etwa bei der Akkreditierung. Die britische Regierung erwies sich als weitaus restriktiver und konservativer Journalistinnen gegenüber. So ließen sich zum Beispiel Lee Miller und Iris Carpenter von der amerikanischen Armee akkreditieren. Vgl. Katharina Menzel-Ahr: *Lee Miller. Kriegskorrespondentin für* Vogue. *Fotografien aus Deutschland.* Marburg: Jonas 2005, S. 53.

30 Kriegsberichterstatterinnen berichteten häufig – wie auch Margaret Bourke-White – über die Auswirkungen des Krieges auf die Zivilbevölkerung und Kinder, übernahmen Berichte über Krankenhäuser und Krankenschwestern, aber auch afroamerikanische Truppenabteilungen. Ihnen fiel oftmals die Aufgabe zu, aus dem „women's angle" über den Krieg zu berichten, und damit die vermeintlichen Bedürfnisse und Interessen der weiblichen Leserschaft abzudecken, die im Zuge der Arbeitskraftknappheit eine immer wichtigere Zielgruppe wurde. Es gab dafür zum Teil eigene Kolumnen in ihren Zeitschriften oder sie arbeiteten für Magazine, die sich vorwiegend an ein weibliches Publikum richteten wie etwa Lee Miller für *Vogue* oder Dickey Chapelle für *Life Story*. Darüber hinaus arbeiteten Fotografinnen wie etwa Toni Frissell im Auftrag des Roten Kreuzes.

Operationen nicht teilnehmen durften.[31] Auch Margaret Bourke-White machte diese Erfahrung: „In a combat situation, men tend to overprotect, and no overprotected photographer, male or female, can get pictures by remote control."[32] Vor allem die Forderung, getrennte Sanitäreinrichtungen für Frauen zur Verfügung zu stellen, wurde gerne als Vorwand verwendet.[33] Auch Margaret Bourke-White war während ihres ersten Italienaufenthaltes 1943 damit konfrontiert. Als sie nicht im Feldlager untergebracht werden konnte, fand sie kurzerhand Unterkunft in einem nahe gelegenen Kloster; für sie wurde eigens ein Armeeangehöriger abgestellt, um vor dem Sanitärbereich Wache zu halten.[34] Vielen leitenden Angehörigen der Armee waren derartige Regelungen zu umständlich und sie verzichteten lieber auf die Berichterstattung durch eine Frau, vor allem wenn sie nicht den Bekanntheitsgrad von Bourke-White und den damit verbundenen Publicity-Effekt mitbrachte. Die Restriktionen wechselten zudem von Kriegsschauplatz zu Kriegsschauplatz. Es gab immer wieder Journalistinnen oder Fotografinnen, die sich nicht an diese Regeln hielten und dafür von einem Kriegsgericht verurteilt oder unter Hausarrest gestellt wurden. Auch Margaret Bourke-White musste erfahren, dass das Überschreiten dieser Grenzen einen neuerlichen Einsatz gefährden konnte. Nachdem sie entgegen anderslautender offizieller Vorgaben in Nordafrika an einem Luftangriff teilgenommen hatte, forderte das Militär 1943 als Voraussetzung für eine erneute Akkreditierung einen begleitenden Offizier, der ihre Aktivitäten überwachte.[35] Kriegsberichterstatterinnen waren damit einem grundsätzlichen Dilemma ausgesetzt: Folgten sie den Regeln, konnten sie ihren Auftrag oft nicht zufriedenstellend erfüllen; brachen sie die Regeln, kostete sie das unter Umständen ihre Akkreditierung.[36]

31 Frauen wurden zum Beispiel nicht als Berichterstatterinnen für die Invasion der Normandie und auch danach nur unter erschwerten Bedingungen auf französischem Boden zugelassen. Weitere Behinderungen lagen darin, dass sie von den Pressezentren und damit dem Informationsaustausch ausgeschlossen waren, nicht näher an die Front durften als Krankenschwestern, keine Transportmöglichkeiten erhielten und ihre Berichte nicht vor Ort dem Zensor vorgelegt wurden, sondern eigens nach London geschickt werden mussten; dies führte zu einer drastischen Verzögerung in der Nachrichtenübermittlung. Vgl. Caldwell Sorel: *Women Who Wrote the War*, S. 242; Menzel-Ahr: *Lee Miller*, S. 53.

32 Bourke-White: *Portrait of Myself*, S. 202.

33 Vgl. Menzel-Ahr: *Lee Miller*, S. 53.

34 Vgl. Bourke-White: *Purple Heart*, S. 49–51.

35 Vgl. Goldberg: *A Biography*, S. 274.

36 Vgl. auch das Zitat von Iris Carpenter in Menzel-Ahr: *Lee Miller*, S. 53. *LIFE* unterstützte grundsätzlich seine Korrespondenten darin, für eine gute Story auch Regeln der Armee zu unterlaufen. Dies geht unter anderem aus einer Beschwerde des Kriegsministeriums hervor, die mehr als ein Dutzend Beispiele für Regelübertretungen von *LIFE*- Journalisten nennt. Vgl. Wainwright: *The Great American Magazine*, S. 135.

Margaret Bourke-White – sicherlich positiv beeinflusst durch ihrer Prominenz und die Popularität von *LIFE* – machte jedoch auch andere Erfahrungen: Je weiter nach vorne sie an die Front kam, desto mehr Unterstützung erhielt sie laut eigener Aussage.[37] Dies bestätigt auch mit unverhohlenem Neid ein britischer Kollege, der 1944 über sie in Italien schrieb:

> Margaret Bourke-White – an absolute winner if there was one – when she came over with almost a trunkload of equipment worth thousands of dollars, she got clearance by the American army to go up to the American front-line. Ours were never allowed to do that – we had blokes who were perfectly capable of taking things of the same type, but they were never allowed to get near …[38]

Auch Aufnahmen, die sie in Italien zeigen, belegen gewisse Privilegien. Ihr stand ein eigener Jeep mit der Aufschrift „Peggy" zur Verfügung. Zudem wurde ihr ein Assistent zur Seite gestellt, der ihre Kameras trug, bei den Aufnahmen half und Material für die Bildunterschriften zusammenstellte.[39] Im Gegenzug nutzte auch *LIFE* ihre breitenwirksame und zugleich provokative Sonderstellung als Frau im Metier der Kriegsberichterstattung zu Werbezwecken.

3. Das Zensursystem in den USA

Vor einer Publikation der Fotografien musste noch die Hürde der Zensur genommen werden. Die Negative oder Kontaktabzüge der Aufnahmen wurden zumeist noch direkt vor Ort vom nächsten verfügbaren Feldzensor kontrolliert und dann für die weitere Begutachtung nach Washington geschickt. Auch die Bildunterschriften wurden zweimal zensiert. Das fertige Layout der Zeitschrift musste dann noch einmal der Zensur vorgelegt werden.[40] Margaret Bourke-White beschreibt in *Purple Heart Valley* das weitere Prozedere:

37 „But I have noticed over and over that the closer you are at the actual fighting lines, the more freedom you are given, and the more opportunietes. In the forward areas both officers and men are glad to see someone who is taking interest in what they are doing, and everyone helps you enthousiastically to get the news and the pictures." (Bourke-White: *Purple Heart Valley*, S. 146.)

38 Zit. n. Charles Craig: *The British Documentary Photograph as a Medium of Information and Propaganda during the Second World War*. Masterarbeit, Middlesex University 1983. https://eprints.mdx.ac.uk/10174/ (Zugriff am 28.01.2017).

39 Vgl. Bourke-White: *Purple Heart Valley*, S. 19–20.

40 Vgl. George Roeder: *The Censored War. American Visual Experience during World War II*. New Haven: Yale UP 1993, S. 9.

> Only those pictures which passed censorship were sent on to Life. Since my mission was partly for the Army Service Forces, those of my pictures which could not be published could still be used by the War Department. Certain technical subjects had to pass British as well as American censors. At the review desk, in the Pentagon Building, the picture censors went over every photograph very fairly and carefully, and often helped us to save a picture for publication where only part of the photograph revealed restricted subjects. In this case they would indicate what portion of the picture must be retouched before publication. Caption material was censored twice. First my rough notes were reviewed: these served only as basis for Life's writers, who would draw upon them for captions as the layouts were compiled. The completed layout was censored once more in Washington, so that text and pictures could be reviewed as a whole before publication.[41]

Das *Basic Field Manual* für Kriegskorrespondenten gab den Journalisten eine erste Orientierung, welche Motive und Themen nicht erwünscht waren. Hauptsächlich fielen die Verbote unter das Gebot militärischer Geheimhaltung, etwa Truppenstellungen, Kriegsgeräte und die Ausmaße feindlicher Zerstörung. Darüber hinaus wurde alles zensiert, was die Moral der Streitkräfte, der Heimatfront oder der Verbündeten hätte schwächen können. Dazu zählten Aufnahmen von verstümmelten Toten, Rassenunruhen und unehrenhaftem Verhalten amerikanischer Soldaten.[42] Zensierte Passagen von Bildunterschriften wurden einfach aus dem Papier geschnitten und auf den Kontaktabzügen durch rote Markierungen und Streichungen ausgewiesen und gegebenenfalls kommentiert.[43] Die Maßgaben der Zensur waren nicht in Stein gemeißelt, sondern veränderten sich im Laufe des Kriegsgeschehens: Fotografien toter amerikanischer Soldaten zum Beispiel wurden ab Herbst 1943 zur Veröffentlichung freigegeben. Bereits ausgesondertes Material wurde zu einem späteren Zeitpunkt teilweise einer Revision unterzogen und konnte die Zensur passieren, wie auch Beispiele aus Margaret Bourke-Whites Archiv belegen.[44]

41 Bourke-White: *Purple Heart Valley*, S. 107.

42 Für eine ausführliche Besprechung der US-Zensur siehe Roeder: *The Censored War*.

43 Auf diese Weise wurden zumindest Margaret Bourke-Whites Texte und Kontaktabzüge aus dem Feld zensiert, die sich im Archiv der Fotografin befinden. Ihre Buchmanuskripte aus dem Zweiten Weltkrieg wurden hingegen mit Rotstift und Streichungen durch die Zensur überarbeitet.

44 So wurden Aufnahmen einer Kopfoperation von Margaret Bourke-White am 1. Februar 1944 von der Zensur noch zurückgehalten, am 16. März jedoch unter der Auflage freigegeben, dass der Name des Verletzten nicht preisgegeben werde. Ein weiteres Beispiel sind Aufnahmen

Neben der Militärzensur gab es auch eine zivile Zensurinstitution: das Office of Censorship (OOC), das die Einhaltung der Zensurbestimmungen an der Heimatfront überwachte. Als Leitfaden veröffentlichte das OOC den „Code of Wartime Practices for the American Press". Allerdings sprach es keine offiziellen Verbote und Strafen aus, sondern ‚beriet' die Medien bei der Motivauswahl und überwachte die nationale Medienlandschaft durch ausführliches Monitoring.[45] Auch subtilere Zensurmechanismen wie Patriotismus oder die Kontrolle durch Kolleg*innen führten dazu, dass über bestimmte Sujets und Ereignisse nicht berichtet wurde. Der bekannte Schriftsteller und Kriegskorrespondent John Steinbeck schildert im Vorwort seines Buches *There Was a War* anschaulich diese Situation:

> That they [die Ereignisse, Anm. d. Verf.] were not reported was partly a matter of orders, partly traditional, and largely because there was a huge and gassy thing called the War Effort. Anything which interfered with or ran counter to the War Effort was automatically bad. To a large extend judgement about this was in the hands of the correspondent himself, but if he forgot himself and broke any of the rules, there were the Censors, the Military Command, the Newspaper, and finally, most strong of all discipline there were the war-minded civilians [...] It is in the things not mentioned that the untruth lies. [...] Correspondents had no quarrels with censors. They had a tough job. They didn't know what might be brought up against them. No once could discipline them for eliminating, and so in self-preservation they eliminated pretty deeply. [...] The self-discipline, self-censorship among the war correspondents was surely moral and patriotic but it was also practical in a sense of self-preservation. Some subjects were taboo. Certain people could not be criticized or even questioned. The foolish reporter who broke the rules would not be printed at home and in addition would be put out of the theater by the command, and a correspondent with no theater has no job.[46]

Es ist anzunehmen, dass eine ähnliche Form der Selbstzensur auch unter Kriegsfotograf*innen herrschte, da es in ihrem eigenen Interesse lag, dass ihre Aufnahmen nicht zensiert und so von einer Publikation ausgeschlossen wurden.

eines bei der Landung am Luftwaffenstützpunkt in Nordafrika abgestürzten, brennenden Flugzeuges, die im Februar 1943 zurückgehalten wurden, aber im September 1943 – als sich das Reglement geändert hatte – doch noch veröffentlicht werden durften.

45 Allgemein zum Office of Censorship siehe Michael S. Sweeney: *Secrets of Victory. The Office of Censorship and the American Press and Radio in World War II*. Chapel Hill / London: University of North Carolina Press 2001.

46 John Steinbeck: *Once There Was a War*. London: Heinemann 1959, S. XI–XVII.

Zumal waren – wie Steinbeck schreibt – die meisten Korrespondent*innen, darunter auch Bourke-White, patriotisch gesinnt und sahen ihre Aufgabe in der Unterstützung der Kriegsanstrengungen und weniger in deren Kritik.[47] So lässt sich auch für Bourke-White feststellen, dass sie – bis auf wenige Ausnahmen – durchaus den Vorgaben der Zensur Folge leistete. Zensuranmerkungen an ihren Kontaktabzügen und Texten blieben innerhalb des üblichen Rahmens. Wie sich aus den Korrekturen an ihren Notizen und Kontaktabzügen ergibt, wurden vor allem Details beanstandet, die die Identität der Dargestellten preisgaben. Dazu zählten die Gesichter von Verletzten, Insignien einzelner Einheiten, die deren Identifikation ermöglichten. Darüber hinaus durfte keine geheime Kriegstechnik wie das Norden-Bombenzielgerät oder Details, die die Lokalisation eines Ortes etwa durch Straßenschilder erleichterte, veröffentlicht werden. Derartige Sujets kamen oft unbeabsichtigt mit ins Bild, konnten durch Retusche und Beschnitt aber oft eliminiert werden, sodass einer Veröffentlichung nichts mehr im Wege stand.

4. *LIFE* im Krieg

Die Leitlinie von *LIFE* war anfangs stark geprägt von der Persönlichkeit seines Herausgebers Henry Luce. Aufgrund seiner Biografie – er war als Sohn eines Missionars in China geboren worden – und seiner Ablehnung Roosevelts sprach er sich schon sehr früh gegen die Politik des Isolationismus aus und plädierte für die Aufrüstung und das Eingreifen in den Krieg in Europa. Von Beginn an fehlten in kaum einer Ausgabe des Magazins Berichte über den Bürgerkrieg in Spanien, den sino-japanischen Krieg und die Bedrohung durch den Faschismus in Europa, über die nicht zuletzt auch Margaret Bourke-White berichtete. Ab Frühjahr 1939 häuften sich Beiträge, in denen die Gefahr auch auf die USA projiziert wurde[48] und Isolationismus, Neutralität[49] sowie amerikanische Kriegsausrüstung und Verteidigung[50] diskutiert wurden. Der Einmarsch deutscher Truppen in Brüssel, den Luce 1940 auf einer Europareise miterlebte, ließ ihn zu einem vehementen Verfechter einer amerikanischen Intervention werden. In seinem viel zitierten

47 Neben ihrem Wunsch, die Öffentlichkeit über das Kriegsgeschehen aufzuklären, hielt sie an der Heimatfront Rekrutierungsreden für Krankenschwestern, die Women's Army Corps (WAC) und rief zum Spenden von Blutplasma auf. Vgl. maschinengeschriebenes Manuskript, vermutlich Ergänzung zu ihrem „War Record 1947", MBW Papers, Box 105.

48 Z. B. Fascism in America. In: *LIFE*, 06.03.1939, S. 57–63.

49 Z. B. Twentytwo Years after, America Ponders Its World War Lessons. In: *LIFE*, 17.04.1939, S. 13–15.

50 Z. B. The Defense of America. In: *LIFE*, 22.07.1940, S. 57–63.

LIFE-Editorial *The American Century* vom 17. Februar 1941 konstatierte er, dass sich die USA bereits im Krieg befänden und ihre Verantwortung als „good samaritan of the world" übernehmen sollten, um amerikanische Werte wie Freiheit, Gerechtigkeit, Wahrheits- und Nächstenliebe zu verteidigen.[51]
Über die Kriege in Europa und Asien zu berichten, lag allerdings nicht nur im persönlichen Interesse Luces, sondern stärkte auch *LIFE*s Position und Selbstverständnis als Nachrichtenmagazin, das seine Leser*innen über die Ereignisse der Weltgeschichte unterrichten wollte. Mit spektakulären und zum Teil schonungslos brutalen Bildern aus Kriegs- und Krisenregionen steigerte *LIFE* kontinuierlich seine Auflage, bis sie 1943 bei vier Millionen angelangt war.[52] Hand in Hand damit ging die Verbreitung einer neuen Form des Fotojournalismus, die Bewegung, Dramatik und Nähe zum Geschehen versprach und von *LIFE* propagiert wurde. In einer Eigenwerbung vom November 1938 beschrieb *LIFE* die an sich selbst gestellte Aufgabe und legitimierte die Darstellung schockierender Bilder mit dem moralischen Ansinnen, das Grauen des Krieges nicht zu verbergen, sondern sichtbar zu machen, auch um die Getöteten zu würdigen:

> Most violent of all news is war. And LIFE shows war as it really is! The whole purpose of war is destruction. LIFE shows it thus – shows pictures of things and persons destroyed or being destroyed – though we fully know that realistic war pictures shock and outrage thousands of readers. But the dead of war have indeed died in vain if live men refuse to look at them.[53]

Die zunehmende Kritik an der Regierung schlug mit dem Angriff auf Pearl Harbour in einen zunächst noch bedingungslosen Patriotismus um. In einem Brief an Präsident Roosevelt versicherte Luce diesem die publizistische Unterstützung seines Verlagsimperiums zu:

> [...] And in the days to come – far beyond strict compliance with whatever rules may be laid down for us by the necessities of war – we can think of no greater happiness than to be of service to any branch of our government and to its armed forces. For the dearest wish of all of us is to tell the story of absolute victory under your leadership.[54]

51 Henry Luce: The American Century. In: *LIFE*, 17.02.1941, S. 62–66.

52 1942 rühmte sich das Magazin in einer Eigenwerbung, dass es von 23.900.000 Zivilisten und 63 % der Armeeangehörigen gelesen werde. Vgl. There Are Two Ways to Learn About War. In: *LIFE*, 30.11.1942, S. 130.

53 *LIFE*, 21.11.1938, S. 6–7, hier S. 7.

54 Zit. n. Wainwright: *The Great American Magazine*, S. 122.

Eine Zurückhaltung in der Kriegsdarstellung war in der Anfangszeit des Krieges auch in den Ausgaben von *LIFE* zu erkennen, das offensichtlich noch nach einem Weg zwischen wahrheitsgemäßer Berichterstattung und Selbstzensur suchte: Die ersten Bildberichte aus Nordafrika wirken im Vergleich zu solchen aus Spanien oder China unspektakulär und harmlos. Unter Überschriften wie „An Attack at Dusk" oder „The Front in Action" sind leere Wüstenlandschaften zu sehen. Am Horizont der Panoramen sind kleine menschliche Figuren oder Fahrzeuge zu erkennen. Die im Titel versprochene „Action" fehlt. Vielmehr erinnert das Motiv an die Aufnahmen weitläufiger statischer Schlachtenlandschaften aus dem Ersten Weltkrieg.[55] In den ersten Monaten standen alle Zeichen auf eine Überhöhung der Kriegsanstrengungen und Erfolge der USA.
Zu Beginn des Jahres 1943 radikalisiert sich die Darstellung des Kampfgeschehens und der Zerstörungsgewalt in *LIFE*. Das Magazin kehrte damit zu einer Bildpolitik zurück, die bereits die Berichte über den Spanischen Bürgerkrieg und den sino-japanischen Krieg geprägt hatte. Dies ging einher mit einer Rückbesinnung auf Ideale der ‚wahrheitsgetreuen Berichterstattung' und der zunehmenden Kritik vonseiten Henry Luces an einem „Hollywood War", den die Regierung vermittelt sehen wollte und der ihn um die Unabhängigkeit von *LIFE* fürchten ließ. Mehrfach taucht im Sommer 1942 der Begriff des „Hollywood War" in *LIFE*s Berichterstattung auf, Henry Luce warnte seine Redakteure: „Most of the war coverage (at home) is propaganda for the Powers That Be – the best propaganda in the country … Up to a point this policy of chief recruiter and ballyhooist for the Army and Navy and WPB and the Shipping Board, etc. & etc. is necessary and okay. But all the more must we be concerned as to just where that point is and at what point we call our minds and souls our own."[56] Kritik an der Regierung offenbarte auch ein Beitrag mit Aufnahmen Margaret Bourke-Whites in *LIFE*, der bereits im Herbst 1942 erschienen war und die Arbeit sowie die Auswirkungen der Zensur ironisch kommentierte. „British Censor Conceals Old Castle" berichtete über das Hauptquartier eines amerikanischen Generals in Großbritannien. Aus den Aufnahmen Bourke-Whites wurden jedoch jegliche Details herausretuschiert, anhand derer der Ort hätte identifiziert werden können. Dies führte dazu, dass auf einigen Fotografien die Hälfte des Motivs geweißt wurde und eigentümliche Bildfragmente zurückblieben, die *LIFE* in

55 Zum Beispiel „The Battlefield of Bataan" am 13. April 1942, S. 32–33, „Axis Opens Its Big 1942 Drive" vom 20. Juli 1942, S. 23–31; „War in the Western Desert" von Bob Landry am 31. August 1942, S. 19–30.

56 Zit. n. Robert T. Elson: *The World of Time Inc. The Intimate History of a Publishing Enterprise, 1941–1960*, Bd. 2, hrsg. v. Duncan Norton-Taylor. New York: Atheneum 1973, S. 16.

seiner Sparte „Speaking of Pictures", die Außergewöhnliches aus dem Bereich der Fotografie präsentierte, veröffentlichte. Einerseits legte *LIFE* damit auf subtile Weise nahe, dass das Magazin der Zensur unterlag, mokierte sich aber zugleich über deren Auswüchse und ließ die Arbeit der Zensoren sichtbar werden.[57]
Ende November 1942 unterstrich *LIFE* sein Selbstverständnis als Verfechter einer authentischen und ungeschönten Wiedergabe der Kriegsrealität erneut in einer Eigenwerbung. Lag 1938 die Legitimation dafür, der Öffentlichkeit das Grauen des Krieges zu zeigen, noch in einer vorgeblich pazifistischen Haltung, rechtfertigte *LIFE* nun die schonungslose Darstellung der Kriegsrealität mit der Bildung einer nationalen Einheit und dem Zusammenhalt von Kampf- und Heimatfront:

> There are two ways to learn about war. People who live where the war breathes hotly in their faces have an intimate knowledge of what war means ... and of what it does to the individual, to the home, and to the family. They learned these things through brutal, first-hand experience. We Americans have the difficult task of keeping our Psychological Front at high pitch without the drastic lessons of enemy attack. For the most part we must get our inspiration to work and sacrifice through facts we read and hear. [...] LIFE shows its readers in vivid picture-story form what this war *looks* like, *feels* like, and *does to people*. [...] And never has LIFE glossed over the horrors that stalk in the wake of the Axis aggression, but has shown war as it really is ... stark, brutal, and devastating. [...] LIFE has also done much to show the why's and wherefore's of the sacrifices which we on the American home front must be called upon to make. [...] Only after they understand the *reasons* for those things, do people readily accept the hard, inescapable facts of war and war problems, and are heartily willing to cooperate. And among the inspiring things in LIFE are its articles which show the things that Americans are doing to co-operate ... articles which show that America is united as it never was before."[58]

LIFE positionierte sich damit als Medium, in dem die Leser*innen die Wahrheit über den Krieg erfuhr. Es stilisierte sich zum unabhängigen Sprachrohr der

57 Vgl. Speaking of Pictures ... British Censor Conceals Old Castle. In: *LIFE*, 28.09.1942, S. 12–14.

58 There Are Two Ways to Learn about War. In: *LIFE*, 30.11.1942, S. 130–131. In derselben Anzeige pries *LIFE* aber auch seine Auflage und Reichweite und präsentierte sich so nicht nur als Nachrichtenmagazin für den Leser, sondern auch als ideales Medium für den Werbekunden. Auch darin zeigt sich *LIFE*s Geschick, durch seine Berichterstattung und Bilder über den Krieg seine Vorherrschaft am Markt der illustrierten Zeitschriften auszubauen.

Demokratie, sowohl innerhalb der USA als auch in Abgrenzung zu den autoritären Regimen, gegen die man kämpfte. Die Debatte um eine wahrheitsgetreue Kriegsberichterstattung wurde auch von Regierungsbehörden diskutiert. Die von Elmer Davis, dem Leiter des Office of War Information, herausgegebene Direktive der *strategy of truth* distanzierte sich bewusst vom Begriff der Propaganda, der während des Ersten Weltkrieges durch den exzessiven Einsatz von manipulierenden Informationen in Veruf geraten war. Zugleich war die Strategie in einen größeren ideologischen Kontext eingebettet, der die moralische Überlegenheit der USA veranschaulichen sollte, wie George Roeder beschreibt:

> The government would tell the truth because it had nothing to hide, because citizens in a democracy deserved full and accurate explanations of the actions of those who governed by their consent [...].[59]

Dieser Anspruch wurde als klar im Gegensatz zur Informationspolitik eines autoritären Regimes, in dem Zensur und Propaganda die Öffentlichkeit manipulieren und in die Irre führen sollten, gesehen. Hinter Elmer Davis' hohem Anspruch operierten die Regierung und ihre Informationsbehörden allerdings nur mit wohl dosierten Mengen an ‚Wahrheit', die je nach militärischer Situation oder Stimmungslage der Bevölkerung eingesetzt wurden. Generell ist jedoch zu beobachten, dass sich mit Fortdauer des Krieges und auf Druck einiger Medien wie *LIFE* und der Öffentlichkeit ein realistischeres Bild darüber verbreitete, was es bedeutete, Krieg zu führen. Einen Wendepunkt stellte vor allem die Berichterstattung über den pazifischen Kriegsschauplatz dar. Der exotische Schauplatz und die als fremd begriffene Kultur des japanischen Gegners erlaubten es früher als am europäisch-nordafrikanischen Kriegsschauplatz, die Brutalität des Krieges und das Töten zu thematisieren. Die Opfer der Gewalt und ihre verstümmelten Leichen sind jedoch durchwegs Japaner wie in dem Beitrag „The Battle of Buna" vom 15. Februar 1943. Wie um die Unverwundbarkeit der amerikanischen Soldatenkörper zu demonstrieren, sind auf einer Doppelseite drei verrenkt in einem Schlammloch liegende Japaner den makellosen nackten Körpern amerikanischer Soldaten gegenübergestellt, die sich den Schmutz der Schlacht herunterwaschen. Die Möglichkeit des Todes amerikanischer Soldaten wird lediglich mittels Holzkreuzen auf Gräbern angedeutet. Der Fotograf dieser Aufnahme, George Strock, hatte auch ein Pendant mit toten Amerikanern am Strand fotografiert, das aber erst ein halbes Jahr später veröffentlicht werden

59 Roeder: *The Censored War*, S. 2.

durfte. In den folgenden zwei Ausgaben, am 22. Februar und 1. März, erschienen zwei weitere Bildberichte über Buna und Guadalcanal, die die Gewaltätigkeit der Auseinandersetzung offenlegen. Inmitten der zerschossenen Landschaft und dem zerstörten Kriegsgerät werden die oftmals muskelbepackten und mit nacktem Oberkörper präsentierten Soldaten als unbeschadete Gewinner der Schlacht ins Bild gerückt.[60] Im Hintergrund arbeitete *LIFE* bereits gemeinsam mit anderen Medien an der Lockerung der Zensur und erreichte schließlich ein Einlenken der Regierung. Im September 1943 konnte im Magazin erstmals eine Aufnahme mit amerikanischen Toten veröffentlicht werden, nämlich George Strocks Aufnahme toter amerikanischer Soldaten am Strand von Buna.[61]

60 Vgl. Battle of Buna. In: *LIFE*, 15.02.1943, S. 17–29; Booty at Buna. In: *LIFE*, 22.02.1943, S. 81–87; Guadalcanal. In: *LIFE*, 01.03.1943, S. 68–71.

61 Vgl. *Three Americans*. In: *LIFE*, 20.09.1943, S. 35–36. *LIFE* wählte zur Veröffentlichung eine Aufnahme George Strocks, die drei tote Soldaten am Strand von Buna zeigt. Allgemein zur Debatte über die Darstellung amerikanischer Kriegstoter siehe Roeder: *The Censored War*, S. 12–14. Ausführlicher zur Frage der ‚realistischen' Darstellung des Krieges siehe Kap. IV.3 dieser Arbeit.

III.
Der ‚friedliche' Soldat: visuelle Zivilisierung des Krieges

Nachdem Margaret Bourke-White im Frühjahr 1942 erstmals als Kriegsberichterstatterin akkreditiert worden war, arbeitete sie von August 1942 bis Januar 1943 für die U.S. Air Force und die Army Service Forces in Großbritannien, Nordafrika und Italien. In dieser Zeit überwiegen positive und rückversichernde Darstellungen der amerikanischen Kriegsanstrengungen in ihrer Bildproduktion. Nicht brutale Kriegsrealität, mit der die Leser*innen möglicherweise verschreckt würden, sondern positive Identifikationsfiguren und -themen, die den Krieg anschlussfähig an das Leben der Zivilbevölkerung machten, standen im Mittelpunkt ihrer Berichterstattung und generierten auf subtile Weise Zustimmung und Unterstützung für den Krieg. Geschickt griff sie dabei auf ein Repertoire an Bildvorstellungen und kollektiven Mythen aus der Populärkultur aber auch der Politik des New Deal zurück, um die USA als starke und heldenhafte Nation zu visualisieren. Für das Bild des Soldaten griff sie auf etablierte Heldenfiguren wie die des Piloten, des Ingenieurs und des industriellen Arbeiters zurück und adaptierte sie für den militärischen Kontext. Im Zentrum stand dabei – sicher nicht zuletzt auch aufbauend auf ihre persönlichen Interessen und Vorlieben – ein Bild der USA als Land technologischer Innovation und Stärke, die nicht in den Dienst der Vernichtung gestellt wurden, sondern dem Aufbau von Infrastruktur, Ordnung und in weiterer Folge Frieden dienten. Der potenziell bedrohliche Krieg wurde so in eine vertraute Ikonografie eingebunden und ‚befriedet'. Er wurde anschlussfähig an das Leben einer unter den Bedingungen der Massenkultur und Massenproduktion sozialisierten Zivilbevölkerung und motivierte sie zur Unterstützung der Kriegsanstrengungen.

1. Die U. S. Air Force: die Massenkultur und ihre Helden

In der ersten Augustwoche 1942 reiste Margaret Bourke-White nach Großbritannien,[1] wohin kurz zuvor die ersten schweren Bombengeschwader der U. S. Air Force verlegt worden waren, um die britische Royal Air Force (RAF) im Bombenkrieg gegen Deutschland zu unterstützen.[2] Ausschlaggebend für Bourke-Whites Akkreditierung für die Air Force waren wohl ihre weitreichenden Erfahrungen auf dem Gebiet der Luftaufnahme und der Werbefotografie für zivile Luftfahrtunternehmen. Mitte der 1930er Jahre hatte sie für die Fluglinien Trans World Airlines (TWA) und Eastern Airlines sowie den Flugzeugbauer Douglas gearbeitet und war so mit den besonderen Voraussetzungen und Schwierigkeiten dieses Aufnahmetypus vertraut. Die zivile Luftfahrt, wie sie Margaret Bourke-White in Aufnahmen spiegelnder Flugzeugkörper festhielt, stand für technologischen und gesellschaftlichen Fortschritt – ein Image, das für die Air Force durchaus als Anknüpfungspunkt interessant gewesen sein mag. Im Zentrum ihres Auftrages in Großbritannien standen zwei zentrale Themenfelder: zum einen die Planungen und der Ablauf eines Luftangriffes, zum anderen das vorbildhaft-heroische Bild der Flugzeugbesatzungen und ihrer Maschinen.

Der Luftangriff als automatisierter Arbeitsprozess

Ihr Aufenthalt in Großbritannien war vor allem dazu bestimmt, für ein Photo-Essay in *LIFE* den Handlungsablauf eines Luftangriffs zu fotografieren – von der Auswahl des Angriffszieles bis hin zur Rückkehr der entsandten Bombenflugzeuge. Dafür besuchte sie unterschiedliche Flugplätze des Landes, an denen Geschwader der 8th U. S. Air Force stationiert waren.[3]

Das mediale Interesse an den gemeinsamen Luftangriffen war ungemein groß. Nicht nur *LIFE* plante ein Photo-Essay, auch die Fotografen Robert Capa und

1 Vgl. Goldberg: *A Biography*, S. 253. In Nancy Caldwell Sorels Buch *The Women Who Wrote the War* befindet sich ein Margaret Bourke-White zugeschriebenes Foto, das ihre Kollegin Mary Welsh bei der Ankunft amerikanischer Soldaten in Nordirland zeigt; diese waren aber schon im Januar 1942 angekommen, gut ersichtlich an der Winterkleidung der Dargestellten. Da sich kein weiterer Verweis auf einen so frühen Aufenthalt Margaret Bourke-Whites finden lässt, handelt es sich eventuell um eine falsche Zuschreibung. Abb. in Caldwell Sorel: *The Women Who Wrote the War*, S. 172.

2 Siehe dazu Martin Bowman: *B-17 Combat Missions. Fighters, Flak, and Forts. First-Hand Accounts of Mighty 8th Operations over Germany*. London: Greenhill 2007, S. 21.

3 „I spent my days travelling from one airdrome to another, catching what action I can when it happens, for the planning of the bombing missions is so secret that it is impossible to notify anyone in advance. […] Frequently I just hang around an air station quietly until the wheather is right and things begin to happen." (Unbetiteltes, maschinengeschriebenes Manuskript, MBW Papers, Box 70.)

James Jarché arbeiteten im Auftrag des britischen Bildmagazines *Illustrated* auf britischen Luftwaffenstützpunkten. Die aus ihren Aufnahmen zusammengestellten Photo-Essays erschienen im Herbst und Winter 1942.[4] Die *New York Times* hatte bereits am 6. September 1942 einen umfangreichen Fotobericht mit Aufnahmen ungenannter Fotografen veröffentlicht.[5] *Illustrated* eröffnete seine Berichte jeweils mit einer visuellen Metapher für die Wehrhaftigkeit der amerikanischen Nation: Im Falle von Jarché mit dem halbfigurigen Porträt eines Bordschützen, der einen Munitionsgürtel um seinen Körper geschlungen hat, bei Robert Capa mit der Aufnahme einer zum Angriff startenden Flying Fortress[6]. Die Grundbausteine beider Photo-Essays sind das Briefing der Crew, das Beladen der Flugzeuge mit den Bomben, Detailaufnahmen der Flugzeuge und im Fall von Capa auch das Abheben der Maschine und die erfolgreiche Rückkehr der Crew, die mit einem Bier gefeiert wird. Beide Berichte lieferten einen kurzen Einblick in den Ablauf eines Luftangriffs, allerdings folgten die einzelnen Abbildungen nicht ihrer chronologischen Ordnung. Sie scheinen von den Redaktionen aus allgemeinem Material, das beide Fotografen auf den Stützpunkten geschossen haben, zusammengestellt worden zu sein. Auch der Beitrag in der *New York Times* folgte diesem Prinzip und präsentierte oben genannte Teilbereiche, ergänzt um die Aufnahmen des den Bombern nachwinkenden Bodenpersonals.[7] Durch die jeweilige Bildfolge und motivische Schwerpunktsetzung entwickelte jedes Medium seinen eigenen Blick auf das Geschehen. Stand im Falle der *New York Times* entsprechend ihrer Funktion als Nachrichtenmedium nüchtern und sachlich der chronologische Ablauf der einzelnen Motive im Vordergrund, konzentrierten sich die Beiträge in *Illustrated* auf Porträts einzelner Besatzungsmitglieder und die eingeschworene Männergemeinschaft am Luftwaffen-Stützpunkt. Sie lieferten ein individualisiertes Bild der Männer, die die alliierten Nationen und ihre Werte verteidigten. Ihre martialische Selbstdarstellung betonte die Wehrhaftigkeit der amerikanischen Nation und ihrer Verbündeten.

4 James Jarché: *They Hope to Be the First U. S. Pilots to Bomb Germany, Illustrated* 1942. http://www.slightly-out-of-focus.com/robert_capa_301_BG.html; Robert Capa: *Short Trip to France, Illustrated*, 5. Dezember 1942. http://www.slightly-out-of-focus.com/James_Jarche_97th_Bomb_Group.html (Zugriff am 28.01.2017).

5 Frank Kluckhohn: With Our Fliers in England. In: *New York Times*, 06.09.1942, S. 4–5, 28. Die Bildautoren werden leider nicht genannt.

6 Flying Fortress, Fliegende Festung, war der Spitzname der amerikanischen Boeing B-17-Bomber, die im Zuge der alliierten Luftangriffe auf Deutschland zum Einsatz kamen.

7 Kluckhohn: With Our Fliers in England.

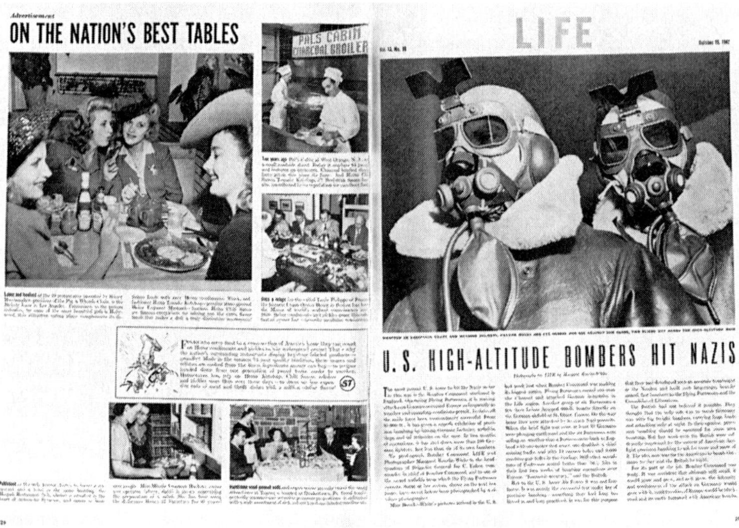
Advertisement

ON THE NATION'S BEST TABLES

LIFE

U.S. HIGH-ALTITUDE BOMBERS HIT NAZIS

Abb. 6: Margaret Bourke-White: Titelseite des Photo-Essays „U. S. High Altitude Bombers Hit Nazis“, *LIFE*, 19. Oktober 1942.

Ihnen fehlt allerdings die logische und zum Teil auch chronologische Stringenz von Margaret Bourke-Whites Aufnahmen, die offenbar in Hinblick auf eine in sich geschlossene Fotoreportage geschossen wurden. Das aus Bourke-Whites Aufnahmen zusammengestellte Photo-Essay „U. S. High Altitude Bombers Hit Nazis“ (Abb. 6–8), das am 19. Oktober 1942 in *LIFE* erschien, ist von den Ereignissen am Flugplatz auf die strategischen Planungen erweitert und in einen größeren organisatorischen Zusammenhang eingebettet, der auch Aufnahmen integrierte, die an anderen Orten, beispielsweise dem Hauptquartier des leitenden Generals Ira Eaker, entstanden sind.[8] Die Struktur ist stärker in

8 U.S. High Altitude Bombers Hit Nazis. In: *LIFE*, 19.10.1942, S. 29–35. *LIFE* veröffentlichte zwischen September 1942 und November 1943 noch weitere Beiträge zum Thema Luftangriff mit Aufnahmen von Bourke-White. In den meisten Fällen werden die Fotografien jedoch illustrativ als Beigabe zum Text genutzt und nicht als selbständiges Erzählmedium. Vgl. American Planes Bomb Continent. In: *LIFE*, 14.09.1942, Abb. S. 36–37; British Censor Conceals Old Castle, *LIFE*, 28.09.1942, S. 12–14; U. S. High Altitude Bombers Hit Nazis. In: *LIFE*, 19.10.1942, S. 29–33; Porträt von General Eisenhower. In: *LIFE,* 9.11.1942, S. 112; Fighting Day at an Airdrome. In: *LIFE,* 7.12.1942, S. 16–20 (Abb. S. 16 u. S. 20); These Pet Names Show Soldier's Sentiments. In: *LIFE,* 14.12.1942, S. 14–17 (Abb. S. 15–17); Air Aid Fund is for American Flyers. In: LIFE, 25.01.1943, S. 27; Porträt von General „Tooey“ Spaatz. In: *LIFE,* 19.04.1943, S. 72, 81, 82; 8th US Army Air Force Hurd Paints Early Days of Operation Now One Year Old.

THIS IS BOMBER COMMAND HEADQUARTERS

Abb. 7: Margaret Bourke-White: erste Doppelseite des Photo-Essays „U. S. High Altitude Bombers Hit Nazis“, *LIFE*, 19. Oktober 1942.

einzelne Teilbereiche und -aufgaben zergliedert und reicht von der Auswahl des Angriffszieles im Hauptquartier des *bomber command* und der Befehlsweitergabe an den Stützpunkt über die Briefings der Besatzungsmitglieder, das Ankleiden und Beziehen der Posten, das Abheben der Flugzeuge und Befragung und Auswertung nach erfolgter Rückkehr bis zur Heldenehrung am Schluss. Die Darstellung folgt einer stringent chronologischen Entwicklung. Um diese engmaschig wiedergeben zu können, wurden zweifelsohne einzelne Aufnahmen, etwa die *target files* oder die telefonische Weiterleitung eines Angriffsziels vom Hauptquartier an die Luftwaffenstützpunkte, direkt in Hinblick auf die Narration des Photo-Essays inszeniert und fotografiert. Hauptaufgabe ist die Verständlichmachung der chronologischen Logik und Systematik hinter einem Luftangriff, wie auch der Text eingangs ankündigt: „These pictures show successive steps in planning a Flying Fortress raid.“[9]

In: *LIFE*, 26.07.1943, Abb. S. 58; Porträt von General Ira Eaker. In: *LIFE*, 29.11.1943, Cover; Target: Germany. It Tells the Official Story of the VIII Bomber Command's First Year over Europe. In: *LIFE*, 29.11.1943, S. 69–83.

9 U. S. High Altitude Bombers Hit Nazis, S. 31.

Das Photo-Essay eröffnet mit dem Doppelporträt zweier Flieger in voller Höhenflugmontur mit Atemmasken und Sonnenschutz. (Abb. 6) *LIFE* wählte damit wie die *Illustrated* ein Motiv der Wehrhaftigkeit für den Auftakt seines Beitrages. Diese drückt sich allerdings weniger über die Bewaffnung oder den aggressiven Gestus der Männer, sondern über die hochtechnologische Ausrüstung und das futuristische Aussehen der Soldaten aus. Die in unterschiedliche Richtungen gehenden Blicke vermitteln zudem Wachsamkeit und sofortige Einsatzbereitschaft. Die folgende Doppelseite zeigt die Vorbereitungen in der Planungszentrale, dem Hauptquartier des leitenden Generals Ira Eaker in High Wycombe. Hier wird über die Auswahl der Angriffsziele und die Taktik entschieden. Im Zentrum steht die Visualisierung des Sammelns von Informationen, angedeutet in den unzähligen Karten an den Wänden sowie Papieren und Dokumenten auf den Schreibtischen. (Abb. 7) Die Betrachter*innen erhalten dabei scheinbar einen Einblick in die geheimen Besprechungen und Unterlagen, etwa die „secret target files"[10], aus denen gerade die Akte zu Hamburg herausgezogen wird. Visuell suggeriert wird diese Teilhabe in vier von sechs Fotos durch einen speziellen Aufnahmewinkel und Bildausschnitt. In der ganzseitigen Abbildung links scheint es, als wäre man gerade an den Besprechungstisch herangetreten, um sich auf den leeren Stuhl in die Runde setzen. Auf dem Foto in der Mitte der gegenüberliegenden Seite (links), das Meteorologen bei ihrer Arbeit zeigt, ist das Kartenmaterial zwischen zwei Männern so ausgebreitet und durch den Bildrand beschnitten, dass auch hier die außerbildlichen Betrachter*innen zu einem Teil des Besprechungskreises werden und aus der privilegierten Position der Entscheidungsträger einen Einblick in das Geschehen erhalten. Die explizit ins Bild gesetzte Aufschrift „SECRET TARGET MAPS GERMANY" der Schublade mit den Angriffszielen unterstreicht den Eindruck, dass hier Informationen preisgegeben werden, die nicht für die Augen der Öffentlichkeit bestimmt sind. Der demonstrative Einblick in geheime Besprechungen und Informationen ist allerdings als Inszenierungsstrategie zu verstehen, die gerade den Blick auf die tatsächliche restriktive Informationspolitik und militärische Schlagkraft der U. S. Air Force verstellt. Besonders offenkundig wird dies am Angriffsziel Hamburg, das für das Photo-Essay ausgewählt wurde. 1942 flog die U. S. Air Force ausschließlich Ziele außerhalb des deutschen Kernlandes an. Den Leser*innen

10 In den „secret target files" wurden unterschiedliche, für einen Luftangriff relevante Informationen zu einem Angriffsziel gesammelt, etwa über topographische Besonderheiten zur Orientierung aus der Luft, vorhandene Rüstungsindustrie oder Verteidigungsanlagen und Stärke der stationierten feindlichen Jagdflugzeugverbände.

wurde also der direkte Angriff auf das feindliche Deutschland suggeriert, der militärisch noch gar nicht möglich war. Zu dem Zeitpunkt konzentrierte sich die amerikanische Luftwaffe auf den Aufbau und das Training ihrer Truppen und auf die Bombardierung von Zielen im besetzten Frankreich, die sie mit ihren Jagdflugzeugen als Begleitschutz der schweren Bomber noch erreichen konnte. Ziele innerhalb Deutschlands rückten erst ab 1943 in ihre Reichweite.[11]

Bilder des Nachdenkens und Abwägens spielen eine wichtige Rolle nicht nur auf dieser Doppelseite, sondern im gesamten Photo-Essay: In mehr als der Hälfte der Aufnahmen sind Männer zu sehen, die sich beratschlagen und besprechen. Eine Entscheidung wird demzufolge erst nach ausführlicher Prüfung und anhand von sorgfältig gesammelten Informationen getroffen. Die scheinbare Nähe zu den Entscheidungsträgern und die Konzentration auf den planerischen und strategischen Hintergrund bringen die Betrachter*innen aber nicht näher an die tödliche Realität eines Luftangriffes heran, sondern distanzieren sie von Tod, Verletzung und psychischer Extrembelastung. Der Krieg wird von seiner körperlich-zerstörerischen auf eine taktisch-intellektuelle Ebene verlagert.

Das letzte Bild, ein Telefonanruf zur Übermittlung des Angriffszieles an die einzelnen Stützpunkte, leitet den Schauplatzwechsel zur nächsten Doppelseite ein, auf der die Vorbereitungen des Luftangriffes auf einem Luftwaffenstützpunkt zu sehen sind. Im Bildstreifen, der sich am oberen Rand über die zwei Seiten zieht, sind das Warten auf das Verkünden des Angriffszieles, die allgemeine Einsatzbesprechung und die der Navigatoren zusammengefasst. Die Air Force Soldaten tragen dabei noch ihre Alltagsuniformen. Das ändert sich im unteren Bildstreifen. Bild für Bild legen die Männer darin ihre persönlichen Gegenstände ab und ziehen ihre Einsatzausrüstung an: Sie entledigen sich ihrer individuellen und zugleich zivilen Identität und treten in das Kollektiv der Flugzeugbesatzung ein, bis sie an den Gefechtspositionen schließlich Teil der Maschine werden. Das Prinzig des Aufgehens des Einzelnen in eine immer größere Einheit wird in der mittleren Bildreihe durch die Gegenüberstellung eines einzelnen Flugzeugs auf dem Flugfeld mit einem sich aus mehreren Maschinen zusammensetzenden Kampfverband am Himmel zu Ende geführt. Zugleich betont *LIFE* – im Gegensatz zu den beiden Bildberichten in der *Illustrated* – wie wichtig Teamarbeit für eine erfolgreiche Kriegsführung ist. Aufnahmen von Tätigkeiten einzelner Personen oder Kleingruppen wie das Beladen der Flugzeuge mit den Bomben

11 Vgl. Max Boot: *War Made New. Technology, Warfare, and the Course of History 1500 to Today*. New York: Gotham 2006, S. 275; Richard Overy: *Why the Allies Won*. New York: Norton 1995, S. 121–125.

Abb. 8
Margaret Bourke-White: letzte Seite des Photo-Essays „U.S. High Altitude Bombers Hit Nazis“, *LIFE*, 19. Oktober 1942.

oder das Reinigen und Testen der Gefechtsstellungen, bleiben ausgeklammert und damit auch Aufnahmen, die eindeutig auf einen kriegerischen Zusammenhang verweisen. In den von *LIFE* ausgewählten Fotografien ist auf keiner ein Maschinengewehr oder eine Bombe zu sehen.[12] Die eigentlichen Aufgaben der Flugzeugbesatzung, das Abwerfen tödlicher Bombenladungen und die Verteidigung gegen deutsche Jagdflieger, werden nicht thematisiert. Ebenfalls nicht berücksichtigt wurden Bourke-Whites zahlreiche Aufnahmen, in denen die Freizeitbeschäftigung der Crews, Lesen, Trinken, Kartenspielen oder Essen, am Stützpunkt gezeigt werden. *LIFE*s Schwerpunkt lag eindeutig auf „Männern im Dienst“ und damit bei der Pflichterfüllung gegenüber ihrem Heimatland.

12 Eine Ausnahme ist die letzte Aufnahme, die zwei Rumpfschützen an ihrer Gefechtsposition im Inneren des Flugzeugs zeigt. Die Maschinengewehre sind vom Bildrand aber so angeschnitten bzw. in das Kabelgewirr der Maschine integriert, dass sie nicht unbedingt als solche erkennbar sind.

Die letzte Doppelseite zeigt schließlich die Resultate der Operation:[13] links die routinemäßige Befragung der Besatzungsmitglieder und die Auswertung von Luftaufnahmen des bombardierten Terrains; rechts die Ordensverleihung an verdiente Soldaten. (Abb. 8) Die untere Fotografie auf der linken Seite zeigt zwei Nachrichtenoffiziere bei der Analyse von Aufklärungsfotos. Die Männer sind über einen Stapel von Luftaufnahmen gebeugt, zwischen die ein Blatt mit Flugzeugsilhouetten geschoben ist, die piktogrammhaft das Bombardement auf das gezeigte Terrain repräsentieren. Einer der Männer blickt durch eine Stereoskop-Brille auf die Aufnahmen. Dieser herangezoomte analysierende Blick wird für die Betrachter*innen durch die Bildauswahl und das Layout nachvollzogen, denn rechts von diesem Motiv ist eine Luftaufnahme zu sehen und zwar in vergleichbar fokussiertem Nahblick. Die Betrachter*innen sehen, was der Nachrichtenoffizier sieht und können wie dieser durch die weißen Rauchwolken des Bombenabwurfs den Erfolg des Luftangriffs mit eigenen Augen überprüfen. Zugleich verweist die Luftaufnahme auf die Landkarte im Besprechungsraum am Anfang der Bildstrecke, anhand derer der Angriff geplant wurde, und schließt somit den Kreis einer erfolgreichen Mission. Den eigentlichen Schlusspunkt bildet jedoch die Aufnahme von vier uniformierten Air-Force-Mitgliedern, die in Reih und Glied an der Verleihung des Purple-Heart-Ordens teilnehmen. *LIFE* zeichnet mit den beiden letzten Motiven der Bildstrecke ein doppelt positives Bild des Luftangriffes: auf militärischen Ebene durch den erfolgreichen Bombenabwurf und auf persönlich-moralischer Ebene durch die Auszeichnung der tapferen Soldaten.[14]

Die Art, wie Bourke-White die Luftangriffe in chronologisch geordnete, einzelne Handlungsschritte auflöst, erinnert an das Prinzip der Corporate Stories, die sie in den frühen 1930er Jahren für das Magazin *Fortune* erarbeitet hatte.[15] Bereits damals zergliederte sie die komplexen Organisations-, Arbeits- und

13 Nicht gezeigt werden konnte der eigentliche Luftangriff. Insbesondere Frauen war die Teilnahme an Angriffsmissionen untersagt. Erst im Januar 1943 war es Bourke-White möglich, einen Luftangriff von Bord einer Maschine aus zu fotografieren. Doch auch hier finden sich weder im *LIFE*-Bildarchiv noch im Archiv der Fotografin Aufnahmen vom Inneren der Flugzeuge und von der Besatzung während der Mission. Es gibt einzelne Aufnahmen, welche die Männer am Boden beim Ankleiden im Inneren des Flugzeugs zeigen. Während des Luftangriffs sind nur Luftaufnahmen des Terrains und der begleitenden Flugzeuge überliefert, die auch den Grundstock für ein Photo-Essay bilden, das am 1. März 1943 in *LIFE* erschien. Das Geschehen im Inneren des Flugzeugs blieb auch in diesem Fall – wohl aus Gründen der militärischen Geheimhaltung – eine Leerstelle. Zum genannten Photo-Essay siehe Kap. IV.1.

14 Für eine detaillierte Analyse der Aufnahmen der Heldenehrung siehe Kap. IV.3 dieser Arbeit.

15 Z.B. International Harvester I: Supremacy. In: *Fortune*, August 1933.

Produktionsprozesse in ihre wichtigsten Einzelschritte und fotografierte diese; die Einzelbilder wurden für die Veröffentlichung dann so zusammengefügt, dass sich darin nicht nur der Herstellungsprozess nachvollziehen ließ, sondern auch ideelle Werte eines Produktes oder eines Unternehmens vermittelt wurden. Diese Vorgehensweise übernahm Bourke-White nun für einen militärischen Ablauf. Vor allem die mit dieser Form der Präsentation vermittelte Vorstellung der Automatisierung von Arbeitsprozessen bot für militärische Handlungen wie einen Luftangriff interessante Anknüpfungspunkte. Die Air Force selbst griff in ihrer Publikation *Target Germany*, die 1943 in Auszügen in *LIFE* abgedruckt wurde, auf die Metapher der Maschine zurück, um ihre Aufgaben und im speziellen Luftangriffe als einen reibungslos und automatisiert ablaufenden Prozess zu vermitteln. Die entsprechende Textpassage liest sich nahezu wie ein *shooting script* für Margaret Bourke-Whites Photo-Essay:

> At each [Luftwaffenstützpunkt, Anm. d. Verf.] there is the same sequence of events. What Command has conceived, what Air Division has planned and scheduled, what Combat Wing has further detailed and directed, these Groups now transpose to action. The machine as a whole is now in motion.[16]

Darin klingt die Formulierung der „great productive machine" an, wie sie der Ingenieur und Journalist Horace L. Arnold 1914 in Anlehnung an das Ford-Werk Highland Park geprägt hatte. Die „Maschine" stand für Arnold nicht nur für eine ökonomische und rationale Organisation von Gebäuden, Produktionsmaschinen, einzelnen Arbeitsschritten und Arbeitskraft, sondern im übertragenen Sinn auch für ein modernes Management.[17] Dieser strategischen und planerischen Seite gaben Bourke-White und *LIFE* viel Raum; insgesamt vier von sieben Seiten im Photo-Essay. Auch hier lassen sich Parallelen zu der Struktur einer Corporate Story aufzeigen, die neben dem Herstellungsprozess in vielen Fällen auch die Ebene der Unternehmensführung in Form von Porträts oder Bildern von Besprechungen einbezog.[18] Diese standen für die auf Rationalisierung und Effizienz ausgerichtete moderne Managementkultur und ihre planerische Leistung, die den Erfolg der großen Unternehmen der Massenproduktion der

16 Target: Germany. In: *LIFE*, 29.11.1943, S. 70–83, hier S. 71.

17 Vgl. Smith: *Making the Modern*, S. 31–33.

18 Z. B. The Stores and the Catalogue. In: *Fortune*, Januar 1935; Campbell's Soup. In: *Fortune*, November 1935.

späten 1920er und frühen 1930er Jahre garantierte.[19] In ihrem 1944 erschienenen Buch *They Called It Purple Heart Valley*, das ihre Erlebnisse am Kriegsschauplatz in Italien schildert, kommt Bourke-White ganz explizit auf diesen Transfer von Organisationsstrukturen aus der Privatwirtschaft auf militärische Aufgabenbereiche zu sprechen:

> The same organizing ability which enabled us to establish hotel chains, bakery companies, mailorder houses, transportation and maintainance facilities to serve and supply our great territory of forty-eight states was being translated effectively into the organization of war.[20]

Mit dem Transfer der Organisations- und Verwaltungsstruktur übertrug sich auch das damit verbundene Erfolgsversprechen auf den kriegerischen Zusammenhang. Auf der Ebene des Photo-Essays erinnert das kontinuierlich über das Layout hergestellte Ineinandergreifen der einzelnen Arbeitsschritte nicht nur an die Struktur einer Corporate Story, sondern auch an den Prozess der Fließbandproduktion. Es vermittelt den Eindruck eines reibungslosen Ablaufes und verleiht dem dargestellten Vorgang eine kausale Stringenz, an deren Ende die erfolgreich ausgeführte Mission steht. Auf doppelte Weise verknüpfen sich in dem Beitrag die Sphären von Krieg und Wirtschaft. Einerseits auf der formalnarrativen Ebene der Corporate Story, andererseits auch auf ideologischer Ebene, indem positiv besetzte Werte der Massenproduktion und des damit verbundenen rationalisierten Managements auf die Kriegshandlung übertragen werden. Das Element der Mechanisierung und Automatisierung, das sich auf struktureller Ebene im Photo-Essay zu den Luftangriffen zeigt, unterstützt auch eine weitere wichtige Komponente der amerikanischen Kriegsführung: die Präzision, die sich in der Strategie des *precision bombing* dem Punktzielbombenwurf, niederschlug. Im Gegensatz zur britischen RAF, die vorwiegend nächtliche Flächenbombardements in Deutschland und in von Deutschen besetzten Gebieten durchführte, propagierte die U. S. Air Force eine Angriffstaktik, die bei Tage

19 Z. B. The Aluminum Co. of America oder The Stores and the Catalogue, beide in *Fortune*, September 1934. Siehe dazu u. a. Lindy Biggs: *The Rational Factory: Architecture, Technology and Work in America's Age of Mass Production*. Baltimore: Johns Hopkins UP 1996. Über die Rolle der Fotografie in diesem Prozess siehe Elspeth Brown: *The Corporate Eye. Photography and the Rationalization of American Commercial Culture 1884–1929*. Baltimore / London: Johns Hopkins UP 2005.

20 Bourke-White: *Purple Heart Valley*, S. 76. An anderer Stelle spricht sie von dem „gigantic business of war" (ebd., S. 71).

und mithilfe eines neu entwickelten Bombenzielgerätes, dem *Norden bombsight* punktgenau kriegswichtige Ziele wie Fabriken, Verkehrsverbindungen oder Öllagerstätten, treffen sollte. Die Bombenangriffe wurden dadurch legitimiert, dass mit technikgestützer Präzision nur militärisch notwendige Ziele getroffen wurden und so mit einem Minimum an Einsatz ein Maximum an Schaden erreicht werden konnte.[21] Dieser Logik folgend steht auch eine Luftaufnahme, die offenbar das Resultat eines solchen Punktzielbombenwurfes zeigt, am Ende des Photo-Essays und demonstriert dessen militärischen Erfolg für die Leser*innen.

Heldenposen aus Hollywood

Neben Aufnahmen, die die chronologische Abfolge eines Luftangriffes dokumentieren, existiert eine Vielzahl von Fotografien, die die ausführenden Personen und die verwendete Technik in den Blick nehmen. Während die Aufnahmen der Planung und Ausführung eines Luftangriffes den Betrachter*innen einen effizienten und erfolgreichen Ablauf dieser Kriegshandlung vermitteln, eigneten sich die Porträts, um Heldenfiguren zu schaffen. Diese sollten aufbauend auf Bildangebote der Massenkultur positive und den Kriegsanstrengungen dienliche Identifikationsangebote für die Bevölkerung liefern.

Bereits im Ersten Weltkrieg und unter dem verstärkten Einsatz von Flugzeugen im Luftkampf entstand ein romantisierender Heldenkult um erfolgreiche *flying aces* wie Eddie Rickenbacker, der nach Kriegsende auf ziviler Ebene von wagemutigen Piloten wie Charles Lindbergh fortgeschrieben wurde. In den späten 1920er Jahren bereiteten zahlreiche Hollywoodfilme die Geschichten wagemutiger Flieger in fiktionaler Form für ein breites Publikum auf; ab Ende der 1930er Jahre wurde zunehmend auch die Realität des Krieges in diese Handlungen miteinbezogen. Spätestens zu diesem Zeitpunkt hatte die Fliegerei Eingang in die amerikanische Massenkultur gefunden.[22] Massenmedial aufbereitet lieferte die Luftfahrt ein positives Bedeutungsfeld, das modernsten technologischen Fortschritt mit einem virilen und heldenhaften Männlichkeitsideal

21 Zum Bombenkrieg allgemein siehe u. a. Overy: *Why the Allies Won*, S. 110–130, konkret zum Punktzielbombenwurf ebd., S. 115. Auch *LIFE* veröffentlichte diverse Beiträge, z. B. Precision Bombing. Sample Mission Shows Details that Make It Work. In: *LIFE*, 30.08.1943, S. 97–105.

22 Allgemein zur Kulturgeschichte der amerikanischen Luftfahrt siehe Dominick A. Pisano (Hrsg.): *The Airplane in American Culture*. Ann Arbor: University of Michigan Press 2003; Robert Wohl: *The Spectacle of Flight. Aviation and the Western Imagination 1920–1950*. New Haven: Yale UP 2005.

Abb. 9
Margaret Bourke-White: Porträt eines Mitglieds der 8th U. S. Air Force, Großbritannien, Sommer / Herbst 1942.

verband, an das auch Margarete Bourke-White mit ihren Aufnahmen für die Air Force anknüpfen konnte.[23]

In ihren Einzelporträts von Air-Force-Mitgliedern (Abb. 9) vermittelte sie ein repräsentatives Bild der vorbildhaften physischen und psychischen Qualitäten eines Soldaten der Luftwaffe. Dazu arbeitete sie mit einer ausgeprägten Untersicht, die die porträtierten Männer monumentalisiert. Die Mehrzahl der Aufnahmen ist entlang einer von rechts nach links aufsteigenden Diagonale

23 Das Verhältnis zwischen Filmwirklichkeit und Kriegsziel war so eng, dass Rekrutierungsoffiziere der Armee in den Foyers von Kinos auf junge Kinobesucher warteten. Vgl. Christopher Murray: *Champions of the Oppressed? Superhero Comics, Popular Culture, and Propaganda in America during World War II*. Cresskill, NJ: Hampton 2011, S. 68. Auch in den aktuellen Kriegen des beginnenden 21. Jahrhunderts spielen Hollywoodfilme als sinn- und identitätsstiftende Bezugsgröße eine wichtige Rolle. Bekanntestes Beispiel ist George W. Bushs Selbstinszenierung als Pilot im Stile des 1986 veröffentlichten Pilotenfilms *Top Gun*. Vgl. Hentschel: Haupt oder Gesicht, S. 191; Mitchell: *Das Klonen und der Terror*, S. 137.

ausgerichtet, die den Eindruck von Dynamik und Agilität erweckt. Auch die Blicke der Dargestellten sind größtenteils entlang dieser Diagonale leicht nach oben auf ein unbestimmtes Ziel außerhalb der Bildfläche in der Ferne gerichtet und evozieren Wachsamkeit, aber auch den festen und zielgerichteten Blick auf eine positive Zukunft. Die gezielt eingesetzte Beleuchtung bringt das Gesicht der Porträtierten regelrecht aus sich heraus zum Strahlen. Der enge Ausschnitt, die starke Untersicht, die kontrastreiche Beleuchtung, die Diagonalen und der in die Ferne gerichtete Blick verweisen deutlich auf Beispiele der sowjetischen Avantgarde-Fotografie der späten 1920er und frühen 1930er Jahre, wie etwa in Aleksandr Rodchenkos Aufnahme *Pionierin*. Diese ursprünglich für die Visualisierung gesellschaftlichen Aufbruchs und die Heroisierung der Arbeiterklasse entwickelte Aufnahmeweise war Margaret Bourke-White, wenn nicht durch Ausstellungen oder Zeitschriften, sicher durch ihre Aufenthalte in Russland oder über ihre Kontakte zur russischen Kunst- und Filmszene bekannt.[24] Bereits 1936 arbeitete sie in Porträtaufnahmen für ihr Buchprojekt *You Have Seen Their Faces* vereinzelt mit dieser starken Untersicht, schrägen Blickwinkeln und engen Gesichtsausschnitten. Aufbauend auf sowjetische Beispiele und deren Rezeption in der amerikanischen Fotografie entwickelte sie eine standardisierte Bildformel, die sie immer wieder adaptierte, um ihren Porträts einen heroischen Ausdruck zu verleihen. Auffällig ist, dass sie diesen Bildtypus vor allem in Zeiten gesellschaftlicher Krisen – wirtschaftlicher Not und Krieg – aufgriff. Zu einem Zeitpunkt also, in dem es besonders wichtig erschien, positive Vorbilder zu entwickeln und ein neues, vom gesellschaftlichen und technologischen Fortschritt geprägtes Menschenbild zu propagieren.

Für die Porträts der Air-Force-Besatzungen setzte Bourke-White verstärkt auf Lichteffekte. Das gleißende Licht hebt die Gesichter aus ihrer Umgebung heraus und verleiht ihnen einen überwirklichen Charakter. Zumeist sind drei Viertel des Gesichtes stark beleuchtet, während der Rest verschattet bleibt. Die starken Kontraste verleihen den Gesichtern Dramatik, fast Schicksalsschwere. Ganz im Gegensatz zu Porträts von Robert Capa, der etwa zur gleichen Zeit die 301st Bomb Group der 12th Air Force in Chelveston für das britische Bildmagazin *Illustrated* fotografierte,[25] zeichnet sie ein glamouröses Bild, das maßgeblich

24 Beispielsweise kannte Margaret Bourke-White den Filmemacher Sergei Eisenstein. Jonathan Silverman veröffentlichte eine Aufnahme, die zeigt, wie Eisenstein auf Bourke-Whites Balkon im Chrysler Building rasiert wird. Silverman: *For the World to See*, S. 37.

25 Robert Capa konzentrierte sich auf ungewöhnliche Gesichter und Gesichtsausdrücke, die zum Teil maskenhaft verzerrt wirken oder durch Narben entstellt sind. Statt makellosen Idealgesichtern wie sie Bourke-White lieferte, zeigte er Menschen, in deren Gesicht das Leben tiefe Spuren eingegraben hat und die auf Männlichkeitsentwürfe rekurieren, die an die Vorstellung

durch die Lichtregie transportiert wird, die in ihrer Artifizialität und Überzeichnung durchaus Verwandtschaft zur Beleuchtungspraxis des Hollywood Kinos erkennen lässt, das im Zweiten Weltkrieg zu einem der wichtigsten Propagandainstrumente der amerikanischen Regierung avancierte. Seit den 1930er Jahren pflegte Bourke-White gute Kontakte zur Filmszene. Große Studios hatten sie mehrfach um eine Zusammenarbeit gebeten. Im Auftrag von Samuel Goldwyn fotografierte sie beispielsweise 1943 Standbilder der Dreharbeiten zu seinem Kriegsfilm *North Star*, aus denen das Studio schließlich ein Portfolio zusammenstellte. Vicki Goldberg berichtet, dass Bourke-White auch eine Anfrage aus Hollywood als Beraterin in Beleuchtungsfragen erhalten habe.[26] Nicht zuletzt dieser Umstand lässt darauf schließen, dass ein wechselseitiges Verhältnis bestand: Einerseits kannte Bourke-White die Gepflogenheiten und Wünsche der Lichtregie in Hollywood, andererseits stieß auch ihre Art der Lichtführung auf Interesse der Studios. Beide verband der Einsatz von Blitzlicht und Schlaglichtern, die das Gesicht der Porträtierten kontrastreich modellierten und einzelne Gesichtspartien wie die Nase harte Schatten werfen ließen. Diese Form der Beleuchtung wurde, wie Patrick Keating zeigen konnte, in Hollywood seit Ende der 1910er Jahren genutzt und hatte sich in den späten 1920er Jahren zunehmend zu einem Standard verfestigt.[27] So schreibt William Stull 1930 in *American Cinema*, dem Organ der American Society of Cinematographers: „Men, for instance, are best photographed with rather hard lightings,

des *rugged individual* anknüpfen, hartgesottene, wettergegerbte Einzelgänger, die sich allen Widrigkeiten des Lebens entgegenstemmen. Margaret Bourke-White hingegen konzentriert sich in ihrer Auswahl der Porträtierten auf zumeist junge und durchwegs gutaussehende Männer, die ein allgemeingültiges Bild und Vorbild jugendlicher, heroischer, selbstbewusster und siegessicherer Männlichkeit entwerfen. Dieser Aspekt wird durch die Ortlosigkeit der Porträts unterstrichen. Die Männer sind zum Großteil vor der homogenen grauen Fläche des Himmels abgebildet, der keine örtliche Zuschreibung zulässt und eine Überzeitlichkeit und Allgemeinörtlichkeit nahelegt.

26 Vgl. Silverman: *For the World to See*, S. 70; Goldberg: *A Biography*, S. 110; die Unterlagen zu ihrer Arbeit für *North Star* im Archiv der Fotografin. MBW Papers, Box 105. Allgemein zur Beleuchtung des Hollywoodfilms mit vielen Bildbeispielen siehe Patrick Keating: *Hollywood Lighting from the Silent Era to Film Noir*. New York: Columbia UP 2010. In seinem Aufsatz „From the Portrait to the Close-up: Gender and Technology in Still Photography and Hollywood Cinematography" diskutiert Keating zudem ausführlich das Verhältnis von Studioporträtfotografie und Beleuchtungspraktiken von Hollywood in den späten 1910er Jahren. Es ist nicht unwahrscheinlich, dass es zu einem späteren Zeitpunkt erneut zu einer wechselseitigen Beinflussung kam, wenngleich auch der russische Avantgardefilm möglicherweise eine wichtige Rolle spielte. Vgl. Patrick Keating: From the Portrait to the Close-up: Gender and Technology in Still Photography and Hollywood Cinematography. In: *Cinema Journal* 45,3 (2006), S. 90–108.

27 Vgl. ebd.

Abb. 10
Plakat für den Film *Men with Wings*, Regie und Produktion William A. Wellmann, USA, 1938 (Original in Farbe).

and in sharp focus. This lends a virile, masculine quality to the scene."[28] Ein vergleichbares Ziel hatte wohl auch Margaret Bourke-White bei den Porträts der Air-Force-Soldaten vor Augen. Viril, heldenhaft und auch ein wenig glamourös lieferten sie die ideale Identifikationsfigur sowohl für den männlichen als auch weiblichen Teil der Bevölkerung.

Abgesehen von der Lichtgestaltung erinnern die Porträts auch an Werbefotos und -plakate für populäre Fliegerfilme wie *Men with Wings* (Abb. 10) oder *Test Pilot*, beide von 1938. Letzterer wurde mit drei Academy Awards ausgezeichnet und war einer der erfolgreichsten Filme des Jahres.[29] Vor dem

28 Zit. n. Keating: From the Portrait to the Close-up, S. 102.

29 Pisano: *The Airplane in American Culture*, S. 336. Bernd Hüppauf konstatiert eine ähnliche Bedeutung der Figur des Fliegerhelden für deutsche Filmproduktionen v. a. im Zusammenhang mit dem Aufbau der Luftwaffe ab 1935. Vgl. Bernd Hüppauf: Fliegerhelden des Ersten Weltkriegs. Fotografie, Film und Kunst im Dienst der Heldenbildung. In: *Zeitschrift für Germanistik* 18,3 (2008), S. 575–595, hier S. 577.

Abb. 11
Margaret Bourke-White:
Besatzungsmitglieder vor
einem B-17-Bomber,
Großbritannien,
Sommer/Herbst 1942.

Hintergrund dramatischer und actionreicher Flugszenen enfalten sich in beiden Filmen Männerfreundschaften, die durch die Liebe zur selben Frau und die gefährliche Leidenschaft fürs Fliegen auf die Probe gestellt wurden. Derartige Plots, die Heldenmut, Liebe und Technik verquickten und das als mutig und unwiderstehlich geltende Image der Piloten propagierten, boten durchaus die ideale Projektionsfolie für einen militärischen Kontext. In dem auf den Kopf beschränkten Porträtausschnitt, der starken Untersicht und dem nach oben gerichteten Blick lassen sich interessante Querverbindungen zwischen den Plakaten für diese Filme und Bourke-Whites Fotografien aufzeigen. Noch deutlicher wird dies in Aufnahmen, in denen Bourke-White Crew-Mitglieder im Halbfigurenporträt oder im Kopfanschnitt vor ihren Maschinen zeigt. (Abb. 11) Die Soldaten werden auf vergleichbare Weise wie die Hollywoodstars vor ihren Flugzeugen präsentiert. Die Air Force schien nun für jedermann die Möglichkeit zu bieten, ein Held und Frauenliebling nach Hollywood-Format zu werden. Das Verhältnis zwischen Kriegsrealität und Hollywood Kino ist allerdings als

ein wechselseitiges zu sehen. So wurden auch Vertreter der Air Force zu Vorbildern für Leinwandcharaktere. Konkret nahm sich Drehbuchautor Beirne Lay, der im Krieg Assistent von General Ira Eaker, Kommandant der 8th Air Force in Großbritannien war, und bereits das Drehbuch zu *I Wanted Wings* geschrieben hatte, Colonel Frank Armstrong, den auch Margaret Bourke-White fotografiert hatte, zum Vorbild für seine von Gregory Peck gespielte Figur des Frank Savage im Film *Twelve O' Clock High*.[30]
Auffallend ist, wie die Körper und Köpfe der Männer von ihren Flugzeugen hinterfangen werden – eine Darstellungsweise, die sich sowohl in Bourke-Whites Aufnahmen als auch auf den Filmpostern findet. Die nach oben strebende Nase der Flugzeuge lässt sich als phallische Anspielung lesen, die Männlichkeit, Virilität aber auch Aggressivität suggeriert und so militärische Schlagkraft und Ausdauer der davor porträtierten Männer mit sexueller überblendet.[31] Der Luftwaffenstützpunkt wird so zu einem Ort, an dem Männer ihre sexuelle und militärische Potenz unter Beweis stellen konnten. Christopher Murray sieht eine enge Verbindung zwischen den offensiv sexuellen Anspielungen, die vor allem in der frühen Phase der Kriegsteilnahme auftraten, mit dem psychologisch „kastrierenden" Desaster des Überfalls auf Pearl Harbour. Die Zurschaustellung agressiver sexueller Motive diente seiner Meinung nach als Metapher für militärische Dominierungsfantasien des Gegners.[32] Ein ähnliches sexuell aufgeladenes Bildmotiv sieht Gerhard Paul in der deutschen Bildpresse und dem Propagandafilm:

> In *Feuertaufe* und *Stukas* agierten die Kampfpiloten mit ihren metallisch wirkenden Gesichtern gleichsam als Ingenieure des Krieges bzw. mechanische Kampfmaschinen. Verstärkt wurde das männliche Gesicht des Krieges wie in Walter Frentz' oder Alfred Tritschlers Aufnahmen der Bunkeranlagen am Atlantik durch eine stereotype phallische Symbolik, die riesige Kanonenrohre als Verlängerung des männlichen Geschlechtsteils erscheinen ließ.[33]

30 John T. Correll: The Real Twelve O'Clock High. In: *Air Force Magazine* 1 (2011), S. 70–73. http://www.airforcemag.com/MagazineArchive/Documents/2011/January%202011/0111high.pdf (Zugriff am 28.01.2017). Siehe auch Martin Bowman: *12 O'Clock High*. http://www.ospreypublishing.com/articles/world_war_2/12_oclock_high/ (Zugriff am 28.01.2017).

31 Paul: *Bilder des Krieges*, S. 236–237.

32 Vgl. Murray: *Champions of the Oppressed*, S. 108.

33 Paul: *Bilder des Krieges*, S. 236–237.

Während das stählerne, metallisch glänzende, nicht perforierbar erscheinende Körperbild den Soldaten als Maschine ohne menschliche Regungen ausweist, konzentriert sich Bourke-White auf den Aspekt, dass gerade der normale menschliche Körper durch die Technik aufgerüstet wird, also hinter der Maschine noch ein Mensch steht. Derartige Darstellungen boten jedoch nicht nur Männern, sondern auch Frauen interessante Identifikationsmöglichkeiten. Ihnen wurde die Rolle der begehrten Schönheit zugewiesen, die oftmals zwischen zwei Männern abgebildet war. Um ihr Herz kämpften die Helden im Film, für ihr Wohl und die von ihr repräsentierte Heimat kämpften die Soldaten im Krieg. Vergleichbare Inszenierungen finden sich ebenfalls bei Margaret Bourke-White, die sich allerdings selbst ins Zentrum dieser Konstellation stellte wie in zwei Aufnahmen, die sie zwischen Frank Armstrong und einem unbekannten Mann vor dem Bug einer B-17 zeigen. Darin ist sie mit jeweils einem der Männer in intensivem Blickkontakt vertieft.[34]
Neben einer grundsätzlichen Monumentalisierung und Heroisierung manifestiert sich in der Untersicht in Bourke-Whites Porträts auch der Eindruck des Aufblickens, der im übertragenen Sinne als Haltung der Bewunderung gelesen werden kann. Die forcierte Perspektive lässt die Mitglieder der Air Force zum Idol werden, das es nachzuahmen gilt. Dieser Porträttypus eignete sich somit nicht nur als allgemeines positives Identifikationsangebot für die amerikanische Gesellschaft, sondern auch als konkretes Vorbild zur Rekrutierung, wie ein Vergleich mit einem Poster der Army Air Forces deutlich macht: Jes Wilhelm Schlaijkers Illustration zeigt einen jungen Mann in Fliegerkleidung aus starker Untersicht und vor dramatischem Wolkenhimmel. (Abb. 12) In seinen Händen hält er wie ein phallisches Attribut eine Bombe. Die Verknüpfung von Untersicht und Vorbildfunktion findet sich ebenfalls in einer Werbung des kalifornischen Flugzeugbauers Vultee von 1942. (Abb. 13) Die Illustration mit dem Titel *The man we look up to* zeigt einen Fallschirmjäger aus starker Untersicht. Der begleitende Text überschlägt sich in heroischer Rhetorik, die junge Rekruten mit mythischen Heldenfiguren wie Lanzelot oder Galahad vergleicht.[35] Der in die Ferne gerichtete, selbstbewusste Blick verbindet sich auch hier mit dem

34 Dies spiegelt sich auch in den schriftlichen Quellen. So beschreibt sich Margarete Bourke-White in ihrer Autobiografie in Zusammenhang mit der von ihr durchgeführten Taufe eines Flugzeuges auf den Namen *Flying Flitgun* in der Rolle der wartenden Verlobten: „Now I was like a wife or fiancée: of all the Flying Fortresses, the *Flying Flitgun* must come home." (Bourke-White: *Portrait of Myself*, S. 200.)
35 Vgl. *LIFE*, 28.09.1942, S. 123.

Abb. 12
Jes Wilhelm Schlaijker:
O'er the Ramparts We Watch,
Poster für die U.S. Army
Air Force, USA, 1945
(Original in Farbe).

Versprechen auf eine positive Zukunft: „These airmen will be returning to a new world of their own making, the world we shall live in tomorrow."[36]

Diese Vergleiche zeigen, dass Margaret Bourke-White mit Bildentwürfen arbeitete, die in der Populärkultur, wie Film oder Werbung, verbreitet waren und mit rekrutierungswirksamen Botschaften aufgeladen werden konnten. Ob eine direkte Bezugnahme von Bourke-White auf diese oder vergleichbare Beispiele vorliegt, lässt sich im konkreten Fall nicht nachweisen. Allerdings wird deutlich, dass Bourke-White mit Motiven und Darstellungen operierte, die sich über die Massenkultur etabliert hatten und die sich positiv auf die Wahrnehmung und Arbeit der U.S. Air Force und ihre potenziellen Rekrutierungsmaßnahmen auszuwirken vermochten. Ein ähnliches Verhältnis von Populärkultur und

36 Veröffentlicht u.a. in *LIFE*, 28.09.1942, S. 123.

Abb. 13
John Falter:
The man we look up to!,
Werbeanzeige für
Vultee Aircraft, 1942
(Original in Farbe).

Kriegsrepräsentation konstatiert Horst Tonn in seiner Analyse schriftlicher Kriegsreportagen, allerdings für den Vietnamkrieg:

> Spätestens seit dem Vietnamkrieg werden aus der Populärkultur rekrutierte Deutungsschema für die Plausibilisierung und Kommunizierbarkeit von Kriegserfahrung herangezezogen. Verschiedene Filmgattungen und populäre Musik, nicht zuletzt auch Rock and Roll, erweisen sich dabei als besonders produktiv, aber auch Comic-Helden sowie Motive aus Werbung und Sport beispielsweise werden bemüht, um Kriegserfahrung zu deuten und kommunizierbar zu machen.[37]

37 Horst Tonn: Wie wird Krieg erzählt? Rock and Roll als Deutungsschema in amerikanischen Kriegsreportagen zwischen Vietnamkrieg und Irakkrieg. In: Ders. / Barbara Korte (Hrsg.): *Kriegskorrespondenten. Deutungsinstanzen in der Mediengesellschaft.* Wiesbaden: VS 2007, S. 287–319, hier S. 292.

Gerhard Paul sieht mit dem Vietnamkrieg den „Krieg in der Ikonographie der Massenkultur" angekommen.[38] Die Auswertung von Margaret Bourke-Whites Bildmaterial zeigt jedoch, dass die enge Verflechtung von Massenkultur und Krieg, schon weitaus früher begann.
Trotz ihrer offensichtlich propagandistischen Eignung wurden die Einzelporträts allerdings erst ein halbes Jahr später veröffentlicht. Sie fanden Verwendung als vier von 16 Porträtvignetten, die einen Beitrag über den Air Aid Fund for American Flyers, der die Familien verstorbener oder verletzter Air-Force-Mitglieder unterstützte, illustrierten.[39] Die Einzelporträts wurden – ungeachtet der Tatsache ob die Männer tatsächlich verwundet oder gefallen waren – als vorbildhafte Symbolfiguren eingesetzt, die ihr Leben und ihre Gesundheit im Einsatz für die eigene Nation aufs Spiel gesetzt hatten. Auch hier sind die Aufnahmen also in einen kausalen Zusammenhang von Heldentum und Vorbildwirkung eingebunden, der in diesem Fall vorrangig dem Zweck des Spendensammelns diente. In das Photo-Essay fanden sie keinen Eingang. Dort stehen die Gemeinschaft und die reibungslose Ereigniskette des Luftangriffes im Vordergrund und nicht der individuelle Mensch und sein Schicksal.

Maschinen-Menschen als futuristische Superhelden

Neben den Porträts einzelner Air-Force-Soldaten fotografierte Bourke-White die Bomberbesatzungen häufig direkt vor oder nach einer Angriffsmission. (Abb. 14) Die Männer rauchen eine Zigarette, sind in gemeinsame Gespräche vertieft, mit dem Ankleiden ihrer Spezialkleidung für Höhenflüge beschäftigt oder lachen scheinbar entspannt in die Kamera. Auch hier entwarf Bourke-White ein Bild attraktiver und lässiger Männlichkeit, das der positiven Identifikation und Rekrutierungsbestrebungen entgegen kam. Die Regierung bediente sich ganz ähnlicher Bildstrategien, wie eine Werbeanzeige des U.S. Army Recruiting and Induction Service deutlich macht (Abb. 15): Unter dem Slogan der drei Musketiere „ONE for All and ALL For One" sind drei überaus muskulöse und tatkräftig einherschreitende Männer in Höhenfluganzügen zu sehen. Dazu wird erklärt: „Pilot – Navigator – Bombardier – 'The Three Musketeers' of the Army Air Forces! Each of the three is a member of a keen, hard-fighting team, relentless against America's enemies."[40] Margaret Bourke-White legte ihren Schwerpunkt

38 Vgl. Paul: *Bilder des Krieges*, S. 331. Mark Terkessidis und Tom Holert haben die Assimilierung des Militärischen im Alltag seit dem Vietnamkrieg schließlich ausführlich untersucht. Vgl. Tom Holert / Mark Terkessidis: *Entsichert. Krieg als Massenkultur im 20. Jahrhundert*. Köln: Kiepenheuer & Witsch 2002.

39 *LIFE*, 25.01.1943, S. 27.

40 *LIFE*, 26.10.1942, S. 15.

jedoch nicht auf die militärisch anmutende Entschlossenheit, sondern das Gesellige und Gemeinschaftliche der Männer, die miteinander scherzen und rauchen wie normale „all American boys". Jeder rechtschaffene weiße Amerikaner soll sich hier – unabhängig von Bildung und sozialem Status – wiedererkennen, wie auch die Werbung versichert: „No school or college credits are required [...] All you need is a good American sense [...]."[41]

Im Vordergrund von Bourke-Whites Aufnahmen stehen allerdings weniger menschliche Qualitäten, sondern die technologische Fortschrittlichkeit der USA, die sie anhand sich auflösender Grenzen zwischen Mensch und Maschine ins Bild setzte. Viele ihrer Crew-Aufnahmen fokussieren den Moment des Ankleidens oder Auskleidens der speziellen, aus mehreren Schichten bestehenden Schutzkleidung für Flüge in lebensfeindlichen Höhen.[42] Einmal angezogen umgab die Ausrüstung die Männer wie eine Rüstung, die den Körper massiger, eindrucksvoller und bedrohlicher erscheinen ließ. Das ‚Aufpumpen' des männlichen Körpers durch die voluminöse Fliegerkleidung verwandelte die sympathisch erscheinenden jungen Männer in deutlich aggressivere und bedrohlicher wirkende Personen, in eine Art ‚Kampfmaschine'. Auch die bereits erwähnte Illustration der U. S. Army Recruitung Services nutzte den Effekt der Monumentalisierung des männlichen Körpers durch die Fliegermontur: Im Verhältnis zu den relativ kleinen Köpfen erscheinen die Körper der Männer wuchtig und massig. Diese Vergrößerung des Körpervolumens lässt sich als Teil eines insgesamt muskulöser werdenden männlichen Körperbildes in der Darstellung amerikanischer Soldaten im Zweiten Weltkrieg verstehen. Die Historikerin Christina Jarvis liest die Hypermuskularität in der Werbung und in Rekrutierungs- und Propagandadarstellungen als einprägsames Signal nationaler und heroischer Stärke und Kraft.[43] Viele der Illustrationen arbeiten mit nackten Oberkörpern

41 Ebd., S. 15.

42 Über eine lange Unterwäsche wurde ein spezieller blauer Overall angezogen, der beheizt werden konnte und den Körper in den extremen Minustemperaturen wärmte. Darüber folgten die Uniform sowie eine dicke fellgefütterte Lederhose und -jacke. Auf dem Kopf wurden eine fellgefütterte Ledermütze und darüber zumeist ein Stahlhelm getragen. Dazu kamen Kehlkopfmikrofon, Sauerstoffmaske und Sonnenschutzbrille sowie schwere fellgefütterte Stiefel und beheizbare Handschuhe. Zum Schluss wurden eine Schwimmweste, der Fallschirm und eine metallverstärkte, fast bis zu den Knien reichende Weste gegen Flakbeschuss und andere Geschosse übergestreift. Vgl. Bowman: *B-17 Combat Missions*, S. 104; S. 123. James Jarché hat für die britische Zeitschrift *Illustrated* den Prozess des Ankleidens Schritt für Schritt in mehreren Farbaufnahmen dokumentiert. Vgl. ders.: How a Gunner Dresses. In: *Illustrated*, Juni 1943.

43 Vgl. Christina S. Jarvis: *The Male Body at War. American Masculinity during World War II*. DeKalb: Northern Illinois UP 2004, S. 44–55. Das muskulöse Körperbild ist aber kein ausschließliches Phänomen des Zweiten Weltkrieges, sondern geht zurück auf die Zeit der Depression. Wie Erika Doss in ihrer Studie über Bilder von Arbeit in den 1930er Jahren zeigt,

Abb. 14: Margaret Bourke-White: Gruppenaufnahme einer B-17-Besatzung, Großbritannien, Sommer/Herbst 1942.

der Männer. Diese rohe Muskelkraft wird bei Margaret Bourke-White jedoch durch eine technologische Komponente ersetzt. Die Armierung des menschlichen Körpers durch technische Geräte und das Verschleifen der Grenzen zwischen Mensch und Maschine spielen in ihren Aufnahmen eine zentrale Rolle. Sie verweist so auf die rohe körperliche und moralische Stärke der Männer und damit im Sinne Jarvis auch der Nation, unterstreicht aber zugleich deren technologische Fortschrittlichkeit. Gerade der ambivalente Status zwischen Mensch und Maschine scheint Bourke-White besonders interessiert zu haben. Sie fotografierte die Crew-Mitglieder zumeist so, dass unter der technischen Ausrüstung

existierte bereits damals ein extrem maskulines und muskulöses Bild des männlichen Arbeiters, das sie als Reaktion auf die reale soziale und wirtschaftliche Marginalisierung durch die Wirtschaftskrise interpretiert. Der muskulöse Arbeiter „[...] was made into a physical icon of national recovery: the body of the worker as an emblem of the well-bodied American economy." (Erika Doss: Looking at Labor: Images of Work in the 1930s American Art. In: *The Journal of Decorative and Propaganda Arts* 24 (2002), S. 230–257, hier S. 254–257.)

Abb. 15
Harvey T. Dunn:
One For All and All For One,
Illustration für den
U. S. Army Recruiting and
Induction Service, 1942.

der Mensch gerade noch erkennbar bleibt. Dies zeigt sich nicht nur in der Aufnahme, die *LIFE* als Titelbild für sein Photo-Essay wählte (Abb. 6), sondern auch in einer Nahaufnahme, in der neben den Händen eines Soldaten als zweites ‚Greiforgan' Stromstecker aus den Ärmeln eines Heizoveralls ragen. Auch Christina Jarvis beobachtete die Herausbildung eines zumindest mechanisierten Körperbildes vor allem in Darstellungen amerikanischer Soldaten an der Artillerie:

> But more than muscles and expressions harden and 'steel' his body. In the process of firing rounds off an anti-aircraft gun, the man's body image has been extended beyond his skin to encompass the gun he is firing. The image suggests that America too has its own mechanized men who will take part in the United States war machine.[44]

44 Jarvis: *The Male Body at War*, S. 48.

Sie interpretiert derartige Darstellungen als Reaktion auf das ‚gestählte' Körperbild im Deutschen Reich. Während der deutsche Soldat jedoch selbst ein stählernes, metallisches, unperforierbares Körperideal vertrat, das den Menschen selber zur gewissenlosen Maschine werden lässt, betont Bourke-White gerade die Unterstützung bzw. Aufrüstung des menschlichen Körpers durch die Technik. Aufnahmen des Ankleidens und Umkleidens bezeugen, dass sich hinter der Maschine noch ein Mensch aus Fleisch und Blut verbirgt.

Margaret Bourke-White zeigt Mensch und Technik als eigentümliche Einheit, die an futuristische Vorstellungen eines Maschinen-Menschen anknüpft, wie er auf der Weltausstellung 1939 in New York in Form des Roboters *Elektro* der Westinghouse Company präsentiert worden war.[45] Mit dem Maschinen-Menschen verbanden sich Vorstellungen von Unfehlbarkeit und Unverwundbarkeit, die auch erstrebenswerte Attribute für die Bomber-Besatzungen waren. Ebenso finden sich Anknüpfungspunkte zu Körperkonzepten populärer zeitgenössischer Superhelden wie Superman oder Batman. Sowohl Bourke-Whites Air-Force-Soldaten als auch die Comic-Helden besaßen eine zivile und eine kämpferische Identität; der Wechsel zwischen beiden wurde durch das Umkleiden symbolhaft markiert.[46]

In Innenaufnahmen der B-17-Bomber entwickelte Bourke-White das Verhältnis von Mensch und Maschine noch weiter. Die Crew scheint nun tatsächlich ein symbiotisches Verhältnis mit ihrer Maschine eingegangen zu sein. Eine Aufnahme zeigt zwei Rumpfschützen an ihrer Gefechtsstellung. Sie füllen komplett den inneren Hohlraum des Flugzeugkörpers aus und sind über Schläuche an die Wände des Flugzeugs angeschlossen. Wo der Mensch endet und wo die Maschine beginnt, ist kaum mehr festzustellen. Ganz im Gegensatz zu einer Aufnahme eines B-17-Rumpfschützen von Bourke-Whites Kollegen Frank Scherschel, die bereits im April 1942 in *LIFE* publiziert worden war: Hier sind Menschenkörper

45 Auf der Weltausstellung 1939 in New York präsentierte Westinghouse einen überlebensgroßen Roboter namens Elektro, der auf Kommando gehen konnte, Zigarette rauchte und mit einem Wortschatz von 700 Wörtern kommunizierte.

46 Der erste Batman-Comic erschien 1940, der erste mit Superman 1938. Superhelden warben nicht nur für Kriegsanleihen, in den Heften vermischte sich die Welt der Superhelden mit der Kriegsrealität. So ist auf einem Superman-Cover Lois Lane mit jeweils einem Soldaten der drei Waffengattungen zu sehen und artikuliert in einer Sprechblase „You're my Supermen". Am Cover der Ausgabe von Captain Marvel vom März 1942 kämpft der Superheld an der Spitze einer Gruppe von Infanteristen der Army und Navy. Vgl. Murray: *Champions of the Oppressed*, S. 122–123.

und Flugzeugkörper klar voneinander abgegrenzt.[47] Bourke-Whites Aufnahmen dokumentieren einerseits die technische Entwicklung, dass die Crew mittels Sauerstoffschläuchen und Stromverbindungen für die Beheizung ihrer Anzüge in das Lebenserhaltungssystem des Flugzeugs eingeklinkt ist. Andererseits lässt sie die Crew dadurch nicht mehr als Menschen aus Fleisch und Blut, fehlbar und verwundbar, erscheinen, sondern als Maschinen-Menschen, die eine körperliche Symbiose mit einer noch größeren Maschine, dem B-17-Bomber, eingegangen sind. Technische Werte wie Effizienz, Fehlerlosigkeit und Fortschrittlichkeit übertragen sich so als Interpretationsmuster auf die Crew und ihre Aufträge. Den Aspekt der Entindividualisierung und Automatisierung der Besatzungsmitglieder, aber auch das Aufgehen in ein technifiziertes Kollektiv streicht *LIFE* in seinem Photo-Essay besonder heraus. Das Aufgehen des einzelnen Menschen in den Zusammenhang einer größeren Maschine, des Flugzeugs, wird durch die Reihung der Bilder explizit zum Thema gemacht.
Auf die Mehrheit der Amerikaner*innen, die mit moderner Waffentechnik kaum vertraut war, dürfte die High-Tech-Ausrüstung der Fliegersoldaten, auf die sich Margaret Bourke-White in ihren Fotografien konzentrierte, wie Science-Fiction gewirkt haben. Der Luftangriff wird so auf eine fiktive Ebene verlagert, in der wie in den Superhelden-Comics das Gute gegen das Böse gewinnt. Der automatisierte Mensch-Maschinen-Körper als Symbol für die technologische Überlegenheit der USA wurde auch in der zeitgenössischen Werbung aufgegriffen. Eine Werbung der Bendix Aviaton Corporation von 1943 arbeitete beispielsweise mit der Zeichnung eines körperlosen, nur an einem Schlauch hängenden Männerkopfes mit Fliegerkappe und -brille.[48] (Abb. 16) Der schwebende Kopf symbolisierte die als „Invisible Crew“ bezeichnete Funktion des Autopiloten, eine Maschine, die wie ein Mensch denken und handeln soll, diese Aufgabe aber automatisiert übernimmt. Sowohl die Aufnahmen von Bourke-White als auch die Werbung verweisen auf die immense Automatisierung und Mechanisierung der Kriegstechnik im Zweiten Weltkrieg. Die menschliche Wahrnehmung wurde zunehmend durch technische Apparate, zum Beispiel Radar oder das Norden Bombenzielgerät, gestützt und ersetzt. Zugleich legte die Mechanisierung des Menschenbildes nahe, dass die Crew rational und fehlerlos handele wie eine Maschine. Margaret Bourke-Whites Aufnahmen lieferten damit ganz andere Identifikations- und Deutungsangebote als die eingangs erwähnten

47 Task Force. The Big Bomber Learns Its Job. In: *LIFE*, 06.04.1942, S. 66.
48 *LIFE*, 20.12.1943, S. 16.

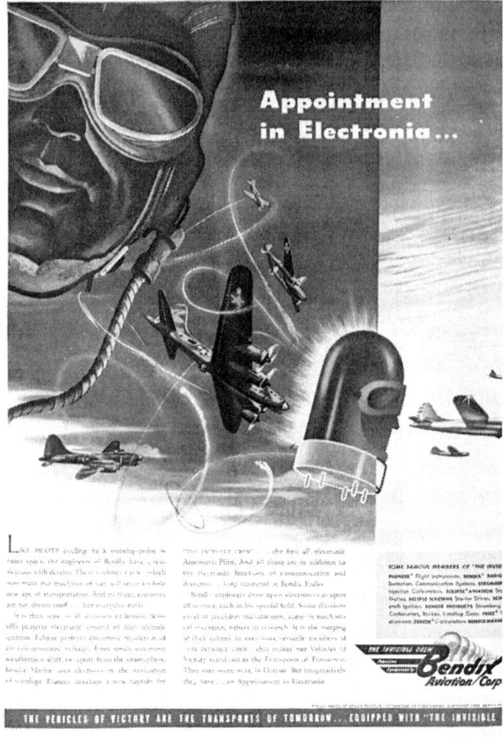

Abb. 16
Unbekannt:
Appointment in Electronia...,
Werbeanzeige der
Bendix Aviaton
Company, 1943
(Original in Farbe).

Aufnahmen von James Jarché und Robert Capa. Sie operierten mit traditionelleren Visualisierungsformen der wehrhaften Nation, vor allem mit muskelbepackten, selbstbewussten und bewaffneten Männern, die auf ein archaisches Bild des Soldaten rekurrieren, der allein durch seine Körperkaft den Gegner besiegt. Bourke-White setzte hingegen auf eine Form wehrhafter Männlichkeit, die an ihr persönliches Interesse für technische Innovationen anknüpfte und die Technologisierung und Mechanisierung der Kriegshandlungen vor Augen führte.

Dass dieses positive Bild nur in geringem Maß der Lebensrealität und Erfahrungswelt der Bomber-Besatzungen entsprach, fand in der Anfangszeit des Krieges kaum Beachtung. Erst knapp ein Jahr später, im Juni 1943, ließ der Schriftsteller John Steinbeck, der ebenfalls als Kriegsberichterstatter verpflichtet war, den Heckschützen einer B-17 mit einer kritischen Einschätzung der Darstellung in den Medien zu Wort kommen:

'I read a very nice piece in a magazine about us," he says. „This piece says we've got nerves of steel, We never get scared. All we want in the world is just to fly all the time and get a crack at Jerry. I never heard anything so brave as us. I read it three or four times to try and convince myself that I ain't scared.'[49]

2. Die Army Service Forces: zivile Arbeit als Vorbild

Im Juli 1943 erhielt Bourke-White die Zusage des Kriegsministeriums als *visiting correspondent* für *LIFE* über die Army Service Forces zu berichten.[50] Die Army Service Forces bildeten neben den Army Ground Forces und der Army Air Force die dritte Einheit der Landstreitkräfte.[51] Ihnen oblagen alle Tätigkeiten, die primär der Unterstützung der Kampftruppen galten, ohne selber jedoch aktiv am Kampfgeschehen beteiligt zu sein. Dazu zählten die Verwaltung und Logistik von Mensch und Material, die Truppenversorgung, die Konstruktions- und Erhaltungsarbeiten militärischer Geräte, der Gebäude und Transportwege sowie die medizinischen Dienste bis hin zur Bestattung.[52] Dieser Auftrag gab

49 Steinbeck: *Once There Was a War*, S. 28. Wie gefährlich die Aufgaben einer Bomber-Crew waren stellte sich bei einer Studie von 2051 Fliegern der 8th Air Force heraus, von denen 63 % gestorben, vermisst oder in Gefangenschaft geraten waren. Weitere 10 % wurden verwundet. Diese Zahl überstieg damit noch die Opferzahl der Marines in ihrem Kampf im Pazifik. Vgl. Boot: *War Made New*, S. 276.

50 Entgegen den Angaben von Vicki Goldberg und Margaret Bourke-White, die davon sprechen, dass General Brehon Somervell, Kommandant der Army Service Forces mit der Anfrage an sie heran trat, befindet sich im Archiv in Syracuse eine Korrespondenz zwischen dem *LIFE*-Bildredakteur Bart Sheridan und dem Kriegsministerium, in der Sheridan um Bourke-Whites Akkreditierung bittet. Als Hauptargument führt er ihre Erfahrung in der Industriefotografie ins Treffen: „First, Miss Bourke-White has built a deserved reputation for excellence in industrial photography as well as in war coverage. Since the ASF is essentially a gigantic industrial operation, it seems to us that a photographer experienced in pictorializing such operations would be ideally fitted to describe them in pictures." General Brehon Somervell war offensichtlich begeistert von der Idee und äußerte sich laut Angaben von Sheridan mit den Worten „hotter than a pistol". Bart Sheridan an Colonel E. Newton, 24.07.1943. Overseas Liason Branch, War Department. (MBW Papers, Box 105.)

51 Die U. S. Navy und die U. S. Air Force waren eigenständige Armeen.

52 General Brehon Somervell, Leiter der Army Service Forces, umreißt in einem Beitrag für *LIFE* die Aufgaben seiner Abteilung folgendermaßen: „S. O. S. is set up to do nearly everything but the actual fighting." Somervell of the S. O. S. In: *LIFE*, 08.03.1943, S. 84. *LIFE* führt weiter aus: „It receives raw recruits (Service Commands), feeds, houses and clothes the Army (Quartermaster), builds the camps and roads and bridges (Construction and Engineers), pays off the troops (Finance Division), acts as policeman and judge (Porvost Marhsal and Judge Advocate), provides the weapons for killing the enemy and services them under fire (Ordnance), runs the communications (Signal Corps), moves the troops and supplies (Transportation), cares fort he wounded (Surgeon General) and ministers the soul (Corps of Chaplains)." (Ebd., S. 85–86.)

Bourke-White die Möglichkeit, ihr Interesse an der Darstellung von Arbeitsprozessen einzubringen und weiterzuentwickeln. Während sie sich auf Großbritanniens Luftwaffenstützpunkten vor allem strukturell mit dem System der Fließbandproduktion und der damit einhergehenden Mechanisierung von Arbeit auseinandersetzte, schloss sie für diese Aufgabe auch motivisch die zivilen Arbeitsbereiche wie Fließbandarbeit oder Baugewerbe mit militärischen kurz. Dabei knüpfte sie an Visualisierungsstrategien ziviler Arbeit aus den 1930er Jahren an und übertrug damit verbundene Konzepte wie Fortschrittlichkeit und nationaler Zusammenhalt für den Aufbau einer besseren Zukunft auf die Arbeit der Army Service Forces und die Kriegsanstrengungen allgemein. Der Krieg wurde durch die für wirtschaftlichen und technologischen Erfolg der USA stehenden Arbeitsbereiche im Vorhinein als ebenso erfolgreich bestätigt, die Kluft zwischen Heimat- und Kampffront über das Bild der Arbeit geschlossen.

Fließbandarbeit und industrielle Produktion

In der ersten Septemberwoche 1943, nur ein paar Tage nach der Landung der Alliierten auf italienischem Festland, brach Bourke-White über Großbritannien nach Nordafrika auf, wo sie in Algerien, Marokko und Tunesien Materiallager der alliierten Streitkräfte fotografierte; diese dienten hauptsächlich dem Truppennachschub und der Versorgung für die Invasion und Besetzung Italiens.[53]

In der algerischen Hafenstadt Oran besuchte Bourke-White ein Auslieferungslager, in dem das aus den USA angelieferte Kriegsgerät aufbewahrt, aber auch zusammengebaut wurde. Eine Aufnahme zeigt einen Teil des Lagers aus leicht erhöhtem Standpunkt und größerer Entfernung im Überblick. Im Vordergrund dominiert die geschäftige Betriebsamkeit zahlreicher Männer, die an noch unfertigen Fahrzeugen hantieren. In einer weiteren Aufnahme ging Bourke-White näher an das Geschehen heran und konzentrierte sich auf eine kleine Gruppe, die Reifen an ein Fahrgestell montiert. Schiffsmasten rechts im Hintergrund deuten an, dass sich das Auslieferungslager am Hafen befindet. Die Komposition ist aus Diagonalen aufgebaut, die jeweils in unterschiedliche Richtungen weisen und so innerbildlich die Einzelschritte des Montageprozesses nachzeichnen. Ein horizontaler Kranarm mit Ladehaken ragt von rechts ins Bild und weist auf den linken Bildrand, vor dem ein großer Reifenstapel aufgereiht

53 Bourke-White schreibt in *Purple Heart Valley*, dass sie am Labor Day aufbrach; dieser fällt auf den 1. Montag im September, 1943 auf den 6. September. Vgl. Bourke-White: *Purple Heart Valley*, S. 18.

liegt und die Anlieferung der Reifen vom Hafen auf der rechten Seite andeutet. Der Reifenstapel führt von links aus dem Bildhintergrund nach rechts vorne. Von hier nimmt ein Arbeiter die Reifen und rollt sie zurück in Richtung der Gruppe, die die Reifen auf die einzelnen Fahrzeugachsen verteilt und befestigt. Am Kopfende des behelfsmäßigen Transportbandes aus Schienen steht ein Traktor, der scheinbar als fertig zusammengebautes Exemplar von der Produktionslinie rollt. Bourke-White zeigt die Arbeit im algerischen Auslieferungslager analog zur Fließbandarbeit, die in amerikanischen Automobilfabriken höchst erfolgreich praktiziert wurde und im Ford-Werk River Rouge ihren einstweiligen Höhepunkt gefunden hatte. Ihre Fotografie des behelfsmäßigen Montageplatzes beruht dabei auf Bildstrategien wie sie auch Charles Sheeler 1929 für seine Aufnahmen in River Rouge eingesetzt hatte, die häufig publiziert und für Werbezwecke verwendet wurden.[54] Sheeler fokussierte auf die Fabrik als Ort geschäftiger Betriebsamkeit und Netzwerk von Förderbändern, Lastenkränen, Verbindungsbrücken und anderen architektonischen und mechanischen Elementen, die den reibungslosen Produktionsfluss von der Zulieferung notwendiger Materialressourcen bis hin zum Zusammenbau der Fahrzeuge garantierten. Im Gegensatz zu Bourke-Whites eigenen Aufnahmen aus River Rouge, die 1930 enstanden und die Architektur mit ihren Strukturen, Formen und Volumina in den Vordergrund rückten, steht bei Sheeler die kontinuierliche Bewegung als Charakteristikum und Novum des Herstellungsprozesses im Zentrum, genau wie in Bourke-Whites Aufnahmen in Oran. Auch die diagonale Raumkonstruktion, das Abschließen des Hintergrundes durch ein hoch aufragendes Gebäude und die quer über die Bildfläche laufenden Kran- und Transportkonstruktionen lassen sich in Sheelers Fotografien der Ford-Fabrik wiederfinden. Offenbar war es Bourke-Whites Anliegen in Oran, den kontinuierlichen, nicht abreißenden Herstellungsprozess deutlich zu machen, der die moderne Massenproduktion kennzeichnete. Zu diesem Zweck bezog sie sich nicht auf eigene Bildvorlagen, sondern weithin publizierte Aufnahmen einer massenindustriellen Vorzeigefabrik. Damit verbildlichte sie eine reibungslos ablaufende Nachschublogistik, die von den Fabriken in den USA bis an die Front reichte und übertrug positiv aufgeladene Werte der heimischen Industrie, vornehmlich

54 Die Aufnahmen von Sheeler wurden in den USA u. a. in *Fortune*, *Vanity Fair*, *LIFE*, aber auch in ausländischen Publikationen wie *Transition* und *Creative Art* veröffentlicht. Zudem wurden sie 1929 auf der Ausstellung *Film und Foto* in Stuttgart gezeigt. Vgl. Smith: *Making the Modern*, S. 113.

Abb. 17
Margaret Bourke-White: Zusammenbau von Militärfahrzeugen, Oran, Algerien, Herbst 1943.

der Automobilproduktion, wie Modernität und Effizienz auf die provisorische Fertigungsstätte in Algerien.[55]

In einer anderen Aufnahme nahm Margaret Bourke-White die Produktionslinie, an denen die Fahrzeuge zusammengebaut wurden, frontal und aus einer leicht erhöhten Position ins Visier. (Abb. 17) Die Aufnahme ist ebenfalls in diagonal verlaufende Bänder gegliedert: im Hintergrund links die Frontverkleidungen für die Lkws mit Windschutzscheibe, in der Mitte drei Reihen von Reifen, im Vordergrund eine von der rechten oberen Ecke über die gesamte Bildbreite in den Vordergrund und dann an der linken Ecke heraustretenden Produktionslinie. Die starke Aufsicht und der Bildabschluss durch Gebäudestrukturen im Hintergrund und am linken Rand lassen die Szene fast als Innenraum erscheinen.

55 Zur River-Rouge-Fabrik allgemein und Charles Sheelers im Speziellen siehe Smith: *Making the Modern*, S. 93–135.

Abb. 18: Jervis B. Webb Company: Zusammenbau des Ford Model T in der Fabrik Highland Park, Michigan, USA, 1925.

Den oberen Bildrand begrenzt ein angeschnittener Förderkran, der wie ein Dach über die Fertigungsstelle ragt. Auch in diesem Fall schließt die Wiedergabe der Arbeitsprozesse und der Räumlichkeit an Aufnahmen aus Ford-Fabriken an, in denen die revolutionäre Fließbandtechnik und Rationalisierung von Arbeitsvorgängen für Firmenbroschüren und Werbung illustriert worden waren. Eine Fotografie aus dem Ford-Werk Highland Park von 1925, die das Montieren von Rädern auf das Model T zeigt (Abb. 18), ist ganz ähnlich aufgebaut: Die Komposition wird von einer Diagonalen dominiert, die in Form von Schienen, auf der die Produktionslinie geführt wird, von rechts hinten nach vorne links aus dem Bildfeld herausführt; sie visualisiert die nicht abreißende Bewegung des Fließbandes und der Produkte, die auf ihm transportiert und zusammengebaut werden. Auf der linken Seite lagern im Hintergrund Einzelteile für die Montage und über den Köpfen der Arbeiter läuft ein Förderband, das die zu montierenden Reifen heranbringt. Vergleichbar dazu verbildlicht Bourke-White die

Montagearbeiten in Oran als „continous flow from raw materials to final product“, der die Massenproduktion kennzeichnete.[56] Ähnlich wie in der Aufnahme aus der Ford-Fabrik arbeiten die Männer in Algerien paar- oder gruppenweise an einer Achse oder einem Auto. Jeder steuert wie am Fließband einer Fabrik einen Zwischenschritt zum Zusammenbau der Fahrzeuge bei. Die Arbeiter auf der rechten Seite wirken eigens arrangiert, um die einzelnen Handgriffe zur Montage eines Reifens zu veranschaulichen. Der hinterste Mann hantiert mit dem Reifen, den er offensichtlich gerade auf die Nabe gesetzt hat, der mittlere hat gerade das Drehkreuz angesetzt und ist im Begriff die Muttern anzuziehen, während der vorderste diese Bewegung bereits ausgeführt hat. Der Arbeitsvorgang der Reifenmontage ist in einzelne, zeitlich aufeinanderfolgende Handlungsschritte zerlegt und erinnert an fotografische oder filmische Effizienzstudien, wie sie beispielsweise von Frederick Taylor oder Frank und Lilian Gilbreth Anfang des 20. Jahrhunderts durchgeführt wurden, um die zeitliche und räumliche Organisation von Arbeit zu rationalisieren.[57] Der nahezu filmische Stop-Motion-Effekt unterstützt die Wahrnehmung der einzelnen Arbeitsschritte als kontinuierliche Bewegung. Gemeinsam mit der Dynamik der nach vorne stoßenden Diagonale des Förderbandes, die Bourke-White bereits in den 1930er Jahren für Aufnahmen der Fließbandproduktion nutzte, entsteht der Eindruck eines kontinuierlich ablaufenden Arbeitsprozesses, der unentwegt neue Fahrzeuge für den Kriegseinsatz ausspuckt.

Der qualifizierte Handwerker

Bourke-White fotografierte in Oran auch Aufnahmen, die im Gegensatz zur Fließbandarbeit die manuelle Präzisionsarbeit in den Mittelpunkt stellen. Sie zeigen jeweils ein oder zwei Männer in den Reparaturwerkstätten des Feldzeugamtes, die an Arbeitstischen sitzen und Sextanten, Uhren oder Ferngläser inspizieren. Bourke-White ging hier ganz nahe an die Personen und die ausgeführte Tätigkeit heran. Auf den Tischen liegen viele, oft winzige Einzelteile und Werkzeuge. Die Mechaniker sind in ihre Arbeit vertieft über die Gerätschaften gebeugt. Neben dem Gesicht der Männer stellt die Fotografin deren Hände in den Mittelpunkt. Der konzentrierte Blick der Dargestellten leitet die Betrachter*innen ebenfalls in diese Richtung und legt nahe, dass es sich um eine Tätigkeit handelt, die ihre ganze Konzentration verlangt. Die Fokussierung

56 Smith: *Making the Modern*, S. 21.

57 Siehe dazu Brown: *The Corporate Eye*, S. 65–118.

auf Einzelpersonen und das Augenmerk auf manuelle Arbeit unterscheidet die dargestellten ‚Arbeiter' von Aufnahmen des Auslieferungslagers in Oran und den damit assoziierten massenindustriellen Fertigungsmethoden, in denen der Arbeiter ein kleines Rädchen innerhalb einer großen Maschinerie ist und nur im Zusammenspiel mit seinen Kollegen produktiv sein kann. Demgegenüber stehen das Individuum und seine spezialisierte Fertigkeit, wie man sie aus der handwerklichen Tradition kennt. Bourke-White verknüpfte zwei sich diametral gegenüberstehende Vorstellungen von Arbeit in ihrer Visualisierung der Aufgaben und Arbeiten der Army Service Forces; diese koexistierten allerdings zum Teil schon in den Bildwelten der späten 1920er und frühen 1930er Jahre, zum Beispiel in Lewis Hines Fotografien für Western Electric. Edward Slavishak interpretierte diese Gleichzeitigkeit als nostalgisches Aufflackern einer untergehenden und von der Industrialisierung abgelösten Form von Arbeit. Elspeth Brown und Melissa Dabakis sahen darin hingegen den Versuch, der als dehumanisierend und entindividualisierend empfundenen Arbeit am Fließband und den schlechten Arbeitsbedingungen ein positives, würdevolles und selbstbestimmtes Bild der Arbeit entgegenzusetzen. Allerdings lässt sich auch argumentieren, dass durch die ‚Verhandwerklichung' industrieller Produktion die wahren, zum Teil unmenschlichen Arbeitsbedingungen nicht kritisiert, sondern gerade verschleiert wurden. Und zwar, um das Bild der Fabriken als Hort des Fortschrittes und der Selbstverwirklichung durch Arbeit trotz der grassierenden Missstände aufrechtzuerhalten. In den 1930er Jahren wird auch in den Wandarbeiten des New Deal oder Wandarbeiten von Thomas Hart Benton die autonome, qualifizierte Arbeit im Gegensatz zum anonymen Massenarbeiter am Fließband betont, diesmal aber als Fundament für eine gesellschaftliche und wirtschaftliche Erneuerung des Landes.[58] Auch in Margaret Bourke-Whites Arbeit für *Fortune* findet immer wieder der Aspekt manueller und handwerklicher Arbeit innerhalb einer modernen industriellen Produktion Beachtung. Beispiele sind Aufnahmen für Beiträge über Parke, Davis & Co (September 1930), Armour and Co. oder Elgin Watches (beide April 1930). Die Fotografien aus zivilem und militärischen Kontext verbindet der Fokus auf den Oberkörper, ein in die Tätigkeit versunkener

58 Vgl. Erika Doss: *Benton, Pollock and the Politics of Modernism*. Chicago: University of Chicago Press 1991, S. 83. Vgl. außerdem Edward Slavishak: *Bodies of Work. Civic Display and Labor in Industrial Pittsburgh*. Durham / London: Duke UP 2008, S. 147; Melissa Dabakis: *Visualizing Labor in American Sculpture. Monuments, Manliness, and the Work Ethic, 1880–1935*. Cambridge / New York: Cambridge UP 1999, S. 194; Brown: *The Corporate Eye*, S. 146–151.

Gesichtsausdruck sowie die Konzentration auf die Hände und die damit ausgeführten Arbeitsvorgänge. Besonders gut vergleichbar mit den Aufnahmen aus den Reparaturwerkstätten der Service Forces sind Fotografien, die Margaret Bourke-White bei Elgin aufgenommen hatte. Der Anschnitt und die Perspektive sind hier allerdings radikaler und an der Bildgestaltung des Neuen Sehens orientiert, konzentrieren sich aber in ähnlicher Weise auf das kleine Objekt in den Händen des Mannes, auf das seine gesamte Aufmerksamkeit gerichtet ist. Der begleitende Text greift die Verbindung zum traditionellen Handwerk auf und betont den Expertenstatus des Porträtierten: „This finisher and his fourteen colleagues are watchmakers of the old days. Each must be expert in every detail of the work, must be able to take the watch apart and rebuild it [...].“[59] Der Arbeiter ist absoluter Spezialist auf seinem Gebiet, löst komplexe Aufgaben eigenständig und vermag nicht nur einen Handlungsschritt auszuführen, sondern versteht die Funktionsweise des gesamten Produktes: Diese Charakteristika gaben wohl auch den Ausschlag dafür, dass Bourke-White diese Form der Repräsentation von Arbeit für den militärischen Kontext adaptierte. Weder die Würde der Arbeit noch die soziale und psychologische Verfassung oder Individualität der Person im Kontrast zum entindividualisierten Arbeiter am Fließband stehen im Vordergrund, sondern die Visualisierung von Präzisionsarbeit, geleistet durch hochqualifizierte Spezialisten. Indem Margaret Bourke-White in ihren Aufnahmen einen Bogen von der entindividualisierten Massenproduktion zur spezialisierten Präzisionsarbeit spannt, zeigt sie Makro- und Mikrobereich der Aufgaben der Army Service Forces und vermittelt den Eindruck, dass alle Bereiche der Versorgung und des Nachschubes vom Zusammenbau der Lkws bis hin zur Reparatur von Uhren abgedeckt und professionell ausgeführt werden.

Ein Hauptaspekt der Parallelisierung militärischer mit ziviler Arbeit ist jedoch der Versuch, die Kluft zwischen Kriegs- und Heimatfront zu schließen. Die Betrachter*innen sollen sich und ihre eigene Arbeit in den dargestellten Soldaten und ihrer Tätigkeit wiederfinden. Bourke-White betont diesen Punkt in *Purple Heart Valley*, in dem eine weitere Aufnahme einer Uhrenreparatur abgebildet ist. Die Bildunterschrift weist explizit darauf hin, dass der Techniker vor seiner Rekrutierung durch die Armee für den Nobeljuwelier Tiffany tätig war.[60] Die Engführung ziviler und militärischer Arbeit konnte dazu beitragen, die arbeitsfähige Bevölkerung in der Heimat von der kriegswichtigen Bedeutung ihrer

59 *Fortune*, April 1930, S. 89.

60 Vgl. Bourke-White: *Purple Heart Valley*, Photograph Section V, o. P. [S. 11].

eigenen Arbeit zu überzeugen. Vor allem die heimische Fabrikarbeit ließ sich so als kriegsentscheidend aufwerten. Auch nationale Posterkampagnen und Werbeanzeigen beriefen sich gerne auf diesen Vergleich. So stellte Kearny & Trecker in einer Anzeige in *Fortune* im April 1942 auf ähnliche Weise eine Verbindung zwischen Arbeits- und Kampffront her. Unter dem Slogan „Assignment on the production front" wird eine sich ins unendliche erstreckende Fertigungshalle gezeigt, in der männliche Arbeiter an einer Produktionslinie stehen. Zuletzt liegt den Aufnahmen von Arbeitsprozessen auch das beruhigende Versprechen zugrunde, dass sich ‚Kriegsarbeit' von ziviler Arbeit nicht maßgeblich unterscheide, wie Bourke-White selbst in *Purple Heart Valley* betonte: „Dozens of GI's slogged through their tasks with the precision of machinists on the concrete floor of an American factory."[61]

Bauarbeiten im besetzten Neapel

Nachdem Anfang September 1943 Italien kapituliert hatte und alliierte Streitkräfte in Salerno auf dem italienischen Festland gelandet waren, wurde am 1. Oktober Neapel eingenommen.[62] Nur kurze Zeit später erreichte auch Margaret Bourke-White aus Nordafrika kommend die Stadt, um dort die Räumung des Hafens, die Entminung und den von den Ingenieuren der Army Service Forces geleisteten Wiederaufbau zu fotografieren. Für ihre Aufnahmen des Wiederaufbaus wandte sich Bourke-White erneut etablierten Modellen ziviler Arbeit der 1930er Jahre zu: den Bauarbeiten an den Wolkenkratzern New Yorks und den Infrastrukturprojekten des New Deal. Auf diese Weise wurden die Aufräumarbeiten in Neapel mit positiv besetzten Bildern von Bauarbeiten assoziiert, die sowohl für einen architektonischen, als auch einen technologischen und gesellschaftlichen Aufbau standen. Bourke-White gelang es in ihren Aufnahmen, ein Idealbild der USA als geeinte Nation und Land technischer Innovation und Stärke zu zeichnen.

In ihrer fotografischen Auseinandersetzung mit den zerstörten Gebäuden Neapels arbeitete Bourke-White mit einfachen geometrischen Grundformen, deren schiere Größe und Monumentalität sie durch die Froschperspektive und das bildfüllende Format der Architekturfragmente betonte. (Abb. 19) Ihre Bildgestaltung erinnert an eigene Aufnahmen aus den 1930ern, konkret an die

61 Bourke-White: *Purple Heart Valley*, S. 79, S. 76. Zur „Homefront-Analogie" siehe auch Roeder: *The Censored War*, S. 53, S. 59.

62 Siehe dazu John Keegan: *Der Zweite Weltkrieg*, aus d. Engl. v. Hainer Kober. Reinbek: Rowohlt 2009, S. 513–519.

Abb. 19: Margaret Bourke-White: Beschädigtes Gebäude, Neapel, Italien, Herbst 1943.

sich im Bau befindliche Anlage des Fort-Peck-Staudammes, einem der größten Projekte der Public Work Administration (PWA) unter Roosevelts New-Deal-Programm, die sie 1936 für *LIFE* fotografiert hatte. Eine ihrer Aufnahmen zierte als Coverbild die erste Ausgabe der Zeitschrift. (Abb. 20) Vergleichbar sind der diagonale Anschnitt der Gebäude, die in den Bildraum führende perspektivische Verkürzung sowie einfache Grundformen, die sich in regelmäßigen Abständen wiederholen. Vermittelt die Komposition im Fall des Staudammes technische Perfektion und Symmetrie, wird durch das jähe Abbrechen der symmetrischen Reihung an den beschädigten Gebäuden in Neapel gerade das Gegenteil, deren Zerstörung, umso deutlicher. Die Größenverhältnisse zwischen Mensch und Gebäude scheinen in beiden Beispielen aus den Fugen geraten. In der Aufnahme aus Fort Peck wird der Mensch von der gebauten Struktur in den Schatten gestellt und liefert den Maßstab, der die gigantischen Dimensionen des Bauprojektes erkennbar werden lässt. Terry Smith interpretierte den extremen Größenunterschied in den Fort-Peck-Aufnahmen als Unterlegenheit

Abb. 20
Margaret Bourke-White: Aufnahme des Fort-Peck-Staudamms, USA, Cover der ersten *LIFE*-Ausgabe, 23. November 1936 (Original in Farbe).

des Arbeiters gegenüber der Technik, was auf der Ebene des Körpers und der menschlichen Muskelkraft durchaus zutreffend erscheint.[63] Allerdings verweist die monumentale Konstruktion auch auf die Größe und Überlegenheit des intelektuellen und technischen Vermögens der amerikanischer Ingenieure, die den Staudamm geplant haben, wie Vicki Goldberg betonte:

> The image of Fort Peck Dam on the cover spoke of power [...] and not merely power but American power, American know-how, the long-lived hope that in technology lay the promise of a better future.[64]

In diesen Interpretationshorizont lassen sich auch die Aufnahmen aus Neapel einordnen. Die gigantisch groß gezeigten Gebäude in Neapel offenbaren das

63 Vgl. Smith: *Making the Modern*, S. 344.
64 Goldberg: *A Biography*, S. 179.

monumentale Ausmaß an Zerstörung. Sie bildet die schwierige Herausforderung, an der die amerikanischen Armee-Ingenieure einmal mehr ihr herausragendes Können und Wissen unter Beweis stellen können. Dieses Verständnis spiegelt sich auch in *Purple Heart Valley*, in dem Bourke-White die Situation in Neapel beschreibt: „When Allied armies arrived they faced one of the most fantastic jobs of demolition the world had ever seen. […] Engineering History was made in Naples Harbor."[65] Der von Bourke-White forcierten visuellen Überschneidung lag eine reale zugrunde: Auch das Staudammprojekt in Fort Peck war von der Armee und ihren Ingenieuren beaufsichtigt worden. Der Leiter der Räumungsarbeiten in Neapel, Thomas B. Larkin, war auch für die Bauarbeiten am Staudamm verantwortlich gewesen und Margaret Bourke-White persönlich gut bekannt.[66]

Über die Anleihen an Fort Peck wird die Arbeit der Armee-Ingenieure in Neapel mit einem Symbol der nationalen Leistungsfähigkeit, das die USA aus einer Phase der tiefsten Krise – der wirtschaftlichen Depression – führen sollte, kurzgeschlossen. Auch hier, so legen die Bilder nahe, muss und wird körperlich und technologisch Übermenschliches im Aufbau der Stadt und des Hafens geleistet, um den Italienfeldzug und damit das krisenhafte Ereignis des Krieges erfolgreich voran zu treiben. Der auf diese Weise vermittelte gewaltfreie und friedvolle Eindruck des amerikanischen Militärs wurde in der Veröffentlichung in *LIFE* noch verstärkt, indem die Aufnahmen in ein Photo-Essay eingebettet wurden, das auch über das Leid der neapolitanischen Zivilbevölkerung berichtete.[67] Die amerikanische Armee konnte so als Helfer in der Not präsentiert werden, der zum Aufbau einer funktionierenden Infrastruktur der Stadt und nicht zu deren Zerstörung gekommen war – ganz im Sinne von Henry Luces Vorstellung der amerikanischen Nation als „good Samaritan of the entire world".[68]

In einzelnen Fotos ging Bourke-White näher an die im Hafen arbeitenden Männer heran. Die Aufnahmen sind zumeist durch Metall-Verstrebungen und Stahlträger-Konstruktionen strukturiert, die einen weiteren populären Bezugshorizont für den Akt des Aufbaus aufrufen: den Bau von Wolkenkratzern in amerikanischen Großstädten, insbesondere in New York. Diese Bauvorhaben

65 Bourke-White: *Purple Heart Valley*, S. 25.

66 Vgl. Bourke-White: *Portrait of Myself*, S. 236.

67 Naples. Its Citizens Live Underground in Caves While Allied Engineers Clear Its Harbor, Destroyed by the Germans. In: *LIFE*, 24.01.1944, S. 17–23.

68 The American Century. In: *LIFE*, 17.02.1941, S. 61–65, hier S. 65. Dieses Selbstbild und die Präsentation einer Kriegshandlung als humanitäre Hilfsaktion sollte sich in den folgenden Jahrzehnten schließlich weiter verfestigen.

stießen auf großes öffentliches Interesse und wurden oftmals von bekannten Fotografen begleitet: das Empire State Building von Lewis Hine (1930–1931), das Chrysler Building von Margaret Bourke-White (1930) und das Manhattan Company Building von Arthur Gerlach (ebenfalls 1930). *Fortune* startete 1930 eine sechsteilige Serie über Wolkenkratzer mit Aufnahmen von Gerlach, Bourke-White und anderen. Hine veröffentlichte 1932 seinen erfolgreichen Bildband *Men at Work* über den Bau des Empire State Building. Die Aufnahmen aus Neapel weisen allerdings erneut weniger Bezüge zu Bourke-Whites eigener Arbeit auf, in denen die futuristisch anmutende Architektur im Vordergrund steht, sondern zu Hines Fotografien, die sich auf die Arbeiter konzentrieren. In beiden findet sich das Interesse für die räumliche Verschränkung der Träger und die Position der darauf sitzenden Arbeiter, aber auch die Funktion der Stahlträger als strukturierendes Gerüst des Bildfeldes. Ähnlich wie Hine fokussierte auch Bourke-White in Neapel auf einzelne Arbeiter oder Kleingruppen, die vertieft in ihre Tätigkeit sind. Anstatt des atemberaubenden Blicks auf die Straßenschluchten Manhattans bilden in Neapel jedoch beschädigte Gebäude und Schuttberge die dramatische Hintergrundkulisse.

Die Aufnahmen der Reparaturarbeiten in Neapels Hafen lassen nicht nur Vergleiche mit Lewis Hines Bauarbeiten am Empire State Building zu, sondern verweisen zudem in ihrer Motivik auf Wandgemälde, die im Zusammenhang mit Projekten der Work Progress Administration (WPA), die arbeitslose Künstler*innen fördern sollten, in den 1930er Jahren entstanden sind.[69] Besonders deutlich wird dies am Vergleich einer Aufnahme von Bourke-White, die drei Arbeiter in Zivilkleidung beim Bearbeiten von Betonpfeilern am Hafen zeigt (Abb. 21), mit dem Paneel *City Building* aus Thomas Hart Bentons 1929 bis 1930 entstandenem zehnteiligen Wandgemälde-Zyklus *America Today* für die New School for Social Research in New York.[70] (Abb. 22) Beide Beispiele zeigen eine Gruppe von Männern, die am Hafen vor dem Hintergrund von Schiffsmasten und Lastkränen mit Bauarbeiten beschäftigt sind. Die Männer sind jeweils in

69 Allgemein zum Verhältnis von New Deal und Kunst Roger G. Kennedy siehe: *When Art Worked*. New York: Rizzoli 2009; Doss: *Looking at Labor*, S. 251–257. Insb. zu Thomas Hart Benton siehe Doss: *Politics of Modernism*, Kap. 2.

70 Bentons Wandgemäldezyklus war kein WPA-Projekt. Es entstand bereits vor Gründung dieser Behörde 1935 im Zuge des New Deal, gilt aber als Anregung für deren Wandgemälde-Programm. Ausführlich zum Wandgemäldezyklus *America Today* siehe Randall R. Griffey / Elizabeth Mankin Kornhause / Stephanie L. Herdrich (Hrsg.).: *Thomas Hart Benton's America Today. The Metropolitan Museum of Art Bulletin* 72,3 (2015); Henry Adams (Hrsg.): *Thomas Hart Benton. An American Original*. Ausstellungskatalog Nelson Atkins Museum of Art, Kansas City. New York: Knopf 1989, S. 156–175.

Abb. 21
Margaret Bourke-White: Reparatur- und Aufräumarbeiten im Hafen, Neapel, Italien, Herbst 1943.

ihre Tätigkeit vertieft und so ins Bild gesetzt, dass kaum individuelle Gesichtszüge zu erkennen sind. Die Parallelen lassen sich bis hin zur Kleidung der Männer mit Muskel-Shirt und Schiebermütze ausmachen.

Die New School for Social Research war 1919 von einer Gruppe progressiver Intelektueller und Professoren, darunter dem Historiker Charles Bead und dem Soziologe Thorstein Veblen, als Einrichtung moderner, liberaler Erwachsenenbildung gegründet worden. Bourke-White hatte gute Kontakte zu Mitarbeitern der New School, sollte im Frühjahr 1933 dort einen Vortrag halten und kannte so mit Sicherheit auch Bentons Wandgemälde.[71] *America Today* entstand für den Sitzungssaal des 1931 eröffneten und von Joseph Urban geplanten Neubaus der New School. Neben Benton erhielt auch der mexikanische Muralist José Clemente Orozco den Auftrag für ein Wandgemälde, das sich mit sozialistischen beziehungsweise marxistischen Revolutionen unter anderen in Mexiko und Russland auseinandersetzten. In diesem linksliberalen Kontext entwickelte Benton ein Konzept, das um den Begriff des Fortschritts, vor allem des industriellen und technischen Fortschritts und dem damit einhergehenden ökonomischen Wachstum und Wohlstand, kreiste. Im Paneel *City Building*

71 Vgl. Briefwechsel mit Geoffrey Gilbert, Januar 1933. MBW Papers, Box 105.

Abb. 22 Thomas Hart Benton: Paneel *City Building* aus dem Wandgemäldezyklus *America Today*, New School for Social Research, New York, USA, 1930–1931 (Original in Farbe).

fokussierte er schließlich auf die rasante urbane und industrielle Entwicklung New Yorks mit dem Bau der Hochhäuser und einem prosperierenden Hafen. Ein zentrales Element der mit dem New Deal in Zusammenhang stehenden Projekte ist die Betonung der Gruppe. Harte Arbeit wird als geteilte Erfahrung und Gemeinschaft geschildert, unabhängig von Hautfarbe und Klasse. In Leo Raikens Wandgemälde *Rock Quarry* im Postamt in Westerly, Rhode Island, oder Seymour Fogels *The Wealth of the Nation* für das Social Security Board Building in Washington sind etwa Ingenieure und Arbeiter vereint in ihrer gemeinsamen Aufgabe zu sehen.[72] Benton ging noch einen Schritt weiter und zeigte weiße und afroamerikanische Arbeiter vereint arbeitend neben einem Ingenieur mit Brille, der einen Plan studiert. Während Hine vor allem die Monumentalität der Bauarbeiten betonte, hinter denen die einzelnen Arbeiter verschwindend klein erscheinen, stellte Benton die Klassen- und Rassengrenzen überwindende gemeinschaftliche Arbeit als Grundlage und integrativen Faktor des Fortschritts in den Mittelpunkt – ein Punkt, den auch Bourke-White in ihren Aufnahmen betonte. Ihr war es ebenfalls ein besonderes Anliegen den Beitrag der afroamerikanischen Bevölkerungsgruppe im Zweiten Weltkrieg zu

72 Beide abgebildet in Doss: *Looking at Labor*, S. 234, S. 232.

betonen. Es existieren zahlreiche Aufnahmen schwarzer Truppenverbände, etwa eines Artilleriebatallions der 5th Army oder der Army Service Forces in Italien. *LIFE* veröffentlichte keine dieser Aufnahmen. Dafür nutzte Bourke-White ihr Buch *Purple Heart Valley,* um von insgesamt fünf Aufnahmen, welche gerade die Aufräumarbeiten im Hafen Neapels zeigen, explizit drei auszuwählen, die schwarze Mitglieder des Quartermaster Corps bei der Sicherung eines ausgebrannten Lagerhauses zeigen. Bourke-White nutzte Bilder des industriellen, architektonischen und wirtschaftlichen Wiederaufbaus der USA als ikonografische Folie, vor der sich der Wiederaufbau des Hafens in Neapel entfalten konnte. Die Betonung der Gemeinschaft und des kollektiven Arbeitens spielte dabei eine strategische Rolle. So wie in den 1930er Jahren über Bilder der Arbeit gemeinschaftliche Bürgerschaft und kulturelle Einheit vermittelt wurde und dadurch der Glauben an die demokratischen Werte und die Stärke der eigenen Nation befördern werden sollte, dienten sie auch im Zweiten Weltkrieg als bereits erprobtes visuelles Sinn- und Vorbild für nationale Einheit.[73]

73 Gerhard Paul identifiziert in seiner Studie die Visualisierung der Kriegsanstrengungen als „eigenständiger technisch-industrieller Arbeitsprozess" als völlig neue Dimension visueller Kriegsberichterstattung, versteht sie aber als Charakteristikum der deutschen Fotografie. Als Beispiele nennt er das Bild des Soldaten als Teil eines komplexen technisch-militärischen Organismus, verdeutlicht in Vorstellungen des „hoch motivierten und gut ausgebildeten Facharbeiters des Krieges". (Paul: *Bilder des Krieges*, S. 237–238.) Auch in Hinblick auf das Bezugsfeld Arbeit lassen sich jedoch unterschiedliche Konnotationen zwischen deutschen und amerikanischen Beispielen ausdifferenzieren, die in den jeweiligen nationalen Vorstellungen von Arbeit verankert sind. Während deutsche Fotografien die technischen handwerklichen Fähigkeiten des Arbeiters hervorheben, nimmt Bourke-White vorzugsweise Bezug auf das amerikanische System der Massenproduktion, das gerade nicht den Facharbeiter in den Vordergrund stellt, sondern auf der gemeinschaftlichen Leistung einzelner Individuen beruht, die nur im Verbund zum erfolgreichen Endprodukt führt.

IV.
Aufeinandertreffen der Gegner: Metaphern eines entgrenzten Schlachtfeldes

Auch wenn die direkte Konfrontation mit der gegnerischen Partei in den im vorigen Kapitel erwähnten Aufnahmen Margarete Bourke-Whites eine untergeordnete Rolle spielt und stärker die Herausbildung einer nationalen Kriegsidentität im Vordergrund steht, zählt die Visualisierung des Aufeinandertreffens der Gegner zur wichtigsten Ikonografie von Kriegsdarstellungen. Traditionell wird dieses anhand von Schlachtfeldern repräsentiert, also den Orten, an denen die feindlichen Heere sich begegnen und eine Entscheidung des Konfliktes herbeiführen. Steffen Martus, Marina Münkler und Werner Röcke schreiben im Vorwort zu dem von Ihnen herausgegebenen Sammelband über Schlachtfelder als Orte der Codierung von Gewalt:

> Diese konzeptuelle Begrenzung des Kriegs auf ein abgegrenztes topographisches Territorium macht Schachtfelder zu einem bevorzugten Ort der Kriegsrepräsentation, und zwar in unterschiedlichen Medien von der Schlachtenmusik bis zur Schlachtbeschreibung in Historiographie und Literatur, vom Schlachtengemälde bis zur Kriegsfotografie und dem Kriegsfilm […].[1]

Schlachtfelder rahmten Kriege räumlich und zeitlich und machten sie über viele Jahrhunderte hinweg für eine zumeist weit entfernt lebende Bevölkerung als Ereignis greifbar und erinnerbar.[2] Die Vorstellung eines abgegrenzten Raumes,

1 Steffen Martus / Marina Münkler / Werner Röcke: Schlachtfelder, Codierung von Gewalt im medialen Wandel. In: Dies.: *Schlachtfelder, Codierung von Gewalt im medialen Wandel.* Berlin: Akademie 2003, S. 7–18, hier S. 14.

2 Vgl. ebd.

an dem eine kriegsentscheidende Schlacht geführt wird, entstand bedingt durch den neuen Einsatz erster Infanterieformationen in der griechischen Polis.[3] Das Schlachtfeld als topografisch lokalisierbarer Ort und seine bildliche Repräsentation sind bis heute eng mit der Vorstellung eines Landschaftsbildes verbunden. Dies liegt darin begründet, dass der Aufschwung der repräsentativen Schlachtenmalerei in der frühen Neuzeit mit der Entdeckung der Landschaft als Darstellungssujet zusammenfiel. Zahlreiche Maler – etwa Albrecht Altdorfer in seiner *Alexanderschlacht* 1529[4] – nahmen Anleihen an Darstellungskonventionen der Landschaftsmalerei, allen voran der Vogelschau, die ab dem frühen 17. Jahrhundert zum Standard der Schlachtendarstellung wurde. Panoramahafte Schlachtenlandschaften, die auch dem wachsenden Anspruch auf Realismus und Dokumentation entsprachen, verdrängten im Zeitalter des Absolutismus die symbolische Aufladung des Kriegsgeschehens und suggerierten Überschaubarkeit und Kontrolle sowohl der Landschaft als auch der darin agierenden Soldaten. Technische und soziale Veränderungen in der Kriegsführung, etwa das Aufkommen von Nationalkriegen, veränderten im 19. Jahrhundert schließlich erneut die Schlachtenbilder, betonten etwa die Gemeinschaft im Kampf und konzentrierten sich wieder stärker auf individualisierte und emotionalisierte Personen oder Personengruppen.[5]

Auch die Fotografie folgte dem Modus, Schlachtfelder als abgegrenzten Ort, an dem Krieg ‚stattfindet', zu visualisieren. Charakteristisch für das Medium und seine technischen Besonderheiten und Einschränkungen wurde die Darstellung der ‚Landschaft nach der Schlacht'.[6] Hier wurde nicht die Kämpfe auf

3 Vgl. Martus / Münkler / Röcke: Schlachtfelder, S. 11.

4 Albrecht Altdorfer: *Alexanderschlacht* (Schlacht bei Issus), 1529, Öltempera auf Lindenholz, 158,4 x 120,3 cm, Alte Pinakothek, München.

5 Annegret Jürgens-Kirchhoff konstatiert „[… d]ass kriegerische Auseinandersetzungen, Schlachten und Scharmützel in der Landschaft stattfinden, war – betrachtet man die Kriegsbilder vergangener Jahrhunderte – selbstverständlich. […]." (Annegret Jürgens-Kirchhoff: Verbrannte Erde: Kriegslandschaften in der Kunst zum Ersten und zum Zweiten Weltkrieg. In: Bruno Thoß / Hans-Erich Volkmann (Hrsg.): *Erster Weltkrieg – Zweiter Weltkrieg. Ein Vergleich. Krieg, Kriegserlebnis, Kriegserfahrung in Deutschland*. Paderborn / München / Wien / Zürich: Schöningh 2002, S. 783–819, hier S. 783.) Ebenfalls als Einführung in die Ikonografie der Schlachtendarstellung siehe Annegret Jürgens-Kirchhoff: Spektakel des Krieges. Zur Geschichte der Schlachtenmalerei. In: Hermann Nöring / Thomas F. Schneider / Rolf Spilker (Hrsg.): *Bilderschlachten. 2000 Jahre Nachrichten aus dem Krieg*. Ausstellungskatalog Museum Industriekultur Osnabrück. Göttingen: Vandenhoeck & Ruprecht 2009, S. 112–123. Ausführlich zur Schlachtendarstellung in Malerei und Druckgrafik auch Paul: *Bilder des Krieges*, S. 25–57.

6 Anton Holzer: Ästhetik der Zerstörung. Die Schlachtfelder des Ersten Weltkriegs in der Fotografie. In: Detlef Hoffmann (Hrsg.): *Kunst nach dem Krieg*. Rehberg-Loccum: Evangelische Akademie Loccum 2004, S. 203–210, hier S. 203–204.

dem Schlachtfeld, sondern die Spuren, die diese in der Landschaft hinterlassen haben, wie herumliegende Munition und Kriegsgerätschaften, gezeigt. Bekannte Beispiele sind Roger Fentons leere Landschaften mit Kanonenkugeln aus dem Krimkrieg, die Aufnahmen toter Soldaten auf den Schlachtfeldern des amerikanischen Bürgerkrieges von Alexander Gardner und seinen Mitarbeitern, aber auch die Fotografien zermalmter und aufgewühlter Landstriche aus dem Ersten Weltkrieg. Zeitgleich mit dem Aufkommen der Fotografie veränderte sich nicht zuletzt auch mitbedingt durch dieses Medium die moderne Kriegsführung. Mit der zunehmenden Technologisierung und Industrialisierung moderner Kriege trat eine mehrfache Entgrenzung des Schlachtfeldes als abgeschlossener Ort der Entscheidung in Kraft. Die steigenden Reichweiten der modernen Artillerie und anderer Distanzwaffensysteme führten dazu, dass die Kriegsparteien weit entfernt voneinander Stellung bezogen und sich in der Landschaft verbargen. Sichtbarkeit für den Feind wurde zu einer potenziell tödlichen Bedrohung. Diese zunehmende Unsichtbarkeit des Gegners ließ die Kriegsparteien nach immer neuen Methoden zur Aufklärung und Überwachung – allen voran aus der Luft – suchen. Große Teile der Kriegshandlungen wurden so für das freie Auge nahezu unsichtbar, die Schlachtfelder leeres Gelände auf dem kaum noch etwas zu sehen war. Die direkte Wahrnehmung der Welt mit den eigenen Augen wurde zudem durch technische Hilfsmittel wie Scheinwerfer, Luftaufnahme, Funk oder Radar ersetzt und erweitert.[7] Der Bezug zur gegnerischen Partei immaterialisierte sich immer weiter. Das Kriegsgeschehen wurde zunehmend abstrakt. Der moderne Massenkrieg entgrenzte zusätzlich die Kriegshandlung von einem abgegrenzten Schlachtfeld indem sämtliche Ressourcen von Staat, Wirtschaft und Gesellschaft für den Kriegserfolg mobilisiert werden mussten und der Krieg so auch ganz unmittelbar auf die Zivilgesellschaften an der Heimatfront übergriff. Der Krieg breitete sich auf ein mit menschlichem Auge nicht mehr überblickbares Territorium aus, das sich auf verschiedene weit auseinanderliegende Schauplätze von der Front bis in die zerbombten Städte, von der Luft bis in die Tiefen des Meeres erstreckte. Im Ersten Weltkrieg bestimmten diese Veränderungen in der Kriegsführung und Kriegswahrnehmung erstmals maßgeblich das Geschehen. Dennoch fanden sie nur am Rande Eingang in dessen visuelle Repräsentation, hauptsächlich in motivischer Form in der Darstellung neuer Waffen und Technik. Bernd Hüppauf führt diese Beobachtung mit einem grundlegenden Charakteristikum der Moderne zusammen: der Krise der Repräsentation. Der moderne Krieg fordere neue Formen der Wahrnehmung und damit auch neue

7 Siehe dazu u.a. Anton Holzer: Das elektrische Auge. Das Licht, die Fotografie und der Krieg. In: *Mittelweg 36* 11,5 (2002), S.77–91.

Repräsentationsformen, die es allerdings erst zu entwickeln galt.[8] Größtenteils – und das zum Teil bis in den Zweiten Weltkrieg hinein – wurden traditionelle Visualisierungsstrategien von Krieg verfolgt, die dessen Modernität zum Verschwinden brachten.[9]

Margaret Bourke-White hingegen, so die These dieses Kapitels, setzte die durch technische Innovationen und moderne Kriegstechnik erfolgte Entgrenzung, Enträumlichung und Abstraktion des Schlachtfeldes gerade auf struktureller und prozessualer Ebene um. Die neuen technischen Möglichkeiten und die damit verbundenen Warhnehmungsbedingungen rückten ins Blickfeld. Dabei konnte sie auf eine veränderte Visualisierungspraxis der industriellen Kultur in den USA aufbauen. Anstatt des Produktes wurden die dahinterstehenden Organisations- und Herstellungsprozesse thematisiert. In weiterer Folge wurden Visualisierungstechniken entwickelt, die eine durch diese Produkte mitgestaltete Zukunft entwarfen und die Betrachter*innen visuell daran teilhaben ließen. Nicht mehr das Produkt stand im Mittelpunkt der Werbe-Bemühungen, sondern die bessere Zukunft, die es versprach. Ein erster Höhepunkt dieser Entwicklung war die Weltausstellung in New York 1939–1940. Mehrere dioramatischen Displays, etwa das *Futurama* von General Motors oder die *City of Light* von Con Edison versprachen eine bessere Zukunft, die auf der technologischen Entwicklung amerikanischer Unternehmen beruhte. Sie nutzten neueste immersive Visualisierungstechniken mit Licht-, Video- und Audioeffekten, um die Besucher temporär in diese Zukunft versetzten.[10] Wichtige Themen der Weltausstellung wie die technologische Zukunft und Vorreiterrolle der USA, der Blick aus dem Flugzeug auf die ideale Stadt, die illuminierte Großstadt, die Immersion der Betrachter*innen und das Verschleifen der Grenzen zwischen realer und virtueller beziehungsweise medial erzeugter Realität lassen sich auch in Margaret Bourke-Whites Aufnahmen nachweisen.[11]

8 Siehe dazu vor allem Bernd Hüppauf: Kriegsfotografie an der Schwelle zum Neuen Sehen. In: Bedrich Loewenstein (Hrsg.): *Geschichte und Psychologie. Annäherungsversuche*. Pfaffenweiler: Centaurus 1992, S. 205–233; Bernd Hüppauf: Experiences of Modern Warfare and the Crisis of Representation. In: *German Critique* 59 (1993), S. 41–76, insb. S. 49.

9 Vgl. Paul: *Bilder des Krieges*, S. 121. Siehe auch Bernd Hüppauf: Kriegsfotografien. In: Wolfgang Michalka (Hrsg.): *Der Erste Weltkrieg. Wirkung, Wahrnehmung, Analyse*. Weyarn: Seehamer 1997, S. 875–909.

10 Vgl. David E. Nye: *American Technological Sublime*. Cambridge: MIT Press 1994, S. 204–205; Adnan Morshed: The Aesthetics of Ascension in Norman Bel Geddes's Futurama. In: *Journal of the Society of Architectural Historians* 63,1 (2004), S. 74–99.

11 Bourke-White war mit den Ausstellungen der Weltausstellung, u. a. dem *Futurama* und der *City of Light* gut vertraut, und hatte sie im Auftrag von *LIFE* fotografiert.

Allerdings wurde auch Bourke-Whites Vorstellung des Ortes, an dem der Zweite Weltkrieg sichtbar wurde, anfangs stark von traditionellen Darstellungsformen wie der ‚Landschaft nach der Schlacht' geprägt. Ihre Aufnahme des Schlachtfeldes von Yelna (Abb. 5) an der russischen Front 1941 erinnert mit wassergefüllten Granattrichtern, zu Schlamm zerstampftem Erdreich, niedergerissener Vegetation und schicksalsschwerem Wolkenhimmel deutlich an die zahlreichen Fotografien der Westfront des Ersten Weltkrieges.[12] Nicht nur ihre Visualisierung des Schlachtfeldes, auch die der Soldaten griff zu Beginn des Zweiten Weltkrieges auf bewährte Bildtraditionen zurück. Dies gilt auch für die Aufnahme eines Soldaten der französischen Kolonialarmee in Syrien 1940, den sie beim Zeitunglesen neben seinen Waffen fotografierte und damit an traditionelle Bilder eines *Picknick-War* und des Kriegführens als kurze Unterbrechung eines bürgerlichen Lebens anknüpft.[13] Auch wenn Bourke-White bei Ausbruch des Ersten Weltkrieges erst zehn Jahre alt war und die USA nur wenige Monate aktiv am Krieg beteiligt waren, war sie mit der Ikonografie dieses Krieges offenbar gut vertraut und griff zu Beginn des Zweiten Weltkrieges darauf zurück.

Während Bourke-White in dieser frühen Phase ihrer Arbeit als Kriegsberichterstatterin mit einem historischen Bildentwurf arbeitete, der das Schlachtfeld als konkreten, aber pathetisch aufgeladenen Ort in den Mittelpunkt rückte, ist in ihren Aufnahmen nach dem Kriegseintritt der USA eine Tendenz zu erkennen, die spezifischen strukturellen Eigenschaften des Zweiten Weltkrieges visuell umzusetzen. Dazu zählt nicht nur die Auseinandersetzung mit dem industriellen und technologischen Charakter des Krieges wie im Kapitel zuvor besprochen, sondern auch mit der zunehmenden Entgrenzung und Abstraktion des Schlachtfeldes. Der technlogische Wandel, aber auch andere Hindernisse, etwa die fehlende Möglichkeit Kampfhandlungen beizuwohnen – was besonders für Bourke-White als Frau galt –, führten dazu, dass die reine Dokumentation des

12 *LIFE* veröffentlichte das Foto doppelseitig im November 1941 und griff ebenfalls auf den Ersten Weltkrieg als Deutungshorizont zurück: „All over ten miles of the battlefields Miss Bourke-White did not see a bird that flew or a worm that crawled. Here, where hundreds of thousands of men had died, there was none of war's glory. For this was the slugging, earthbound combat of the first World War – but on a bloodier, huger scale." (*LIFE*, 17.11.1941, S. 34. Der Krieg wird sowohl im Bild als auch im Text durch die historische Schablone des Ersten Weltkrieges und in den traditionellen Grenzen eines abgezirkelten Schlachtfeldes gerahmt. Dieses lässt sich ähnlich einem touristischen Ziel besuchen, wie auf der nächsten Doppelseite zu sehen ist, die eine Delegation ausländischer Journalisten, der auch Bourke-White angehörte, bei ihrem organisierten Trip an die Front zeigt.

13 Allg. zu Bildtraditionen der Kriegsdarstellung des 19. Jahrhunderts siehe Paul: *Bilder des Krieges*, S. 25–101. Insb. zum Begriff des „picknick war" siehe ebd., S. 88.

Schlachtgeschehens und eines topografischen Schlachtfeldes ausgedient hatten und neue Formen der Visualisierung gefunden werden mussten. Das Schlachtfeld wurde nicht mehr als topografischer Ort dokumentiert, sondern musste auf einer ideellen, technologisch und medial vermittelten Ebene repräsentiert beziehungsweise erst hergestellt werden.

Unter dem Begriff „Metaphern eines entgrenzten Schlachtfeldes" werden Fotografien von ihr untersucht, die an die Funktion des Schlachtfeldes als Ort, an dem Unterlegenheit und Überlegenheit der Gegner ausgehandelt werden, anknüpfen, ohne jedoch unbedingt ein konkretes Schlachtfeld zu zeigen. Meine Analyse setzt bei Bernd Hüppaufs Verständnis des Schlachtfeldes als konkretem Ort und zugleich imaginiertem Raum an: „Es gibt kein Schlachtfeld ohne das vorausgehende vorgstellte Schlachtfeld, das in Literatur, Film, Kunst und anderen Medien nicht mimetisch abgebildet, sondern konstruiert wird."[14] Diese ideellen und visuellen Bezugspunkte für Bourke-Whites Schlachtfeldrepräsentationen sind nachzuzeichnen und deren politisch-ideologischen Implikationen zu hinterfragen. Die angesprochene „Immaterialisierung" des Schlachtfeldverständnisses lässt sich auch in Verbindung bringen mit Paul Virilios These des Schlachtfeldes als Wahrnehmungsfeld, die er 1984 in seinem Buch *Krieg und Kino. Logistik der Wahrnehmung* formulierte.[15] Er beschreibt darin, dass es in Kriegen zunehmend nicht mehr nur um eine materielle und territoriale Eroberung ginge, sondern auch darum, „sich der *immateriellen* Felder der Wahrnehmung zu bemächtigen."[16] Darin implizit liegt die Frage, wie kriegerische Auseinandersetzungen – neben der territorialen Ebene – auch auf der Ebene der Visualität ausgefochten werden.[17] In diesem Sinne lassen sich einerseits Bourke-Whites Bilder, die für die Massenmedien produziert wurden, selbst als eine spezifische Form des Schlachtfeldes verstehen, deren Botschaften und Effekte es zu analysieren gilt. Andererseits

14 Bernd Hüppauf: Das Schlachtfeld als Raum im Kopf. Mit einem Postscriptum nach dem 11. September 2001. In: Martus / Münkler / Röcke (Hrsg.): *Schlachtfelder. Codierung von Gewalt*, S. 207–233, hier S. 215.

15 Vgl. Paul Virilio: *Krieg und Kino. Logistik der Wahrnehmung*, aus d. Franz. v. Frieda Gräfe / Enno Patalas. München / Wien: Hanser 1986.

16 Ebd., S. 13.

17 Vgl. ebd. Als Paradebeispiel des Zweiten Weltkrieges nennt er den Atombombenabwurf auf Hiroshima, wo „Kriegstheater" durch die „Theaterwaffe" ersetzt wurde. Ziel des Angriffes war nicht mehr nur die reale Vernichtung der Bevölkerung, sondern auch die Aufnahmen des Abwurfes, die öffentlich wahrgenommen und rezipiert wurden. Virilio: *Krieg und Kino*, S. 13. Gerhard Paul bezeichnet dieses Vorgehen als „das Bild als Tat". Gerhard Paul: Das Bild als Tat, S. 134. Vor allem die Ereignisse des 11. September gaben verstärkt Anlass, diese These zeitgenössisch zu diskutieren.

soll die Aufmerksamkeit darauf gelenkt werden, wie sich Bourke-White selbst der Wahrnehmung der Betrachter*innen bemächtigte, welche Wahrnehmungs- und Sehmechanismen (etwa die Luftaufnahme) sie einsetzte, um einen spezifischen Blick auf den Krieg herzustellen oder Herrschafts- und Überlegenheitsansprüche zu installieren. Bourke-Whites Visualisierungsstrategien – der Blick von oben, die Blickbehinderungen durch Dunkelheit, Rauch und Nebel und die entleerte Landschaft – lassen sich schließlich alle im Konzept des Erhabenen verankern, das seit Mitte des 19. Jahrhunderts für die Repräsentation des zugleich Bedrohlichen, aber auch Faszinierenden, des Übermenschlichen und mit dem Verstand nicht Erfassbaren herangezogen wurde.[18] Bourke-White nutzte es nun, um im Sinne Lyotards das Unrepräsentierbare des modernen Krieges zu repräsentieren.[19]

1. Der distanzierte Blick: visuelle Dislokation und Mediatisierung des Schlachtfeldes

Unter dem Begriff des „distanzierten Blickes" werden Margaret Bourke-Whites Entwürfe von Schlachtfeldern behandelt, die der zunehmenden Distanz zwischen den Kriegsparteien und der damit einhergehenden Abstraktion und Mediatisierung des Kriegsgeschehens Rechnung tragen. Unter Abstraktion ist dabei ein zunehmend unüberschaubares, technikgestütztes und für den Laien kaum noch nachvollziehbares Kriegsgeschehen zu verstehen. Der Begriff der Mediatisierung verweist einerseits darauf, dass dieses nicht über dokumentarische, sondern über metapahorisch-ideelle Repräsentationsstrategien vermittelt wird. Die Schlachtfeldrealität wird durch eine eigenständige Bildrealität überschrieben, die eine spezifische und interessengeleitete Sicht auf die Ereignisse liefert und zwischen Frontgeschehen und der Lebenswirklichkeit an der Heimatfront vermittelt. Andererseits drückt sich darin der Umstand aus, dass die Wahrnehmung des Krieges zunehmend mediatisiert, das heißt über technische Medien wie Luftaufnahme oder Radar, vermittelt wurde.

18 Einen kurzen prägnanten Überblick zu Entstehung und Wandel des Erhabenen liefert Claudia Klinger: Die Wiederkehr der erhabenen Natur in der Gegenwart. In: Christophe Girot / Albert Kirchengast (Hrsg.): *Miszellen zur Landschaft*. Zürich: gta 2013, S. 65–85.

19 Zum Gedanken, Unrepräsentierbares mittels des Konzeptes des Erhabenen zu repräsentieren, siehe auch Jean-François Lyotard: The Sublime and the Avantgarde und Representation, Presentation, Unpresentable. Painting and Political Representation. In: Ders.: *The Inhuman. Reflections on Time*, aus d. Franz. v. Geoffrey Bennington / Rachel Bowlby. Cambridge: Polity / Blackwell 1991.

Der Blick von oben: Luftaufnahmen

Der Blick von oben hat eine lange Tradition in der Kriegsdarstellung und manifestierte sich zuerst in der Vogel- oder Feldherrenperspektive von Schlachtengemälden, die sich als gewaltige Weltenlandschaften wie in Albrecht Altdorfers *Alexanderschlacht* ausbreiteten. Ziel war ein größtmöglicher Überblick, der mit der Kontrolle des Territoriums und der gezeigten Schlacht einherging.[20] Seit dem späten 19. Jahrhundert wurden Luftaufnahmen, zunächst aus Ballons und Zeppelinen, ab dem Ersten Weltkrieg auch aus Flugzeugen, für militärische Zwecke eingesetzt. Sie entwickelten sich zu einem zentralen Instrument der Kriegsführung, vor allem der Feindaufklärung. Im Zweiten Weltkrieg intensivierte sich nicht nur ihr militärischer Einsatz, sie wurde vielmehr zu *dem* Wahrnehmungs- und Darstellungsmodus des Krieges.[21] Die Luftaufnahme nimmt auch bei Margaret Bourke-White eine herausragende Stellung innerhalb ihrer Fotografie im Zweiten Weltkrieg ein. Es entstanden unzählige Aufnahmen an Kriegsschauplätzen in Nordafrika, Italien und Deutschland, die – das soll im Folgenden gezeigt werden – weit über die rein militärische Aufgabe der Aufklärung hinausgehen. Ihre Luftaufnahmen trafen dabei auf eine veränderte Bildkultur. In Zeitungen abgebildete Luftaufnahmen waren im Ersten Weltkrieg noch ein Novum, lieferten einen bis dato kaum bekannten Blick auf die Welt. Dieser ungewohnte und neue Blick wurde zu einem wichtigen visuellen Instrument der Zwischenkriegszeit, um auf die veränderte Wirklichkeitserfahrung nach dem Krieg zu reagieren. Zahlreiche Künstler*innen und Fotograf*innen des Neuen Sehens und des Konstruktivismus wie Kasimir Malewitsch, El Lissitzky oder Laszlo Moholy-Nagy, aber auch Architekt*innen wie Le Corbusier, nutzten den Verfremdungseffekt des Blickes von oben, um nach der Zäsur des Ersten

20 Zur Tradition des Blickes von oben siehe Jürgens-Kirchoff: *Spektakel des Krieges*, S. 112–122; Christoph Asendorf: Bewegliche Fluchtpunkte. Der Blick von Oben und die moderne Raumanschauung. In: Hubert Burda / Christa Maar (Hrsg.): *Iconic Worlds. Neue Bilderwelten und Wissensräume*. Köln: DuMont 2006, S. 19–49; Paula Amad: From God's-eye to Camera-eye: Aerial Photography's Post-humanist and Neo-humanist Visions of the World. In: *History of Photography* 36,1 (2012), S. 66–86.

21 Einen allgemeinen Überblick zur Entwicklung und Nutzung der Luftaufnahme liefern Denis Cosgrove / William L. Fox: *Photography and Flight*. London: Cosgrove 2010; Beaumont Newhall: *Airborne Camera. The World from the Air and Outer Space*. London: Hastings House 1969. Als Einführung in das Thema der militärischen Nutzung der Luftaufnahme (allerdings von deutscher und italienischer Warte aus) siehe Bernhard Siegert: Luftwaffe Fotografie. Luftkrieg als Bildverarbeitungssystem 1911–1921. In: *Fotogeschichte* 12,45/46 (1992), S. 41–54. Für eine kritische Diskussion der Luftaufnahme, die diese auch in einen breiteren kulturhistorischen Diskurs der Moderne einbettet, siehe Allan Sekula: Das instrumentalisierte Bild: Steichen im Krieg [engl. 1975]. In: *Fotogeschichte* 12,45/46 (1992), S. 55–73.

Weltkrieges einen Bruch mit traditionellen Wahrnehmungsbedingungen herbeizuführen.[22] In den folgenden Jahren erlebte der Typus des Luftbildes eine starke Popularisierung und entwickelte sich vom Darstellungsprinzip der Avantgarde hin zu einer Bildkonvention der Populärkultur, deren vermeintliche Objektivität jedoch auf unterschiedlichste Weise ideologisch aufgeladen war. Zu den häufigsten Verbreitungsformen zählten Flugreiseberichte und Atlanten, unter anderem auch vom Time Inc. Verlag herausgegeben, die Wissensproduktion und Besitzanspruch verknüpften, Photo-Essays, die in Luftaufnahmen die Schönheiten des eigenen Landes patriotisch feierten,[23] oder Infrastruktur- und Stadtplanungen, die in Fotografien und plastischen Reliefs den Blick von Oben mit Modernität und Fortschritt kurzschlossen.[24] Bildmagazine wie *LIFE*, aber auch zahlreiche Spezialzeitschriften wie *Aerial Age Weekly* oder *Air Travel News* popularisierten den Blick von oben und ließen ihn zu einem der wirkungsvollsten Wahrnehmungsmodi der 1930er Jahre werden. Auf all diese visuellen und inhaltlichen Referenzen konnte Margaret Bourke-White nun zurückgreifen, um ihr Bild des Krieges zu entwickeln und mit Bedeutung aufzuladen.

Nordafrika: visuelle Besetzung des Terrains

Anfang November 1942 landeten im Rahmen der Operation „Torch" (Fackel) alliierte Truppen in Algerien, um eine zweite Front in Nordafrika zu eröffnen.[25] Mitte Dezember 1942 schiffte sich auch Margaret Bourke-White von Großbritannien aus in Richtung Nordafrika ein, wo sie die Aktivitäten der Air Force dokumentieren sollte.[26] Nach einer turbulenten Anfahrt – ihr Transportschiff wurde von deutschen U-Booten torpediert und versenkt – wurde sie zunächst in Biskra stationiert, wo die 12th Air Force in einem ehemaligen Urlaubsressort ihren Stützpunkt hatte. Dort fotografierte sie wie bereits in Großbritannien die Planungen und Vorbereitungen der Luftangriffe sowie das Leben und die Freizeitgestaltung der Soldaten; zu letzterem zählten beispielsweise ein Konzert der Sängerin Martha Raye, der Besuch des örtlichen Marktes und das Reiten auf

22 Siehe dazu u. a. Andreas Haus: Luftbild – Raumbild – Neues Sehen. In: *Fotogeschichte* 12,45/46 (1992), S. 75–90.

23 U. a. auch von Margaret Bourke-White, z. B. das Photo-Essay *The Hudson River. Autumn Peace broods over America's Rhine*. In: *LIFE*, 02.10.1939, S. 57–65.

24 V. a. die Aufnahmen der Fairchild Aerial Survey und die dioramatischen Präsentationen *Democracity* and *Futurama* auf der Weltausstellung *The World of Tomorrow* 1939 in New York. Zur ideoligischen Komponente des Blicks von oben im Kontext von Stadt- und Infrastrukturplanung, im Speziellen auch des *Futurama* siehe Morshed: *The Aesthetics of Ascension*.

25 Zum historischen Hintergrund siehe Keegan: *Der Zweite Weltkrieg*, S. 492–493.

26 Vgl. Goldberg: *A Biography*, S. 257; Bourke-White: *Portrait of Myself*, S. 203.

Abb. 23: Margaret Bourke-White: B-17-Bomber der U. S. Air Force über nordafrikanischem Terrain, Januar 1943.

Kamelen.[27] Im Vordergrund dieses Kapitels stehen jedoch an die dreißig Luftaufnahmen aus dem *LIFE*-Bildarchiv, die auf Aufklärungsflügen, auf eigens für sie organisierten „Fotoflügen"[28] und während eines Luftangriffes auf den von

27 Aus Bourke-Whites Aufzeichnungen geht hervor, dass sie noch zumindest zwei weitere, nahe am feindlichen Territorium gelegene Flugfelder in Algerien besuchte. Auf diesem „last airplane outpost before reaching enemy territory" fotografierte sie das beschwerliche Leben, die primitiven Unterkünfte und beschreibt die alltäglichen Gefahren des Krieges wie Angriffe deutscher Flugzeuge oder die Räumung undetonierter Bomben vom Flugfeld. Vgl. unbetiteltes maschinengeschriebenes Manuskript, Notiz zur Negativ-Identifikation für die *LIFE*-Redaktion. MBW Papers, Box 71. Von den Aufnahmen, die Margaret Bourke-White in ihren Aufzeichnungen beschreibt, ist jedoch kaum etwas erhalten beziehungsweise wurde nicht veröffentlicht. Dies liegt möglicherweise an der Zensur. So befinden sich im Archiv einige Kontaktabzüge, die die Zerstörungen eines Air-Force-Postens nach einem Luftangriff der Deutschen zeigen, von der Zensur jedoch nicht freigegeben wurden. Dies weist auch darauf hin, dass zu diesem Zeitpunkt noch das idealisierte Bild der unbesiegbaren Armee aufrechterhalten werden sollte.

28 Bourke-White schreibt dazu: „I was able to direct the formation during my photographic work thru [*sic*] the interphone and the B17 pilot who was flying me would pass on directions to the fighter pilots. My usual commands were ‚closer, come closer' and I could hear the fighter

Deutschen besetzten Flugplatz von El Aouina bei Tunis entstanden sind. Auf unterschiedliche Weise manifestiert sich in ihnen der Anspruch militärischer Eroberung und Überlegenheit.

Knapp die Hälfte der Aufnahmen zeigt amerikanische Flugzeuge vor einer beeindruckenden landschaftlichen Kulisse, zumeist dem Atlasgebirge und der Sahara. (Abb. 23) Einfallendes Sonnenlicht arbeitet das Landschaftsrelief im Hintergrund plastisch heraus. Dramatische Wolkenformationen und Lichtstimmungen steigern den Reiz der Aufnahmen. Auch wenn möglicherweise militärische Überlegungen wie die Dokumentation der Formationen der Bombengeschwader oder die Aufklärung des Terrains Anlass für die Aufnahmen waren, überwiegt der ästhetische und emotionalisierende Charakter der Fotografien. Der umgebende Landschaftsraum wird zu einer Stimmungsfolie, deren Pathos und Erhabenheit sich auf die gezeigten Flugzeuge und deren Mission übertragen. Mit ähnlichen Mitteln arbeitete Margaret Bourke-White bereits in ihren Werbeaufträgen für amerikanische Fluglinien. 1935 fotografierte sie Flugzeuge der TWA über touristisch interessanten Punkten der transatlantischen Route. Im selben Jahr fotografierte sie auch die Flotte der Eastern Airlines über den zentralen Städten ihrer östlichen Route.[29] Eines ihrer Fotos – wahrscheinlich eine Foto-Collage – zeigt ein Flugzeug der Eastern Airlines über der markanten von Hochhäusern dominierten Inselspitze Manhattans, ein anderes eine DC-4 von Douglas Aircraft das Chrysler Building überfliegend. Das Flugzeug befindet sich genau neben dem hoch aufragenden Gebäude, einem der bekanntesten und durch den speziellen Dachabschluss leicht zu identifizierenden Hochhaus der Stadt. Die moderne Hochhausstadt mit einem ihrer Wahrzeichen bildet die Folie, vor der die Modernität des Flugzeuges, die Schönheit der Technik, der urbane Lebensstil und die damit verbundene Mobilität erst richtig zur Geltung kommen. Auf ähnliche Weise bildet die Landschaft in Nordafrika eine stimmungsvolle Rezeptionsfolie, die das Design der Flugzeuge und die Luftangriffe der Air Force mit einer Aura des technologischen Fortschritts auflädt und pathetisch in Szene setzt.[30]

pilots wisecracking as they drew up into formation.“ Weiter heißt es: „As we were flying with an undersized crew, since our purpose was photographic, I also was placed by a gun […] so that I could use it if we ran into action.“ (Unbetiteltes, maschinengeschriebenes Manuskript. MBW Papers, Box 71.)

29 Vgl. Goldberg: *A Biography*, S. 144.

30 Die Vorgehensweise, zivile Flugzeuge vor einer Stadtkulisse abzulichten, wurde von Beginn an auch auf Militärflugzeuge übertragen. So zeigt beispielsweise die Aufnahme eines Testfluges des ersten B-17-Modells von Boeing das Flugzeug über der Hochhaus- und Hafenkulisse von Seattle. Vgl. *LIFE*, 22.09.1941, S. 28–29.

Ein zentraler Referenzpunkt für Bourke-Whites Luftaufnahmen aus Nordafrika ist der touristisch konnotierte Blick von Oben, der in den 1920er und 1930er Jahren mit der Popularisierung der zivilien Passagierluftfahrt einen Boom erlebte. Journalist*innen wie der Amerikaner Lowell Thomas, aber auch bekannte Luftfahrtpionier*innen wie Amelia Earhart oder Anne Morrow Lindbergh verfassten Bücher, in denen sie ihre Erfahrung des Blicks auf die Welt vom Flugzeug aus für einen breiten Leser*innen-Kreis aufbereiteten.[31] Spezielle Reiseführer erschienen, die die Sicht fremder Länder aus dem Flugzeug erläuterten.[32] Luftfahrtunternehmen arbeiteten mit markanten Sehenswürdigkeiten oder landschaftlichen Charakteristika, um ihre Flugrouten zu bewerben. Bourke-Whites Fotos für Eastern Airlines oder TWA zeugen von dieser Bildstrategie ebenso wie eine Posterkampagne von Pan American Airways für ihre internationalen Reisedestinationen. Sie sollten die zunächst visuell nur imaginierte und später durch die Anreise realisierte ‚Eroberung' touristischer Destinationen ausdrücken. Auch in ihren Aufnahmen aus den Kriegsgebieten in Nordafrika setzte Bourke-White neben landschaftlich markanten Punkten wie den Ausläufern des Atlasgebirges oder der Sahara immer wieder ganz konkrete touristische Motive wie traditionelle Dörfer, eine Dattelplantage oder in der Wüste galoppierende Kamele ins Zentrum ihrer Aufnahmen. Margaret Bourke-White versetzte die Betrachter*innen der Fotografien aus einem kriegerischen Kontext in die Position eines Luftreisenden, die eigentlich einer wohlhabenden Elite vorbehalten war und ließ sie weit entfernte und exotische Welten erfahren. Sie können wie die Betracher*innen der Werbeaufnahmen die Schönheiten und Reize des fremden Landes und seiner Landschaft aus erster Reihe und mit unverstelltem Blick visuell konsumieren und ‚in Besitz nehmen'. Mit der touristischen Rahmung war eine grundsätzliche Tendenz zur visuellen Befriedung der Kriegshandlungen verbunden, wie ein Mitarbeiter des OWI in Bezug auf die Darstellung der Kämpfe im Pazifik in den Wochenschauen kritisierte:

> The war is certainly beautiful through the eyes of the motion picture camera for this week's showings. No more peaceful a scene was ever made by a travelogue as that our war correspondents recorded through their lens of the palm-dotted atoll.[33]

31 Z. B. Lowell Thomas: *European Skyways. The Story of a Tour of Europe by Aeroplane*. Boston: Mifflin 1927; Amelia Earhart: *20 hrs. 40 min. Our Flight in the Friendship. The American Girl, first across the Atlantic by Air, Tells Her Story*. New York: Putnam 1928; Anne Morrow Lindbergh: *North to the Orient*. New York: Harcourt, Brace 1935.

32 Z. B. *Through Africa by the Empire Flying Boat*, 1938 herausgegeben von den britischen Imperial Airways.

33 Zit. n. Roeder: *The Censored War*, S. 19.

Mindestens genauso bedeutsam war jedoch die mit der Verschiebung des Kontextes verbundene Übernahme eines visuellen Modus zur Inbesitznahme fremden Terrains. Indem Militärflugzeuge auf ähnliche Weise wie in den Werbungsbildern in Szene gesetzt werden, wird die touristische visuelle Inbesitznahme der Landschaft in die Andeutung eines militärischen Besitzanspruches überführt. Eine starke Draufsicht ohne Horizontlinie führt zu einer Verflachung der räumlichen Distanzen und lässt die Ebene der Landschaftsoberfläche mit der Ebene der Flugzeuge zusammenfallen. Die Flugzeugsilhouetten bilden Markierungen, die das Terrain darunter visuell für die Amerikaner besetzen. Eine Form der Darstellung, wie man sie auch in Karten und Illustrationen aus der Zeit findet, beispielsweise 1944 in einer Lockheed-Werbung mit einem Bild aus Walt Disneys bekanntem Film *Victory through Airpower*[34] oder einer Werbung für Consolidated Vultee Aircraft von 1943.[35] Wie in der piktogrammatischen Darstellung der Anzeige lassen sich auch in Bourke-Whites Aufnahmen die fotografierten Flugzeuge in ihren Kampfformationen, die zielstrebig aus dem Bildraum herausfliegend ihrem Bestimmungsort zustreben, als visuelles Kürzel für ‚Angriff' lesen, aus dem schließlich die reale Inbesitznahme des Terrains resultieren wird.
Die landschaftlichen Luftaufnahmen enthalten eine eigenartige Dopplung. Einerseits zeigen sie durchaus relevante militärische und strategische Punkte wie die Ausläufer des Atlasgebirges – ein stark umkämpftes Hindernis vor der Stadt Tunis, auf dem die Alliierten zu Beginn des Jahres, als Margaret Bourke-White in Nordafrika war, allerdings nur unter großen Schwierigkeiten Fortschritte verbuchen konnten.[36] Andererseits scheint in ihren Landschaftsaufnahmen die tödliche Seite des Krieges in keiner offensichtlichen Weise auf. Im Gegenteil, die gemeinhin mit Überblick und verbesserter Sichtbarkeit assoziierten Luftaufnahmen bringen die blutigen Ereignisse in der Landschaft geradezu zum Verschwinden. Der mit der Luftaufnahme verbundene Wahrnehmungstopos der verbesserten Sichtbarkeit und Authentizität spielt einer Verharmlosung der Landschaft und Herauslöschung kriegerischer Geschehnisse in die Hand, gerade zu einer Zeit, als alliierte Truppen schwer um das Vorwärtskommen in Richtung der strategisch wichtigen Hafenstädte Tunis und Bizerte kämpften. Die Besetzung ist visuell imaginiert, aber nicht realisiert, verleiht den Betrachter*innen dennoch ein Gefühl der Überlegenheit. Ohne konkrete Schlachtfelder zu zeigen, wird die Landschaft Nordafrikas in den Luftaufnahmen zu einem Schauplatz (erfolgreicher) territorialer Eroberung für die USA.

34 Veröffentlicht u. a. in *LIFE*, 19.07.1943, S. 8.

35 Veröffentlicht u. a. in *LIFE*, 24.01.1944, S. 44.

36 Vgl. Keegan: *Der Zweite Weltkrieg*, S. 497–498.

TUNIS BOMBING continued

U. S. FORTRESSES LEAVE AXIS AIRPORT IN FLAMES

Abb. 24: Margaret Bourke-White: Doppelseite aus dem Photo-Essay „LIFE's Margaret Bourke-White Goes Bombing", *LIFE*, 1. März 1943.

Diese visuelle Strategie kulminiert in Aufnahmen eines Luftangriffes auf das von deutschen Truppen gehaltene Flugfeld El Aouina bei Tunis, die am 22. Januar 1943 entstanden sind. Als erste Frau gelang es Bourke-White damit, einen Luftangriff an Bord eines Bombers zu begleiten und zu fotografieren. Die Aufnahmen wurden von *LIFE* für ein Photo-Essay verwendet, das am 1. März 1943 erschien und sich erneut dem Thema des Luftangriffes widmete. Während im 1942 veröffentlichten Beitrag über die Bombengeschwader in Großbritannien der eigentliche Luftangriff eine Leerstelle blieb, rückte er jetzt aus der Blickposition innerhalb der Maschine in den Mittelpunkt. Höhepunkt der Fotoreihe sind Luftaufnahmen des brennenden Flugfeldes nach dem Bombenabwurf durch amerikanische Flugzeuge.

Das Photo-Essay eröffnet mit der halbseitigen Aufnahme eines über den Wolken und nicht näher lokalisierbarem Terrain fliegenden B-17-Bombers. Das Flugzeug wird durch den Text einer Werbung der Firma Chevrolet auf der gegenüberliegenden Seite, die ebenfalls zwei hochglänzende B-17-Maschinen zeigt, patriotisch als *Our Eagles of War* ausgewiesen. Unterhalb befindet sich ein Porträt der Fotografin in einem Höhenfluganzug und mit einer speziellen Kamera für Luftaufnahmen. Damit sind zu Beginn die zwei Heldenfiguren des Photo-Essays abgesteckt: der technologisch überlegene Bomber und die wagemutige Fotografin. Die folgende Doppelseite gibt in verkürzter Weise die Planungen und Vorbereitungen am Boden wieder, denen *LIFE* bereits im Herbst 1942 einen ganzen Beitrag gewidmet hatte.[37] Danach beginnt visuelles Neuland für die Leser*innen: Auf einer ganzen Doppelseite wird offensichtlich der Hinflug zum Angriffsziel gezeigt; die Aufnahmen, die selbst aus einem Flugzeug geschossen wurden, zeigen weitere Flugzeuge der Kampfformation in der Luft. Inwieweit alle Aufnahmen tatsächlich vom 22. Januar und dem Flug auf El Aouina stammen, ist unklar. Höchstwahrscheinlich wurden sie aber nicht alle an diesem Tag aufgenommenen. So empfahl Bourke-White der *LIFE*-Redaktion Aufnahmen von Flugzeugen für das Photo-Essay heranzuziehen, die sie bereits zu einem früheren Zeitpunkt gemacht hatte und die gut hinein passen würden.[38] Diese Fotografien bilden das Scharnier zwischen den Ereignissen am Luftwaffenstützpunkt und der folgenden doppelseitigen Aufnahme des bombardierten Flugfeldes. (Abb. 24) Einerseits dienen sie dazu, eine narrative Kontinuität zwischen Abflugflughafen und Angriffsziel herzustellen und somit eine bis dato bestehende Leerstelle in der Bildberichterstattung von Bombenangriffen zu füllen, andererseits gewöhnen sie den Blick der Betrachter*innen an die Perspektive der Luftaufnahme und bereiten sie so visuell auf das folgende zentrale Bild des brennenden Flugfeldes vor. Margaret Bourke-White und *LIFE* lieferten damit einen neuen Blick auf das Kriegsgeschehen. Zwar wurden auch vor März 1943 vereinzelt Luftaufnahmen von Bombenangriffen veröffentlicht. Allerdings handelte es sich dabei um Fotografien aus der Horizontalperspektive, die zu militärischen Zwecken entstanden waren. Die Air Force nutzte Luftaufnahmen allgemein im großen Stil, um das Ergebnis und die Effizienz ihrer eigenen Bombenangriffe zu überprüfen und für Aufklärungszwecke auszuwerten. Dafür wurden am Bauch der Flugzeuge Kameras angebracht, die beim Abwurf der Bomben automatisch ausgelöst wurden. Deren Aufnahmen zeigten jedoch nur, was genau unterhalb ihres Blickwinkels lag und fotografierten einen mehr oder weniger zufälligen Moment des Geschehens. Zumeist sind auf diesen automatisiert ausgeführten Luftaufnahmen Rauchwolken über abstrakt gemusterten Bodenflächen zu sehen, die für ungeschulte Augen kaum lesbar waren.[39] Nachträglich überfliegende Auf-

37 Siehe dazu Kap. III.1 dieser Arbeit.

38 Bourke-White weist die Redaktion an: „A group of airplane negatives sent to Life in an earlier batch would fit in well here, if they have not been used. They show P 36's in formation used for escorting bombers, and show B-17's and P38's taking off from the field." Margaret Bourke-White: Negative Identification re Tunis Mission, maschinengeschriebenes Manuskript. MBW Papers, Box 71, S. 3.

39 Siehe z. B. Aufnahmen in *LIFE* vom 14.09.1942, S. 36.

klärungsflugzeuge wurden dazu eingesetzt, die Ergebnisse – etwa das Ausmaß des Schadens – für eine weitere Evaluation zu dokumentieren. Bourke-Whites Aufnahmen passen sich hingegen mit ihrer Schrägsicht und der deutlich sichtbaren Horizontlinie den konventionellen Sehgewohnheiten der Leser*innen an und geben den Betrachter*innen so ein eindrucksvolleres und leichter verständliches Bild der Ereignisse. Die Besonderheit an ihren Aufnahmen nach dem Bombenabwurf bestand zudem darin, dass sie Ursache und Wirkung, also die amerikanischen Bomber und den Brand am Boden, in einer Aufnahme zusammenführte. Dazu stellte Bourke-White stolz fest:

> The important thing about these pictures is that they actually show the great fires which were started by our American bombing planes, also show the B-17's over the target. The signal corps pictures, taken by cameras fixed in the ships, show the ground directly beneath, but never show the relation of the bombers to the target bombed. [... T]hese photos were especially helpful. This was because, altho [*sic*] their own cameras mapped the field none of them showed the fire. This was because, even tho [*sic*] their bombs were in the air when their photos were taken, the fire came afterward. I felt very happy to be able to supply the only photographs showing the fire.[40]

Als erfahrene Fotojournalistin war Margaret Bourke-White darauf trainiert, komplexe Zusammenhänge in ein einzelnes Foto zu verdichten. Indem sie Ursache – die amerikanischen Bomber – und Auswirkung – die Rauchsäule – gemeinsam in ein Foto zusammenführte, gelang es ihr, zu vermitteln, dass der Brand am Boden und damit die Zerstörung des gegnerischen Flugfeldes durch die abdrehenden amerikanischen Bomber ausgelöst worden war. Zu einem kritischen Zeitpunkt im Nordafrika-Feldzug[41] fungierte die Aufnahme des bombardierten Terrains, eingebettet in den Text und die chronologische Logik des

40 Margaret Bourke-White: Rough Notes on Bombing Pictures over El Ouwins (spelling?) airdrome, Tunis, maschinengeschriebenes Manuskript. MBW Papers, Box 71.

41 Seit Landung der alliierten Streitkräfte in Marokko und Algerien Anfang November 1942 gingen die Fortschritte nur zäh voran und kamen im Dezember am Ostrücken der Ausläufer des Atlasgebirges vor Tunis zum Stillstand, von wo aus die unerfahrenen US-Truppen im Laufe des Januars unter beständigen Druck deutscher Verbände gerieten und schließlich im Februar am Kasserine-Pass eine herbe Niederlage einstecken mussten. Vgl. Keegan: *Der Zweite Weltkrieg*, S. 494–499. *LIFE* widmete den Ereignissen nur einen Beitrag am 21. Dezember 1942, der offenlegt, dass sich die nach der geglückten Landung erhofften Fortschritte nicht so rasch wie erhofft einstellten. Der Artikel kritisiert die Informationspolitik der Regierung, die ein beschönigtes Bild gezeichnet hatte. Vgl. The battle for Tunisia. The victory runs into trouble. In: *LIFE*, 21.12.1942, S. 38–39. Danach folgt keine weitere Berichterstattung über den Nordafrika-Feldzug bis zur Veröffentlichung von Margaret Bourke-Whites Luftaufnahmen am 1. März 1943.

Photo-Essays, als narrativer Höhepunkt und vor allem fotografischer Beweis einer erfolgreich ausgeführten Angriffsmission.[42]
Im Gegensatz zu den zuvor besprochenen Luftaufnahmen, die ohne auf einen konkreten Ort einzugehen auf allgemeine Weise Nordafrika als Ort der visuellen und militärischen Inbesitznahme vorführen, steht hier ein anderer Aspekt im Vordergrund: die Konstruktion visueller Evidenz. Sowohl Bourke-White als auch *LIFE* in seinem Arrangement des Photo-Essays bedienen sich verschiedener Strategien der Augenzeugenschaft, um Beweischarakter und Authentizitätsanspruch der Aufnahmen zu stützen. Elke Anna Werner sieht das Konzept der Augenzeugenschaft in der Kriegsführung seit Beginn der Frühen Neuzeit als „ein wichtiges Kriterium für den Wahrheitsanspruch der übermittelten Information."[43] Als etablierte historische Formen der Augenzeugenschaft nennt sie die Vogelperspektive, das Panoramaformat und das Einfügen eines Selbstporträts des Künstlers oder der Künstlerin als innerbildliche Beobachter*in der Szene. Diese Konzepte wirken auch in Margaret Bourke-Whites Aufnahmen und dem daraus zusammengestellten Photo-Essay nach. Einerseits besteht dieses zum Großteil aus Luftaufnahmen. Andererseits präsentiert die Aufmacherseite Margaret Bourke-White als Augenzeugin des Geschehens. Zum ersten Mal integrierte *LIFE* dafür das Bild des ausführenden Fotografen in ein Photo-Essay; dies ist bemerkenswert, mussten die Fotografen doch üblicherweise dafür kämpfen, überhaupt namentlich genannt zu werden. Das Porträt zeigt Margaret Bourke-White auffälligerweise nicht adrett in ihrer Paradeuniform wie in Aufnahmen vom Luftwaffenstützpunkt in Großbritannien. Stattdessen trägt sie den Höhenfluganzug der Flugzeugbesatzung und präsentiert sich mit einer schweren Spezialkamera für Luftaufnahmen in der Hand als aktiv am

42 Bourke-White sah ihre Aufnahmen jedoch nicht nur als Beweis des erfolgreichen Bombenangriffes, sondern – wie sie in ihrem Manuskript schreibt – auch als wertvolle Ressource für die Aufklärung, da auf ihren Fotos die Entladung von Truppen an der Ostküste des Sees, an dem das Flugfeld liegt, sowie die Position von Flakbooten identifizierbar waren. Interessanterweise stellt sie in ihrem Manuskript die militärische Bedeutung und Verwertbarkeit der Aufnahmen in den Vordergrund. Ihre Arbeit als Fotografin wird dadurch als kriegswichtig ausgewiesen und legitimiert möglicherweise die umstrittene Erlaubnis, als erste Frau an Bord eines Flugzeuges einen Luftangriff zu fotografieren. Bourke-White: Rough Notes on Bombing Pictures, maschinengeschriebenes Manuskript. MBW Papers, Box 71.

43 Elke Anna Werner: Embedded Artists. Augenzeugenschaft als visuelle Strategie in Kriegsdarstellungen des 16. Jahrhunderts. In: Thomas Knieper / Marion G. Müller (Hrsg.): *War Visions. Bildkommunikation und Krieg.* Köln: Halem 2005, S. 57–79, hier S. 61. Siehe zum Konzept der Augenzeugenschaft auch Hans Martin Kaulbach: Icon exactissima – Darstellungen von ‚Augenzeugenschaft'. In: Annegret Jürgens-Kirchhoff (Hrsg.): *Warshots. Krieg, Kunst und Medien.* Weimar: Verlag und Datenbank für Geisteswissenschaften 2006, S. 31–44.

Kampfgeschehen teilnehmende Person; wie wenn sie als Besatzungsmitglied Einblick und Zugang zum Geschehen gehabt hätte.[44] Der lapidare Titel der Fotostrecke „LIFE's Bourke-White goes Bombing" unterstreicht diesen Eindruck, als habe die Fotografin selber das Flugfeld bombadiert. Bourke-Whites bekannte Person bürgte aber auch für die Richtigkeit des Dargestellten und Geschriebenen – nicht nur als Augenzeugin, sondern auch als Ohrenzeugin der Crewgespräche; diese gibt *LIFE* anhand ihrer Notizen in vorgeblichem O-Ton und in direkter Rede wieder und gibt so vor, seinen Leser*innen auch auf auditiver Ebene eine direkte Teilhabe zu ermöglichen. All diese Mechanismen schienen offensichtlich notwendig, um den Leser*innen plausibel zu machen, dass es sich um authentische Bilder eines Luftangriffes handelt, und auch, um in weiterer Folge die Glaubwürdigkeit der finalen Aufnahmen vom erfolgreichen Bombenabwurf zu bekräftigen.

Charakteristisch für Luftaufnahmen ist der frei schwebende, ‚allwissende' Blick über die Landschaft. Auch ein Großteil von Bourke-Whites Aufnahmen aus Nordafrika entsprechen diesem Schema. Für das Photo-Essay wurden allerdings Beispiele ausgewählt, in denen der Standpunkt räumlich im Inneren eines Flugzeugs verortet wird – neben der personellen Verortung Margaret Bourke-Whites als Urheberin der Fotografien. In den meisten Aufnahmen sind angeschnittene Flugzeugteile wie etwa Tragflügel zu sehen, die deutlich machen, dass sich die Fotografin im Inneren eines Flugzeugs befand. Die Flugzeugteile im Blickfeld lassen sich zwar auch auf die beengte Situation in einem B-17-Bomber zurückführen, da alle Öffnungen des Flugzeugs mit Schießständen zur Verteidigung ausgestattet waren, die das Fotografieren maßgeblich beeinträchtigten. Für den Luftangriff auf El Aouina wurden jedoch ein Fenster und eine Tür entfernt, um Margaret Bourke-White eine bessere Sicht aus dem Flugzeug zu verschaffen.[45] Wahrscheinlich war es dennoch unvermeidbar, unter bestimmten Blickwinkeln

44 Auch in ihren Aufzeichnungen betont Bourke-White, dass sie „eine von ihnen", von der Crew, sei: „I had listened and taken photographs often during briefing. But now it was a different feeling that I slipped in among the combat crew today. I was one of them. I was going to take the same risks that they took." (Bourke-White: Rough Notes on Bombing Pictures, maschinengeschriebenes Manuskript. MBW Papers, Box 71.)

45 „The window of the radio compartment and of the rear door had been lifted out for me to shoot from […]." (Margaret Bourke-White: Tunis Raid, Negs, maschinengeschriebenes Manuskript. MBW Papers, Box 71, S. 5.) Für „Foto-Flüge" war nur ein Teil der Crew an Bord und einzelne Gefechtspositionen waren demontiert, wie Bourke-White weiter schreibt: „[…] with our fighter escort gone, the waistgunner hastily reinstalled the guns which had been removed to facilitate photography. […] As we were flying with an undersized crew, since our purpose was photographic, I also was placed by a gun […] so that I could use it if we ran into action."

Flugzeugteile mit ins Bild zu bekommen. Allerdings lassen sich die ungewöhnlichen Anschnitte und Störelemente auch als bewusstes Gestaltungselement verstehen. Gerade sie legen nahe, dass die Aufnahmen aus dem Inneren eines Flugzeugs heraus geschossen wurden und vermitteln in besonderer Weise den Eindruck von Unmittelbarkeit und Aktion, mithin der direkten Teilhabe am Geschehen eines Luftangriffs. Die Augen der Fotografin übernehmen hier die Funktion der Zeugenschaft, die sonst nur Besatzungsmitglieder liefern können, und übergeben diese Position an die Betrachter*innen. Bourke-White und *LIFE* ermöglichen den Betrachter*innen scheinbar größtmögliche Nähe und Unmittelbarkeit zum Kriegsgeschehen, distanzieren und dislozieren sie aber im Grunde von den tatsächlichen verlustreichen Kampfhandlungen am Boden. Dies geschieht einerseits räumlich durch den erhabenen Standpunkt der Luftaufnahme und andererseits ideologisch, indem – am stärksten in der narrativen Logik des Photo-Essays – ein mediatisiertes Bild erfolgreicher Kriegsführung dazwischengeschoben wird.

Mit den angesprochenen Authentizitätseffekten wird den Betrachter*innen nicht nur unmittelbare Teilhabe am Geschehen suggeriert, *LIFE* setzt sie in seinem Photo-Essay gezielt ein, um negative Informationen, die Bourke-White in ihren Manuskripten der Redaktion durchaus geliefert hatte, zu umgehen. Die grausame Realität von Tod und Verletzung der eigenen Soldaten wurde den Leser*innen (noch) vorenthalten. Während *LIFE* berichtete, dass alle Flugzeuge nach zwei Stunden sicher zurückgekehrt seien,[46] erwähnte Bourke-White in ihren Notizen, dass ihr eigenes Flugzeug zwei feindliche Treffer in die Tragflügel zu verzeichnen hatte und zwei der eskortierenden Jagdflieger verschollen seien.[47] Stattdessen sollte das Photo-Essay einen Erfolg der amerikanischen Streitkräfte bekräftigen. *LIFE*s ‚Erfolgsbericht' eines Luftangriffes erschien zu einem günstigen Zeitpunkt. Seit Landung der Alliierten in Marokko und Algerien Anfang November 1942 gingen die Fortschritte nur zäh voran und kamen im Dezember am Ostrücken der Ausläufer des Atlasgebirges vor Tunis zum Stillstand. Von dort aus wurden die noch unerfahrenen US-Truppen im Laufe des Januars – also zu dem Zeitpunkt, als Margaret Bourke-White den Luftangriff fotografierte – beständig von deutschen Verbänden angegriffen. Schließlich kulminierten die Ereignisse in der Niederlage am Kasserine-Pass.[48] Die alliierten

46 Vgl. *LIFE*, 01.03.1943, S. 22.

47 Vgl. Margaret Bourke-White: Phoos of Bombing –ission oVer Tunis, cont., maschinengeschriebenes Manuskript. MBW Papers, Box 71.

48 Vgl. Keegan: *Der Zweite Weltkrieg*, S. 494–499. *LIFE* widmet den Ereignissen nur einen Beitrag am 21. Dezember 1942, in dem offengelegt wird, dass die nach der geglückten Landung erhofften Fortschritte sich nicht so rasch wie gedacht einstellten und kritisiert die

Abb. 25: Norman Bel Geddes: Relieflandkarte der Bucht von Tunis, *LIFE*, 1. März 1943.

Bodentruppen mussten ab Mitte Februar empfindliche Verluste genau an den Ausläufern des Atlas-Gebirges hinnehmen, die Margaret Bourke-White zum Teil in ihren Luftaufnahmen zeigt. Die amerikanischen Medien berichteten ausführlich über die Situation. Drew Middletons Beiträge für die *New York Times* wurden beispielsweise fast ausschließlich auf dem Titelblatt dieser wichtigen amerikanischen Tageszeitung veröffentlicht.[49] Es ist also anzunehmen, dass die Öffentlichkeit durchaus über den Kriegsverlauf informiert war.
Auch *LIFE* nahm Bezug auf das aktuelle Geschehen und zwar gleich auf der Doppelseite nach Margaret Bourke-Whites Bericht, allerdings nicht in Form von Fotografien, sondern mit einer perspektivischen Relieflandkarte, gestaltet

Informationspolitik der Regierung, die ein zu benschönigtes Bild gezeichnet hatte. Vgl. The Battle for Tunisia. The Victory Runs Into Trouble. In: *LIFE*, 21.12.1942, S. 38–39. Danach verschwindet die Berichterstattung über den Nordafrika-Feldzug bis zur Veröffentlichung von Margaret Bourke-Whites Luftaufnahmen am 1. März 1943.

49 Siehe z. B.: Americans Retire. Withdraw From Sidi bou Zid as Two German Columns Advance. In: *New York Times*, 16.02.1943, S. 1; Battle at sbeitla. Another German Column Reported Advancing North from Gafsa. In: *New York Times*, 18.02.1943, S. 1; Patrols Probing Allied Lines Beaten off in Tunisian Hills. Patrols Repulsed in Tunisian Hills. In: *New York Times*, 21.02.1943, S. 1.

Abb. 26
Margaret Bourke-White: Besucher des Futurama, General Motors Pavillon, Weltausstellung, New York 1939.

vom bekannten New Yorker Industriedesigner und Bühnenbildner Norman Bel Geddes. (Abb. 25) Bel Geddes bekanntestes Projekt war das *Futurama* auf der Weltausstellung in New York 1939, ein Diorama für den Pavillon von General Motors, das in Miniaturansicht die automobile Infrastruktur der USA im Jahre 1960 imaginierte. Auf beweglichen Sitzen fuhren die Besucher*innen über ein Förderband durch das Modell und erhielten aus der Perspektive eines Flugzeugs einen Blick auf die positive Zukunft der USA, die auf Fortschritt und Technologie beruhte. (Abb. 26) Am Ende der Rundfahrt stand eine Straßenkreuzung, die sich mit der realen Örtlichkeit deckte, in der sich die Besucher*innen nach Verlassen des *Futuramas* wiederfanden. Virtueller Raum und realer Raum griffen ineinander.[50] Die Ausstellung brach alle Rekorde, mehr als 30 000 Besucher*innen pro Tag besichtigten das *Futurama*. Wirklichkeit und Zukunftsvision gingen ineinander über. Die Grenzen zwischen Realität und konstruierter Wirklichkeit gerieten ins Fließen, überlagerten sich; eine Methode, die sich auch Medien wie *LIFE* für ihre Kriegsberichterstattung zunutze machten. Der Erfolg des *Futuramas* veranlasste *LIFE*, Bel Geddes 1942 mit der

50 Vgl. Nye: *Technological Sublime*, S. 220.

Gestaltung plastischer Modelle zu beauftragen, die reale Schachtfelder nachstellten oder hypothetische Kriegsschauplätze des Zweiten Weltkrieges visualisierten. Die Modelle und gestellten Szenen wurden fotografiert, meist auf eine Weise, die Darstellungsmodi realer Kriegsereignisse aufgriffen, wie etwa der Blick aus dem Flugzeugfenster.[51] Die nach ästhetischen und ideologischen Gesichtspunkten zurechtgestutzte und choreografierte Inszenierung sollte dadurch einen größtmöglichen Grad an Realismus erreichen und den Eindruck objektiver Fakten und authentischer Wirklichkeitswiedergabe erwecken.

Blättert man nun von Margaret Bourke-Whites Foto des bombardierten Küstenstrichs bei Tunis mit dem brennenden Flugfeld weiter auf die nächste Seite, glaubt man zunächst, eine weitere Luftaufnahme dieses Gebietes vor sich zu haben. Dass *LIFE* diese Gegenüberstellung ganz bewusst inszeniert hatte, macht der begleitende Text deutlich, der sich auf die Ähnlichkeit der beiden Darstellungen bezieht: „The great panorama shown above is not another air-view of Tunisia by Margaret Bourke-White. It is a relief model of the North African battlefield done for LIFE by Norman Bel Geddes in New York City."[52] Ähnlich wie beim *Futurama* hatten die Leser*innen hier die Möglichkeit, vom bequemen Sessel aus und mit distanziertem Überblick den Krieg zu betrachten. Im Gegensatz zu Bourke-Whites Darstellung eines amerikanischen Erfolges, zeigte Bel Geddes Karte jedoch die Rückschläge der Alliierten. *LIFE* berichtete also durchaus über die negativen Ereignisse in Nordafrika, spielte aber unterschiedliche Realitätsebenen gegeneinander aus. Bel Geddes Karte knüpfte zwar auch an das Bedürfnis der Leser*innen nach gesteigertem Realismus und damit einhergehender wahrheitsgetreuer Berichterstattung an. Allerdings stellte der Bühnenbilder und Designer nicht wie in anderen Beispielen für *LIFE*, etwa der Schlacht vom Korallenmeer, ein Kampfgeschehen minutiös und realitätsgetreu nach und fotografierte es anschließend, sondern griff auf die moderne militärische Visualisierungstechnologie der Reliefkarte zurück. Diese beruht auf zwei stereoskopischen Aufnahmen und liefert – im Gegensatz zu herkömmlichen Karten – ein fotorealistisches, vermessbares und dreidimensionales Bild einer Landschaft. Solche Karten wurden oftmals auch als Reliefmodell ausgearbeitet, um beispielsweise Manöver zu üben.[53] Mit Ortsnamen, taktischen Pfeilen

51 Z. B. Coral Sea. In: *LIFE*, 25.05.1942, S. 21–25; The Aleutians. In: *LIFE*, 28.09.1942, S. 36–37; How th Russians Took Orel. In: *LIFE*, 16.08.1943, S. 21–27.

52 Geddes Map Shows Where Rommel Hit U. S. Army Flank. In: *LIFE*, 01.03.1943, S. 24–25.

53 Allgemein zu den Relieflandkarten siehe Alastair W. Pearson: Allied Military Model Making during World War II. In: *Geography and Information Science* 29,3 (2002), S. 227–241.

und Beschriftungen versehen wird die Geländeansicht von Bel Geddes Model von einer strategischen Komponente überschrieben und die tatsächlichen verlustreichen Kämpfe auf eine abstrakte Ebene taktischer Planung verlagert.

Die Fotografie von Margaret Bourke-White, die das Dargestellte durch ihre eigene Anwesenheit bezeugen konnte, stand dem von einem Bühnenbildner geschaffenen Relief eines taktischen Schlachtfelds gegenüber. Im Vergleich tritt der Realitätsgrad der Karte, auch wenn sie sich an fotorealistischen Darstellungen orientiert, ins Hintertreffen; das Foto wirkt in der direkten Gegenüberstellung realer, unmittelbarer und näher an der Wirklichkeit als Bel Geddes Relief. In der Abfolge des Umblätterns von Luftaufnahme zu Karte wird der Bombenabwurf als erfolgreiche Offensive mitten hinein in das feindliche Terrain lesbar. Die Ähnlichkeit der Küstenlinie erweckt den Eindruck, dass es sich um das gleiche Gelände handelt, auch wenn Bourke-Whites Aufnahme nur einen Bruchteil davon, nämlich die Bucht von Tunis, zeigt. Durch das Verschwimmen realer Größenverhältnisse wird das von den Achsenmächten gehaltene Terrain optisch verkleinert und die Rauchwolke sowie das vom Luftangriff betroffene Gelände vergrößert. In Gegenüberstellung zu Bel Geddes Karte wird der von Bourke-White fotografierte Luftangriff, der eigentlich nur einer unter vielen war, zu einem herausragenden Ereignis, einem Gegenschlag im Nordafrikafeldzug stilisiert.

Die Konfrontation mit dem Gegner, die Margaret Bourke-White aus dieser Kampfzone und diesem Zeitraum zeigt, scheint nur aus der Entfernung und aus einer technologische Perspektive über Maschinen und Distanzwaffen geführt, ohne dass es zu einer direkten Berührung der gegnerischen Parteien kommt. Der Einsatz der Luftaufnahme und ihrer Bedeutungskontexte als primäres Vermittlungsmedium betont eine Grundstimmung der Fortschrittlichkeit und Überlegenheit durch Technik. Erst in ihrer Autobiografie 1963 reflektierte Bourke-White die damit einhergehende Distanzierung von Gefahr und Tod: „I don't believe I ever thought of this expediton for which we were all preparing as a mission of death. The impersonality of modern war has become stupendous, grotesque."[54]

Die Darstellung abdrehender amerikanischer Bomber über einer aufsteigenden Rauchsäule als visuelle Bestätigung für die Zerstörung feindlicher Positionen und Symbol für den Triumph über den Gegner, wie sie sich in Margaret Bourke-Whites Aufnahme und dem daraus resultierenden Photo-Essay manifestiert, entwickelte sich in Folge zu einer wichtigen Bildchiffre für einen

54 Bourke-White: *Portrait of Myself*, S. 226.

LIFE

THIS DRAWING SHOWS MORE GRAPHICALLY THAN AERIAL PHOTOGRAPHS (PP. 25-29) EFFECT OF ATOMIC BOMB HIT ON HIROSHIMA. SMOKE BILLOWS 40,000 FEET

THE WAR ENDS

BURST OF ATOMIC BOMB BRINGS SWIFT SURRENDER OF JAPANESE

Abb. 27
Alexander Leydenfrost: Illustration für die Titelseite zum Bericht über die Atombombenabwürfe auf Japan, *LIFE*, 20. August 1945.

erfolgreichen und effizient ausgeführten Bombenabwurf und für militärische Überlegenheit im Allgemeinen. In der Visualisierung des Atombombenabwurfes auf Hiroshima und Nagasaki fand sie ihren tragischen Höhepunkt. Offensichtlich sah auch Margaret Bourke-White eine Verbindung zwischen ihren Aufnahmen des Luftangriffes auf Tunis und den Atombombenabwürfen. In ihrer Autobiografie betont sie den Bezug über eine personelle Kontinuität. Paul Tibbets, Pilot der *Enola Gay*, die am 6. August 1945 die erste Atombombe über Hiroshima abwarf, war laut ihren Angaben auch der Co-Pilot der Little Bill, mit der Bourke-White im Januar 1943 über Nordafrika geflogen war.[55] Neben dieser personellen Parallele gibt es jedoch auch eine visuelle. Am 20. August, fast zwei Wochen nach dem Abwurf der Bombe, veröffentlichte *LIFE* die ersten Großaufnahmen der Atomwolken, die die Heckschützen der Bombenflugzeuge,

55 Vgl. Bourke-White: *Portrait of Myself*, S. 226–227.

die eigens dazu mit einer Kamera ausgestattet worden waren, fotografiert hatten.[56] Aus relativer Nähe aufgenommen, zeigen diese Fotografien nur die unmittelbare Folge des Bombenabwurfes: den aufsteigenden Atompilz – allerdings räumlich und zeitlich dekontextualisiert. Als Titelbild seines Berichtes verwendete *LIFE* wohl deshalb nicht diese Aufnahmen, sondern eine Zeichnung von Alexander Leydenfrost, die auf verblüffende Weise Margaret Bourke-Whites Fotografie aus der Bucht von Tunis ähnelte. (Abb. 27) Die Zeichnung verortet die Atomwolke räumlich am Hafen von Hiroshima und fügt am rechten oberen Bildrand ein abdrehendes amerikanisches Flugzeug als Verursacher des aufsteigenden Atompilzes ein. Bombenabwurf, Rauchwolke und Kriegsende werden in dieser Konstellation in einen kausalen Zusammenhang gebracht. Die Rauchwolke des Atompilzes wird zu einem Symbol des Sieges und der militärischen und technologischen Überlegenheit, des Triumphes über den Feind – alles Momente, die bereits in Bourke-Whites Aufnahme angelegt sind. In der folgenden Rezeption des Atombombenabwurfes verengte sich die Darstellung allein auf die Rauchwolken der Atompilze als ikonisches Zeichen politischer Macht und technischen Fortschritts.[57] Margaret Bourke-Whites Aufnahme des routinemäßigen Bombenabwurfes von El Aouina steht damit mit am Anfang eines neuen Bildgebrauchs im Luftkrieg: Es ging nicht mehr nur um rein militärische Zwecke, sondern um die Erzeugung von Bildern, die in den Medien zirkulieren konnten und der Öffentlichkeit die Überlegenheit der eigenen Nation demonstrierten.[58]

Sichtbarkeitsverhältnisse: Luftaufnahmen zwischen Abstraktion und Aufklärung

Flugzeuge und Luftaufnahmen waren im Zweiten Weltkrieg zentral sowohl für die taktische als auch operative Aufklärung. Sie wurden für die Erkundung des Terrains, der Infrastruktur und der Truppen- und Materialbewegungen genutzt. Das Bedürfnis nach Überblick über das Schlachtfeld und die Notwendigkeit, die Position gegnerischer Verbände auszukundschaften, führten

56 Vgl. Gerhard Paul: „Mushroom Clouds". Bilder des atomaren Holocaust. In: Ders. (Hrsg.): *Das Jahrhundert der Bilder 1900–1949*. Göttingen: Vandenhoeck & Ruprecht 2009, S. 722–729, hier S. 724.

57 Zur Rezeption des Atompilzes siehe ebd., S. 722–729.

58 Diese Entwicklung hatte bereits im 19. Jahrhundert im Krim-Krieg eingesetzt, als erstmals Medienberichterstatter in großer Zahl vor Ort vom Kriegsgeschehen berichteten. Als vieldiskutiertes zeitgenössisches Beispiel werden immer wieder die Ereignisse des 11. September angeführt, bei denen es – wie Gerhard Paul schreibt– „nicht primär um die Tötung von Menschen, sondern um die Erzeugung von markanten Bildern ging." (Paul: Das Bild als Tat, S. 134.)

zu einem verstärkten Einsatz von Flugzeugen als Aufklärungsinstrument, was wiederum zunehmende Tarnbemühungen am Boden zur Folge hatte.[59] Piloten dirigierten aber auch per Funk das Feuer der Artillerie auf feindliche Ziele, wie Margaret Bourke-White in *Purple Heart Valley* ausführlich beschreibt.[60] In diesem Kontext entstanden im Winter 1943/1944 in Italien eine Reihe von Luftaufnahmen, in denen Bourke-White den Frontschauplatz an der von den Deutschen gehaltenen Gustav-Linie um den befestigten Abteiberg Monte Cassino und die alliierte Hauptverkehrsader Route 6 umkreiste.[61] Zur Jahreswende fanden dort erbitterte Kämpfe zwischen deutschen Verbänden und alliierten Truppen statt, die sich mühsam Felsvorsprung um Felsvorsprung den Weg in Richtung Rom erkämpften; ein Kampf, der – wie der Historiker John Keegan formulierte – „zur erbittertsten und blutigsten Auseinandersetzung [geriet], welche die Briten und Amerikaner an irgendeiner Front des Zweiten Weltkrieges mit der deutschen Wehrmacht führten."[62] Während ihr *LIFE*-Kollege Robert Capa, der mit der Infanterie durch Italien unterwegs war, die Gewalttätigkeit und Zerstörungskraft des Krieges aus nächster Nähe schildern konnte,[63] lieferte Bourke-White erneut einen Blick aus der Distanz: die leere Landschaft als Bühne, in der sich dieser mühevolle und verlustreiche Feldzug abspielte.[64] Erneut setzte sie sich auf struktureller Ebene mit dem modernen Kriegsgeschehen auseinander, thematisierte in ihren Luftaufnahmen die zunehmende Abstraktheit und

59 Vgl. Manuel Köppen: Luftbilder. Die Medialisierung des Blicks. In: Paul: *Das Jahrhundert der Bilder. 1900–1949*, S. 180–187, hier S. 182.

60 Vgl. Bourke-White: *Purple Heart Valley*, S. 8–11.

61 Die Gustav-Linie war eine von den Deutschen schwer befestigte Verteidigungslinie, die sich von der Mündung des Garigliano am Tyrrhenischen Meer über das westliche Ufer des Rapido-Flusses und Monte Cassino bis hin zur Adria zog. Sie wurde nach monatelangen Kämpfen im Mai 1944 bei Cassino durchbrochen, wodurch der Weg nach Rom offen stand. Vgl Keegan: *Der Zweite Weltkrieg*, S. 518–528. Als Route 6 wurde die Hauptverkehrsverbindung von Neapel nach Cassino und später weiter nach Rom bezeichnet.

62 Keegan: *Der Zweite Weltkrieg*, S. 519. Zu den historischen Hintergründen des Feldzugs in Italien im Winter 1943/1944 siehe ebd., S. 506–530; Center of Military History United States Army (Hrsg.): *Fifth Army at the Winter Line,* Washington, D. C.: Center of Military History, United States Army 1990. https://archive.org/details/TheVolturnoToTheWinterLine beziehungsweise www.history.army.mil/html/books/060/60-15.../CMH_Pub_60-15-1.pdf (Zugriff am 28.01.2017).

63 Zum Beispiel Robert Capa: It's a Tough War. In: *LIFE*, 31.01.1944, S. 17–21; ders.: Artillery and Infantry in Italy. In: *LIFE*, 14.02.1944, S. 28–31.

64 Dieser Eindruck spiegelt sich auch in Bourke-Whites Buch *They Called It Purple Heart Valley*. Eine weiträumige Landschaftsaufnahme des Cassino-Tals bildet den Schutzumschlag des Buches und damit auch die Bühne für die Ereignisse, die sich im Inneren des Buches abspielen.

Unüberschaubarkeit des modernen Krieges und beschäftigte sich mit der kriegsentscheidenden Frage nach der Sichtbarkeit auf dem Schlachtfeld.
Bourke-Whites Luftaufnahmen, aufgenommen aus leichten, unbewaffneten Aufklärungsflugzeugen, zeigen die weitläufigen Täler um Monte Castellone, Monte Porchia, Monte Trocchio, Monte Rotondo, die darin verlaufende Route 6, die Flüsse Rapido und Garigliano sowie die Dörfer Monte Cassino und San Pietro. Eher ungewöhnlich für militärische Luftaufnahmen bewahrte Bourke-White die Räumlichkeit der Landschaft und die topographischen Zusammenhänge zwischen Tälern, Gebirgszügen, Flüssen und Straßenverläufen. Sie knüpfte an klassische Prinzipien der Landschaftsfotografie an, etwa der Staffelung des Raumes in Vorder-, Mittel- und Hintergrund. Während sich im Vordergrund zumeist die Weite eines Tals eröffnet, schließen beeindruckende, schneebedeckte Bergmassive den Landschaftsraum nach hinten ab. Im Mittelgrund positionierte Margaret Bourke-White häufig Blickfänge wie Hügelkuppen oder ließ Straßen oder Flussläufe als Verbindungselement vom Vordergrund in den Hintergrund laufen. All diese kompositorischen Elemente lassen die Betrachter*innen die Weitläufigkeit und Tiefe des zu erobernden Territoriums visuell erfahren. Bildaufbau und Motiv erinnern an Kompositionsprinzipien amerikanischer Landschaftsfotografie des amerikanischen Westens, etwa die Aufnahmen William Henry Jacksons des Yosemite National Parks in den 1890er Jahren oder Ansel Adams 1941 im Auftrag des National Park Service entstandene Fotografien. Sie stehen für die zivilisatorische Eroberung der erhabenen und ungezähmten Natur im Westen der USA, evozieren den ur-amerikanischen Mythos der *frontier*. Die visuellen Aus- und Andeutungen dieser scheinbar friedlichen Aneignung (die de facto mit brutaler Gewalt durchgesetzt wurde) bildete die Grundlage eines fest in der amerikanischen Kultur verankerten Bildentwurfes für territorriale Eroberung. Der Blick wird in die Tiefe der Landschaft geleitet und nimmt deren Eroberung visuell vorweg beziehungsweise vollzieht sie nach. In jedem Fall nutzte Margarete Bourke-White Darstellungskonventionen der Landschaftsfotografie, um das Schlachtfeld als erhabene und ästhetische Kulisse für einen heldenhaften Kampf gegen Faschismus und Unterdrückung zu installieren.
Während die Berichterstattung vom Boden immer nur einzelne Teilaspekte im Blickfeld haben konnte, vermitteln die Luftaufnahmen dank ihres synoptischen Potentials den Eindruck, einen ganzheitlichen Überblick auf den Kriegsschauplatz zu liefern. (Abb. 28) Der darin enthaltene Blick auf das Kriegsgeschehen ist kein menschlich-emotionaler wie bei Robert Capa, der

Abb. 28: Margaret Bourke-White: Luftaufnahme des Geländes um Monte Cassino mit Monte Trocchio, davor Route 6, Monte Porchia, Monte Cairo, Italien, Winter 1943–1944.

vom Standpunkt der Infanteristen aus fotografierte, sondern ein strategisch-abstrahierender, der führendem militärischen Personal vorbehalten war, wie Bourke-White in *Purple Heart Valley* unterstreicht: „General Clark often flies in Cubs, and the Grasshoppers have also flown General Eisenhower. From these slow flying planes, the whole military picture is spread out like a map."[65] Die Betrachter*innen von Bourke-Whites Luftaufnahmen sehen die Front, ähnlich wie in ihren Aufnahmen der Planungen eines Luftangriffes in Großbritannien, aus einer sowohl sozial als auch technologisch privilegierten Position, die die menschlichen Kosten ausklammert oder als Kollateralschaden akzeptiert. Diese taktische Komponente von Bourke-Whites Luftaufnahmen manifestiert sich in der Verwendung der Fotos in *LIFE*. Für den Beitrag „They Stopped Us at Cassino", veröffentlicht am 10. April 1944, nutzte das Magazin eine Aufnahme des Cassino-Tals mit Monte Castellone und Monte Cairo, überschrieb sie mit

65 Bourke-White: *Purple Heart Valley*, S. 83.

Richtungspfeilen und Ortsangaben, so dass sich daran die strategische Lage der Ortschaft Cassino zwischen Neapel und Rom erklären ließ.[66]
Das gesteigerte Sehvermögen aus der Luft führte allerdings nicht zwingend zu einer verbesserten Sichtbarkeit. Das Schlachtfeld erscheint auf eigentümliche Weise entleert. Dieses Charakteristikum des modernen Schlachtfeldes lässt sich wie Bernd Hüppauf anmerkt, mit einem dokumentarisch-naturalistischen Verständnis nurmehr schwer bildlich ausdrücken.[67] So geht es in Bourke-Whites Aufnahmen auch nicht einfach um die Topografie einer konkreten Schlachtenlandschaft, die eben nur diese Leere zu zeigen vermag. Stattdessen thematisiert sie auf struktureller Ebene das moderne Schlachtfeld als Wahrnehmungsfeld, auf dem um Sichtbarkeitsverhältnisse und eine Vorherrschaft der Wahrnehmung gerungen wird:

> This is a war of concealment. The fellow who stays out of sight the most is the one who lives the longest. The Hun is better at it than we are. It's the law of self-preservation, I guess. He's been at it longer. Until we learned the game of hiding, Americans got killed awfully easy,[68]

legt Bourke-White in *They Called It Purple Heart Valley* einem Colonel in den Mund, der sie bei ihren Flügen begleitete. Das Ringen um Sichtbarkeiten ist jedoch nur für Personen zu verstehen, die ein spezifisches Wissen besitzen, um die militärische Bedeutung der Spuren in der Landschaft richtig zu deuten. Der zivilen und nach ästhetisch-gestalterischen Gesichtspunkten ausgerichteten Landschaftswahrnehmung steht eine militärische gegenüber – verkörpert auf der einen Seite durch Bourke-White und auf der anderen durch die Piloten der Aufklärungsflugzeuge. Genauso wie die Fotografin auf ihrer Mission in dieses Spezialwissen eingeführt wird, zielen die Bild-Text-Arrangements aus den Luftaufnahmen in ihrem Italien-Buch und im *LIFE*-Photo-Essay darauf ab, die zivilen Betrachter*innen in den militärisch-strategischen Blick, der das Verborgene in der Landschaft erkennt, einzuweihen. An vielen Textstellen des Buches erklären Captain Jack Marinelli und Lieutenant Michael Strok, Bourke-Whites Piloten, die militärische Bedeutung dessen, was sie unter sich in der Landschaft sieht. Als lebensrettende Frage wird etwa diskutiert, wie man feindliches von eigenem Territorium unterscheiden kann:

66 Vgl. They Stopped Us at Cassino. In: *LIFE*, 10.04.1944, S. 27–33, Aufnahme von Bourke-White ebd. S. 30.
67 Vgl. Hüppauf: Kriegsfotografie an der Schwelle zum Neuen Sehen, S. 214–215.
68 Bourke-White: *Purple Heart Valley*, S. 148.

> 'Oh, that's easy', he explained, 'When you stop seeing stars on things you know you've left your own side behind [...]. But the best way to tell is by the bridges', he continued. 'As long as you see trestle bridges below you know we're over friendly territory, because those are bridges our engineers built. When you begin spotting blown-out bridges you know we're approaching no man's land. The last thing the Germans do when they pull out is to blow up their bridges, and if they haven't been repaired it's because it's been too hot for our men to get in and mend them.'[69]

Die Erklärung wird im Bildteil des Buches mit einer Aufnahme illustriert, die eine Horizontalaufsicht auf ein von zwei Straßen durchzogenes Gelände zeigt, auf denen bei genauerem Hinsehen die zerstörten Brücken zu erkennen sind. *LIFE* benutzte ebendiese Fotografie in seinem Photo-Essay „Artillery and Infantry in Italy“, das am 14. Februar 1944 mit Aufnahmen von Margaret Bourke-White und Robert Capa erschien, um den Betrachter*innen den Verlauf der Frontlinie zu erklären. Noch detaillierter als Bourke-White in ihrem Buch beschreibt *LIFE,* was auf dem Foto zu sehen ist, da dies aufgrund der Größe der Reproduktion und der Papierqualität für die Leser*innen kaum erkennbar war: „In foreground is a blown-up bridge. That therefore is No Man's Land. In the background is a bridge intact. That therefore is still held by Germans. At right shells land among Allied troops.“ Unter der Überschrift „Piper Cubs Are the ‚Eyes of the Artillery' over the Front Lines“ präsentiert *LIFE* neben vier weiteren Luftaufnahmen auch hier das Porträt eines ‚Augenzeugen'. Diesmal allerdings nicht die objekive Berichterstatterin Margaret Bourke-White, sondern einen Vertreter des Militärs, den Piloten Michael Strok. Er personifiziert den militärischen Blick, mit dem die Landschaft wahrgenommen werden muss, um sie zu verstehen. Erst durch das militärisch geschulte Auge wird die Landschaft lesbar, können abstrakte Muster, Krater, Rauchwolken und zerstörte Strukturen als bedeutungsvolle Spuren und Anzeichen des Krieges gedeutet werden. Dieser Subtext der Fotos wird den Leser*innen in ausführlichen Bildunterschriften erklärt. Bourke-White und *LIFE* lassen ihre Leser*innen auf diese Weise am Prozess der Luftbildaufklärung und -interpretation teilhaben. *LIFE* bereitete damit Beiträge wie sie in Spezialmagazinen für militärisches Personal, beispielsweise dem Air-Force-Bildmagazin *Impact,* gängig waren, für das breite Massenpublikum auf und brachte dadurch dem Laien eine neue Dimension der Kriegsführung nahe. Zugleich vermittelte diese Herangehensweise den Leser*innen in den USA das Gefühl der Partizipation am Kriegsgeschehen, allerdings im engen

69 Bourke-White: *Purple Heart Valley*, S. 6.

Rahmen einer strategisch-intellektuellen Teilhabe, indem sie scheinbar Einblick in militärisches Spezialwissen erhielten, wodurch die Grenze zwischen Kampf- und Heimatfront durchlässig wurde.
Neben diesen Aufnahmen, die aufgrund ihrer Schrägsicht noch einen räumlichen Eindruck mit Vorder-, Mittel- und Hintergrund sowie eine Horizontlinie aufweisen, fotografierte Bourke-White zahlreiche weitere Luftaufnahmen in der direkten Vertikalperspektive; dieser Aufnahmewinkel führt zu einer größeren Verunklärung und Abstraktion, gleichzeitig kennzeichnet diese Aufnahmen eine stärkere Nahsichtigkeit. Nicht mehr der große Überblick des Landschaftsraumes, in dem sich das Schlachtfeld verbirgt, sondern einzelne Motive alliierter Stellungen wie Munitionslager, Kanonen oder Stellplätze für Kraftwagen rücken ins Zentrum. Während der Aufklärungsflieger nach bedeutungsvollen Spuren im Landschaftsraum sucht, vollziehen die Betrachter*innen diesen Akt innerhalb des Bildfeldes der Fotografie nach und tasten ein weitgehend abstraktes Bildmuster nach bekannten Formen ab. Diese Bildform scheint ideal, um den Leser*innen die Abstraktheit des modernen Kriegsgeschehens wortwörtlich vor Augen zu führen, erfahren sie doch zugleich, dass das visuelle Chaos nicht willkürlich ist, sondern sinnhaft – es kommt nur auf die richtige Perspektive, den richtigen Blickwinkel an. *LIFE* inszenierte den Impuls als Bilderrätsel, an dem die Leser*innen ihr Wissen und ihren neu erworbenen militärischen Blick testen konnten. Auf der linken Seite des Beitrages sind sechs Fotos arrangiert, deren ungegenständlich erscheinende Motive sich auf den ersten Blick kaum erschließen. In der Bildunterschrift hingegen wird sehr präzise beschrieben, was hier zu sehen sein soll: „This is an ammunition dump", „This is a former German airfield", „These are bomb craters" und so fort.[70] Derartige Aufnahmen entsprachen in bester Weise *LIFE*s selbst formuliertem Anspruch des Sichtbarmachens von verborgenen Welten und der erzieherischen und unterhaltenden Komponente des Sehens und Lesens von *LIFE* wie sie Henry Luce in einem Konzeptpapier vor Veröffentlichung der ersten Ausgabe formuliert hatte: „[...] to see and to take

70 Die Rätselhaftigkeit von Luftaufnahmen war nicht zum ersten Mal Thema von *LIFE*. Bereits im Februar 1943 veröffentlichte die Redaktion unter dem Titel „What Is It?" eine Luftaufnahme der britischen RAF, die nur ein abstraktes Liniengewirr zeigt. Nicht nur *LIFE*, auch britische Massenpublikationen wie die *Illustrated London News* beschäftigten sich mit dem Thema Luftaufklärung und dem richtigen Lesen von Luftaufnahmen. Das britische Luftwaffenministerium gab ein wöchentliches Magazin für militärisches Personal heraus, in dem ebenfalls regelmäßig „puzzle pictures" diskutiert wurden. Vgl. Davide Deriu: Picturing Ruinscapes: The Aerial Photograph as Image of Historic Trauma. In: Frances Guerin / Roger Hallas (Hrsg.): *The Image and the Witness. Trauma, Memory and Visual Culture*. London: Wallflower 2007, S. 198–203, hier S. 195.

Below us, always, the tracks of war. Moving in mud, tanks, heavy trucks, artillery could not conceal their footprints.

Abb. 29
Margaret Bourke-White: Reifenspuren in einem Olivenhain, Italien, Winter 1943–1944. Einzelseite aus dem Buch *They Called It Purple Heart Valley*, 1944.

pleasure in seeing; to see and be amazed; to see and be instructed […].“[71] In diesen und ähnlichen Beiträgen über Luftaufnahmen köderte *LIFE* die Leser*innen des Magazins mit der visuellen Ambivalenz der Fotografien, ließ darin aber die die taktische und überlebenswichtige Bedeutung von Camouflage und Tarnung und die Zerstörungen des Krieges zur Unterhaltung werden.

Während in *LIFE* und vergleichbaren Publikationen zumeist die Rätselhaftigkeit der abstrakt scheinenden Aufnahmen im Vordergrund stand, beschäftigte Margaret Bourke-White die eigentümliche Ambivalenz von Ästhetik und Zerstörung, die sich in diesen Aufnahmen manifestierte. In *Purple Heart Valley* spricht sie an mehreren Stellen diese Wahrnehmung an, beispielsweise wenn sie Reifenspuren im Schlamm als kalligrafische Zeichen aus Tinte beschreibt.[72]

71 Auszug aus dem Slogan einer Werbebroschüre für *LIFE* 1936, zit. n. Edey: *Great Photographic Essays*, S. 4.
72 Vgl. Bourke-White: *Purple Heart Valley*, S. 5.

Zwei Motiven beschäftigten sie in diesem Zusammenhang besonders: ein von Reifenspuren durchfurchter Olivenhain (Abb. 29) und eine von Granattrichtern übersäte Wiese, die Margaret Bourke-White in ihrem Buch als Flugfeld bezeichnet. In ihrem Archiv befinden sich mehrere Kontaktabzüge, die zeigen, wie sie die Motive aus unterschiedlichen Höhen und Winkeln mit dem Flugzeug umkreiste und versuchte, eine visuell spannende Konfiguration zu finden. Jeweils eine Aufnahme davon veröffentlichte sie in ihrem Buch. Ihre Fotos lassen die vom Krieg zerschundene Landschaft und den von Granaten zerschossenen und von Militärfahrzeugen zerfurchten Boden als Konfiguration aus unterschiedlichen Formen, Hell-Dunkel-Kontrasten und Grauwerten wahrnehmbar werden. Diese Tendenz zur Abstraktion spielt einer Ästhetisierung der Zerstörungsgewalt des Krieges in die Hand. Die Annäherung erfolgte jedoch nicht nur auf formaler Ebene, sondern schloss vor allem militärische und ästhetische Wahrnehmungsvorgänge kurz. Die Ambivalenz zwischen Gegenständlichkeit und Abstraktion, Sichtbarmachen und Verbergen spielte nicht nur für das Militär, sondern vor allem auch für die moderne Kunst und Fotografie eine herausragende Rolle. Die gebildeten Betrachter*innen konnten in Bourke-Whites Aufnahmen somit nicht nur einen militärischen, sondern auch einen künstlerisch-ästhetischen Charakter erkennen. Der Blick auf den Krieg wurde zivilisiert und aufgewertet, indem er an eine kultivierte großbürgerliche Seherfahrung angeschlossen wurde. Diese Übertragung war jedoch erst durch die künstlerischen Entwicklungen der 1920er Jahren möglich, als Künstler*innen und Fotograf*innen wie László Moholy-Nagy und Kasimir Malewitsch auf der Suche nach neuen, unverbrauchten Darstellungsformen auf militärische Luftaufnahmen als wichtige Inspirationsquelle stießen.[73] Der renommierte Fotograf und Wegbegleiter Alfred Stieglitz', Edward Steichen, der die Luftbildabteilung des amerikanischen Armee im Ersten Weltkrieg leitete, bemerkte hingegen noch 1919: „[…] die Luftbildaufnahme ist aus vertikaler Ansicht bei erster Begegnung ein so uninteressantes und wenig beeindruckendes Bild, wie man es sich nur vorstellen kann."[74] Erst der an der Abstraktion der Moderne geschulte Blick ermöglichte es offensichtlich eine ästhetische Dimension in die verwüsteten Kriegslandschaften hineinzulesen. An diesem Punkt öffnet sich eine Bruchstelle, die auch Bourke-White

73 Siehe dazu Haus: Luftbild – Raumbild – Neues Sehen, S. 75–89; Angelika Beckmann: Abstraktion von oben. Die Geometrisierung der Landschaft im Luftbild. In: *Fotogeschichte* 12,45/46 (1992), S. 105–115; Sekula: Das instrumentalisierte Bild, insb. S. 66; Amad: From God's-eye to Camera-eye.

74 Edward Steichen: American Aerial Photography at the Front. In: *U. S. Air Service*, 05.06.1919; zit. nach Sekula: Das instrumentalisierte Bild, S. 66.

durchaus bewusst war: Der ästhetisierende Blick auf das Kriegsgeschehen war für sie nicht allein ein Mittel der Zivilisierung und visuellen Überhöhung, wie es die Schlachtfeldrepräsentation seit jeher ist.[75] Zuallererst war es eine weitere Form der Camouflage. So beschrieb sie in *Purple Heart Valley*: „It was cruelly contradictory that with all this evidence of bloodshed and destruction, the valley seemed to clothe itself in a sequin dotted gown."[76] Dadurch eröffnete sie eine weitere Bedeutungsebene des Begriffes Tarnung, die durchaus kritisches Potential offenbarte: Nicht mehr allein die Tarnung militärischer Stellungen ist hier Thema, sondern die „Verkleidung" der grausamen und zerstörerischen Seite des Krieges in ein attraktives Gewand.

Das Verunklären unspektakulärer Motive durch ungewöhnliche Perspektiven geht zurück auf Prinzipien des Neuen Sehens, die Bourke-White bereits für ihre Aufnahmen der 1930er Jahre verinnerlicht hatte. Die ungewohnten und neuen Blickwinkel sollten helfen, eine neue und instabil gewordene Wirklichkeitserfahrung nach der Katastrophe des Ersten Weltkrieges zu transportieren. Eine ähnliche Bedeutung lässt sich auch für Bourke-Whites abstrakte Kriegslandschaften vermuten: Ungewöhnliche Blickwinkel sollten traditionelle Sehkonventionen aufbrechen und eine neue Kriegserfahrung vermitteln, die geprägt war von Abstraktion, Unübersichtlichkeit und scheinbarer Sinnlosigkeit. Zugleich lässt sich Bourke-Whites ästhetische Abstraktion auch als Versuch verstehen, über eine Bildsprache, die als modern und avantgardistisch galt, die Modernität und insbesondere die technologische Fortschrittlichkeit des Krieges zu vermitteln. Modernität und Fortschrittlichkeit wird so nicht nur über Motive, sondern vor allem über die Art und Weise der Darstellung kommuniziert.

LIFE stellte Bourke-Whites Luftaufnahmen in seinem Photo-Essay „War in Italy" Robert Capas Fotografien der Infanterie voran. Capas Bilder zeigen Infanteristen mit ihrer Ausrüstung, einen von Granaten aufgewühlten und mit Kriegsmüll übersäten Hang, eine Erste-Hilfe-Einheit, die Verletzte aus der umkämpften Zone birgt. Auf der folgenden Seite sind die Zerstörungen des Krieges in

75 Ein zeitnahes Beispiel, das sich auch des Blicks von oben und der Luftfahrt bedient, sind die italienischen Futuristen. Z. B. Tullio Crali, *Im Sturz auf die Stadt (sich pfeilgleich auf die Ortschaft stürzend)*, 1939; Osvaldo Peruzzi, *Bombardement von Bona*, 1943. Alle abgebildet in: Ingo Bartsch / Maurizio Scudiero (Hrsg.): *... auch wir Maschinen, auch wir mechanisiert! ... Die zweite Phase des italienischen Futurismus 1915–1945*. Bielefeld: Kerber 2002. Allgemein zur ideologischen Komponente der Aeropittura siehe auch Irene Nierhaus: Im Auge des Piloten. Ordnungen des Territorialen in der Aeropittura des Futurismus. In: Angelika Bartl / Josch Hoenes / Patricia Mühr / Kea Wienand (Hrsg.): *Sehen-Macht-Wissen. ReSaVoir. Bilder im Spannungsfeld von Kultur, Politik und Erinnerung*. Bielefeld: Transcript 2011, S. 59–74.

76 Bourke-White: *Purple Heart Valley*, S. 7.

drei Nahaufnahmen zu sehen: ein beschädigter Panzer, ein im Schlamm festgefahrener Krankenwagen und als ganzseitige Abbildung ein zerstörtes Haus mit der (unverletzt scheinenden) Leiche eines deutschen Soldaten davor. *LIFE* zeigte damit beides, die Makro- und die Mikrostruktur des Krieges, die räumliche und emotionale Distanz und zugleich die Nähe zum Kriegsgeschehen. Die Bilder sind so arrangiert, dass sich ein Zoomeffekt vom Überblick ins Detail ergibt, der Blick immer näher herangeführt wird, bis die Betrachter*innen ausgehend vom landschaftlichen Überblick schließlich dem Tod ins Auge sehen. Allerdings wird auf diese Weise der Tod des Einzelnen ins Verhältnis zum großen Ganzen gesetzt. Tod und Zerstörung mögen tragisch sein, sind aber nur ein kleiner Mosaikstein im gesamten Bild. Die Überblickslandschaften als Ausgangspunkt und vor allem das Porträt des Piloten Michael Strok zu Beginn der Bildstrecke, das den mit der Vogelperspektive verbundenen allwissenden Blick verkörpert und personifiziert, vermittelt den Eindruck, dass hinter all dem Gesehenen – und mag es noch so verstörend und zerstörerisch sein – ein planender und umsichtiger Geist schwebt, der das Kriegsgeschehen überblickt, überlegt und rational lenkt.

„The Battered Face of Germany“: Luftaufnahmen als Schauplatz der Niederlage

Mit Langstreckenbombern wie der amerikanischen B-17 oder der britische Lancaster, erweiterte sich das Schlachtfeld auf die Städte und die Zivilbevölkerungen der kriegsführenden Nationen.[77] Im Frühjahr 1940 galten die Angriffe der britischen Luftwaffe in Deutschland zunächst vorwiegend industriellen Zielen, ab 1942 wurde die Strategie auf zivile Ziele ausgeweitet. 1943, auf der Konferenz von Casablanca, unterzeichneten die Generalstabschefs der britischen und amerikanischen Luftwaffe eine Doktrin, die sich schließlich „the progressive destruction and dislocation of the German military, industrial and economic system, and the undermining of the morale of the German people to a point where their capacity for armed resistance is fatally weakened“[78] zum Ziel setzte. Es

77 Luftangriffe als strategische Waffe wurden bereits im Ersten Weltkrieg durchgeführt, allerdings hatten sie damals noch keine kriegsentscheidende Bedeutung. Siehe dazu Boot: *War Made New*, S. 270. Im Spanischen Bürgerkrieg wurden von der deutschen Wehrmacht erstmals Bombenangriffe gegen urbane Zentren und damit auch gegen die darin wohnende Zivilbevölkerung geflogen. Ab September 1940 flog Deutschland Angriffe gegen englische Städte. Großbritannien und später die USA gegen Deutschland und das von Deutschland besetzte Europa. Ausführlich zum Bombenkrieg im Zweiten Weltkrieg siehe Richard Overy: *Der Bombenkrieg: Europa 1939–1945,* aus d. Engl. v. Hainer Kober. Berlin: Rowohlt 2014.

78 Zit. n. Overy: *Why the Allies Won*, S. 110–131, hier S. 117. Siehe dort auch allgemein zum Luftkrieg.

folgten massive Bombenangriffe auf deutsche Städte, darunter Köln, Hamburg, Kassel, Bremen und Dresden. Neuerungen in der Flugzeug- und Bombentechnik führten zu immer verheerenderen Ergebnissen; über 80 Prozent von insgesamt 1,4 Millionen Tonnen Bombenlast wurden allein im letzten Jahr des Krieges abgeworfen.[79] Sir Arthur Harris, Oberbefehlshaber des RAF Bomber Command, fasste in seinem 1947 erschienenen Buch die Ergebnisse zusammen:

> Seventy German cities were attacked by Bomber Command. Twenty-three of these had more than sixty percent of their built-up areas destroyed and 46 about half of their built up areas destroyed. Thirty-one cities had more than five hundred acres destroyed, and many of them vastly more than 50; thus Hamburg had 6200 acres, Berlin 6427 – this includes about 1000 acres of destruction by American attacks.[80]

Mehr als 300.000 Deutsche wurden getötet, 780.000 verwundet, über sieben Millionen Deutsche verloren ihr Zuhause. Die Alliierten verbuchten 16.000 Bombenflugzeuge und fast 80.000 Besatzungsmitglieder als Verlust.[81] Margaret Bourke-Whites Luftaufnahmen der zerstörten deutschen Städte sind jedoch keineswegs nur eine Dokumentation der Ergebnisse der alliierten Bombenangriffe, sondern vor allem als visueller Ausdruck einer vernichtenden militärischen und moralischen Niederlage der Deutschen zu verstehen.
Ab Mitte Februar 1945 bemühte sich *LIFE*, Margaret Bourke-White für die USSTAF (United States Strategic and Tactical Air Forces) zu akkreditieren, mit dem Ziel, eine „air bombardement story“ zu bekommen.[82] Am 23. Februar erhielt Bourke-White ein Telegramm mit der Bestätigung ihrer Akkreditierung und der Anweisung, spätestens Ende März Italien, wo sie sich gerade aufhielt, in Richtung Deutschland zu verlassen.[83] Ihre Aufgabe bestand darin,

79 Vgl. Boot: *War Made New*, S. 270.

80 Arthur Harris: *Bomber Offensive*, London 1990, zit. n. Valentine Cunningham: Zerbombte Städte. Die vorzeitigen Ruinen des Zweiten Weltkriegs. In: Aleida Assmann / Monika Gomille / Gabriele Rippl (Hrsg.): *Ruinenbilder*. München: Fink 2002, S.105–130, hier S. 115.

81 Vgl. Boot: *War Made New*, S. 279–280.

82 Vgl. Telegramm vom Februar 1945 von *LIFE* (Bill Churchill). MBW Papers, Box 70.

83 Vgl. Telegramm vom 23. Februar 1945 von *LIFE* (Bill Churchill) an Margaret Bourke-White. MBW Papers, Box 70. Spätestens am 10. März 1945 muss Bourke-White in Köln gewesen sein, da von diesem Tag ein Telegramm von Elmer Lower datiert, der sie um Aufnahmen eines Gottesdienstes im Kölner Dom bittet. Am 26. März schreibt Bourke-White an *LIFE*, dass ihre Arbeit mit der Air Force sehr gut laufe. Elmer Lower schreibt in einem Brief an sie, dass er einen Umschlag mit zwei Rollen mit Luftaufnahmen, datiert vom 21. März, erhalten habe. Alle Dokumente in den MBW Papers, Box 70.

die wichtigsten Großstädte und Industriezentren Deutschlands zu überfliegen und eine Bestandsaufnahme der alliierten Bombenschäden zu erstellen. Die Air Force wollte Bourke-Whites Aufnahmen für eine umfangreiche Analyse ihrer Bombenangriffe heranziehen, *LIFE* plante das Bildmaterial als Photo-Essay unter dem Titel „Face of the Moon“ zu veröffentlichen.[84]
Der Aufnahmezeitraum erstreckte sich über mehr als zwei Monate, da die Möglichkeit des Fotografierens an den Fortschritt der alliierten Armeen gebunden war und immer wieder von schlechten Witterungsbedingungen beeinträchtigt wurde.[85] Margaret Bourke-White fotografierte Industrie- und Wohngebiete in ganz Deutschland. Brennpunkte lagen im Ruhrgebiet sowie bei politisch und kulturell bedeutenden Städten wie Köln und München. Sie fotografierte aus unterschiedlichen Blickwinkeln und Höhen, die sich jeweils für die Darstellung unterschiedlicher Zusammenhänge eigneten. Aus größerer Entfernung aufgenommen geben die Fotos einen Überblick über den Umfang der zerstörten Gebiete und zeigen, ob nur Teilbereiche betroffen oder ganze Städte verwüstet worden waren. Aus diesen Aufnahmen lässt sich zudem ablesen, in welchem Verhältnis beispielsweise zerstörte Wohngebiete zu kriegswichtigen Zielen wie Bahnhöfen und Fabriken standen. Unterbrochene Transportwege wie Brücken oder Schienen zählen ebenfalls zu Motiven, die Bourke-White häufig im Rahmen einer größeren Übersicht darstellte, um räumliche Zusammenhänge verständlich zu machen.
Im Gegensatz zu Aufnahmen für rein militärische Zwecke sind Bourke-Whites Luftaufnahmen aus Deutschland nicht vertikal von oben, sondern zumeist aus einem leicht schrägen Winkel aufgenommen.[86] Sie wirken dadurch dreidimensionaler und passen sich stärker an die Sehgewohnheiten ziviler Betrachter*innen an. In zahlreichen Aufnahmen, vor allem aus mittlerer Nähe fotografiert, klingen traditionelle Darstellungsformen wie Stadtveduten oder historische Karten an und erinnern an touristische Postkartenansichten der Städte, zumal Margaret Bourke-White ihre Motive häufig um Kirchen oder andere charakteristische Gebäude organisierte. (Abb. 30) Die Fotografin schreibt, dass sie ausgerüstet mit einem Baedeker-Reiseführer im Flugzeug saß, also offensichtlich gezielt Motive touristischen Interesses ansteuerte.[87] Die zerbombten Stadtwüsten ließen sich

84 Vgl. Bourke-White: *Portrait of Myself*, S. 260.

85 Vgl. undatierter Brief von Margaret Bourke-White an Elmer Lower. MBW Papers, Box 70.

86 Zu den militärischen Aufnahmen siehe z. B. das Online-Archiv der britischen RAF unter http://aerial.rcahms.gov.uk (Zugriff am 28.01.2017).

87 Bourke-White: *Dear Fatherland*, S. 82.

Abb. 30: Margaret Bourke-White: Luftaufnahme von Köln mit dem Kölner Dom, Deutschland, Frühjahr 1945.

anhand der Sehenswürdigkeiten einerseits leichter identifizieren, andererseits wird die Zerstörung der Bausubstanz umso schonungsloser vor Augen geführt. Die Kulturnation Deutschland existierte nicht mehr und zwar sowohl im buchstäblich physischen als auch im moralisch-gesellschaftlichen Sinn. Um diesen Vorher-Nachher-Effekt zu betonen, hatte *LIFE* ursprünglich geplant, den Fotos von Bourke-White Aufnahmen aus der Zeit vor der Zerstörung gegenüberzustellen; eine Methode, die auch das Militär einsetzte, um Ausmaß und Effizienz der eigenen Bombenangriffe zu evaluieren. Bourke-White sollte dazu Vergleichsbilder besorgen, sah sich aber zeitlich außerstande und bat das *LIFE*-Büro, einen Mitarbeiter in London darauf anzusetzen, um zumindest „the obvious beauty spots like the heart of Bremen, of Hamburg, of Nurnberg" zu besorgen – „even just those three would convey the idea."[88]

88 Undatierter Brief von Margaret Bourke-White an Elmer Lower. MBW Papers, Box 70.

Trauer und Anklage über den Verlust der Kulturschätze ganzer Städte, wie sie in der deutschen Trümmerfotografie anzutreffen sind – man denke an Richard Peters bekannte Aufnahme des „Engels von Dresden" –, spielen in den Luftaufnahmen von Bourke-White keine Rolle. Es ist ein kalter Blick von oben, der schonungslos den zerschlagenen Zustand deutscher Städte protokolliert. Oftmals zeigen ihre Aufnahmen relativ unbeschadet gebliebene Kirchen – häufig die Wahrzeichen der jeweiligen Städte – inmitten komplett ausgebrannter und verwüsteter Stadtgebiete. (Abb. 30) Immer wieder wird auf die theologische Lesart dieser Darstellungen hingewiesen, die in der Zerstörung der deutschen Städte die gerechte Strafe Gottes für eine amoralische Gesellschaft sieht.[89] Codenamen wie *Operation Gomorrha* für den verheerenden Luftangriff auf Hamburg im August 1943 weisen ebenfalls auf eine religiöse Aufladung der Luftangriffe hin. Bourke-White sah in der Kirche eine der wenigen aufrechten Institutionen, die sich der Ideologie der Nationalsozialisten entzogen hatte und nun, nach dem Zusammenbruch des Deutschen Reiches, der Bevölkerung Halt geben konnte. In ihrem Buch *Dear Fatherland, Rest Quietly*, in dem sie von den letzten Kriegswochen in Deutschland berichtete, schrieb sie über die evangelische und katholische Kirche „[...] the religious groups seem to be the only ones who were able to keep some kind of integrity and organization during the rise of Fascism, and throughout the war."[90] Der unversehrt und aufrecht stehende Kölner Dom und andere verschonte Gotteshäuser lassen sich durchaus als visuelle Metapher dieser Einstellung verstehen: als einzig verbleibende moralische Leuchttürme inmitten der Zerstörung. Katharina Menzel-Ahr verweist in Bezug auf die Darstellung weitgehend unbeschadet gebliebener Kulturgüter in den Deutschlandaufnahmen von Lee Miller auf einen weiteren Aspekt: den Versuch, die ‚saubere Kriegsführung' der amerikanischen Armee zu belegen. Sie versteht diese Motive als Ausdruck der Strategie des *precision bombing*, die wichtige Kulturgüter von der sie umgebenden Zerstörung aussparen sollte. Gegenüberstellungen, wie die der zerstörten Hohenzollernbrücke in Köln mit unversehrten fragilen Fialen des Kölner Domes im Vordergrund, sollen den Betrachter*innen zeigen, dass

89 Vgl. Cunningham: Zerbombte Städte, S.123–124; Menzel-Ahr: *Lee Miller*, S. 105; Christine Mielke: Geisterstädte. Literarische Texte und Bilddokumentationen zur Städtebombardierung des Zweiten Weltkriegs und die Personifizierung des Urbanen. In: Dies. / Andreas Böhm (Hrsg.): *Die zerstörte Stadt. Mediale Repräsentationen urbaner Räume von Troja bis SimCity*. Bielefeld: Transcript 2007, S. 125–180, hier S. 148.

90 Margaret Bourke-White: *Dear Fatherland, Rest Quietly. A Report on the Collapse of Hitler's Thousand Years*. New York: Simon & Schuster 1946, S. 40.

zwar militärische Ziele wie die Brücke als Verbindungsweg zerstört wurden, das Kunstwerk aber unversehrt geblieben war.[91]

Margaret Bourke-Whites Luftaufnahmen der deutschen Städte sind jedoch nicht ohne die Bedeutung des Blicks von oben im städteplanerischen Kontext der 1930er Jahre in den USA zu verstehen. Eine populäre Form der Wahrnehmung der modernen Hochhausstadt waren beispielsweise Aussichtsplattformen, die in den obersten Stockwerken prominenter Wolkenkratzer wie dem Empire State Building als Sehenswürdigkeit installiert wurden. Sie ermöglichten den Besucher*innen und Bewohner*innen der Stadt, die übergeordnete Struktur und Ordnung hinter dem scheinbaren Chaos der modernen Großstadt zu erkennen. Erst der Blick von oben machte die Stadt lesbar.[92] Unternehmen wie die Fairchild Aerial Camera Corporation begannen diesen Blick zu systematisieren und zu kommerzialisieren. Mitte der 1920er Jahre begann Fairchild die fünf Bezirke New Yorks mittels Luftaufnahmen vollflächig zu dokumentieren.[93] In den 1930er Jahren nutzte der Stadtplaner Robert Moses diese Aufnahmen für seine umfassenden Neuplanungen der urbanen Infrastruktur der Stadt und ließ seine neuen Projekte wie die Triborough Bridge oder den Grand Central Parkway in Queens durch Fairchild Aerial Surveys ablichten. Erst aus der Luft offenbarten sich die gigantischen Maßstäbe, aber auch der stadtplanerische Nutzen der Bauwerke.[94] Das utopische, fortschrittsgläubige Potential des Blicks aus einem Flugzeug ging mit dem Gedanken der rationalen Planung einer modernen, auf Mobilität ausgerichteten Infrastruktur der USA eine enge Verbindung ein. Die Weltausstellung *The World of Tomorrow* 1939 in New York verankerte die Luftaufnahme als dominierendes Visualisierungsmedium einer zukunftsgläubigen Stadtplanung schließlich im Bewusstsein einer breiten Bevölkerung.[95] Die zentralen Präsentationen *Democracity* und *Futurama*, gestaltet von den

91 Menzel-Ahr: *Lee Miller*, S. 89. Einen ähnlichen Interpretationsansatz zitiert Davide Deriu aus der *London Illustrated News*, die eine Aufnahme des intakten Kölner Doms dazu verwendete, Berichte über das absichtliche Bombardement historischer Stätten als Nazi-Propaganda zu entlarven. Deriu: Picturing Ruinscapes, S. 196.

92 Siehe dazu Nye: *Technological Sublime*, S. 100–108.

93 Mehr zu Fairchild siehe in Jutta von Zitzewitz: *Die Stadt, der Highway und die Kamera. Fotografie und Urbanisierung in New York zwischen 1945 und 1965*. Berlin / München: Deutscher Kunstverlag 2014, S. 29–35.

94 Vgl. dazu und zum Verhältnis von Stadtplanung und Fotografie allgemein: von Zitzewitz: *Die Stadt, der Highway und die Kamera*.

95 Allgemein zum Blick von oben in der US-Kultur der Zwischenkriegszeit und speziell auf der Weltausstellung 1939 siehe Alan Lovegreen: Aerial Homesteading. Aerofuturismus in Interwar America. In: *Criticism* 57,2 (2015), S. 235–257.

Produktdesignern und Bühnenbildnern Henry Dreyfuss beziehungsweise Norman Bel Geddes, operierten beide mit dem Blick von oben.[96] Beide Präsentationen waren als mobiles Diorama konzipiert. Im Zentrum befand sich jeweils ein kreisförmiges Reliefmodell des zukünftigen Amerika mit Hochausstädten und modernen Verkehrswegen, die sie verbanden. Den Betrachter*innen wurde ein Platz auf Plattformen zugewiesen, die sich oberhalb des Reliefs befanden und sich im Kreis darum herum bewegten.[97] Die Dioramen lieferten die mediale Illusion eines Fluges über urbane Ballungsräume der USA und ermöglichten es zugleich den Betrachter*innen, die zukunftsorientierte Übersichts-Position der Stadtplaner und Ingenieure einzunehmen. Vor diesem Hintergrund trat als visuelles Kontrastbild die Zerstörung der deutschen Städte umso deutlicher vor Augen. Während die amerikanischen Städte beständig in die Höhe wuchsen und durch moderne Straßensysteme vernetzt wurden, waren die deutschen Städte auf ihre Grundmauern zurückgestutzt und die Verkehrswege unterbrochen: Ordnung gegenüber Chaos, Fortschritt gegenüber Rückschritt, Aufbau gegenüber Niedergang.

Bourke-White nutzte das panoptische Wahrnehmungsprinzip der Luftaufnahme, in dem das Sehen auf struktureller Ebene mit einem Gefühl der Kontrolle und Überlegenheit verbunden ist, auch dazu, um aus ihren Aufnahmen der deutschen Städte Symbole der Niederlage zu machen. Die verwüsteten Städte und ihre Bewohner*innen sind der totalen Sichtbarkeit und dem gnadenlosen Blick von oben ausgeliefert. Der Blick kann in den Nahansichten in das Innerste der Städte, die dachlosen und verkohlten Häuser kriechen. (Abb. 31) Das vormals Private der Deutschen wird dem öffentlichen Blick des Feindes ausgeliefert.[98] Vermittelte allein die Übersicht der Luftaufnahme den Eindruck einer überlegenen Position, bestätigte die Fähigkeit, Deutschland aus dieser Perspektive betrachten zu können, die militärische Macht der Alliierten, die jeglichen deutschen Widerstand

96 Zumindest für Bel Geddes ist die Bezugnahme auf Fairchild-Luftbilder belegt. Vgl. Morshed: The Aesthetics of Ascension, S. 75.

97 Allgemein zur Weltausstellung und mit zahlreichen Illustrationen der *Democracity* und des *Futurama* siehe Larry Zim / Mel Lerner / Herbert Rolfes (Hrsg.): *The World of Tomorrow. The 1939 New York World's Fair.* New York: Harper & Row 1988.

98 Auch in Italien und später in Deutschland arbeitet Margaret Bourke-White mit Bildern, die die Privatheit des unterlegenen Kriegsteilnehmers dem Blick des Siegers ausliefern. So fotografiert sie in Italien 1945 ein Haus, dessen Fassade eingestürzt war und den Blick auf die Wohnungen im Inneren frei gab. Im oberen Stockwerk steht eine Frau beim Wäscheaufhängen. Im unteren sitzen amerikanische Soldaten, die lesen oder ihre Waffen reinigen. *LIFE* veröffentlichte diese Aufnahme als Titelbild von Bourke-Whites Photo-Essay „Forgotten Front" am 16. April 1945.

Abb. 31: Margaret Bourke-White: Luftaufnahme von Hannover, Deutschland, Frühjahr 1945.

ausgeschaltet haben. Dass diese Bilder entstehen konnten, war bereits ein Beweis der Niederlage der deutschen Nation. Aus der Sicherheit des distanzierten Blickes konnten die Betrachter*innen nun ihre militärisch und – wie weiter unten noch ausgeführt wird – auch moralisch überlegene Position genießen und das schaurige Schauspiel der totalen Verwüstung begutachten.

Manche Städte sind derart zerstört, dass nur noch Reste der Grundmauern stehen, die eigenartig abstrakte Formen bilden. Margaret Bourke-White arbeitete diese Ruinen durch harte Licht-Schatten-Kontraste plastisch heraus. Sie fotografierte aus diesem Grund bevorzugt am frühen Morgen oder kurz vor Sonnenuntergang.[99] Sie vermied eine melancholisch-sentimentale Stimmung, wie sie von der in der Tradition der Romantik stehenden deutschen Trümmerfotografie

99 Vgl. Margaret Bourke-White in einem undatierten Brief an Elmer Lower. MBW Papers, Box 70.

häufig umgesetzt wurde, um über den Verlust des einmal Gewesenen zu trauern. Die von ihr fotografierten Gebäude sind zum Teil so stark zerstört, dass sich darin kaum noch menschliche Behausungen erkennen lassen. Die Vorstellung einer lebensfeindlichen Umgebung, in der kein ‚zivilisiertes' menschliches Wesen zu existieren vermochte, schlug sich auch in *LIFE*s Arbeitstitel für das Photo-Essay „Face of the Moon" nieder. In dieser Metapher spiegelte sich die Distanziertheit von den Städten und ihren Bewohner*innen, die man aus großer Entfernung und mithilfe einer technischen Sehhilfe – der Luftaufnahme anstatt des Teleskops – heranzoomen und observieren konnte. Die Verlagerung des Schauplatzes auf einen weit entfernten, ja extraterrestrischen Ort verweist auf die weit verbreitete Vorstellung, dass sich Deutschland durch sein Verhalten von der übrigen zivilisierten Weltgemeinschaft ausgeschlossen hatte. Margaret Bourke-White beschrieb in *Dear Fatherland, Rest Quietly* die Städte noch extremer als „endless procession of urban cadavers".[100] Mit dem Begriff Kadaver entwickelte sie ein starkes negatives Bild für die zerstörten deutschen Städte: als einen verwesenden Leichnam, der einen abstößt, mit dem man kein Mitleid haben kann. Bourke-Whites hartes Urteil wird vor allem vor der Rezeptionsfolie der Konzentrationslager verständlich. Mitte April 1945, also genau zu dem Zeitpunkt, als sie an den Luftaufnahmen arbeitete, fotografierte sie auch das Konzentrationslager Buchenwald und dessen Außenlager Leipzig-Thekla.[101] Die damit einhergehende Wahrnehmung der deutschen Nation als barbarisch und unmenschlich ging Hand in Hand mit der Interpretation der zerbombten Städte als gerechte Strafe für eine zutiefst böswillige Nation, wie Bourke-White in *Dear Fatherland, Rest Quietly* formulierte: „The endless chain of pitted, gutted cities, seen in devastating sequence from the air, was a terrible commentary on the punishment an evil nation had brought on itself."[102]

Die deutschen Städte wurden über Begriffe wie Gesicht und Kadaver anthropomorphisiert, um – neben der in den Aufnahmen sichtbaren physischen Zerstörung – auch auf ideeller Ebene die Zerstörung der nationalsozialistischen Gesellschaft zu umschreiben. Als „Gesicht" stehen die Stadtaufnahmen für die zerstörte kulturelle Identität der deutschen Nation, als „Kadaver" sind die zertrümmerten Städte der Leichnam einer moralisch verwesten Gesellschaft, den man anstatt realer Körper toter Gegner – wie sonst in kriegerischen

100 Bourke-White: *Dear Fatherland*, S. 55.
101 Siehe dazu Kap. VI.2 dieser Arbeit.
102 Bourke-White: *Dear Fatherland*, S. 55.

Zusammenhängen häufig – als Trophäe des eigenen Sieges ausstellte.[103] Die Aufnahmen lassen sich mithin als Bilder der absoluten Niederlage und des moralischen und militärischen Triumphes der USA über Deutschland lesen. So erscheint es nicht verwunderlich, dass *LIFE* diese Aufnahmen unbedingt zeitnah zu Ende des Krieges veröffentlicht sehen wollte. Mehrfach drängten Redakteure Margaret Bourke-White in Telegrammen dazu, ihre Arbeit fertigzustellen. So schrieb der verantwortliche Bildredakteur in Paris, Elmer, Lower, noch am 6. Mai 1945, einen Tag vor der bedingungslosen Kapitulation Deutschlands:

> My only suggestion is that if you have any hopes of getting this face of the moon story in the magazine that you ship immediately. [...] Please concentrate on this story and get it off – but fast. Otherwise it is going to arrive in New York after all the shouting has died down and people will be wanting to forget about the war in Europe.[104]

Wohl nicht zufällig brachte auch Bourke-White ihre Aufnahmen in Zusammenhang mit *LIFE*s *Victory-in-Europe*-Cover vom 14. Mai 1945, das Robert Capas Bild eines GIs mit Hitlergruß am Reichsparteitagsgelände in Nürnberg zeigt. Abwertend mokierte sie sich über sein „private picture“, das sie eher als Schnappschuss für das Familienalbum denn als repräsentatives Coverfoto verstand.[105] Gerne hätte sie wohl eine ihrer eigenen Aufnahmen als Symbol des Kriegsendes auf dem Titelblatt gesehen. Erst am 4. Juni erschien schließlich unter dem endgültigen Titel „The Battered Face of Germany“ das lang geplante Photo-Essay in *LIFE*.[106] Der Titel des Artikels suggerierte neben der Bedeutung des „Geschlagen-Seins“ im militärischen Sinn auch das Prügeln, die Bestrafung und Erniedrigung des deutschen Volkes. Allerdings verwendete *LIFE* eine weniger aggressive Vergeltungsrhetorik als Margaret Bourke-White in ihrem ein Jahr später erschienenen Deutschland-Buch. Die Bilder der zum Teil komplett zerstörten Städte Mainz, Nürnberg und Jülich sind am Anfang und Ende der Bildstrecke von Fotografien industrieller Ziele eingefasst und so über das Layout in die Legitimationsstrategie militärischer Notwendigkeit eingebettet, industrielle Ziele zu zerstören. Auch in den Bildunterschriften werden die Städte nicht als

103 Zum Akt des öffentlichen Zurschaustellens der Leichen des Gegners siehe Herta Wolf: The Tears of Photography. In: *Grey Room* 289 (2008), S. 66–89. Neuere Beispiele wären die Leichen der Söhne von Sadam Hussein und der Leichnam Muammar al Gaddafis.

104 Elmer Lower in einem Brief vom 6. Mai 1945 an Margaret Bourke-White. MBW Papers, Box 70.

105 Vgl. Bourke-White: *Purple Heart Valley*, S. 54–55.

106 Vgl. The Battered Face of Germany. In: *LIFE*, 04.06.1945, S. 21–27.

Lebensraum von Zivilisten beschrieben, sondern vorwiegend als Produktionsstätten kriegswichtiger Güter und Wohnort von Arbeitern der Kriegsindustrie.[107] Während die Bilder die totale Zerstörung zeigen, legt der Text Wert darauf, zu versichern, dass es nur wenige zivile Opfer gab.[108] Möglicherweise versuchte *LIFE* damit Rücksicht auf kritische Stimmen innerhalb der amerikanischen Gesellschaft zu nehmen, die Flächenbombardements auf Zivilisten, egal durch welche Kriegspartei verursacht, verurteilten. Noch 1944 wurde darüber eine Debatte geführt, angestoßen von einem Artikel der amerikanischen Pazifistin Vera Brittain auf der Titelseite der *New York Times*. Die Mehrheit der amerikanischen Bevölkerung, wie auch die Leserbrief-Reaktionen auf den Artikel bezeugen, befürwortete jedoch die Luftangriffe als Möglichkeit, den Krieg zu verkürzen und damit das Leben amerikanischer Soldaten zu retten.[109] Publikumswirksame Filme wie Disneys 1943 erschienener Film *Victory through Airpower* befeuerten diese Sichtweise mit dem Argument, dass es in diesem Krieg keine Zivilisten mehr gab. Letztendlich beschrieb jedoch auch *LIFE* das Bombardement aus der Luft als „sensationally successfull" und sah in den Aufnahmen nicht nur einen Beweis dieses Erfolges, sondern auch eine Drohung an Japan: „In the coming year, [...] the Allies will drop on Japan two and a half times as many tons of bombs as they did over Europe this past year."[110] Diese Drohung erfüllte sich auf schreckliche Weise nur zwei Monate später, im August 1945, mit dem Abwurf der Atombomben auf die japanischen Städte Hiroshima und Nagasaki, der schließlich auch das Ende des Krieges im Pazifik mit sich bringen sollte.

Der Krieg als Licht- und Rauchspektakel

Bereits im Ersten Weltkrieg wurden die Lichteffekte von Artillerie und Luftkampf als besonderes Wahrnehmungsereignis erkannt. Diese Begeisterung schlug sich aufgrund der technischen Unzulänglichkeiten des Mediums

107 „In wartime the half million inhabitants of Nürnberg turned from beer and toys to the production of diesels and dynamos." (Ebd., S. 22.)

108 „Despite heavy bombing of these cities, civilian casualities were light." (Ebd., S. 23.)

109 Vgl. Roger Bilstein: The Airplane and the American Experience. In: Pisano (Hrsg.): *The Airplane in American Culture*, S. 16–35, hier S. 25. Die Ressentiments kamen nicht nur aus der Zivilbevölkerung. Noch im Januar 1945 äußerte der Kommandant des 11. Bomber Command, Brigadier General Haywood Hansel, Bedenken an Flächenbombardements ganzer Städte mit Brandbomben. Kurz darauf wurde er aus seinem Amt entlassen und von Curtis LeMay ersetzt, der durch seinen Ausspruch „bomb them into the stone-age" Furore machte und keine derartigen Skrupel hatte. Vgl. Bruce H. Franklin: „Peace is our Profession". The Bombers Take Over. In: Pisano (Hrsg.): *The Airplane in American Culture*, S. 333–353, hier S. 342.

110 *LIFE*, 04.06.1945, S. 21.

Fotografie allerdings nur in schriftlichen Berichten nieder.[111] Margaret Bourke-White griff in ihren Aufnahmen des Zweiten Weltkrieges diese Lichterscheinungen konsequent als Darstellungssujet auf. Sie setzte sie als ästhetische Ereignisse um, die nicht nur Referenzen zur abstrakten Kunst, sondern auch zu Lichtspektakeln wie der beleuchteten Großstadt, einem Feuerwerk oder Naturschauspielen wie einem Vulkanausbruch aufweisen. Die Lichterscheinungen wurden so von ihrer realen todbringenden Wirkung distanziert und in den ‚friedlichen' Erfahrungshorizont der Betrachter*innen eingebettet. Zugleich nahm Bourke-White auch hier die technologische Komponente der Kriegsführung in den Blick: Sie versuchte, adäquate Bilder zu finden, um die sinnesüberwältigende und in der Fotografie nur schwer zu vermittelnde Erfahrung von Explosionen und Detonationen wiederzugeben.

Der Luftangriff als Lichtschauspiel

Zum ersten Mal nutzte Bourke-White Lichteffekte zur Visualisierung des Aufeinandertreffens der Gegner in Aufnahmen der nächtlichen deutschen Luftangriffe auf Moskau im Sommer 1941. In ihrem Buch *Shooting the Russian War*, das 1942 bei Simon & Schuster in New York erschien, beschrieb sie die Luftangriffe als überwältigendes Lichtspektakel und betonte ihre Faszination für deren theatralische Qualität: „The opening air raids over Moscow possessed a magnificence that I have never seen matched in any other man-made spectacle."[112] Tod und Gefahr traten zugunsten der Wahrnehmung der Luftangriffe als Unterhaltung und ästhetische Inszenierung in den Hintergrund. Die Besatzung der deutschen Bomber und das Personal der russischen Luftabwehr wurden in ihrer Beschreibung regelrecht zu Malern: „It was as though the German pilots and the Russian antiaircraft gunners had been handed enormous brushes dipped in radium paint and were executing abstract designs with the sky as their vast canvas."[113] Diese ästhetisierte Wahrnehmung der Luftangriffe lässt sich auch in Bourke-Whites

111 Vgl. Manuel Köppen: *Das Entsetzen des Beobachters: Krieg und Medien im 19. und 20. Jahrhundert.* Heidelberg: Winter 2005, S. 224–225.

112 Margarete Bourke-White: *Shooting the Russian War.* New York: Simon & Schuster 1942, S. 115. Eine weitere von ihr benutzte Umschreibung für Luftangriff ist „spectacle in the heavens". (Ebd., S. 85.) *LIFE* bezeichnet ihn gar als „show": „But to Moscow the show sounded a good deal bigger than that". (Moscow Fights off the Nazi Bombers and Prepares for a Long War. In: *LIFE*, 01.09.1941, S. 15–21, hier S. 16.)

113 Bourke-White: *Shooting the Russian War*, S. 115. Eine Analogie zur Bildenden Kunst findet sich laut Köppen bereits in literarischen Beschreibungen des Ersten Weltkrieges, etwa bei Marcel Proust, der einen nächtlichen Angriff auf Paris mit Bildern von El Greco vergleicht. Vgl. Köppen: *Das Entsetzen des Betrachters*, S. 225.

Fotografien nachweisen. Sie zeigen zum Großteil die Silhouette der verdunkelten Stadt Moskau, der nächtliche Himmel im Hintergrund von den Spuren der eingesetzten Geschosse in Form weiß leuchtender oder wie nasser Farbe verlaufender Linien, Punkte oder Striche durchzogen. (Abb. 4) Bourke-White entwickelte damit einen neuartigen Blick auf das Motiv des Luftangriffes, den man bis dato – wie *LIFE* bei der Veröffentlichung ihrer Aufnahmen in einem Photo-Essay am 1. September 1941 betonte – in dieser Form kaum kannte.[114] Luftangriffe waren zwar häufig Thema der internationalen und amerikanischen Presse, vor allem im Zuge der Berichterstattung über den Spanischen Bürgerkrieg, den sino-japanischen Krieg und den britischen „Blitz". Die Aufnahmen davon zeigten jedoch vor allem die Folgen der Luftangriffe wie zerstörte Gebäude und getötete oder traumatisierte Bewohner.[115] Der Luftangriff an sich blieb eine Leerstelle, die Bourke-Whites Aufnahmen nun auf spektakuläre Weise zu füllen versprachen. Dass ihre Fotografien als etwas Besonderes aufgefasst wurden, ist auch daran zu erkennen, dass *LIFE* eine gesamte Doppelseite mit drei großformatig gedruckten Aufnahmen veröffentlichte und eine davon noch im selben Jahr zum Zwecke der Eigenwerbung bei Leser*innen und Anzeigenkund*innen verwendete.[116] Das französische Bildmagazin *Sept Jours* übernahm schließlich das komplette Layout von *LIFE* für seine Ausgabe vom 26. Oktober 1941 und auch Margaret Bourke-White publizierte insgesamt sieben Nachtaufnahmen in *Shooting the Russian War*.

114 Moscow Fights off the Nazi Bombers and Prepares for a Long War. In: *LIFE*, 01.09.1941, S. 15–21. Etwa gleichzeitig mit den Aufnahmen aus Russland veröffentlichte *LIFE* weitere Bilder, vorrangig aus britischen Quellen, in denen es ebenfalls um die Lichtphänomene britischer Flugabwehrkanonen geht. Am 16. Juni 1941 erschien eines der ersten Bilder in einem Beitrag über den Krieg in Griechenland, drei Monate später, am 20. Oktober 1941, ein weiteres, das einen Beitrag über den britischen Bomber Command illustriert. Allerdings konzentrieren sich diese Aufnahmen ausschließlich auf den Himmel und das Gewirr aus Linien, Kurven und Punkten, das sich darauf abzeichnet. Die Rückbindung an einen konkreten Ort wie Moskau oder London und die metaphorische Aufladung der Kompositionen als dramatischen Kampf einer Nation gegen ihre Angreifer kommen hier nicht zum Tragen.

115 Z.B. Hitler Tries to Destroy London. In: *LIFE*, 23.09.1940, S. 23–29; War in China: 4,000 Chungking Civilians Suffocated in Air-raid Shelter. In: *LIFE*, 28.07.1941, S. 24–25; Franco Bombs Barcelona as a Loud Prelude to His Invasion of Catalonia. In: *LIFE*, 11.04.1938, S. 25–28.

116 Vgl. *LIFE*, 15.12.1941, S. 135. Als wichtigstes Argument für seine Position als „America's most potent editorial and selling force" beschreibt *LIFE* seine Form der Berichterstattung: „For LIFE's brilliant new-age journalism makes information about *all* the forces that move and shape our lives easy to understand and absorb – and infinitely exciting." Margaret Bourke-Whites Darstellung der Luftangriffe, die diese Werbung illustrieren, entspricht dieser Verquickung von Nachrichten- und Sensationswert, die *LIFE* seinen Lesern anzubieten verspricht. Die Aufnahmen vergegenwärtigen den Leser*innen eine wichtige Episode des Krieges zwischen Deutschland und Russland und unterhalten zugleich.

Bourke-Whites Aufnahmen zeigen allerdings nicht die eigentlichen Akteure eines Luftangriffes, die Flugzeuge und die Flugabwehr, sondern deren abstrakte Spuren am nächtlichen Himmel: die Munition und Leuchtkörper, mit denen sich die Gegner beschossen. Seit ihren ersten Aufträgen in amerikanischen Stahlwerken interessierte sich Bourke-White für die Darstellung von Lichtphänomenen, beispielsweise des glühenden Stahls oder des Funkenfluges beim Schweißen. Dass auch die Lichteffekte eines Luftangriffes für sie zu einem bildwürdigen Motiv wurden ist demnach nicht verwunderlich. Zudem unterstand sie in Moskau einer äußerst strengen Zensur, die die zerstörerischen Auswirkungen der Luftangriffe wohl kaum an die internationale Öffentlichkeit gelassen hätte. Bourke-White war also gezwungen, andere Bildmotive zu finden, die das Ereignis des Luftangriffes zu repräsentieren vermochten.[117] Allein über die Anordnung der leuchtenden, sich überlappenden und überkreuzenden Linien, Muster und Punkte gelang es ihr so, die Dramatik und Dynamik des Geschehens zu vermitteln. Angriff und Verteidigung von Moskau entluden sich in einem dramatischen Lichtschauspiel, das das abstrakt gewordene zeitgenössische Kriegsgeschehen visuell zugänglich machte, hinter dem jedoch erneut die Zerstörungsgewalt des Krieges verschwand.
Die Aufnahmen waren an eine Gesellschaft gerichtet, die durch leuchtende Billboards und Werbetafeln an visuelle Lichtspektakel im Stadtbild gewöhnt war. In den 1930er Jahren – mit der zunehmenden Beleuchtung der Städte – entdeckten Fotograf*innen die nächtliche Großstadt und ihre Lichtphänomene zunehmend als eigenständiges Bildmotiv. In Paris fotografierte beispielsweise Brassaï und in New York Berenice Abbott. Auftragsfotografen setzten die beleuchteten Hochhausschluchten der modernen Metropole oder die Glitzertraumwelten des Broadway und des Times Square in Szene. Auch *LIFE* veröffentlichte Fotografien nächtlich beleuchteter Großstadt-Szenerien: zum Beispiel 1939 in „When Night Comes to the World Fair", in dem die spektakuläre farbige Illumination der Gebäude, Skulpturen und Brunnen der Weltausstellung in Farbaufnahmen präsentiert wurde.[118] Die bunte Lichterwelt stand für die elektrifizierte, das heißt moderne Großstadt, als dessen Paradebeispiel die Stadt New York galt: 1941 erschienen zwei Beiträge, die sich New York und im Speziellen dem nächtlich beleuchteten Times Square widmeten.[119] Im Kontext des Krieges erhielt

117 Es ist durchaus anzunehmen, dass Aufnahmen zerstörter Gebäude und toter oder verletzter Menschen von der russischen Regierung zensiert wurden beziehungsweise derartige Aufnahmen gar nicht erst gemacht werden durften. In ihrem Buch beschreibt Margaret Bourke-White immer wieder die rigide russische Zensur.

118 Vgl. *LIFE*, 07.08.1939, S. 36–42.

119 Speaking of Pictures – This Is the World's Great City of Light. In: *LIFE*, 27.01.1941, S. 8–11; Speaking of Pictures – These Are Best yet of Times Square at Night. In: *LIFE*, 08.12.1941, S. 14–17.

die Stadtbeleuchtung eine militärische, aber auch neue symbolische Dimension. So verstand *LIFE* in seinem Beitrag das hell erleuchtete New York als ein Symbol für Freiheit und Demokratie, im Gegensatz zu den verdunkelten Städten Europas.[120] Im Verlauf des Krieges traten vor allem die Lichteffekte verdunkelter Städte in den Vordergrund. Auch Bourke-White fotografierte 1939 das menschenleere, nächtliche London und das geisterhafte Liniengespinst, das die Autoscheinwerfer durch die Langzeitbelichtung in den dunklen Straßen hinterließen. Ihre Fotografien aus Moskau reihen sich in diesen Kontext ein.

Margaret Bourke-Whites Aufnahmen sind alle so aufgebaut, dass sich im Vordergrund die dunkle Silhouette eines prominenten Moskauer Gebäudes abhebt, die zugleich den Bildraum nach unten abschließt. Anhand der Umrisse lassen sich der Kreml mit seinen Türmen und die Christ-Erlöser-Kathedrale mit den charakteristischen Zwiebelhauben leicht identifizieren. Als Schauplatz der dramatischen Ereignisse wird so die Stadt Moskau durch Gebäude, die die Bedeutung russischer Kultur und Geschichte repräsentieren, kenntlich gemacht. Genauso wenig wie das Lichtschauspiel Gefahr und Zerstörung ausstrahlt, sind auch diese Gebäude vom Luftangriff direkt betroffen. Kleinste Details der Architektur, wie Balustradenaufsätze und Turmspitzen, heben sich unversehrt von dem dramatisch beleuchteten Nachthimmel ab. Der Kampf zwischen Russland und dem deutschen Reich wird auf eine metaphorische Ebene verlagert: Die altehrwürdigen Gebäude fungieren als Zeichen einer kulturell und historisch reichen russischen Nation, die stellvertretend dem um sie herum wütenden Lichtersturm trotzen. Die Aufnahmen der nationalen Baudenkmäler lassen sich so als Symbol des russischen Widerstandsgeistes und seiner Wehrhaftigkeit lesen, die durch den sie umgebenden Kampf nicht beschädigt, sondern durch das dramatische Licht erst richtig in Szene gesetzt werden.

Die schwarzen Architektursilhouetten im Vordergrund bilden eine Barriere, die die Betrachter*innen räumlich von den Lichtereignissen trennt. Diese sind somit vom eigentlichen Konflikt räumlich und ästhetisch distanziert und können das Lichtschauspiel aus dieser sicheren Lage bestaunen.[121] Diese Position

120 „Here in America away from blackouts, the arriving travelers fearfully marvel that the Western world can still boldly enjoy cities of light". (Speaking of Pictures – This Is the World's Great City of Light. In: *LIFE*, 27.01.1941, S. 8–11, hier S. 9.)

121 Margaret Bourke-Whites Aufnahmen stehe damit am Beginn einer Tradition, die vor allem ab den 1990er Jahren und nach der für das Militär und die Regierung ernüchternden Erfahrungen der teilnehmenden Berichterstattung des Vietnamkrieges wieder an Bedeutung erlangte. So zählen die Aufnahmen des nächtlichen US-Bombardements auf Bagdad zu den visuell einprägsamsten Bildern des 2. Golfkrieges 1990–1991. Sie trugen maßgeblich dazu bei, den Krieg als sicher und sauber an die amerikanische Bevölkerung zu vermitteln. Vgl. dazu auch Paul: *Bilder des Krieges*, S. 365–405.

als unbeteiligte Zuschauer*innen spiegelt in gewisser Weise die reale Position der amerikanischen Öffentlichkeit: Sie nahm – da die USA selbst zu dem Zeitpunkt noch nicht am Krieg teilnahmen – die gezeigte Auseinandersetzung nicht als Bedrohung wahr, sondern konnte die Bilder hinsichtlich ihres ästhetischen Gehaltes wahrnehmen. Ein möglicher Luftangriff auf amerikanische Städte war dennoch ein Thema, das die Medien und die Öffentlichkeit 1941 bewegte. *LIFE* berichtete mit Vorher-Nachher-Bildern von Test-Verdunkelungen der Städte Newark und Seattle.[122] Zwei Wochen nach Kriegseintritt erschien ein ganzseitiger Artikel über Vorbereitungen auf zukünftige Luftangriffe mit einem Bild, das das leuchtende New York vom Empire State Building aus zeigte, auf dem die Schatten zweier Luftschutzhelfer über die Stadt wachten.[123] Diese neue Situation spiegelte sich in einer Aufnahme von Margaret Bourke-White, die *LIFE* für die bereits angesprochene Eigenwerbung verwendete, die am 15. Dezember, also knapp eine Woche nach Kriegseintritt der USA erschien. Die Möglichkeit eines potenziellen Luftangriffes wird hier über die direkte Gegenüberstellung der Aufnahme einer verdunkelten amerikanischen Stadt, Milwaukee, und dem verdunkelten Moskau angedeutet. Überschrift und Text betonten die Verbundenheit der amerikanischen Stadt und damit auch der amerikanischen Nation mit dem Schicksal Moskaus. Die Aufnahmen des Luftkampfes über Moskau zeigten allerdings keine ‚getroffene' Stadt, sondern eine im Licht des heroischen Abwehrkampfes leuchtende Stadt. Die Aufnahmen und auch die dazugehörige Berichterstattung von Margaret Bourke-White und *LIFE* zielten nicht auf Mitgefühl ab, sondern sollten wohl als Vorbild im Kampf gegen eine kriegerische Bedrohung von außen wirken.

Explosionen, Feuerbälle und Wolken aus Rauch

Nicht nur Luftangriffe, auch den Kampf um Territorialgewinne setzte Margaret Bourke-White in Form von Lichtphänomenen um. Im Folgenden sollen zwei Beispiele aus ihren Einsätzen in Italien genauer untersucht werden: Mitte Januar 1944 die Erstürmung des Monte Trocchio bei Cassino, dem letzten von Deutschen gehaltenen Hindernis vor dem Liri-Tal in Richtung Rom und der Artillerie-Begleitschutz eines nächtlichen Überfallkommandos auf deutsche Stellungen südlich von Bologna im Januar oder Februar 1945. (Abb. 32)
Im Gegensatz zu Robert Capa, der sich mit den Infanterietruppen durch Italien vorwärts kämpfte und somit nahe am Geschehen und den Soldaten arbeitete,

122 Vgl. *LIFE*, 09.06.1941, S. 40–41 (Newark); *LIFE*, 24.03.1941, S. 40 (Seattle).
123 Vgl. *LIFE*, 22.12.1942, S. 20–21.

Abb. 32
Margaret Bourke-White: Sperrfeuer der Artillerie zur Unterstützung eines Infanterieangriffs der Alliierten südlich von Bologna, Italien, Januar / Februar 1945.

war es Margaret Bourke-White als Frau nicht möglich, aus einer vergleichbaren Perspektive zu berichten. Sie musste andere Wege finden, um die Dramatik der Auseinandersetzungen an der Front zu vermitteln: als leuchtende Explosionen, in denen das gewaltsame Aufeinandertreffen der Gegner seine Energie entlud. Bourke-White entwarf damit einerseits ein einprägsames Bild, das symbolhaft für territoriale Eroberung im Allgemeinen stehen konnte.[124] Andererseits halfen diese im weitesten Sinn pyrotechnischen Motive, die kaum begreifbare

124 So wählte die *LIFE*-Redaktion Margaret Bourke-Whites Aufnahme des von einem Granatbeschuss leuchtenden Monte Formiche für einen Beitrag, der repräsentativ die Arbeit einzelner Kriegsreporter*innen von *LIFE* vorstellen sollte. Bourke-Whites Foto befindet sich auf einer Doppelseite gemeinsam mit Aufnahmen ihrer Kollegen J. R. Eyerman und David Scherman, die beide brennende Gebäude zeigen. Gemeinsam bilden sie eine Motivgruppe der Kriegsfotografie, in der Krieg als Feuer-, Explosions- und Lichtereignis visualisiert wird. Der Beitrag spiegelt allgemein die zwei wichtigsten visuellen Typen der Kriegsfotografie aus dem Zweiten Weltkrieg: Erstens die sozial und menschlich orientierte Fotografie, die sich auf das Schicksal der Soldaten

Gewalt und Zerstörungskraft des modernen Krieges und die damit einhergehende Sinnesüberwältigung zum Ausdruck zu bringen; ihre visuelle Ähnlichkeit mit Naturschauspielen hingegen minderte vordergründig die Schrecken der kriegerischen Gewalt. So verglich Margaret Bourke-White den Beschuss des Monte Trocchio im Winter 1943/1944 in Italien mit Sternschnuppen, einem Weihnachtsbaum und vor allem mit einem aktiven Vulkan: „As they dropped their bombs, the mountaintop began gushing forth gray mottled columns like a smoking volcano."[125] Noch stärker kommt ihre Assoziation mit einem aktiven Vulkan und Lavaeruptionen in der Aufnahme eines Artilleriebeschusses zum Ausdruck, die ein Jahr später im Rahmen ihrer Berichterstattung über die Aktivitäten der 5th Army südlich von Bologna entstanden sind.[126] Die Analogie von Artillerie und Vulkan im Italienfeldzug war nicht ungewöhnlich. *LIFE* veröffentlichte am 17. April 1944, zwei Monate nachdem Bourke-Whites Fotografien des glühenden und rauchenden Monte Trocchio publiziert worden waren,[127] ein zehnseitiges und zum Teil farbig illustriertes Photo-Essay über Vulkane, darunter auch den Vesuv in Neapel, der im März 1944 erneut ausgebrochen war. Der Beitrag zeigt Bilder der spektakulären Rauchwolken der Vulkane und stellt in der Überschrift explizit einen Bezug zu den Kampfhandlungen in Italien her: „Vesuvius. Eruption of World's Most Famous Volcano Competes for Attention with War in Italy."[128] Menschen- und naturgeschaffene Rauchsäulen ringen so auf den Seiten von *LIFE* um die Aufmerksamkeit der Betrachter*innen und der Öffentlichkeit.[129] Interessanterweise erschien der Beitrag über den Vulkan genau eine Woche nach einem Beitrag über die Front bei Monte Cassino, der ebenfalls mit dem Bild einer spektakulären Explosion operierte, allerdings nicht mit der

bis hin zu deren Tod konzentriert; zweitens die zweite Seite, die den Krieg als spektakuläres Ereignis schildert, dessen Gewalt sich in Feuer, Rauch und Explosionen entlädt. Vgl. War Photographers. In: *LIFE*, 05.11.1945, S. 97–113, Margaret Bourke-Whites Aufnahme ebd. S. 105.

125 Bourke-White: *Purple Heart Valley*, S. 175. Weitere von ihr benutzte Bezeichnungen sind „christmas tree", „fireflies" und „hail of falling stars" (ebd., S. 173–174).

126 Bourke-White sieht durchaus auch eine Nähe zu den Nachtaufnahmen aus Moskau. In einer die Negative begleitenden Erklärung an *LIFE*s Leiter der Dunkelkammer, Oscar Graubner, schreibt sie: „Should have a little that effect of the bombing of the Kremlin shot." (Margaret Bourke-White: Fifth Army – Bourke-White – for Life, maschinengeschiebenes Manuskript. MBW Papers, Box 71.)

127 Vgl. Artillery and Infantry in Italy. In: *LIFE*, 14.02.1944, S. 20–27, hier S. 23.

128 Vgl. Vulcano. Paricutín and Vesuvius. In: *LIFE*, 17.04.1944, S. 88–97, hier S. 96.

129 Ein weiteres direktes Beispiel für die Gegenüberstellung von kriegsbedingten Rauchwolken und denen eines Vulkanes findet sich in der Ausgabe vom 25. Oktober 1943: Aufnahmen des Angriffes auf die Pazifikinsel Lae (S. 29–33) werden einer Aufnahme des rauchenden Vulkanes Paricutín in Mexiko (S. 35) gegenübergestellt.

eines Vulkanes, sondern mit der des alliierten Artillerie- und Bombenbeschusses von Cassino, der vergleichbare visuelle Effekte hervorbrachte.[130] Diese und ähnliche Vergleiche stilisierten den Krieg zu einer unausweichlichen, bedrohlichen aber auch faszinierenden Naturgewalt.

Dem Motiv der untertags fotografierten Rauchsäulen und -wolken kommt eine ähnliche Bedeutung zu wie den Feuerbällen der nächtlichen Explosionen. So existieren von Margarete Bourke-White beispielsweise Aufnahmen aus den frühen Morgenstunden des Monte Trocchio unter Beschuss, in denen die Bergflanke mit weißen Rauchsäulen von Phosphorgranaten übersät ist oder Aufnahmen eines Angriffs auf deutsche Stellungen in den Bergen in der Nähe von Bologna, die ebenfalls weiße Rauchwolken über der Landschaft zeigen. Nicht nur bei Margaret Bourke-White, auch in Berichten über die Kämpfe um Troina oder den Chiunzi-Pass in Italien und Arawe oder Iwo Jima im Pazifik fungierten Bilder von Rauchwolken, -schwaden und -säulen als Marker für Kampfhandlungen und Angriff im weiteren Sinne. Da sich die reale Kampfsituation mit all ihren ohrenbetäubenden und sinnesverwirrenden Geräuschen, Gerüchen und visuellen Eindrücken einer unmittelbaren Darstellbarkeit durch die Fotografie entzog, eignete sich die Aufnahme einer Explosion wohl am ehesten, die Dramatik und Anspannung eines derartigen Geschehens in ein Einzelbild zu komprimieren. Die Explosionen brachten nicht nur die Sinnesüberwältigung zum Ausdruck, zugleich umhüllte der Rauch auch das eigentliche Geschehen. Tod und Zerstörung, die unter dem Rauch lagen, wurden dem Auge der Betrachter*innen entzogen; es eröffnete sich ein Freiraum für metaphorische Aufladungen.[131]

2. „It's a Big War"[132]: Industrie und Massenproduktion als strategisches Schlachtfeld

1942 veröffentlichte das von Präsident Roosevelt ins Leben gerufene War Production Board eine Broschüre mit dem Titel „Production Goes to War". W. H. Harrison, Direktor der Production Division schrieb in seinem Vorwort:

130 Vgl. They Stopped Us at Cassino. In: *LIFE*, 10.04.1944, S. 27–33, Abb. S. 27.

131 Siehe dazu auch Clément Chéroux, der die Bilder des 11. September 2001 und auch die Figur der Rauchwolke untersucht hat. Chéroux: *Diplopie*, S. 29–32. Aus diesem Blickwinkel scheint es nicht verwunderlich, dass einige Fotos von Explosionen und Rauchwolken zu ikonischen Bildern wurden, die symbolhaft für den Zweiten Weltkrieg stehen. Darunter etwa Eugene Smiths Aufnahme einer Explosion auf Iwo Jima, die am 9. April 1945 auf dem Cover von *LIFE* erschien und nicht zuletzt auch die Aufnahmen der Atombombenabwürfe in Japan.

132 So lautete der Titel eines Photo-Essays in *LIFE* mit Aufnahmen von Margaret Bourke-White, das am 10. Januar 1944 erschienen war.

> This is a war of production – machine against machine. It is total war, and the phrase means what it says – *total*. [...] This is the system which is the basis of our material civilization. It is mass production [...]. In peacetime it means more goods for more people, at lower prices. And it works in wartime, too. Just now it is working on behalf of the free people of the world – whether they live in this country, in Europe, or in the Far East. As a nation we have contracted to become the Arsenal of Democracy. It is the biggest and most responsible contract ever written. If we are to fulfill it on schedule and in good measure, there is no time to lose. There is nothing to do but work, produce, and fight.[133]

Interessant an Harrisons Aussage ist die mehrmals gebrauchte Metapher, die den Krieg als unternehmerische Aufgabe und Herausforderung beschreibt. Die Arbeit in der Industrie („produce") ist dem Kampf auf dem Schlachtfeld („fight") in ihrer Bedeutung für die Verteidigung des eigenen Landes gleichgestellt. Der von Roosevelt geprägte Begriff der USA als „Arsenal of Democracy" wird hier nicht im übertragenen Sinn, sondern ganz konkret als zu produzierendes Waffenarsenal verstanden.
Der Zweite Weltkrieg war nicht der erste industrialisierte Krieg, allerdings entwickelte sich das Bewusstsein für die vitale Rolle von Technologie, Industrie und Massenproduktion innerhalb der Kriegsführung zur vollen Blüte und fand vor allem in breitem Umfang Eingang in die visuelle Bildkultur. Auch wenn im Ersten Weltkrieg Kriegsgeräte aus moderner industrieller Fertigung zum Einsatz kamen, so blieben sie aus der Darstellung weitgehend ausgespart, wie Bernd Hüppauf festgestellt hat:

> Despite common knowledge of many details about this war of mass armies, technology, and economic strength, the images associated with it remained predominantly archaic images of individual suffering and heroism.[134]

Die Visualisierung blieb der Darstellungstradition vorangegangener Kriege verpflichtet und konzentrierte sich auf die Figur des Soldaten, der kämpfte, rastete, aß, lachte und starb.[135]

133 *Production Goes to War*, undatierte Broschüre der Division of Information, War Production Board, Washington D. C., o. P., S. I–II. https://archive.org/details/productiongoesto00unit (Zugriff am 28.01.2017).

134 Hüppauf: Experiences of Modern Warfare, S. 51.

135 Vgl. ebd.

Für die neue industrielle und massenhafte Dimension – sowohl in Bezug auf den Einsatz von Kriegsmaschinen und Menschen, aber auch hinsichtlich des Sterbens – war noch keine geeignete Bildsprache entwickelt worden. Diese Situation hatte sich im Zweiten Weltkrieg grundlegend verändert. Bereits Anfang des 20. Jahrhunderts hatte sich in den USA die massenhafte und preiswerte industrielle Produktion von Waren rasant weiterentwickelt. Mit dem Einsatz des Fließbandes konnte ab 1913 das neue Model T in Henry Fords moderner Automobil-Fabrik Highland Park mit einer Produktionszeit von nur etwas mehr als eineinhalb Stunden pro Stück gefertigt werden.[136] Ziel der Massenproduktion am Fließband war es, standardisierte Produkte zu einem günstigen Preis herstellen zu können und damit den Kreis der potenziellen Käufer maßgeblich zu erweitern. Diese Produkte wurden nun, angeheizt durch den zunehmenden Wettbewerb, mit Illustrationen und Fotografien beworben. Es war eine visuelle Bildkultur entstanden, die grundsätzliche Prinzipien der Massenproduktion wie Uniformität, Regelmäßigkeit und massenhafte Verfügbarkeit mit einer technoid-ästhetischen Aura auflud. Formal stand dabei eine Bildsprache im Vordergrund, die die Prinzipien des Neuen Sehens und der Neuen Sachlichkeit popularisierte und auf die auch Margaret Bourke-White in ihren Produktfotografien zurückgriff. Auf diese Bildwelt konnte nun im Zweiten Weltkrieg aufgebaut werden, um die maximierte Produktivität der Kriegsindustrie der USA auf positive Weise ins Bild zu setzen. Mit der Infrastruktur der zivilen Massenindustrie wurde sozusagen auch die entsprechende Bildsprache mit-mobilisiert.
Mit dem Aufgreifen von Repräsentationsmethoden, die der zivilen Wirtschaftskultur entstammten, wurde den Sehgewohnheiten der Heimatfront Rechnung getragen, auf die die Kriegswirtschaft in Form von Arbeitskraft und der Teilnahme an Rationierungsmaßnahmen angewiesen war. Neben einer Engführung von Kampf- und Heimatfront, die die Bedeutung letzterer hervorhob und auch ein Sicherheitsversprechen in sich barg, führte dies auch zu einer visuellen Zivilisierung des Krieges. Andererseits war die miliärische Bedeutung der Massenproduktion im Kontext des Krieges stark gestiegen. Alle Kriegsteilnehmer waren sich dieser Situation bewusst und kämpften darum, auf der Ebene der industriellen Produktion die Gegner zu übertreffen. „The essential economic aim was to outproduce the enemy“ schrieb Alan Milward in seiner Studie über die amerikanische Gesellschaft und Wirtschaft im Zweiten Weltkrieg.[137] Dieser Wettkampf

136 Vgl. Joseph B. Pine: *Mass Customization: The New Frontier in Business Competition.* Boston: Harvard Business School Press 1993, S. 16.
137 Milward: War, Economy, and Society, S. 53.

wurde nicht nur an der Front und über den Einsatz der produzierten Waffen und Kriegsgeräte geführt, sondern auch über Bilder, anhand derer die technologische und produktive Überlegenheit der eigenen Nation ebenso wie die Unterlegenheit der Gegner kommuniziert wurde. Die Kriegsindustrie wurde so zum ideellen Schlachtfeld, auf dem sich die feindlichen Parteien gegenübertraten.

Zeigen, was man hat: die Leistungsfähigkeit der US-Industrie

Nach Jahren der wirtschaftlichen Depression brachte der große Bedarf an Rüstungsgütern, zunächst für Lend-and-Lease-Verträge mit Großbritannien und Russland und nach Kriegseintritt auch für die eigene Armee, einen rasanten Ausbau und Umbau des industriellen Sektors. Während des Krieges entstanden mehr als 17 Millionen neue Jobs, der Index der industriellen Produktion stieg um 95 Prozent; neue Industriezweige, zum Beispiel zur Herstellung von Synthesekautschuk, entwickelten sich. Eine verstärkte Mechanisierung der Arbeitsprozesse zur Reduzierung menschlicher Arbeitskraft und die steigende Beschäftigungsrate von Frauen kennzeichneten die industrielle Mobilisierung der USA im Zweiten Weltkrieg.[138]

Als Fotografin, die viele Jahre für die Werbeindustrie, große Unternehmen und die Wirtschaftszeitschrift *Fortune* als Industrie- und Produktfotografin gearbeitet und deren Bildsprache entscheidend mitgeprägt hatte, brachte Margaret Bourke-White beste Voraussetzungen mit, die amerikanische Kriegswirtschaft in ihren immensen Ausmaßen fotografisch fest zu halten. So erarbeitete sie für *LIFE* beispielsweise ein Photo-Essay über Frauen in der Stahlindustrie.[139] Für die Army Service Forces arbeitete Bourke-White 1943 an der Visualisierung der fertigen Produkte der Rüstungsindustrie und des reibungslosen Transportes dieser Produkte an ihren endgültigen Bestimmungsort – die Front.[140] Ihr Auftrag führte sie zunächst nach Camp Pickett in Virginia, einem Sammellager für Kriegsmaterial, das nach Übersee verschifft werden sollte. Ihre Aufnahmen aus dem Lager lassen sich grundsätzlich in drei Kategorien einteilen: Ein Drittel gibt aus erhöhter Position einen Überblick auf zahllose identische Reihen von Rüstungsgütern wie Amphibienfahrzeuge, Jeeps oder Lastenanhänger. (Abb. 33) Bourke-White arbeitete hier mit den für ihre Produktaufnahmen charakteristischen Hell-Dunkel-Kontrasten, die die grafischen Strukturen der Objekte und der Komposition herausarbeiten. Die Gegenständlichkeit wird in eine aus hellen

138 Vgl. Blum: *V was for Victory*, S. 90–91.

139 Women in Steel. In: *LIFE*, 09.08.1943.

140 Zu weiteren Aufnahmeserien, die in Zusammenhang mit den Army Service Forces entstanden sind, siehe auch Kap. III.2.

Abb. 33: Margaret Bourke-White: Kriegsmaterial im Sammellager Camp Pickett, USA, August 1943.

sowie dunklen Flächen und Linien bestehende Struktur aufgelöst, die den repetitiven Charakter der sich beständig wiederholenden Formen hervorstreicht, die sich zu einer ornamental anmutenden Massenstruktur zusammenschließen. Der Boden des Lagers wirkt vollständig mit diesen Strukturen bedeckt, die über die angeschnittenen Bildränder hinausdrängen. Die absolute Gleichförmigkeit und Regelmäßigkeit vermittelt – wie bereits in den Produktaufnahmen aus den späten 1920er und frühen 1930er Jahren – die grundlegenden Prinzipien der industriellen Massenfertigung: Standardisierung und Uniformierung, und damit auch das Erfolgsprinzip der amerikanischen Rüstungsproduktion. Die Anordnung entlang von Diagonalen versinnbildlicht in vergleichbarer Weise den Produktionsprozess auf einem kontinuierlich laufenden Förderband, das in regelmäßigen Abständen ein identisches Produkt ‚ausspuckt' und dessen potenziell unendliche Verfügbarkeit nahelegt. Über die angeschnittenen Diagonalen, die aus dem Bild herausweisen, wird die kontinuierliche Fortbewegung des Kriegsgerätes vom Fließband bis zum endgültigen Bestimmungsort an der

Front, vermittelt. Das Verständnis der Logistik als weltumspannende Verlängerung eines reibungslos laufenden Fließbandes beschreibt Bourke-White in *They Called It Purple Heart Valley*: „All this was the result of a chain-belt system which girdled the world – reached from our factories to the front lines, according to a process known to the Service Forces as 'logistics'."[141] Ihre Aufnahmen liefern so das rückversichernde Bild einer überwältigenden Masse an Kriegsmaterial. Das von Harrison angesprochene „Arsenal of Democracy" wird sowohl den eigenen Bürgern als auch dem Feind als hervorragend gefüllt präsentiert. Die Massenproduktion lieferte dabei nicht nur die Waffen zur Verteidigung demokratischer Werte, sondern wurde in sich selbst als ein demokratischer Herstellungsprozess verstanden, der jedem Menschen die Güter der Konsumgesellschaft zugänglich machte.

In einer Reihe von weiteren Aufnahmen fotografierte Margaret Bourke-White das Sammellager nicht aus einer Überblicksposition von oben, sondern fokussiert auf einzelne Reihen von Kriegsmaterial, die sie ebenfalls an steil in die Bildtiefe führenden Diagonalen ausrichtete. Die leichte Untersicht betont die Massigkeit und Größe der gezeigten Objekte; die Maßstabsverhältnisse sind dabei ins Monumentale übergesteigert. Die zwischen den Geräten gehenden oder darauf arbeitenden Männer liefern den vergleichsweise winzigen menschlichen Maßstab. Die Präsentation der Massen an monumentaler Kriegstechnik stellt die produktiven und logistischen Anstrengungen und Leistungen in den Vordergrund. Die USA werden als technologischer und ökonomischer Riese dargestellt und die ebenso riesenhafte Ausrüstung gezeigt, die es benötigt, um sich in einem totalen Krieg erfolgreich zu behaupten. Bourke-White griff hier ebenfalls auf einen Bildaufbau zurück, der ihr bereits 1936 im Rahmen ihrer Arbeit über den Fort Peck Staudamm geholfen hatte, die Massivität des Baues und die Mächtigkeit der dahinterstehenden Ingenieursleistung deutlich zu machen. Der Rückbezug auf die 1930er Jahre und im speziellen auf ein Projekt des New Deal scheint auch hier nicht zufällig. Sowohl der Krieg als auch die Massenarbeitslosigkeit und soziale Notsituation der großen Depression stellten eine besondere Herausforderung für die amerikanische Nation dar, die in einer gemeinsamen Anstrengung und mithilfe des technologischen Vermögens des Landes gemeistert werden sollte.

Anfang September 1943 führte Bourke-White ihr Auftrag wieder nach Nordafrika, wo sie die Auslieferungslager der Army Service Forces in Bizerte, Ferryville, Casablanca und Oran nach vergleichbaren Prinzipien fotografierte. Neu ist,

141 Bourke-White: *Purple Heart Valley*, S. 17.

dass in einzelnen Aufnahmen die langen Reihungen an Kriegsmaterial nun auch in das Stadtbild der besetzten Orte integriert sind. Endlose Reihen von Sherman Panzern oder 37-mm-Kanonen ziehen sich etwa durch die Straßen von Bizerte und markieren visuell die reale Inbesitznahme dieses Territoriums. Die Regelmäßigkeit des dargestellten Waffenmaterials und ihrer sequenziellen Anordnung im Lager in den USA und später in den Straßen nordafrikanischer Städte bestätigen die weiter oben angesprochene geregelte Ordnung der logistischen Organisation, deren Ablauf vom Fließband bis zum Einsatzort an der Front reibungslos in einem Bewegungsfluss verläuft. Die in diesen Aufnahmen vermittelte Perfektion und Effizienz der Massenproduktion – bezogen auf die Produktionsabläufe wie auch die Produkte selbst –, bilden die Blaupause für eine ‚professionelle' und erfolgreiche Abwicklung des Krieges.[142] Am 10. Januar 1944 erschien schließlich unter dem Titel „It's a Big War" das aus Bourke-Whites Fotos zusammengestellte Photo-Essay in *LIFE*, das die immensen Nachschubkapazitäten und die reibungslose Versorgung der Soldaten von der Verköstigung bis hin zur Bestattung als Hauptaufgabe der Army Service Forces zum Thema hatte.[143]

Evaluation des Gegners

Neben der positiven Darstellung der eigenen Kriegswirtschaft spielte die Auseinandersetzung mit der Wirtschaft des Gegners eine wichtige Rolle in der Berichterstattung über den Zweiten Weltkrieg. Grundsätzlich erhielt die Wirtschaft Deutschlands dabei eine größere Aufmerksamkeit als die Japans oder anderer Verbündeter des Deutschen Reiches. Seit Kriegsausbruch in Europa fanden sich in den Publikationen des Time Inc. Verlages wie *LIFE* oder *Fortune* regelmäßig Beiträge über die deutsche Wirtschaft. Vor Kriegseintritt der USA konzentrierte sich die Berichterstattung vorrangig auf die Stärke der deutschen Wirtschaft und des deutschen Militärs. In einem mehrseitigen Artikel in *LIFE* warnte der

142 Der Rückbezug auf Visualisierungsformen der zivilen Industrie spiegelt in gewisser Weise aber auch die Abhängigkeit der Rüstungsindustrie von Einsatz und Kooperationswillen der zivilen Industrie. In den USA gab es vor dem Zweiten Weltkrieg keine Tradition der Rüstungsindustrie. Auch die Beteiligung am Ersten Weltkrieg war von zu kurzer Dauer, um einen eigene militärischen Industriezweig zu entwickeln. Isolationismus und eine Ablehnung von Krieg und Militarismus führten dazu, dass auch nach dem Ersten Weltkrieg alle Anstrengungen auf eine zivile Wirtschaft ausgerichtet waren. Die Regierung und das Militär mussten also auf das Know-How und das Management der zivilen Unternehmen zurückgreifen, die bereits eine enorme Produktivität kennzeichnete, die nun zu Kriegszwecken umgebaut werden musste. 1944 produzierte schließlich jeder Angestellte in einer amerikanischen Flugzeugfabrik doppelt so viele Flugzeuge wie ein deutscher Arbeiter und viermal so viele wie ein japanischer. Vgl. Overy: *Why the Allies Won*, S. 191–197.

143 It's a Big War. In: *LIFE*, 10.01.1944, S. 34–42.

Militärexperte und Redakteur der *New York Times* Hanson W. Baldwin in drastischen Zahlen vor der militärischen und materiellen Überlegenheit Deutschlands.[144] Das Ausspielen des als maximal dargestellten Kampfkraftunterschiedes sollte die Bevölkerung und die Entscheidungsträger zu einer massiven Aufrüstung der USA motivieren. Die auf zum Teil übertriebenen Produktivitätszahlen basierende Argumentation war ein probates Mittel, die von Deutschland ausgehende Gefahr zu untermauern und so die USA aus ihrem Isolationismus zu treiben.[145] Mit Kriegseintritt veränderte sich die Situation. Nun rückte die Darstellung der erfolgreichen Zerstörung der deutschen Kriegsindustrie in den Vordergrund. Bereits in zwei Beiträgen 1942 und 1943 zum „War's Aftermath in North Africa" stand die zurückgelassene und beschädigte Ausrüstung des deutschen Heeres im Zentrum.[146] 1945 erarbeitete Bourke-White im Auftrag von *LIFE* und der U.S. Air Force schließlich eine umfangreiche Serie über zerstörte Produktionsstätten der deutschen Rüstungsindustrie und ihrer Manager. Sie lässt sich ebenfalls als Symbol der (industriellen) Niederlage Deutschlands lesen, veranschaulichte für die Fotografin aber auch die Verstrickung der deutschen Wirtschaft in den Krieg und das nationalsozialistische Regime.

Margaret Bourke-White war nicht nur aufgrund ihrer Erfahrung als Industriefotografin gut geeignet für diese Aufgabe, sondern hatte sich auf zwei Reisen nach Deutschland auch den Ruf einer Kennerin der deutschen Wirtschaft erarbeitet. Bereits im Sommer 1930 war sie gemeinsam mit *Fortune*-Chefredakteur Parker Lloyd-Smith erstmals nach Deutschland gereist, um dort die wieder erstarkende Wirtschaft zu fotografieren.[147] Die beiden besuchten Firmen, wie die UFA in Neubabelsberg, das I.G.-Farben-Werk in Leuna, die AEG in Berlin und die Werft des Norddeutschen Lloyd in Bremen. Einzig für die Krupp-Werke in Essen erhielten sie keine Besuchsgenehmigung. Bourke-White wurde bei Außenaufnahmen kurzzeitig sogar wegen Industriespionage festgenommen. Für die Visualisierung der deutschen Wirtschaft wählte Margaret Bourke-White eine ganz ähnliche Vorgehensweise wie für die Corporate Story über amerikanische

144 Er stellt 260 deutsche Divisionen, davon 25 gepanzert, 50 britischen Divisionen, davon 5 gepanzert, gegenüber und sieht die deutsche Armee um einiges kampferprobter. Er stellt 5.700 bis 8.500 deutschen Kampfflugzeugen 3.500 bis 4.500 der Royal Air Force gegenüber und sieht die deutsche Armee in allen militärischen Bereichen überlegen, ausgenommen die Überseeschifffahrt der Marine. Siehe Hanson W. Baldwin: Blueprint for Victory. In: *LIFE*, 04.08.1941, S. 33–47.

145 Vgl. Overy: *Why the Allies Won*, S. 110.

146 Aftermath of War. In: *LIFE*, 21.12.1942, S. 96–105; War's Aftermath in North Africa. In: *LIFE*, 14.06.1943, S. 21–32.

147 Vgl. Goldberg: *A Biography*, S. 125.

Unternehmen. Die deutsche ist in den Aufnahmen von der amerikanischen Industrie grundsätzlich kaum zu unterscheiden. Auch die Bildunterschriften im *Fortune*-Beitrag betonen die Nähe zu amerikanischen Unternehmen.[148] Die UFA wird als „Germany's small but compact Hollywood" bezeichnet und AEG mit General Electric verglichen, das tatsächlich Anteile an dem Unternehmen besaß. Obwohl nahezu alle gezeigten Firmen im Ersten Weltkrieg Rüstungsunternehmen waren, wurde in diesem Beitrag die politische Dimension der Wirtschaft ausgeblendet. Dass die Leuna-Werke aus einem Rüstungsbetrieb hervorgegangen waren, wurde zwar angesprochen, aber dass die Düngemittelherstellung potenziell auch zur Erzeugung von Salpetersäure und damit Sprengstoffen verwendet werden konnte, kam nicht zur Sprache. Stattdessen wurde die Fabrik in einem anderen kurz zuvor erschienenen Bericht über Stickstoff als „ultimate monument of industrial design" gefeiert.[149] Bourke-Whites Aufnahmen und der Bericht in *Fortune* konzentrierten sich auf das Verbindende: die gemeinsame Bedeutung der Industriekultur. Die großen innenpolitischen Probleme, die schließlich in der Reichstagsauflösung im Juli 1930, also zu der Zeit als sich Bourke-White gerade in Deutschland befand, gipfelten, blieben gänzlich ausgeblendet. Die Fotografien und der Beitrag in *Fortune* zeichneten ein Idealbild Deutschlands, das politisch stabil und ökonomisch erholt wieder zum wirtschaftlichen Partner der USA werden konnte und in das einige Unternehmen wie etwa General Electric bereits wieder investiert hatten.[150]

Im Sommer und Herbst 1932 besuchte Margaret Bourke-White auf der Durchreise nach Russland ein zweites Mal Deutschland. Im Auftrag von *Fortune* fotografierte sie dort Manöver der deutschen Reichswehr. Nach der ersten Abrüstungskonferenz des Völkerbundes in Genf im Februar 1932, auf der Deutschland auf Gleichberechtigung in Rüstungsfragen gepocht hatte, war die potenzielle Aufrüstung der deutschen Reichswehr wieder zum Thema geworden und *Fortune* wollte seiner Leserschaft offenbar einen Eindruck aus erster Hand liefern. Vier ihrer Aufnahmen wurden im Januar 1933 zusammen mit weiterem Bildmaterial von Bildagenturen wie Wide World oder European Picture Service, in einem Beitrag von Frederick Kuh unter dem Titel „Germany's Reichswehr" veröffentlicht.[151] Ihre Aufnahmen zeigen eine Riege uniformer,

148 Germany in the Workshop: An Industrial Portfolio. In: *Fortune*, Dezember 1930, S. 89–94.

149 Nitrogen: III – Biggest Leuna. In: *Fortune*, Oktober 1930, S. 61.

150 Siehe zu diesem Verständnis u. a. auch: Our Interest in Germany. In: *New York Times*, 19.10.1930.

151 Germany's Reichswehr. In: *Fortune*, Januar 1933, S. 49–57.

ernst und entschlossen blickender Soldaten, die standhaft und undurchdringlich wirkt. Kuh betont in seinem Text die qualitativ hochwertige Ausbildung der Rekruten, die vom Imkern und Gärtnern über die sportliche Ertüchtigung, von Physik- und Chemieunterricht bis hin zu militärischen Manövern reichte. Schwerpunkt des Beitrages waren die Attrappen, mithilfe derer die deutsche Armee ihre Manöver übte, weil ihr aufgrund der Restriktionen des Friedensvertrages von Versailles Panzer und Flugabwehrgeschütze fehlten. Auf fast ironische Weise setzte Bourke-White diese ‚Spielzeugwaffen' ins Bild, eine gewisse Komik beherrscht viele der Aufnahmen wodurch die Anstrengungen der deutschen Reichswehr ins Belustigende kippen. Ernsthafte Gefahr scheint von diesen Bienenzüchtern und Papp-Panzer fahrenden Herren nicht auszugehen. Die Fotos spiegeln damit die Meinung und gravierende Fehleinschätzung des Autors Kuh: „But no matter how efficient it may be, it is as yet no threat to the peace of Europe." An anderer Stelle geht er noch weiter und schreibt „[...] it would require years rather than months to reequip plants for production of heavy artillery and shells on a big scale."[152]

Während in den Aufnahmen aus den frühen 1930er Jahren zunächst ein freundschaftlich-wohlwollender und später ein belustigt-verharmlosender Blick das Bild der deutschen Industrie beherrscht, ist es in der letzten Phase des Zweiten Weltkrieges Bourke-Whites zentrale Aufgabe, gerade die enorme Größe der deutschen Kriegswirtschaft und deren erfolgreiche Zerstörung durch die U.S. Air Force zu veranschaulichen. Auch in diesen Aufnahmen baut sie auf Darstellungsprinzipien der amerikanischen Wirtschaft, allerdings nicht, um Gemeinsamkeiten aufzuzeigen, sondern um die Bilder effizienter Produktion genau in ihr Gegenteil zu kehren: der Stilllegung, Zerstörung und Defunktionalisierung der deutschen Rüstungsindustrie.

Die zerstörte deutsche Rüstungsindustrie

Margaret Bourke-White kam also auf vertrautes Terrain, als sie mehr als zehn Jahre nach ihrer ersten Deutschland Reise im Zuge ihres Auftrages für die United States Strategic and Tactical Air Force (USSTAF) und *LIFE* im Frühjahr 1945 die Bombenschäden deutscher Industrieanlagen und -städte nicht nur aus der Luft, sondern auch vom Boden aus dokumentieren sollte.[153] Sie arbeitete zeitgleich mit den Offizieren des United States Strategic Bombing Survey (USSBS),

152 Germany's Reichswehr. In: *Fortune*, Januar 1933, S. 57.
153 Bourke-White: *Dear Fatherland*, S. 41.

die anhand von Beobachtungen vor Ort, Befragungen der Bevölkerung, der Mitarbeiter*innen, Firmenmanager, führender Politiker und Beamter sowie der Recherche von Dokumenten die Auswirkungen und Effekte des alliierten Bombardements in Deutschland untersuchten. Ob Bourke-White mit Mitarbeitern des USSBS in Kontakt stand, lässt sich nicht eindeutig belegen. Allerdings fotografierte sie Orte (wie das I. G.-Farben-Werk in Leuna), die in dem im September 1945 erschienen Abschluss-Report der USSBS ebenfalls Erwähnung fanden,[154] und porträtierte führende Persönlichkeiten der Wirtschaftswelt, die auch von der USSBS befragt worden waren, etwa Hugo Stinnes und Walter Rohland.[155] Ihre Notizen zu den einzelnen Aufnahmen zeugen zudem von einem grundlegenden Verständnis der strategischen Ausmaße der Luftangriffe und decken sich zum Teil mit Erkenntnissen, die die USSBS in ihrem Abschlussbericht veröffentlichte.[156]

In jedem Fall brachte Margaret Bourke-White sowohl ein grundsätzliches Verständnis für die Funktionsweise von Industriebetrieben als auch ein festes Konzept der Visualisierung derselben mit nach Deutschland. Spätestens ab Mitte März fotografierte sie die wichtigsten Unternehmen und Produktionsstätten der deutschen Industrie vom Boden aus.[157] Zu den von ihr besuchten Orten zählen ein Öldepot in Bad Berka, Fabriken und Stahlwerke von Krupp in Essen, die Dunlop-Reifen- und Gummifabrik in Hanau, die Zeiss-Werke in Jena, eine unterirdische Flugzeugfabrik bei Kahla, die Panzerfabrik Wegman & Co.

154 *The United States Strategic Bombing Survey, Summary Report (European War),* September 1945. Reprint der Air University Press Maxwell Air Force Base Alabama, Oktober 1987. http://www.dtic.mil/cgi-bin/GetTRDoc?AD=ADA421958 (Zugriff am 28.01.2017).

155 Allgemein dazu Klaus-Dietmar Henke: *Die amerikanische Besetzung Deutschlands.* München: Oldenbourg 2009, S. 480–533.

156 So schreibt Bourke-White in Zusammenhang mit einem Krupp Werk, dass gezielt das Wasserkühlsystem angegriffen wurde – als erfolgversprechendste Taktik, die Fabriken auszuschalten, die über Hochöfen verfügten und großes militärisches Gerät wie Kanonen oder Lokomotiven herstellten. Auch der USSBS-Report beschreibt diese Taktik als besonders effektiv im Vergleich zu Angriffen auf die Gesamtstruktur der Fabriken, die den massiven Hochöfen oder Walzwerken als Kern der Produktion keine irreparablen Schäden zufügten. Siehe United States Strategic Bombing Survey, Summary Report S. 27. Zu einer genaueren Analyse der Aufnahmen von Lee Miller siehe Menzel-Ahr: *Lee Miller*, S. 105–110. Die Fotografinnen arbeiteten zum Teil an denselben Orten. So fotografierten beide einen sich in Bau befindlichen Me-262-Düsenjäger – eine der „Wunderwaffen", die Deutschland zum Endsieg verhelfen sollte – in den unterirdischen Flugzeugfabriken in Kahla bei Jena (bei Menzel-Ahr als Großentersdorf – es ist wohl der Ort Großeutersdorf bei Kahla gemeint – identifiziert, ebd., S. 109).

157 Margaret Bourke-White machte auch zahlreiche Luftaufnahmen zerstörter deutscher Fabriken im Zuge ihrer „air bombardement story" für *LIFE*. Siehe dazu Kap. IV.1.

Abb. 34: Margaret Bourke-White: Wälzlagerfabrik VKF, Schweinfurt, Deutschland, Frühjahr 1945.

bei Kassel, das I. G.-Farben-Werk in Leuna und die Wälzlagerfabrik VKF in Schweinfurt. Ihre Aufnahmen lassen sich formal in drei Gruppen gliedern, von denen zwei an Darstellungsformen der amerikanischen Industrie anknüpfen, die Bourke-White neben Kollegen wie Charles Sheeler maßgeblich mitgeprägt hatte. Aufnahmen der Fabriken in Leuna, Schweinfurt und Essen (Abb. 34) zeigen diagonal in die Bildtiefe führende Produktionshallen oder Rohrleitungen wie sie auch in Sheelers Aufnahmen aus der Ford-Fabrik River Rogue (Abb. 35) oder Bourke-Whites Aufnahme der Otis-Steel-Werke in Cleveland zu finden sind. Gemeinsam ist ihnen der Bildaufbau aus gegenläufigen, den Bildraum durchschneidenden Diagonalen und das Gegeneinandersetzen von horizontalen und vertikalen Elementen. Doch während dieser Bildaufbau Dynamik, Bewegung und Produktivität suggeriert und zugleich Stabilität, Regelmäßigkeit und Ordnung betont, nutzte Margaret Bourke-White ihn in den Aufnahmen der deutschen Fabriken, um genau das Gegenteil zu visualisieren. Das aus durchlaufenden Diagonalen bestehende Grundgerüst ist zwar noch da, die Geschlossenheit und die Regelmäßigkeit der einzelnen Linien und Bänder sind jedoch aufgebrochen. Die Formen sind geknickt, abgebrochen und in ein unübersichtliches Chaos aus Kleinteilen zersplittert. Die als ungehindert fortlaufende Bewegung visualisierte Produktivität ist ganz augenscheinlich unterbrochen und

Abb. 35: Charles Sheeler: Bereich um den Koksofen, Ford-Fabrik River Rouge, Dearborn, Michigan, USA, 1927.

zerstört. Bourke-White gelingt es dadurch, nicht nur die physische Zerstörung der Produktionsmaschinen und -gebäude zu zeigen, sondern auch die eigentlich durch die Luftangriffe intendierte Unterbrechung und Stilllegung des Flusses der deutschen Rüstungsproduktion zu veranschaulichen.
Ein weiteres Verbindungsglied zur Darstellung modernster Industrieanlagen der 1920er und 1930er Jahre liegt in der Betonung der Monumentalität und Plastizität der einzelnen architektonischen Grundformen, aus denen Bourke-White und Sheeler in ihren Aufnahmen aus den 1920er Jahren abstrakte, ineinander verschachtelte Kompositionen entwickelten. Auch in ihren Aufnahmen deutscher Fabriken arbeitete Bourke-White die dominanten plastischen Formen heraus und betonte damit die Monumentalität der deutschen Industrie und ihrer Leistungsfähigkeit.[158] Allerdings zielte dies weniger darauf ab, die deutsche Wirtschaft und ihre Fertigungsstätten und Produkte zu überhöhen, wie es für die Darstellungen der amerikanischen Fabriken gilt, sondern darauf,

158 Interessanterweise findet sich diese Darstellungsweise hauptsächlich bei Aufnahmen aus den Krupp-Werken und im I. G.-Farben-Werk in Leuna. Beide zählen wohl zu den bekanntesten und größten Unternehmen, die bereits in *Fortune* in den 1930er Jahren als Weltkonzerne vorgestellt worden waren.

die davon ausgehende monumentale Bedrohung zu veranschaulichen, die die U.S. Air Force zu stoppen vermochte. Im Gegensatz zu den perfekten Oberflächen und Formen, beispielsweise der River-Rogue-Fabrik, befinden sich die riesigen Formen in Deutschland in einem jämmerlichen Zustand. Die gigantischen Rohrleitungen sind zerquetscht, verbogen und zerborsten. Das Bildwürdige ist hier nicht mehr die Monumentalität der prosperierenden Industrie sondern die der Zerstörung, wie Katharina Menzel-Ahr für die Aufnahmen Lee Millers feststellte.[159] Für Miller steht jedoch der surreale Aspekt der Zerstörung im Vordergrund. Sie beschreibt die Ruinen der I. G.-Farben-Fabrik in Ludwigshafen, in der sie fotografierte, als „lunatic landscape".[160] In ihren Aufzeichnungen zu den Aufnahmen aus den Krupp-Werken unterstrich Bourke-White hingegen die gebrochene Monumentalität anhand der einst gigantischen Produktionsleistung der nunmehr zerstörten Fabriken: „In the heat treating dept. rolled about 10,000 of ingot armor plate a month – means about 6000 t finished steel amour [*sic*] plates monthly." An anderer Stelle führt sie weiter aus: „The electric Steel plant, which was attached to Open Hearth Steel Plant No. 3, made 7000 Tons electric steel a month, when fully operating."[161] Bourke-White betonte nicht nur die Produktionsleistung, sondern beschrieb auch die hergestellten Rüstungsgüter allesamt im Superlativ, als „supertank" oder „greatest gun in the world". In den Aufnahmen veranschaulichte sie die gigantischen Ausmaße sowohl der Produktion als auch der Produkte erneut durch die Einbeziehung menschlicher Figuren als Maßstab. In Leuna begleitete sie einen der führenden Mitarbeiter von I. G. Farben, Dr. Landmann – laut ihren Angaben Entwickler des Hydrierprozesses für hochoktanigen Kraftstoff, der in Leuna gewonnen wurde – auf einem Rundgang durch das beschädigte Werk. Seriös gekleidet mit Anzug und Hut begutachtet er die Zerstörung seiner Erfindung. Erfolg und Niederlage, Aufstieg und Fall des Chemikers, stellvertretend für das ganze Werk und die deutsche Industrie, manifestieren sich darin. Auch in zahlreichen ihrer Aufnahmen aus den Krupp-Werken befinden sich Menschen im Bild. Hier allerdings nicht Führungspersönlichkeiten, sondern ehemalige Arbeiter, die nun in den Werken aufräumen und Rohstoffe für eine weitere Verwertung sichern. Gegenüber den riesenhaften Maschinen und halb fertigen Waffenteilen wirken sie verschwindend klein und veranschaulichen die gewaltigen Kräfte, die sowohl bei der Produktion als auch bei der Zerstörung am Werk gewesen sein

159 Menzel-Ahr: *Lee Miller*, S. 108.

160 Zit. n. Antony Penrose (Hrsg.): *Lee Miller's War. Photographer and Correspondent with the Allies in Europe 1944–45*. Boston / Toronto: Little, Brown 1992, S. 173–174.

161 Unbetiteltes, maschinengeschriebenes Manuskript. MBW Papers, Box 70.

müssen. Im Gegensatz zu den Aufräumarbeiten der U. S. Army Engineers, die Bourke-White in Neapel fotografiert hatte, fehlt hier allerdings die Aura des Aufbruches. In manchen Aufnahmen wirkt es eher so, als würden die ehemaligen Krupp-Arbeiter von den umgestürzten oder zerborstenen Elementen nahezu zerquetscht oder erdrückt. Besonders augenfällig wird dies in einer Aufnahme, die einen Mann in gebückter Haltung in dem Endstück einer Kanone stehend zeigt. Der ehemals glorreiche Ruhm des Werkes und seiner Waffen hat sich in eine demütigende Niederlage und erdrückende Belastung verwandelt.
Die Veranschaulichung der gigantischen Ausmaße und Innovationksraft der deutschen Rüstung kehrte sich ins Gegenteil und dient gerade dazu die Leistung der alliierten Luftwaffenverbände, die es geschafft haben, diese Industrie und die von ihr ausgehende Bedrohung zu stoppen, ins rechte Licht zu rücken. In ihren Notizen schrieb sie: „General views of wreckage of gun shop, Krupp, Essen. On floor are partly finished gun tubes for a new super-tank, fortunately never completed [...].“ An anderer Stelle fügt sie hinzu: „

> These are remnants of the greatest gun in the world. This monstrous gun rode on two railroad tracks, its projectile had enormous piercing power when used against fortifications. The first of its kind was built to be used against Sewastopol. The one shown in ruins here was to have been the second – was never completed.[162]

Die Luftangriffe der Alliierten werden so durch das Aufgreifen des „Wunderwaffen“-Arguments der Nationalsozialisten zusätzlich legitimiert, da durch sie eine katastrophale Bedrohung abgewendet werden konnte.
Auch wenn Margaret Bourke-Whites Fokus auf den monumentalen Ausmaßen der zerstörten Industrie lag, existieren – als letzte Gruppe – einzelne Aufnahmen, in denen die surreale Qualität der zerstörten Fabriken, wie bei Lee Miller, eine Rolle spielte. Miller beschrieb für das Magazin *Vogue* ihren Eindruck des I. G.-Farben-Werkes in Ludwigshafen auf poetisch-surreale Weise:

> Acres and acres and tons and tons of steel and glass and things with queer shapes were flotsammed around in a lunatic landscape. Compressor units for thousands of pounds of pressure were undented but hurled. A dye vat had splashed a whole street for firework color, and the streets themselves had the names of chemicals.[163]

162 Unbetiteltes, maschinengeschriebenes Manuskript. MBW Papers, Box 70.
163 Zit. n. Penrose (Hrsg.): *Lee Miller's War*, S. 173.

Aufnahmen von chaotisch übereinanderliegenden Industrietrümmern, eigenartigen Restformen, die in den Himmel ragen, eigenwilligen Rahmungen der Zerstörung durch Fensterausblicke oder andere Trümmerteile spiegeln ihren am Surrealismus geschulten Blick, der an der fremdartigen Qualität der Trümmer hängen blieb. Auch bei Margaret Bourke-White finden sich vergleichbare Motive, in denen surreal erscheinende Formen im Vordergrund stehen, etwa das bis auf verbogene Metallstreben ausgebrannte Dach einer Werkhalle der Kugellagerfabrik VKS in Schweinfurt, das steil in den Himmel ragt und Durchblicke auf die Wolken und einen dahinterliegenden Gebäuderumpf ermöglicht. Ein anderes Beispiel ist die Aufnahme eines umgeworfenen gigantischen Wassertanks, der von den Resten des Stahlgerüstes einer Fabrikhalle der Krupp-Werke in Essen gerahmt wird. Der ungewöhnliche Blickwinkel lässt die Industrietrümmer noch absurder erscheinen. Die Verfremdungseffekte scheinen bei Bourke-White jedoch nicht unbedingt auf eine ästhetische Um- und Aufwertung abzuzielen, sondern stellen ganz bewusst die Dysfunktionalität der Objekte in den Vordergrund: Durch die Dächer ist der Blick frei auf den Himmel, der tonnenschwere Wasserbehälter aus Metall liegt wie ein schlaffer Gummiballon auf der Erde. (Abb. 36) In anderen Aufnahmen türmen sich Formen, deren ursprüngliche Nutzung gar nicht mehr nachvollziehbar ist. Eine über die Bildfläche gelegte All-over-Struktur erlaubt keine räumliche Orientierung mehr und stellt das Chaos, das an diesen Orten herrscht, in den Vordergrund. Dieses Zusammenbrechen einer logischen räumlichen Ordnung betonte Bourke-White auch in ihren Aufzeichnungen, wenn sie schrieb, dass sie auf einem Tragebalken stehe, „which was once in the ceiling of the factory."[164] Die Orte, an denen sie fotografierte, sind ganz offensichtlich aus den Fugen geraten – oben und unten sind vertauscht, es fehlt jede Orientierung. Diese Metapher einer „verkehrten Welt" zeigt sich am deutlichsten in einer Aufnahme aus der Panzerfabrik Wegman & Co. in Kassel. Stahlträger, Rohre und Schläuche verflachen sich im Bildvordergrund zu einem unregelmäßigen Gitternetz, das den Blick freigibt auf Geräte im Hintergrund, die wie Heizkessel aussehen. Dazwischen schweben Fragmente einer eingestürzten Wand scheinbar frei in der Luft. Sogar Naturgesetze wie die Schwerkraft scheinen hier außer Kraft gesetzt und verweisen auf Deutschland als ein Land, dessen wirtschaftliche, politische und gesellschaftliche Ordnung zusammengebrochen ist.

164 Notizen zur Aufnahme 164T in den Krupp-Werken. MBW Papers, Box 70.

Abb. 36
Margaret Bourke-White: Umgestürzter Wassertank in einer Krupp-Fabrik, Essen, Deutschland, Frühjahr 1945.

Das Ruhrgebiet-Essay – der Sturz der Industriemagnaten

Ein besonderer Schwerpunkt von Margaret Bourke-Whites Arbeit in Deutschland lag auf dessen wichtigstem Industriestandort, dem Ruhrgebiet. Ab Mitte April 1945 tauchte in der Korrespondenz zwischen Bourke-White und Elmer Lower, dem zuständigen Bildredakteur von *LIFE*, eine „Ruhr Story" auf. Das Magazin sah die Ruhrindustrie vor allem in Zusammenhang mit Bourke-Whites Auftrag die durch die alliierte Luftwaffe hervorgerufene Zerstörung zu evaluieren: „New York thinks this is definitely part of your 'air power' facility to do a complete take out on the Ruhr as soon as it is possible to have a complete look at it."[165] Bourke-Whites verstand ihre Aufgabe jedoch nicht allein in der Dokumentation der Trümmer der deutschen Kriegsindustrie. Es ging ihr um

165 Memo vom 12. April 1945 von Elmer Lower an Margaret Bourke-White. MBW Papers, Box 50.

mehr als nur den „nice job of the Air Force", wie Lee Miller kurz und knapp in ihrem Bericht für die britische *Vogue* schreibt:[166] um eine Analyse des wirtschaftlichen Netzwerkes im Ruhrgebiet und dessen Verflechtungen mit dem nationalsozialistischen Regime. Wie bereits in Beiträgen der Zeitschrift *Fortune* endet ihre Berichterstattung über Unternehmen nicht an der Fabrikpforte, sondern schließt die führenden Köpfe und Manager hinter dem Unternehmen in die Berichterstattung mit ein. Möglicherweise wurde diese Herangehensweise auch durch ihre Bekanntschaft mit Mitarbeitern der Finance Investigation Unit for External Assets gefördert, mit denen Bourke-White zusammen in der vom Alliierten Kontrollrat beschlagnahmten Krupp'schen Villa Hügel in Essen residierte. Deren Aufgabe war es, die Interessensgemeinschaften, Kartelle und Unternehmenssyndikate der deutschen Wirtschaft aufzudecken und zu untersuchen.[167] Das soziale und ökonomische Netzwerk des Ruhrgebietes und seine Verflechtungen mit der nationalsozialistischen Politik darzustellen, war jedoch kein einfaches Unterfangen, wie Bourke-White in ihren „Ruhr Research – Financial" betitelten Notizen beklagte:

> German industrialists with their enormous interlocking holdings constitute, in the opinion of Allied financial experts, the biggest subject for investigation in Germany today. The financial network represented by this class of Germans is unfortunately not photographable, but the men themselves are. There is nothing spectacular about the looks of these men, as will be seen in the portraits which accompagny the Ruhr essay. They are just like business men and banker we see the world over. They live practically unscathed by the effects of war in houses just as luxurious as those inhabited by their American counterparts.[168]

Dementsprechend konzentrierte sie sich auf den ‚sichtbaren' Teil des Netzwerkes: die Unternehmer und ihren Lebensstil. Zu den von ihr fotografierten Persönlichkeiten zählen neben Alfried Krupp von Bohlen und Halbach auch Hugo Stinnes jun., Aufsichtsrat im Rheinisch-Westfälischen Kohlen-Syndikat, Walter Rohland von der Vereinigte Stahlwerke AG, Heinrich Tully, Direktoriumsmitglied der Wälzlagerfabrik VKF in Schweinfurt, Hermann Wilhelm Lumme, leitender Direktor der zur I. G. Farben gehörenden Metallgesellschaft, Eberhard

166 Zit. n. Penrose (Hrsg.): *Lee Miller's War*, S. 73.
167 Vgl. Bourke-White: *Dear Fatherland*, S. 94.
168 Margaret Bourke-White: Ruhr Research-Financial, maschinengeschriebenes Manuskript. MBW Papers, Box 70.

Letixerant, technischer Direktor des Bochumer Vereins und Ernst Tengelmann, Vorstandsvorsitzender unter anderem der Essener Steinkohlebergwerke. Nur in Einzelfällen sind die Männer jedoch in ihrer beruflichen Funktion zu sehen. Zum großen Teil zeigte sie die Wirtschaftsmagnaten in einer eigentümlichen Mischung aus Porträt und Homestory in ihren privaten Räumlichkeiten. Hugo Stinnes jun. fotografierte sie beispielsweise mit Frau und Kindern in der großbürgerlichen Atmosphäre eines Wohnzimmers mit samtbezogenen Polstermöbeln, Teppichen, reich verzierter Kommode mit Porzellanfigürchen, schwerer Standuhr sowie Porträt- und Landschaftsbildern, die der Szene etwas Bürgerlich-Biederes geben. Auch Heinrich Tully und Eberhard Letixerant wurden in vergleichbarer Umgebung aufgenommen: in gehoben ausgestatteten Interieurs mit Spitzendeckchen und Topfpflanzen sowie im engsten Familienkreise. Den gepflegten Lebensstil und die scheinbare Kultiviertheit der Dargestellten betonte Bourke-White besonders in den Aufnahmen der Großindustriellen Alfried Krupp von Bohlen und Halbach und Ernst Tengelmann, die sie vor Gemälden, Skulpturen und einem kostbaren Wandgobelin platzierte. Die Aufnahmen wirken jedoch nicht wie der intime Blick in das Zuhause mächtiger oder prominenter Männer – Margaret Bourke-White hatte bereits Franklin D. Roosevelt in Warm Springs und den russischen Schriftsteller Alexei Tolstoi auf diese Weise fotografiert[169] –, sondern hölzern und gestellt. Die Männer posieren ohne ein Lächeln, oftmals den Blick abgewandt, in und neben ihren Besitztümern. Sie sind nicht freiwillig zu Hause, sondern stehen unter Hausarrest. Die Aufnahmen sind also keine ‚normalen' repräsentativen Porträts, wie es vielleicht auf den ersten Blick erscheint, sondern vor der Folie der zerstörten Städte und Fabriken außerhalb der Industriellen-Villen zu verstehen, die Bourke-White ebenfalls gesehen und festgehalten hat.[170] Die Aufmerksamkeit, die hier auf Wohlstand, Ordnung und Kultiviertheit gelegt wird, diente dazu, die Privilegiertheit und zugleich Amoralität der Unternehmer offen zu legen. So schrieb Margaret Bourke-White in ihren Aufzeichnungen:

169 At Warm Springs Foundation President Roosevelt Carves up a Turkey instead of a Map. In: *LIFE*, 05.12.1938; Alexei Tolstoi is Russia's Greates Writer and also the Wealthiest Man in the U.S.S.R. In: *LIFE*, 01.12.1941.

170 Diesen Zusammenhang konkretisiert Margaret Bourke-White beispielsweise in ihrem Entwurf zu *Dear Fatherland, Rest Quietly*, in dem sie in Verbindung mit einer Familie von „Displaced Persons" schreibt: „People like the Krupps, the Stinneses and the Goerings had torn these people from their homes and forced them into their highly integrated war-shaped industrial machine. Holding the controls, these industrial families had supported her fascist rise to power, had grown richer on slave labor and many of them were still living in comparative comfort while the homeless their system had created were roaming the roads." (MBW Papers, Box 58.)

> [T]hese family pix are not very spectacular, but I think it is of interest that well-to-do people in the Ruhr, even after losing the war and even after being dispossessed from their homes, still live quite comfortable and very much the same as well-off people in America live.[171]

Den von ihr wahrgenommenen Mangel an Schuldgefühl und Verantwortungsbewusstsein für den Krieg und dessen Ende sowie die Erwartungshaltung an die Alliierten machte sie anhand einer Anekdote der Familie Letixerant in *Dear Fatherland, Rest Quietly* deutlich: Frau Letixerant, die sie während ihres Besuches krank vorfand, forderte laut ihr als Kur: „*You* must bring us fat! You must bring us butter!". Im Buch reagierte Bourke-White zynisch: „When I asked if she remembered Goering's famous slogan 'guns before butter', the whole family conveniently lost its ability to make conversation in English."[172]
Margaret Bourke-White übte mit dieser Einstellung aber nicht nur Kritik an den wohlhabenden und unbeschadet gebliebenen Unternehmerfamilien, sondern bis zu einem gewissen Grad auch an der Politik des Alliierten Kontrollrates, der mit den führenden Köpfen der Ruhrindustrie zusammenarbeitete, um die Produktion von lebenswichtigen Rohstoffen und Gütern aufrechtzuerhalten.[173] Stellvertretend für diese Diskussion beschreibt sie in *Dear Fatherland, Rest Quietly* ein Gespräch zwischen Vertretern der Wirtschaftsabteilung des Kontrollrates in der Villa Hügel, das um die Frage kreist, ob die großen Industriemagnaten nicht größere Kriegsverbrecher seien als die deutschen Soldaten. Die Konversation findet ihren Höhepunkt in der Gegenüberstellung der Meinungen eines amerikanischen Finanzexperten und eines britischen Generals:

> '[...] most of the big-shot industrialists have not been touched', said Ernst Ophül, one of the finance experts. 'They are the greatest war criminals in the Ruhr, yet they are running free.' 'That's a very dangerous theory', broke in the eminent English member of the Control Council, with the air of instructing the young. 'What's the matter with those chaps? They are no Nazis.' That was certainly a conversation stopper.[174]

Nicht nur in ihrem Buch und ihren Notizen, auch in ihren Fotografien, war es Bourke-Whites großes Anliegen, die Verstrickungen der Großunternehmer mit

171 Unbetiteltes, maschinengeschriebenes Manuskript mit Bildinformationen zu den Negativen. MBW Papers, Box 70.

172 Bourke-White: *Purple Heart Valley*, S. 149.

173 Siehe dazu Henke: *Die amerikanische Besetzung Deutschlands*, S. 480–555.

174 Bourke-White: *Dear Fatherland*, S. 103–104.

dem Regime der Nationalsozialisten aufzudecken. Augenscheinlich wird dies in Aufnahmen, die zeigen, wie ein Hitlerbild aus einem Dienstbotengebäude des Krupp-Anwesens getragen wird, in das Alfried Krupp von Bohlen und Halbach im Zuge seines Hausarrestes umgesiedelt werden soll. Neben diesem visuellen Nachweis versuchte sie im Stil des investigativen Journalismus Dokumente zusammenzutragen, die die nationalsozialistische Gesinnung der Krupps unter Beweis stellen sollten. So fügte sie ihren Recherchen zur „Ruhr Story" den auf Deutsch abgetippten und ins Englische übersetzten Firmenbericht der Krupp AG des Jahres 1933 bei, in dem zu lesen ist: „In freudiger Gefolgschaft stehen wir hinter dem Fuehrer unseres geeinten VOLKES. Die wirtschaftlichen Massnahmen unserer Reichsregierung haben wir zu unserem Teil nach Kraeften gefoerdert."[175] Die Fotografie schien ihr, wie bereits in dem eingangs erwähnten Zitat angeklungen, nicht auszureichen, um das unsichtbare Netzwerk und die Verstrickungen der Wirtschaft aufzuzeigen. Sie versuchte, sich umfassender zu informieren und Informationen zusammenzutragen, die ihre Meinung stützten: „The German industrialists were the men who made Hitler. They supported the accendancy of a Fuehrer whose aims matched their interests: rearmament and aggression for profit."[176] So scheint es nicht verwunderlich, dass sie für die erste Bildstrecke in *Dear Fatherland, Rest Quietly*, in der sie Porträts von Nationalsozialisten solchen von Nazigegnern gegenüberstellte, vier Industrielle – Tully, Lumme, Tengelmann und Rohland – als beispielhafte Vertreter der nationalsozialistischen Gesinnung auswählte.

In ihren Notizen zur „Ruhr Story" kritisierte Bourke-White an vielen Stellen, dass das „German big business" weitgehend von der Verfolgung unberührt geblieben war. Dieser Umstand war ihre Meinung nicht zuletzt durch die Verbindung der deutschen Industrie mit amerikanischer Firmen und Geldgebern, die ihr eigenes Kapital sichern wollten, gefördert worden; zugleich warnte sie vor einer erneuten Aufrüstung Deutschlands. Wohl aus diesem Grund konzentrierte sie sich in vielen Porträts von Großindustriellen des Ruhrgebietes auf einen Moment der Entmachtung und zeigte deren Verhaftung, Hausarrest oder Teilenteignung in Form der Requirierung der Villen durch amerikanische Militärangehörige. Besonders deutlich wird das in einer Aufnahmesequenz zu Ernst Tengelmanns Verhaftung. Ein Teil der Aufnahmen zeigt ihn innerhalb von Räumen oder neben Ausstattungsstücken, die auf seinen Reichtum und seinen

175 Abgetippter Bilanzbericht der Fried. Krupp Aktiengesellschaft für das Geschäftsjahr 1933, übertitelt „Bericht des Direktoriums", beigefügt einem mehrseitigen maschinengeschriebenem Manuskript betitelt "Additional Data Ruhr Research" (MBW Papers, Box 70).

176 Bourke-White: Ruhr Research-Financial, maschinengeschriebenes Manuskript. MBW Papers, Box 70.

Besitz verweisen, etwa wenn er vor der Statuette eines Minenarbeiters posiert oder im wohlhabenden Ambiente seines Salons zu sehen ist. Diese Aufnahmen fungieren als zeitliches ‚Davor' und klammern die bereits in den Räumen anwesenden Mitarbeiter des Counter Intelligence Corps (CIC)[177] aus, mit denen Margaret Bourke-White in das Haus gekommen war. In weiteren Fotos derselben Räumlichkeiten sind die ‚Eindringlinge' schließlich zu sehen: Sie sprechen mit Tengelmann und bedrängen ihn regelrecht. Den chronologischen Schluss bilden Motive, die zeigen, wie Tengelmann mit versteinertem Gesicht, begleitet von einer Krankenschwester und einer weiteren Frau – laut Angaben Bourke-Whites seine Schwiegertochter – das Gebäude verlässt. Tengelmann blieb allerdings der einzige Ruhrmagnat, dessen Verhaftung Bourke-White ganz offen fotografierte. Größtenteils wird die Entmachtung durch das Erobern und Eindringen in die Privatsphäre der Männer und ihrer Familien verdeutlicht. Besonders ausführlich widmete sich Bourke-White in diesem Zusammenhang der Familie Krupp, in deren requirierter Villa in Essen sie logierte.
Margaret Bourke-Whites spezielles Interesse an der Familie Krupp mochte vielleicht davon herrühren, dass sie während ihrer zwei vorangegangenen Deutschlandaufenthalte keine Erlaubnis zum Fotografieren der Krupp-Werke erhalten hatte. Dazu kam das gesteigerte öffentliche Interesse an der Familie, die, wie Klaus-Dietmar Henke schreibt,

> in den Augen der Welt eben die deutschen ‚Kanonenkönige' waren, weil Krupp seit Generationen das Symbol einer verhängnisvollen Allianz von preußisch-deutschem Militarismus und kapitalistischer Profitsucht war.[178]

Bourke-Whites Mini-Serie basierte auf der Gegenüberstellung des luxuriösen Lebensstiles der Krupps und der Beschlagnahmung ihres Besitzes durch die Allierten und der damit verbundenen Entmachtung. Die Aufnahmen lassen sich grundsätzlich in drei Kategorien einteilen, die chronologisch angeordnet von der Vertreibung Alfried Krupps aus seinem eigenen Haus erzählen. In einer ersten Gruppe lässt ihn Bourke-White allein in den prunkvollen Räumen der Villa Hügel vor Ahnenporträts posieren. (Abb. 37) Alfried Krupp erscheint darin nicht nur als Unternehmer, sondern als Vertreter einer seit Generationen bestehenden und die Geschicke Deutschlands mitbestimmenden Unternehmerdynastie, die ihren Wohlstand und adelige Repräsentationsformen zur Schau trug. Zur Schilderung des Luxus gehörten auch Aufnahmen

177 Das Counter Intelligence Corps war die Abteilung für Spionageabwehr der US-Armee.
178 Henke: *Die amerikanische Besetzung Deutschlands*, S. 482–483.

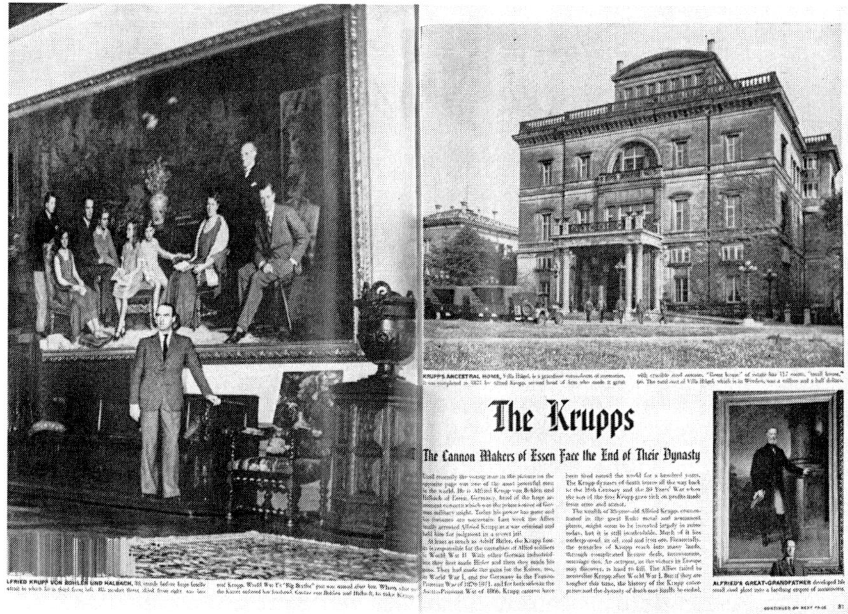

The Krupps

The Cannon Makers of Essen Face the End of Their Dynasty

Abb. 37: Margaret Bourke-White: Titelseite des Photo-Essays „The Krupps. The Cannon Makers of Essen Face the End of Their Dynasty“, *LIFE*, 27. August 1945.

von den Angestellten der Familie wie dem Kindermädchen oder dem Bibliothekar. Diesen Motiven wurden solche gegenübergestellt, in denen die Villa von alliierten Militärangehörigen genutzt und bewohnt wurde. Bezeichnenderweise stellte Bourke-White in einigen Aufnahmen die neuen Bewohner der Villa den gemalten Porträts der Familie Krupp gegenüber, die so der Enteignung des eigenen Besitzes sinnbildlich beiwohnen. So zeigte sie beispielsweise eine Ballett-Aufführung für Angehörige der US-Armee genau vor dem Familienporträt, vor dem eben noch Alfried Krupp gestanden hatte. Das Scharnier zwischen diesen beiden Polen bildet eine Fotografie, wie Alfried Krupp von US-Soldaten die breite Eingangstreppe seiner Villa hinunterbegleitet wird, um sein neues Zuhause, ein „small servant quarter“ – wie es Margaret Bourke-White bezeichnet – zu beziehen.[179] Diesen im Zuge seines Hausarrestes erfolgenden Umzug

179 Der „Umzug“ Alfried Krupps von Bohlen und Halbach wurde als wichtiges symbolisches Ereignis in den USA wahrgenommen. Auch die *New York Times* widmete ihm einen Artikel am 22. Mai 1945. In diesem Beitrag wird der Umzug oder „eviction“, wie es der Autor nennt, ebenfalls als Metapher der Entmachtung verstanden Vgl. Krupp Has Moving Day – from Mansion to Cottage. In: *New York Times*, 22.05.1945, S. 8.

begleitete die Fotografin ebenfalls mit der Kamera. Ihr Hauptaugenmerk lag vor allem auf der veränderten Wohnumgebung. Im Gegensatz zu den großzügigen Dimensionen der Räume in der Villa Hügel arbeitete sie im neuen Zuhause Krupps vor allem mit Nahaufnahmen, die einzelne Einrichtungsgegenstände oder Möbel fokussieren und einen Eindruck der Enge erzeugen. Besonders augenscheinlich wird der Verlust an luxuriöser Wohnqualität in der Aufnahme eines schmalen, leeren und unbezogenen Bettes, das in eine Ecke gedrängt vor einem Fenster steht. Die Diskrepanz zwischen neuem und altem Zuhause und die Erniedrigung durch den erzwungenen Umzug werden verstärkt, indem Mitglieder der alliierten Armee nun das luxuriöse Leben in der Villa Hügel genießen. Bourke-Whites Aufnahmen zeigen zahlreiche Vertreter des Alliierten Kontrollrates an einer großen Tafel im Speisesaal der Villa oder bei einer Ballett-Vorführung des Ensembles der Düsseldorfer Oper. Hochrangige Gäste wie der britische Feldmarschall Montgomery werden im Studienzimmer zum Tee empfangen und Offiziere der 17. Luftlandedivision rauchen vor dem Kamin des mit Geweihen geschmückten Herrenzimmers. Die räumliche Inbesitznahme der Villa schloss auch Margaret Bourke-White mit ein. Vergleichbar mit Lee Millers *Hitleriana*-Bildern aus Adolf Hitlers Wohnung und Eva Brauns Haus in München imaginierte sich Margaret Bourke zwar nicht fotografisch, aber literarisch an die Stelle eines hochrangigen Vertreters des Feindes und drang in seine intimsten Räume ein.[180] In *Dear Fatherland, Rest Quietly* beschrieb sie ihre Ankunft in der Villa Hügel:

> And he installed me at once in Herr Krupp's own suite, ordering up sheets for the spacious Krupp bed, and towels for the gold-fitted bathroom; Herr Krupp by this time had been moved into the servant's quarters. It took me less time to unpack my limited supply of clothes that it did to choose which of the twenty walnut wardrobes I should hang them in. [...] The lofty ceiling was painted with a goddess rocking dangerously on a crescent moon, her hair pinned back – as one might expect – with a star; and just under her was a balcony, carved with foxes and hounds, running completely around the dressing room.[181]

Margaret Bourke-White spielte hier die eigene Bescheidenheit gegen den dekadenten Luxus der Krupp-Villa aus. Stellt man diese Beschreibung des Schlafzimmers in der Villa Hügel der Aufnahme von Alfried Krupps neuer Schlafstätte

180 Für eine grundsätzliche Besprechung dieser Fotografien siehe Menzel-Ahr: *Lee Miller*, S. 196–213; S. 230–235.
181 Bourke-White: *Dear Fatherland*, S. 91–92.

gegenüber, werden der Gegensatz und die damit verbundene Erniedrigung umso deutlicher. Die Aufnahmen demonstrieren für Bourke-White das Ende einer Ära, in der die Familie Krupp die deutsche Industrie und Politik beherrschte: „Together, the Krupp Dynasty and the Krupp Housemaster had reached the end of the road."[182]

Einer ähnlichen Rhetorik folgte auch das Photo-Essay über die Familie Krupp, das in *LIFE* am 27. August 1945 und damit mehr als drei Monate nach Entstehung der Aufnahmen erschien.[183] Es ist anzunehmen, dass für die *LIFE*-Redaktion in den ersten Wochen nach Kriegsende wichtigere Themen im Vordergrund standen. Möglicherweise erlangten die Krupps ab dem Sommer neue Aktualität. Mit der Viermächtekonferenz in London Anfang August 1945 und den Vorbereitungen der Prozesse in Nürnberg, wo sich auch Alfried Krupp zu verantworten hatte, trat der Umgang mit Kriegsverbrechern – und als solche sah nicht nur Bourke-White die Industriellen und stellvertretend die Krupp-Dynastie an – verstärkt ins Bewusstsein der Öffentlichkeit. Auf der ersten Doppelseite des Photo-Essays sind zwei Aufnahmen von Alfried Krupp von Bohlen und Halbach vor Ahnengemälden seiner Familie zu sehen. (Abb. 37) Ihnen gegenüber ein Foto, das alliierte Soldaten beim Betreten der Villa Hügel zeigt. Die darin angelegte Assoziation des Machtwechsels wird durch den Titel „The Cannon Makers of Essen Face the End of their Dynasty" noch unterstrichen.[184] Die Entmachtung wird auf der folgenden Seite durch die bereits angesprochenen Aufnahmen von Mitgliedern des Alliierten Kontrollrates, die sich im luxuriösen Ambiente der Villa Hügel bei Abendessen und Tanzunterhaltungen vergnügen, visualisiert. Das besondere Augenmerk des Beitrages liegt auf dem Traditionsbewusstsein und der langen Geschichte der Familie. Eine ganze Doppelseite, die auf Bourke-Whites Fotos folgt, ist diesem Thema gewidmet und wird mit historischem Bildmaterial illustriert, das Margaret Bourke-White gesammelt und gemeinsam mit ihren Negativen an die Redaktion geschickt hatte: Dazu zählen Abbildungen aus einem Buch über ein Ritterfestspiel, das 1912 anlässlich der 100-Jahr-Feier des Unternehmens abgehalten worden war. Im Text versuchte *LIFE* die Genealogie der Krupps

182 Ebd., S. 121.

183 The Cannon Makers of Essen Face the End of their Dynasty. In: *LIFE*, 27.08.1945, S. 80–87. Von den restlichen Aufnahmen der Wirtschaftsmagnaten und ihrer Familien wurde keine weitere in *LIFE* veröffentlicht. Möglicherweise waren die Aufnahmen zu unspektakulär und das Thema zu schwierig zu vermitteln. Die Familie Krupp hingegen wurde als prominenteste und bekannteste Vertreterin der gesamten deutschen Rüstungsindustrie herausgegriffen, um an ihnen beispielhaft das Ende dieser Ära und ihre Niederlage deutlich zu machen.

184 Ebd., S. 81.

und deren Rüstungsunternehmen bis ins 16. Jahrhundert zurückzuführen und folgte damit einer gängigen öffentlichen Wahrnehmung der Krupp-Familie als generationenübergreifende Bedrohung des Friedens in Europa, die auch in den Kriegsverbrecherprozessen in Nürnberg ihren Niederschlag fand.[185] Die Betonung der langen Geschichte, des Einflusses und des Reichtums der Familie ließ ihren Sturz als umso größeren Erfolg erscheinen. Zugleich vermitteln die historischen Gemälde, vor denen Alfried Krupp von Bohlen und Halbach posiert, und die Darstellungen aus dem Festband einen altmodischen und veralteten Eindruck der Familie und ihres Unternehmens – ganz im Gegensatz zur modernen amerikanischen Industrie. Dieser historisch-reaktionäre Eindruck wurde von der Redaktion durch die Verwendung eines bewusst antik-altdeutsch anmutenden Schriftbildes für die Überschriften noch weiter verstärkt.

In ihren Manuskripten warnte Margaret Bourke-White wiederholt, genauso wie *LIFE* in seinem Beitrag, vor der Leistungsfähigkeit und der Gefahr einer wiedererstarkenden deutschen Wirtschaft. Interessanterweise zeigten ihre Aufnahmen und die Berichte in *LIFE* aber das Gegenteil, nämlich eine bis in die Grundfesten zerstörte Industrie. Die Assoziation der deutschen Wirtschaft mit Vergangenheit und überholten Arbeits- und Produktionsmethoden, die im *LIFE*-Essay anklingen, vermittelte hingegen eine weitere Kleinserie, die Margaret Bourke-White im Ruhrgebiet angefertigt hat. Die Aufnahmen geben Einblicke in die Werkstatt eines Hufschmiedes, in der sich seit Generationen nichts verändert zu haben scheint: In der Esse brennt das Feuer, auf zwei Ambossen werden glühende Hufeisen von Hand behauen. Weitere Fotos zeigen das Beschlagen der Pferde. Sowohl in der Werkstatt als auch in der Stube des Schmiedes, in der Margaret Bourke-White die gemeinsame Nachmittagsjause fotografierte, fehlen technische Geräte und andere Anzeichen von Modernität und Fortschritt. Den Eindruck einer romantisch-verklärten vorindustriellen Agrar- und Handwerkergesellschaft erweckte Bourke-White auch in ihren Aufzeichnungen. So erwähnte sie Bauern, die in langen Schlangen mit ihren Pferden vor der Werkstatt warteten: „[O]utside the yard is full of farmers waiting with their horses. [...] The blacksmith family eat better than most, for farmers bring them food in exchange for work."[186] In die gleiche Kerbe schlugen Aufnahmen, die Fabriken der Ruhrindustrie im Hintergrund großflächiger Felder mit Personen bei der landwirtschaftlichen Arbeit zeigen. Deutschland erschien

185 Der Hauptankläger der USA bringt diese Einstellung auf einen Nenner: „Seit über 130 Jahren bildet diese Familie den Brennpunkt, ist sie Symbol und Nutznießer der unheilvollen Kräfte, die den Frieden Europas bedrohten." (Zit. n. Henke: *Die amerikanische Besetzung Deutschlands*, S. 483.)

186 Unbetiteltes, maschinengeschriebenes Manuskript. MBW Papers, Box 70.

als nunmehr agrarisches Land, das ohne technische Hilfsmittel beackert wird. Es wirkte weit davon entfernt, als Industriemacht wieder weltumspannenden Einfluss ausüben zu können. Dies entsprach auch Bourke-Whites persönlicher Meinung und Forderung, Deutschland langfristig abzurüsten, zu deindustrialisieren und unter alliierte Kontrolle zu stellen, um nicht denselben Fehler wie nach dem Ersten Weltkrieg zu wiederholen:[187]

> It is important to remember that after the last war Germany was not occupied, except for a small agricultural portion of the Rhineland. Her industries were not touched. Her industrialists were not investigated. No one tried to find out the ramifications of German big business, nor were their external assets or profits confiscated. In 1935 and thereafter, there began to be considerable talk about German rebuilding and rearming, but it was greeted fort he most part with scepticism: how could Germany rearm? She did not have the foreign exchange or foreign connections with which to obtain the necessary raw materials.[188]

Margaret Bourke-White stand offensichtlich für eine harte Besatzungspolitik Deutschlands, wie sie auch von Finanzminister Henry Morgenthau gefordert wurde. Sein Plan einer Aufteilung und Deindustrialisierung Deutschlands, die auch die Zerschlagung großer Wirtschaftskartelle vorsah, wurde ab Herbst 1944 intensiv in der amerikanischen Öffentlichkeit diskutiert. Morgenthau sah Deutschland als ein über mehrere Generationen hinweg militarisiertes Land; dies zeigten auch Bourke-White und *LIFE*, die beispielhaft an der Dynastie der Krupps eine von Generation zu Generation weitergegebene Tradition der Rüstungsindustrie offenlegen wollten. Letztendlich setzte sich aber eine auf Pragmatismus und Konsolidierung ausgerichtete Besatzungspolitik durch, die sich gezwungen sah, mit deutschen Managern und Unternehmern aufgrund ihrer Kenntnisse und Fähigkeiten zu kooperieren. Ein Umstand, den Bourke-White noch in ihrem Buch *Dear Fatherland* und in ihren Vorträgen Ende 1945 scharf kritisierte.[189]

187 Eine weitere Interpretationsebene ist die scheinbare Idylle Deutschlands, hinter der sich die Machenschaften der Nationalsozialisten verbergen. Außerdem verweisen die in voller Frucht stehenden Felder auch auf eine gute Ernährungslage der Deutschen hin.

188 Bourke-White: Ruhr Research-Financial, maschinengeschriebenes Manuskript. MBW Papers, Box 70.

189 Vgl. beispielsweise die Besprechung eines Vortrages in den *Wilmington News* vom 12. Dezember 1945, die mit folgender Feststellung Bourke-Whites beginnt: „Pro-Nazi Germans are in position of power throughout American, British and French occupied sections of Germany." Eine anderer undatierter Zeitungsausriss, der über ihren Besuch in Charlotte bei

3. Der Körper als Schlachtfeld: Tod und Verletzung

Während in den vorangegangenen Kapiteln der Blick aus einer technologischen und medialen Distanz untersucht wurde, stellt das folgende die Frage nach dem Nahblick auf das Kriegsgeschehen an der Front und auf dessen menschliche Auswirkungen. Im Mittelpunkt der Untersuchung steht der physisch und psychisch verletzte oder getötete Körper als Schauplatz, an dem das gewalttätige Aufeinandertreffen der Gegner in seiner letalen Konsequenz sichtbar gemacht werden konnte.

Der im Krieg verwundete und getötete Mensch steht nicht ausschließlich für eine individuelle Person oder ein individuelles Schicksal, sondern kann, wie Tom Holert betont, „als personalisierte Verkörperung einer Nation [...] mitsamt deren Ideologie und Kultur einer allegorischen Funktion dienen."[190] Der Tod beziehungsweise die Verletzung erhält eine öffentliche Dimension. Es sind nicht mehr Bilder einer individuellen Verwundbarkeit, sondern der Verwundbarkeit eines ganzen Kollektivs, einer ganzen Nation. Daraus speist sich die potenziell bedrohliche Kraft dieser Motivgruppe, die in manchen Fällen – wie beispielsweise im Ersten Weltkrieg – zu einer kompletten Zensur von Bildern toter amerikanischer Soldaten geführt hatte.[191] Unter der im Umgang mit Bildern und Medien erfahrenen Regierung Roosevelts änderte sich das im Zweiten Weltkrieg.[192] Gezielt wurden nach einer anfänglichen Phase des Zögerns Bilder von Toten und Verwundeten zur politischen Mobilisierung eingesetzt. Um Tod und Verletzung politisch und gesellschaftlich wirksam zu machen, bildeten sich bestimmte Darstellungskonventionen heraus, die diesen potenziell traumatischen Bildern eine sinnstiftende Bedeutung zuwiesen. In den beiden ersten Jahren bettete auch Bourke-White Tod und Verwundung in traditionelle rückversichernde Narrationen wie Heldentum und medizinische Versorgung ein. Mit dem weiteren Kriegsverlauf nahm die Drastik ihrer Aufnahmen jedoch zu; Bourke-White lotete die Grenzen des Akzeptierten aus und rüttelte an Tabus, wie dem geöffneten Körper oder der Darstellung von Leichen als bloße

Veteranen des 38th Evacuation Hospital berichtet, fasst ihre Meinung im Titel folgendermaßen zusammen: „Next War Now Beeing Planned By Germans". Beide Zeitungsausschnitte in den MBW Papers, Box 90.

190 Siehe dazu auch Holert: *Regieren im Bildraum*, S. 295–297.

191 Vgl. dazu Ulrich Keller: Der Weltkrieg der Bilder. Organisation, Zensur und Ästhetik der Bildreportage 1914–1918. In: *Fotogeschichte* 130 (2013), S. 5–50.

192 Man denke nur an die umfangreiche Produktion und den Einsatz von Bildmaterial in Zusammenhang mit den Programmen des New Deal.

Materie. Für eine Fotografin, die sich mit Hochglanzaufnahmen von Industrieprodukten und positiven Identifikationsbildern für die Kriegsgesellschaft einen Namen gemacht hatte, scheint dies im ersten Moment überraschend. Allerdings knüpfte sie damit an ein Projekt an, das ebenfalls schonungslos und auf zum Teil schockierend drastische Weise die Lebenssituation und körperliche Verfassung mittelloser Pachtfarmer zeigte: ihre Arbeit für das 1936 erschienene Buch *You Have Seen Their Faces*. Im Sinne eines metaphorischen Schlachtfeldes lassen ihre Aufnahmen von eigenen Verletzten und Toten nicht nur die tödliche Bedrohung des Kriegsgeschehens sichtbar werden, sondern verhandeln in der Darstellung und Gegenüberstellung mit deutschen Toten und Selbstmördern auch die militärische und moralische Unterlegenheit des Gegners.

Die Debatte um ‚realistische' Bilder des Krieges

Eng verbunden mit der Darstellung von Tod und Verwundung ist die Frage nach einem ‚realistischen' Bild des Krieges, die in den amerikanischen Medien ab 1943 heftig diskutiert wurde und vor allem über Bilder verletzter und toter Soldaten vermittelt werden sollte. Auch wenn es kaum möglich scheint, Krieg in seiner alle Sinne übersteigenden Totalität und Bedrohung bildlich zu erfassen, war der Glaube an das Vermögen des fotografischen Mediums, die Kriegsrealität authentisch wiederzugeben, ungebrochen. Fotografien zeigen „what this war *looks* like, *feels* like, and *does to people*", versicherte *LIFE* im November 1942 seinen Leser*innen.[193] Trotz moderner Kleinbildkameras und zunehmend offizieller Legitimierung sahen sich die meisten Fotografen allerdings außerstande die „Realität des Krieges", wie sie sie erlebt hatten, auf ein Foto zu bannen und für die Betrachter an der Heimatfront nachvollziehbar zu machen. Die gezeigte Realität konnte immer nur die Realität sein, die der Fotograf mit seiner Kamera einfangen konnte, wie der *LIFE*-Fotograf Carl Mydans betont: „You see only those photographs that a correspondent was able to take. You don't see all the things that were happening all around him when he couldn't raise his head."[194] Auch sein Kollege George Rodger berichtete über die Schwierigkeit, die Dramatik des Geschehens in seinen Fotografien zu vermitteln:

193 There Are Two Ways to Learn about the War. Life Eigenwerbung In: *LIFE*, 30.11.1942, S. 130–131.

194 Zit. n. Moeller: *Shooting War*, S. 9.

> Photographically there was a disappointing sameness to it all. Though the machine-gunners kept plugging away in the face of heavy fire – kept firing until their hands were blistered and sweat and sand inflamed their eyes – though shells fell round us and bullets pinged viciously, it was impossible to record it pictorially. All that would show in the pictures would be the crews taking up their positions or firing their machine-guns – pictures wich might be taken to better advantage on any practice range.[195]

Geräusche, Gerüche, jegliche Sinneseindrücke sowie körperliche und psychische Reaktionen auf Explosionen, Erschütterungen oder Gewehrfeuer lassen sich nur schwer in einem Foto darstellen. Die Schwierigkeit lag also darin, die erlebten und gesehenen Ereignisse so darzustellen, dass die Dramatik unmittelbar die Betrachter*innen erreichte. Oftmals lag die Lösung gerade nicht in einer sachlichen, dokumentarischen Aufnahme, die den Kriterien der Objektivität entsprach, sondern darin, durch bestimmte Techniken der Bildgestaltung den Betrachter*innen das Gefühl zu geben, das Ereignis mitzuerleben. Der bekannte Fotograf Edward Steichen, der für die Navy arbeitete, beschrieb seine Taktik folgendermaßen:

> There was nothing I could do in the photographs to reproduce the sounds, but I was going to try to give a sense of the motion of the rushing plane. Instead of making a fast exposure to stop the motion and get a sharp picture of the plane taking off, I made a series of exposures around a tenth of a second … Even the pilot is blurred.[196]

Andere Fotograf*innen wie Robert Capa oder Margaret Bourke-White arbeiteten ebenfalls mit Bewegungsunschärfen, aber auch mit Close-Ups, Rückenfiguren und atmosphärischen Nebel- und Rauchschwaden, die eine klare Sicht auf das Geschehen erschwerten und gerade so die überforderte Sinneswahrnehmung besser zu vermitteln vermochten. Paradoxerweise etablierte sich dabei die Vorstellung, dass ein Foto umso authentischer wirkte, desto „schlechter" die Aufnahmequalität war. Dadurch erschien dessen Entstehung während einer schwierigen und hektischen Aufnahmesituation, also mitten aus dem Kriegsgeschehen heraus, besonders verbürgt. Spätestens im Spanischen Bürgerkrieg hatte sich mit Fotografen wie Robert Capa ein Stil der Unmittelbarkeit und der Nähe zu den menschlichen Protagonist*innen an der Front etabliert, der

195 Moeller: *Shooting War*, S. 201.
196 Ebd.

in den Medien als authentischer Blick auf das Kriegsgeschehen gefeiert wurde.[197] Die amerikanische Bildberichterstattung im Zweiten Weltkrieg sah sich jedoch einer zwiespältigen Situation ausgesetzt. Das Office of War Information hatte zwar eine Doktrin der *strategy of truth* herausgegeben, verstand darunter aber zumindest während der ersten achtzehn Monate des Krieges nur eine sehr wohldosierte Freigabe von Bildern, die den Krieg in seiner Gewalttätigkeit offenbarten. Diese Informationspolitik spiegelte sich auch auf den Seiten von *LIFE*. Während das Magazin im ersten Jahr der Kriegsteilnahme Zurückhaltung übte, radikalisierte sich zu Jahresbeginn 1943 die Darstellung des Krieges in dem Magazin. Es kehrte damit – nach einer ersten Phase des Abtastens und Auslotens, in der vor allem positive Bilder und Identifikationsfiguren des Krieges geliefert und das Kriegsgeschehen auf eine vergleichsweise undramatische und distanzierte Weise wiedergegeben worden waren, – zu einer Visualisierungspraxis zurück, die bereits die Berichterstattung über den Spanischen Bürgerkrieg und den sino-japanischen Krieg geprägt hatte. *LIFE* war damit ein Vorreiter der geänderten Bildpolitik der Regierung, die ab Anfang 1943 verstärkt begann, Aufnahmen freizugeben, in denen die Zerstörungsgewalt des Krieges und die Brutalität des Tötens stärker zum Ausdruck kamen. Bereits Ende November 1942 bereitete *LIFE* die Intensivierung seiner Berichterstattung mit einer Eigenwerbung vor, in dem sich das Magazin als Verfechter einer authentischen und ungeschönten Wiedergabe der Kriegsrealität darstellte. Ende der 1930er Jahre lag die Legitimation noch in einer vorgeblich pazifistischen Haltung, der Öffentlichkeit das Grauen des Krieges zu zeigen, um so weitere Kriege zu verhindern. In einer Eigenwerbung von 1938 beschrieb *LIFE* seine Einstellung zu drastischen Kriegsbildern folgendermaßen:

> Most violent of all news is war. And LIFE shows war *as it really is*! The whole purpose of war is *destruction*. LIFE shows it thus –shows pictures of things and persons destroyed or being destroyed – though we fully know that realistic war pictures shock and outrage thousands of readers. But the dead of war have indeed died in vain if live men refuse to look at them.[198]

197 So übertitelt *LIFE* einen Beitrag mit Capas Aufnahmen: LIFE's Camera Gets Closer to the Spanish Civil War than any Camera Has Ever Got Before. In: *LIFE*, 12.12.1938, S. 28–29.
198 *LIFE*, 21.11.1938, S. 6–7, hier S. 7.

1942 rechtfertigte *LIFE* die schonungslose Wiedergabe der Kriegsrealität hingegen mit dem Aufbau eines nationalen Einheitsgefühls und der Motivation für weitere Kriegsanstrengungen. Erneut in einer Eigenwerbung definierte *LIFE* seine Position:

> There are two ways to learn about war. People who live where the war breathes hotly in their faces have an intimate knowledge of what war means ... and of what it does to the individual, to the home, and to the family. They learned these things through brutal, first-hand experience. We Americans have the difficult task of keeping our Psychological Front at high pitch without the drastic lessons of enemy attack. For the most part we must get our inspiration to work and sacrifice through facts we read and hear. [...] LIFE shows its readers in vivid picture-story form what this war *looks* like, *feels* like, and *does to people*. [...] And never has LIFE glossed over the horrors that stalk in the wake of the Axis aggression, but has shown war as it really is ... stark, brutal, and devastating. [...] LIFE has also done much to show the why's and wherefore's of the sacrifices which we on the American home front must be called upon to make. LIFE readers learn why food must be conserved, and how best to conserve it. They learn why we must submit to taxation that really stings, and why we must walk rather than burn one ounce of rubber off a tire. LIFE helps readers to understand why we face a heating shortage, and how to meet that shortage ... they are shown how to stoke a coal furnace, to weatherstrip windows, and to insulate a house. Only after they understand the *reasons* for those things, do people readily accept the hard, inescapable facts of war and war problems, and are heartily willing to cooperate. And among the inspiring things in LIFE are its articles which show the things that Ameriancs are doing to co-operate ... articles which show that America is united as it never was before.[199]

Dieser Umbruch in der Publikationsstrategie stand in Zusammenhang mit den militärischen Ereignissen der Monate zuvor und der Stimmung der amerikanischen Gesellschaft an der Heimatfront, die zu einer sich ändernden politischen Einstellung gegenüber Bildern von Gewalt und Zerstörung führte. In den ersten sechs Monaten nach Kriegseintritt befanden sich die USA vor allem im Pazifik in der Defensive.[200] Beunruhigende Bilder von Unterlegenheit und Tod sollten in diesen prekären ersten Monaten wohl nicht die Moral einer Bevölkerung untergraben, die sich noch kurz zuvor mehrheitlich gegen ein Eingreifen

199 *LIFE*, 30.11.1942, S. 130–131.
200 Siehe zu den historischen Ereignissen Keegan: *Der Zweite Weltkrieg*, S. 364–390.

in den Krieg ausgesprochen hatte.[201] Stattdessen wurden positive Bilder eingesetzt, um die Identifikation der Bevölkerung mit den Kriegsanstrengungen zu fördern. Mit dem Jahreswechsel 1942/1943 begann sich das militärische Blatt zu wenden. Die US-Streitkräfte eroberten, wenn auch unter großen Verlusten, die Inseln Guadalcanal und Neuguinea am pazifischen Kriegsschauplatz. Im Februar ergab sich die 6. Armee der deutschen Wehrmacht in Stalingrad. Im Frühjahr 1943 errangen die Alliierten auch in Nordafrika die Vorherrschaft, im Sommer folgte die Landung auf Sizilien und schließlich auf dem italienischen Festland. In Regierungskreisen entstand zunehmend die Besorgnis, dass die erreichten Erfolge und die überwiegend positive Berichterstattung zu einer übermäßigen Siegesgewissheit der Bevölkerung und zu einem Nachlassen der Unterstützung der Kriegsanstrengungen, etwa in der Rüstungsproduktion, führen könnten. Eine Umfrage des OWI im Juni 1943 ergab zudem, dass 39 Prozent der Bevölkerung die Nachrichtenbulletins der Regierung für beschönigt hielten; die Berichterstattung drohte also, zunehmend an Glaubwürdigkeit zu verlieren. Dies hatte vor allem auch damit zu tun, dass im fortschreitenden Verlauf des Krieges mehr und mehr US-Familien und Gemeinden mit der Verletzung oder dem Verlust eines oder mehrerer ihrer Mitglieder konfrontiert waren. Die zerstörerischen Auswirkungen des Krieges ließen sich nicht mehr ohne weiteres verbergen, sondern wurden Teil der Lebensrealität zahlreicher Menschen.[202] Sowohl die Leser*innen an der Heimatfront als auch die Soldaten im Kriegsdienst forderten eine realistischere Schilderung der Erfahrungen im Kriegseinsatz und auch dessen negativer Auswirkungen. In seinem Bericht von einem Luftwaffenstützpunkt in Großbritannien Ende Juni 1943 beschreibt der Schriftsteller John Steinbeck die Gefühle eines Besatzungsmitglieds:

> It seems to me that the folks at home are fighting one war and we're fighting another one. They've got theirs nearly won and we've just got started on ours. I wish they'd get in the same war we're in. I wish they'd print the casualities and tell them what it is like. I think maybe that they'd like to get in the same war we're in if they could get it to do.[203]

Im September 1943 gab die Regierung schließlich mehrere Dutzend Aufnahmen zur Veröffentlichung frei, die tote amerikanische Soldaten zeigten.[204] Als

201 Vgl. Roeder: *The Censored War*, S. 8.

202 Zu beschriebener Debatte siehe Roeder: *The Censored War*, S. 10–15.

203 Steinbeck: *Once there Was a War*, S. 32.

204 Roeder: *The Censored War*, S. 12–13.

eines der ersten Magazine publizierte *LIFE* in seiner Ausgabe vom 20. September eine Aufnahme von George Strock, die bereits im Winter 1942 entstanden war und drei tote Amerikaner in Uniform am Strand von Buna darstellte.[205] Die Redaktion entschied sich damit allerdings für ein Foto, das nicht zu brutal erschien und vor allem die Intaktheit der Soldatenkörper bewahrte. Die Konventionen des würdevollen Umganges mit dem Tod blieben so weitgehend unangetastet. Zudem erinnern Komposition und Darstellungsweise an Aufnahmen der Leichenfelder des Amerikanischen Bürgerkrieges, etwa von Timothy O'Sullivan oder Alexander Gardner, und knüpfen so an eine etablierte Bildsprache des heroischen Todes für das Vaterland an. Das Foto wurde durch einen offenen Brief der Redaktion an ihre Leser*innen kontextualisiert, der die Veröffentlichung legitimierte und der Grausamkeit des Bildes eine Bedeutung zuwies. Die Leichen am Strand wurden zu Symbolen der Freiheit und des freien Amerika stilisiert; die Soldaten hatten ihr Leben im Kampf dafür geopfert. Damit deren Tod nicht sinnlos war, forderten die anonymen Autor*innen bereits in der Überschrift „We must Resurrect It in Their Name."[206] Die Identifikation der Leser*innen mit den kämpfenden Truppen und ihren Zielen wurde in den Vordergrund gerückt, genauso wie das populäre Argument, dass diese Bilder veröffentlicht werden müssten, um den Mut und die Einsatzbereitschaft der Gefallenen zu würdigen:[207] „[I]f Bill had the guts to take it, then we ought to have the guts to look at it."[208]

Annäherung an die Gefahren an der Front

Auch wenn Margaret Bourke-Whites Aufnahmen aus den ersten beiden Jahren der amerikanischen Kriegsteilnahme vorwiegend positive Identifikationsangebote für die Betrachter*innen lieferten, belegen Aussagen in ihrem Buch und ihren Notizen sowie vereinzelt erhalten gebliebene Fotografien, dass sie schon zu diesem Zeitpunkt Anstrengungen unternahm, auch ein weniger erfreuliches Bild der Situation an der Front zu liefern; allerdings wurde sie immer

205 Der Beitrag mit George Strocks Aufnahmen zur Schlacht um Buna erschien bereits am 15. Februar 1943 in *LIFE* ohne die Aufnahme der toten GIs am Strand. Dafür wurde ein vergleichbares Foto abgedruckt, das ebenfalls am Strand aufgedunsene Leichen allerdings von japanischen Soldaten wie Treibholz im Wasser schwimmend zeigt.

206 *LIFE*, 20.09.1943, S. 34.

207 Bereits ein Leserbrief vom 15. März 1943 zu George Strocks Photo-Essay „Booty at Buna" spiegelt diese sich immer mehr durchsetzende Meinung.

208 *LIFE*, 20.09.1943, S. 35. *LIFE* druckte in der Ausgabe vom 11. Oktober zahlreiche Leser*innenstimmen, die positiv auf die Veröffentlichung reagieren und sich dieser Meinung anschließen.

wieder durch Zensur, die Bildauswahl der *LIFE*-Redaktion oder gar den Verlust von Bildmaterial daran gehindert.
In Nordafrika besuchte sie zwei nahe an den feindlichen Linien liegende Luftwaffenstützpunkte, einen in Algerien, nahe der tunesischen Grenze, und einen in Tunesien. Hauptsächlich fotografierte sie das einfache Leben der Soldaten an diesem Wüstenposten und ihre Arbeit: die in ein Flussbett gegrabenen Wohnhöhlen, behelfsmäßig aus Materialresten zusammengezimmerte Gebäude, die Essensausgabe oder das Graben von Schützenlöchern. Von den in Bourke-Whites Notizen auf mehreren Seiten beschriebenen Aufnahmen ist nur ein Bruchteil erhalten. *LIFE* veröffentlichte eine Auswahl von vier Fotos am 12. April 1943 in dem doppelseitigen Artikel „Desert Air Base. Living conditions are still crude" als Teil eines umfangreicheren Berichtes über die Frühjahrsoffensive in Nordafrika.[209] Wachsamkeit und Aktivität prägen die Atmosphäre der für die Publikation ausgewählten Aufnahmen, die zwei Soldaten beim Schaufeln von Schützenlöchern, eine Einsatzbesprechung, Wachen vor dem Control Tower und P-20-Kampfflugzeuge vor dramatischem Wolkenhimmel zeigen. Die primitiven Lebensbedingungen werden nicht problematisiert, sondern dahingehend umgewertet, dass die U.S. Air Force nicht nur im großen Maßstab – wie in den Photo-Essays von Bourke-White über den Bomber Command in Großbritannien – sondern auch unter einfachsten Bedingungen reibungslos und erfolgreich operierte.[210] Die ausgewählten Aufnahmen gaben allerdings nur ein schwaches Bild der tatsächlichen, von ständigen Tieffliegerangriffen bedrohten Lebenssituation, die Bourke-White in ihren Notizen eindrucksvoll schilderte:

> All of the above negatives were made at an airdrome in Algeria but close to the Tunisian border. It is not far from the front and is under almost constant attack by the enemy. German planes fly over it several times a day. The rhythmic dron which characterizes the enemy planes is a familliar sound, and bombing and strafing are frequent. Even during mess, that tin hat must be within arms reach.[211]

Eine Folge von fünf Aufnahmen, die als Kontaktabzüge im Archiv erhalten sind, zeigt Männer beim Begutachten von Flugzeugen und Ausrüstungsmaterial, die von einem dieser Anrgiffe stark beschädigt wurden. Vor allem die

209 Desert Air Base. In: *LIFE*, 12.04.1943, S. 25–26.

210 So schreibt *LIFE* beispielsweise: „From such crude fields, with sometimes equally crude repair facilities, the U.S. Air Forces in Africa have done a remarkable job." (Ebd., S. 26.)

211 Maschinengeschriebene Negativ-Identifikation für die *LIFE* Redaktion, beschriftet „Cut Film C". (MBW Papers, Box 71.)

Ruinen ausgebrannter und durchlöcherter Flugzeuge zeugen von der immensen Zerstörungskraft, die hier am Werk gewesen sein musste. Derartige Aufnahmen standen in starkem Gegensatz zu den Bildern pathetisch inszenierter Flugzeuge, die Bourke-White ansonsten ablieferte und von *LIFE* abgedruckt wurden. Bevor diese Aufnahmen die Redaktion jedoch überhaupt erreichen konnten, wurden sie schon von der Zensur aussortiert. Auf der Rückseite der Aufnahmen befindet sich ein Stempel des War Department vom 1. Februar 1943 mit dem Vermerk „Not Release". Offensichtlich sollten Aufnahmen zerstörten Kriegsmaterials nicht das über Monate etablierte, heile und glamouröse Bild amerikanischer technologischer und industrieller Überlegenheit stören, das Margaret Bourke-White selbst so nachhaltig mit aufgebaut hatte. Solche Bilder wurden zu diesem Zeitpunkt nur in Zusammenhang mit der Visualisierung der Unterlegenheit des Feindes veröffentlicht.[212] Aus ähnlichen Gründen wurden wohl auch die Aufnahmen des Absturzes einer P-38-Maschine zurückgehalten, dem neben der Besatzung auch drei Einheimische, die auf einem Feld am Absturzort gearbeitet hatten, zum Opfer gefallen waren.[213] Margaret Bourke-White hatte dem Ereignis große Aufmerksamkeit gewidmet und zumindestens 21 Fotos davon geschossen.[214] Vor der exotischen Kulisse eines Palmenhains sind in den meisten Aufnahmen Feuerlöscheinheiten in klobigen weißen Schutzanzügen bemüht, die starke Rauchentwicklung und die Brände der Explosion in den Griff zu bekommen. Auch diese Aufnahmen wurden vom War Department am 10. Februar 1943 als nicht veröffentlichungsfähig abgestempelt. Beide Serien wurden jedoch zu einem späteren Zeitpunkt, nämlich am 12. September 1943 freigegeben, wie ein zweiter Stempel des War Department auf der Rückseite der Kontaktabzüge vermerkt. Die Freigabe erfolgte damit genau zu dem Zeitpunkt als die allgemeine Zensurpolitik gelockert wurde und bis dato zurückgehaltene Aufnahmen zur Veröffentlichung freigegeben wurden. Offensichtlich fielen auch Bourke-Whites Fotos unter diese allgemeine ‚Amnestie'. Allerdings war der Nachrichtenwert inzwischen schon lange abgelaufen und der Irritations- und Sensationseffekt, der mit diesen Aufnahmen möglicherweise hätte erzielt werden können, so gering, dass es zu keiner Veröffentlichung mehr kam. Trotzdem zeigen sie deutlich, dass sich Bourke-White im Rahmen ihrer Möglichkeiten durchaus dafür interessierte, der zerstörerischen Seite des Krieges mehr Raum in ihrer Arbeit zu geben.

212 Siehe z. B. Aftermath of War. In: *LIFE*, 21.12.1942, S. 96–105; War's Aftermath in North Africa. In: *LIFE*, 14.06.1943, S. 21–32.

213 Unbetiteltes, maschinengeschriebenes Manuskript. MBW Papers, Box 71.

214 Die originalen Kontaktabzüge dazu befinden sich in MBW Papers, Box 123.

Während ihres mehrmonatigen Aufenthaltes in Italien von Herbst 1943 bis Frühjahr 1944 gelang es Bourke-White schließlich, mehrere Besuche in den Frontabschnitt vor dem Cassino-Tal zu unternehmen. Dort fotografierte sie die Arbeit von Minenräumeinheiten, Armee-Ingenieuren und der Artillerie.[215] Ihre Erlebnisse schrieb sie nach der Rückkehr im Frühjahr 1944 in ihrem Buch *They Called It Purple Heart Valley. A Combat Chronicle of the War in Italy* nieder. Zehn der 19 Kapitel handeln von Ereignissen im Frontbereich; eine Konstante in ihren Schilderungen ist der lebensgefährliche Feindbeschuss. Mehrfach beschreibt sie, dass sie während des Fotografierens oder der Fahrt zu einem Ort der Berichterstattung Deckung suchen musste und Ziele nur unweit von ihr entfernt getroffen worden waren; eine ständige nervliche Belastung, die auch an ihrer eigenen psychischen Konstitution zehrte[216] und die sie den Soldaten ansah, denen sie begegnete:

> I thought I had never seen such tired faces. It was more than the stubble of beard that told the story; it was the blank staring eyes. The men were so tired that it was like a living death. They had come from such a depth of weariness that I wondered if they would ever be able quite to make the return to the lives and thoughts they had known.[217]

Zweimal erwähnte sie Leichen, die sie auf ihrem Weg am Fahrbahnrand sah: die eines italienischen Zivilisten und – wohl noch schockierender für die Leser*innen – die zweier amerikanischer Soldaten, deren Körper von einer Explosion völlig zerfetzt worden waren. Einem fehlte das komplette Gesicht, dem anderen der halbe Kopf.[218] Auch an anderer Stelle schreckte sie nicht vor drastischen Schilderungen zurück, wenn sie beispielsweise über die gefährliche Arbeit der Panzermannschaften schrieb, die oft als erste die Straßen eines eroberten Abschnittes passierten und unter Umständen unter so schweren Beschuss gerieten, dass die Rettungsteams nur noch „little bits"[219] aufsammeln konnten, die nicht mehr zu identifizieren waren.

215 In Anlehnung an Margaret Bourke-Whites Eigendefinition verstehe ich den Frontbereich als Zone, die sich über das Niemandsland nach hinten in von der eigenen Armee gehaltenes Terrain erstreckt und sich noch innerhalb der Schussweite der feindlichen Artillerie befindet. Zu Bourke-Whites Definition siehe dies.: *Purple Heart Valley*, S. 146.

216 Vgl. u. a. ebd., S. 62, 63.

217 Ebd., S. 80.

218 Vgl. ebd., S. 48.

219 Ebd., S. 141.

Stellt man ihre schockierenden Beschreibungen aus dem Buch den aus diesem Zeitraum erhaltenen Fotografien gegenüber, so offenbart sich eine große Diskrepanz. In den Aufnahmen der Minenräumkommandos, dem Bau von Ponton-Brücken oder einer Feuerleitzentrale der Artillerie geht es mehr um die korrekte Wiedergabe der Tätigkeiten als um die Veranschaulichung des gefährlichen Arbeitsumfeldes. Bourke-White konzentrierte sich ganz im Stile ihrer Corporate Stories auf die einzelnen Handgriffe, die verwendeten Geräte oder die positive Ausdruckskraft der Gesichter der Männer, die sie zum Teil in Großaufnahme festhielt. Diese Schwerpunktsetzung entsprach ihrem Auftrag, die Arbeit der Army Service Forces zu dokumentieren. Gefahr, Tod und Verletzung hatten in diesem Zusammenhang wohl wenig Platz. Auch wenn sie in den vorderen Frontabschnitten fotografierte, konnte sie nicht an Offensiven der Infanterie teilnehmen. Die Arbeit beispielsweise der Artillerie, die Bourke-White begleitete, war weitaus weniger spektakulär; fast desillusioniert schrieb sie dazu: „There was nothing much to photograph – just those monotonous fountains of earth and rock rising across the road and coming a little closer each time, as the Germans tried to 'bracket' the target."[220]

Andere Motive kriegerischer Gewalt, wie etwa die Leichen der zwei toten amerikanischen Soldaten, die sie unter der Fahrt gesehen hatte, sind erst gar nicht als Fotografien erhalten. Vielleicht gab es keine Möglichkeit, stehenzubleiben – viele der Straßen standen unter ständiger Feindbeobachtung, oder es erschien unangebracht, aufgrund der Leichen einen Foto-Stopp einzulegen. Da im Gegensatz dazu der im Buch geschilderte Leichnam eines Italieners am Straßenrand als Foto durchaus existiert, wäre auch denkbar, dass die Zensur entsprechende Aufnahmen verstümmelter amerikanischer Toter aussortiert hatte und sie gar nicht die Redaktion der Zeitschrift erreichten. Ein weiterer Grund für das Fehlen derartiger Fotos liegt möglicherweise auch in den schlechten Witterungsverhältnissen.[221] Vor allem die Feuchtigkeit verursachte Probleme mit der technischen Ausrüstung. Eine der zwei Rolleiflex-Kameras, mit denen Bourke-White neben fünf Mittel- und Großformatkameras[222] arbeitete, wurde dadurch funktionsuntüchtig und auch die Batterien für den Synchronisationsmechanismus der Blitzanlage waren so angegriffen, dass kein verlässliches

220 Bourke-White: *Purple Heart Valley*, S. 59.

221 „[...] a disadvantage we tried to overcome with the liberal use of peanut flash bulbs." (Ebd., S. 61.)

222 Sie arbeitete in Italien mit einer Speed Graphic, drei Linhofs und einer Graflex-Kamera. Ebd., S. 13.

Arbeiten mehr möglich war. „[...] I knew I had lost many good action pictures“[223], klagte Bourke-White angesichts der technischen Schwierigkeiten. Der Verlust einer gesamten Sendung an Negativen auf dem Weg nach Washington, die die Arbeit eines Feldlazarettes und an einem Krankenwagenstützpunkt an vorderer Front dokumentierten, machten ihr schwer zu schaffen.[224] Auch wenn die Umstände oftmals keine Aufnahmen zuließen, so war es ihr dennoch ein Anliegen das Erlebte und Gesehene zumindest in Worte zu fassen und an die Leser*innen ihres Buches zu vermitteln. Zugute kam ihr dabei sicher auch, dass *Purple Heart Valley* erst Ende 1944 erschien, zu einem Zeitpunkt, als sich die Kriegsberichterstattung bereits stark verändert und radikalisiert hatte und die Leser*innen eine ‚authentische' Schilderung nahezu einforderten.[225]
Trotz der schwierigen Arbeitsbedingungen zog es Margaret Bourke-White immer wieder zur Frontberichterstattung. Als sich im Frühjahr 1944 erste Hinweise für eine Invasion an Frankreichs Küste verdichteten, bemühte sie sich wie zahlreiche andere Journalist*innen und Fotograf*innen um eine Akkreditierung, die jedoch abgelehnt wurde.[226] So entschied sie sich für einen anderen Kriegsschauplatz, für den die Akkreditierungsplätze nicht so heiß begehrt waren: die italienische Front. Zu ihren Beweggründen schrieb sie:

> The Italian Front was grimmer than before, and most of the soldiers there had been through two bitter winters, slogging through the mud and snow and getting killed as often as before. The war had ground down to a struggle of man against man, patrol against patrol, mortar against mortar. It was known as the Forgotten Front.[227]

Im Januar 1945 erreichte sie ihr neues Einsatzgebiet, nachdem sie seit Oktober 1944 in Rom, Florenz und Pisa gearbeitet hatte. Die alliierte Armee hatte

223 Ebd., S. 101.

224 Sie brachte eine umfangreiche Suchaktion in Gang; die Dokumente dazu – etwa die Befragung des Fahrers, von dessen Wagen der Beutel mit den Negativen verschwand – befinden sich im Archiv der Fotografin in Syracuse. Darin wird auch die These geäußert, dass der Inhalt des Beutels für Nahrungsmittel gehalten und deswegen vom Wagen gestohlen worden war.

225 Für eine detaillierte Analyse der Fotobücher Margaret Bourke-Whites aus dem Zweiten Weltkrieg siehe auch Maria Schindelegger: Das Fotobuch als Medium autonomer Kriegsberichterstattung. Margaret Bourke-Whites Buchpublikationen zum Zweiten Weltkrieg. In: Burcu Dogramaci / Désirée Düdder / Stefanie Dufhues / Anna Volz et al. (Hrsg.): *Gedruckt und erblättert. Das Fotobuch als Medium ästhetischer Artikulation seit den 1940er Jahren*. Köln: König 2016, S. 156–173.

226 Goldberg: *A Biography*, S. 284.

227 Bourke-White: *Portrait of Myself*, S. 255.

mittlerweile Rom eingenommen, saß aber nun in den erbittert umkämpften Bergen des Apennins vor der Stadt Bologna fest. Seit ihrem ersten Besuch in Italien hatte sich die Berichterstattung stark verändert: Die Leser*innen waren es gewohnt, Militäraktionen aus dem Blickwinkel der beteiligten kämpfenden Männer erzählt zu bekommen.[228] Um in diesem Umfeld überhaupt veröffentlicht und wahrgenommen zu werden, musste auch Bourke-White noch näher an die Front heran als bei ihrem ersten Aufenthalt; erstmals arbeitete sie nun mit der Infanterie. Sie wurde der 88. Division der 5th Army zugeteilt und erreichte Ende Januar 1945 den Sektor um Livergnano.[229] Im Zentrum ihrer Arbeit sollten Spähtrupps stehen, die in einer relativ statischen Situation das Terrain und die Positionen der Feinde auskundschafteten und deutsche Gefangene für Aufklärungszwecke machen sollten. Drei Umschläge mit ihren Negativen, insgesamt mehr als 1.000 Aufnahmen, gingen allerdings erneut auf dem Transportweg verloren.[230] Der Verlust traf Margaret Bourke-White hart, vergeblich ließ sie umfangreiche Nachforschungen durch das Militär anstellen und setzte sogar eine Belohnung von 1.000 Dollar für deren Auffindung aus.[231] Die Serie war für Margaret Bourke-White so außerordentlich wichtig, dass sie sich entschloss „to pull myself together after this crushing blow, and packed my equipment and a clean shirt to go back“[232], wie sie in ihrer Autobiografie schreibt. Zuvor hatte sie sich noch telegrafisch von *LIFE* versichern lassen, dass die Redaktion noch immer an dem Stoff interessiert war. Die Ereignisse und damit auch die Interessen von *LIFE* und seinen Leser*innen änderten sich rasant. Bourke-White wollte sich offensichtlich der potenziell lebensbedrohlichen Situation nur

228 Zum Beispiel George Strocks Bildbericht über die Eroberung von Eniwetok (The Battle for Eniwetok Atoll. In: *LIFE*, 13.03.1944, S. 21–25), Robert Capas Photo-Essay über die Landung in der Normandie (Beachheads of Normandy. In: *LIFE*, 19.06.1944, S. 25–31), Frank Scherschels Beitrag über den Heckenkampf nach der Landung in der Normandie (Battle of the Hedgerows. In: *LIFE*, 07.08.1944, S. 17–21), George Silks Aufnahmen von Kämpfen in Holland (Attack in Holland. In: *LIFE*, 18.12.1944, S. 69–75) oder die von Eugene Smith in Saipan (Saipan. Eyewitness Tells of Island Fight. In: *LIFE*, 28.08.1944, S. 75–83).

229 In ihrem Manuskript zur Negativ-Identifikation für *LIFE* finden sich Belege, dass sie zumindest vom 26. Januar bis inklusive 28. Januar in der Nähe von Livergnano beim „3rd Battalion, 351 Infantry Regiment, 88. Division der 5th Army“ fotografiert hat. Margaret Bourke-White: Photos take n Livergnan area 19 miles south of Bobolgna on Hwy 65, maschinengeschriebenes Manuskript, MBW Papers, Box 71.

230 In einem Telegramm vom 10. Februar an *LIFE* schreibt sie, dass 84 Filmrollen (à 12 Aufnahmen) und 26 Filmpackungen verloren gingen. MBW Papers, Box 50.

231 Siehe dazu die Unterlagen im Archiv der Fotografin. (MBW Papers, Box 71.)

232 Bourke-White: *Portrait of Myself*, S. 257.

aussetzen, wenn sie sich sicher sein konnte, dass die Geschichte auch publiziert werden würde, wie sie dem *LIFE*-Redakteur Bill Churchill am 20. Februar 1945 nach New York telegrafierte: „This story difficult to get etrequires [*sic*] visiting unpleasant hot spots but properly handled is intimate human story."[233] Das Thema lag zudem in der Luft. In Bourke-Whites Unterlagen befindet sich ein Bulletin von United Press vom 4. März, in dem eine Rede General Joseph Stillwells zitiert wird, der die Presse darum bittet, den Infanteristen und ihren Aufgaben an der Front mehr Aufmerksamkeit und positive Berichterstattung zu widmen, vor allem in Hinblick auf deren wichtigen Beitrag zum Kriegserfolg.[234] Am 24. Februar kehrte Bourke-White schließlich an die Front zurück, um in der Nähe von Loiano bis zum 1. März ein weiteres Mal die Arbeit der 88. Division zu fotografieren.[235] Hauptziel ihres Aufenthaltes war es, über einen nächtlichen Infanterieangriff auf naheliegende feindliche Stellungen zu berichten. Auch hier folgte sie dem altbekannten Muster der Corporate Story und zergliederte den Ablauf des Angriffes in seine einzelnen chronologischen Teilbereiche, die den Betrachter*innen einen grundlegenden Einblick in die Arbeit einer nächtlichen Patrouille ermöglichen sollten. Da Bourke-White die Patrouillenmitglieder nicht begleiten konnte, konzentrierte sie sich auch hier, ähnlich wie bei ihrem Auftrag für Luftangriffe in Großbritannien, auf das Davor und Danach und entwickelte damit eine neue, noch nicht bearbeitete Motivgruppe für Infanterieeinsätze. Chronologisch beginnen die Aufnahmen mit der Einsatzbesprechung am Tag zuvor. Die Aufnahmen zeigen Leutnant Ernser, Anführer einer der drei Einsatzgruppen, wie er stark gestikulierend den Einsatz erklärt. Bourke-White arbeitete mit einer Rolleiflex, für die ein quadratisches Bildformat charakteristisch ist und wählte knappe Ausschnitte, um die Enge des Raumes, aber auch die physische Präsenz des Mannes zu betonen. Der Bildausschnitt und die Blickposition hinter einer Reihe von sitzenden Soldaten verleihen den Betrachter*innen das Gefühl, selbst an dem Geschehen als Mitglied der Truppe teilzuhaben, als würde Ernser das Wort auch an sie richten. Mit ähnlichen Bildmitteln arbeitete die Fotografin in einer Aufnahme, die den Gottesdienst vor dem Einsatz zum Inhalt

233 MBW Papers, Box 50.

234 MBW Papers, Box 71.

235 Von der ersten Serie erhalten geblieben sind Aufnahmen, die Männer einer Mountain Division mit Skiern und Skidoos zeigen. Neben den Aufnahmen aus Loiano hat Margaret Bourke-White auch eine Gruppe afroamerikanischer Artilleriebeobachter der 92. Division fotografiert. Beide Serien wurden nicht veröffentlicht. Es befinden sich entsprechende Kontaktabzüge im Archiv in Syracuse.

hat, um „the atmosphere of tenseness in the little room“[236] sichtbar und spürbar zu machen. Viel Raum widmete sie der Camouflage, wie die Männer sich zur Tarnung gegenseitig die Gesichter mit schwarzer Paste einfärben.[237] Auch wenn es Bourke-White in dieser Serie vorrangig um Atmosphäre und emotionale Qualitäten ging, so konnte sie sich auch in dieser Situation nicht von einem gewissen didaktischen Gestus lösen. Ein weiteres Motiv ist das Ablegen persönlicher Gegenstände. Auch hier dringt das statisch-stilllebenhafte Moment ihrer Produktfotografie durch, wenn sie beispielsweise auf nüchtern-sachliche Weise den Inhalt der Kiste mit den zurückgelassenen Dingen oder technische Geräten – wie ein Walkie-Talkie, dessen Verwendung sie ausführlich in ihren Manuskripten erläutert – fotografierte. Das Aufbrechen vom Stützpunkt in die Dunkelheit bildet den ersten Höhepunkt des Spannungsbogens. Die Darstellung der minutiösen Vorbereitung und Planung eines Infanterieangriffes hebt, wie bereits in ihrer Serie über die Planung eines Luftangriffes, die organistaorisch-planerische Leistung hervor und wertet das von Vorurteilen geprägte Bild der Infanterie als tumbe Fußsoldaten auf: „Planning and executing a patrol properly takes intelligence and leadership“[238], betonte Bourke-White in ihren Notizen. Der eigentliche Angriff musste für sie jedoch erneut eine Leerstelle bleiben. Gefüllt wird diese Lücke mit Aufnahmen, die die gravierenden psychischen und körperlichen Auswirkungen eines Kriegseinsatzes auf die Männer vor Augen führen und die Erschöpfung und drastischen Verwundungen der Rückkehrer des Patrouillenangriffes zeigen. Angesichts der Einschränkungen, das Geschehen an der Front und direkte Kampfeinsätze zu fotografieren, erlangte das Motiv des psychisch und physisch verwundeten und getöteten Körpers für Margaret Bourke-White besondere Bedeutung.[239]

Sterben für das Vaterland: Heldentum und Ehrentod

Als Symbol der amerikanischen Nation stellte der verwundete Soldatenkörper eine potenzielle Bedrohung für die Kriegsmoral und die Nachkriegsverfassung der Gesellschaft dar, wie Christina Jarvis betont:

236 Margarete Bourke-White: Fifth Army Series, maschinengeschriebenes Manuskript. MBW Papers, Box 71, S. 16.

237 Interessant ist, dass Margaret Bourke-White wie in Großbritannien bei der Air Force großes Augenmerk auf das Ankleiden beziehunsgweise Bemalen und damit die Verwandlung der ‚friedlichen‘ Soldaten in eine Kampfeinheit betont.

238 Margaret Bourke-White: Bourke-White Fifth Army LIFE, maschinengeschriebenes Manuskript. MBW Papers, Box 71, S. d.

239 Siehe dazu auch Kap. IV.3.

> [I]dealized representations of male bodies were of psychologicaly intact, well-muscled, steeled entities that represented national strength. The inevitable presence of wounded bodies therefore posed potential threats to the wartime body politic as well as to America's postwar strength and its return to normalcy.[240]

Margaret Bourke-White blendete diese Bedrohung nicht aus, thematisierte sie aber in den ersten beiden Kriegsjahren ausschließlich innerhalb eines anerkannten und tradierten Rahmens, der Tod und Verletzung einen kollektiven Sinn zuschrieb. Das für die nationale Gemeinschaft grundsätzlich bedrohliche Szenario konnte auf diese Weise angesprochen, gleichzeitig aber so umgewertet werden, dass gerade Einheit und Zusammenhalt durch ein positives Identifikationsbild gestärkt wurden.
Einer der ältesten Referenzrahmen für Kriegstote und -verwundete ist die Einbindung in Narrative von Heldentum und Opferbereitschaft, die laut Tom Holert „den angenommenen Wert und die Bindekräfte des betreffenden Kollektivs bestätigen. [...] Es wird dafür gesorgt, dass ein individueller Tod seine nationale, kollektive, politische Dimension offenbart."[241] Unter diesem Aspekt lassen sich die Aufnahmen verwundeter Air-Force-Angehöriger einordnen, die Margaret Bourke-White während ihres Aufenthaltes in Großbritannien im Herbst 1942 im Rahmen einer Ordensverleihung fotografierte. Mindestens drei Verwundete, einer sitzend und zwei stehend mit Bandagen um den Arm, sind auf ihnen zu sehen. Diese Bilder würdigen die Gefahr der Arbeit für die Air Force in Form der erlittenen Verletzungen, führen aber Männer vor Augen, die bereits rekonvaleszent sind. Die Verletzung an sich ist unter den Verbänden und einer Decke vor den Blicken der Betrachter*innen verborgen. Es geht nicht um die realen zerstörerischen Auswirkungen auf den menschlichen Körper, sondern um einen Marker für Opferbereitschaft und Mut, die die Männer auszeichnen und für die sie einen Orden verliehen bekommen. Die Verletzung wird, wie Christina Jarvis es in ihrer Studie formulierte, zu einem „badge of honor", einem Ehrenabzeichen, das auch stellvertretend für einen Orden stehen konnte.[242] In der Aufnahme der Heldenehrung auf einem Flugzeugstützpunkt in Großbritannien tragen beispielsweise zwei unverletzte Männer jeweils einen Orden an der Brusttasche, der dritte präsentiert an selber Stelle seinen

240 Jarvis: *The Male Body at War*, S. 87.

241 Holert: Überlebenswissen, S. 295, 296.

242 Jarvis: *The Male Body at War*, S. 97–98. Auch in umgekehrter Richtung kann ein Orden die tatsächliche Verwundung im Bild ersetzten und repräsentieren.

einbandagierten Arm. (Abb. 8) Der Verband stellt so einen Zusammenhang zwischen Verwundung, Opferbereitschaft, Tapferkeit und Heldentum her. Der Verletzung wird eine sinnstiftende Bedeutung zugewiesen, die das bedrohliche Potenzial positiv für die Nation umwertet. Auch *LIFE* übte zu Beginn des Krieges Zurückhaltung in der Darstellung verwundeter Amerikaner. Gerade in den ersten eineinhalb Jahren des Krieges scheint das Motiv der Verletzung untrennbar mit einer heroischen Tat verknüpft. So präsentierte *LIFE* beispielsweise am 16. November 1942 in einem Bericht sechs Aufnahmen verletzter Soldaten, die von den Solomoninseln in die Heimat zurückgekehrt waren. Die Männer sind in weiß bezogenen Betten und Nachthemden in die Kamera lachend zu sehen. Anstatt die Wunden zu zeigen oder über die Verletzung zu sprechen, benennt die Bildunterschrift lediglich die heroische Tat, bei der sie verwundet wurden. Die Heldentat überschreibt wie der Orden die tatsächliche körperliche Wunde.[243]
In einem ähnlichen Bedeutungsfeld operieren Aufnahmen eines Soldatenfriedhofs, die im Herbst 1943 in Nordafrika entstanden sind. Darstellungen von Gräbern zählen seit der Frühzeit der Kriegsfotografie, etwa dem Mexikanisch-Amerikanischen Krieg, zu einer weithin akzeptierten Repräsentationsform des Kriegstodes.[244] Die Landschaft mit Grabsteinen wird in diesen historischen Fotografien zum heroisch aufgeladenen Erinnerungsraum, in denen Vorstellungen der Romantik nachwirken. Auch Bourke-White zeigt den Friedhof in einer weiten Landschaft unter dramatischem Wolkenhimmel, allerdings nicht von pittoresken Motiven, sondern von Uniformität und strenger Orthogonalität der Gräber geprägt. Beides verweist auf die neue Dimension des Massenkrieges, der Waffen- und Menschenmaterial in nie zuvor da gewesenem Ausmaß ‚verschliss'. Einerseits gab Bourke-White dem anonymen und massenhaften, durch industrialisierte Waffentechnik hervorgerufenen Sterben ein Bild, indem sie sich auf das Bildvokabular der industriell produzierten Massengüter bezog. Andererseits beinhalten die Gleichförmigkeit und Strenge, die sich in der Anordnung der Kreuze spiegeln, auch eine politische Dimension: Der individuelle tote Körper verschwindet hinter dem abstrakten Symbol des Kreuzes, das mit der christlichen Ikonografie eines Märtyrers aufgeladen ist und den physischen Leichnam überschreibt. Das einzelne Individuum und sein Schicksal treten zurück hinter dem Kollektiv der Nation und der gemeinsamen Aufgabe, die Heimat zu

243 Men who Fought in Solomons Come back Wounded. In: *LIFE*, 16.11.1942, S. 43.
244 Zum Beispiel die anonyme Aufnahme *Burial Place of Son of Henry Clay in Mexico* im Amon Carter Museum, Fort Worth / Texas. Abgebildet in Caroline Fuchs: *Wa(h)re Geschichte. Anfänge der Kriegsfotografie (1846–1865)*. Magisterarbeit, HU Berlin 2006, Abb. 3.1.6.

verteidigen und für Frieden und demokratische Werte zu kämpfen. Das Motiv der amerikanischen Flagge verweist auf die nationale Bedeutung des Todes des Einzelnen, wie Tom Holert betont:

> Die Übertragung des individuellen Sterbens in Bilder der Bewältigung und Agitation zieht nun immer wieder die Objektgruppe ‚Särge' und ‚Fahnen' zusammen. Zugehörigkeit wird so symbolisch reguliert. Es wird dafür gesorgt, dass ein individueller Tod seine nationale, kollektive, politische Dimension offenbart.[245]

Margaret Bourke-White zeigt zudem den Friedhof nicht als menschenleeres Stillleben, sondern mit Personen, die der Verstorbenen in Form eines Ehrenbegräbnisses gedenken oder Zwiesprache am Grab mit ihnen halten. Der Tod wird nicht als sinnlose Beendigung eines Menschenlebens geschildert, sondern in den Dienst der Gemeinschaft gestellt, der von dieser auch entsprechend gewürdigt und erinnert wird.

Bourke-Whites Visualisierungen von Kriegstod und -verletzung aus den ersten eineinhalb Jahren des Krieges stellten das gleichzeitig von ihr entworfene Bild des maskulinen, körperlich unversehrten Helden nicht infrage, sondern fügten ihm eine weitere Dimension, die des Heldentodes, hinzu. Für die Abstrahierung und Heroisierung von Verwundung und Tod griff sie auf weithin anerkannte und etablierte Darstellungsformen zurück. Situationen, die einen unheroischen und gewaltsamen Tod nahelegen, etwa die Aufnahmen eines Flugzeugabsturzes oder von Luftangriffen auf einen amerikanischen Wüstenstützpunkt in Nordafrika wurden hingegen bereits von der Zensur aussortiert.

Medizinische Versorgung als sicherheitsversprechende Rahmung

Eine weitere Form der erprobten Rahmung von Kriegstod und -verletzung ist das Einbinden in Narrative der medizinischen Versorgung und Genesung. Hier kann die körperliche Verletzung offen angesprochen werden, zugleich wird ihr aber der tödliche Schrecken genommen, da nachgewiesen wird, dass sich ein effizientes medizinisches System um den Verwundeten kümmert. Dies ist sicher einer der Gründe, warum Szenen aus Lazaretten und der medizinischen Versorgung zu den häufigsten Motiven in der Geschichte der Kriegsfotografie zählen.[246] Auch

245 Holert: Überlebenswissen, S. 296.

246 Gerade im Ersten Weltkrieg gab es eine umfangreiche Bildproduktion, die „Verletzte" in sauberen Lazaretten, umsorgt von Krankenschwestern in weiß gestärkten Uniformen, oftmals auch in heiterer Umgebung, zeigt. Vgl. z. B. Anton Holzer: *Die andere Front. Fotografie und Propaganda im Ersten Weltkrieg*. Darmstadt: Primus / WBG 2012, S. 151–160; Paul: *Bilder des*

Margaret Bourke-White fotografierte nachweislich in zumindest vier unterschiedlichen medizinischen Einrichtungen in Nordafrika und Italien sowie auf einem Lazarettschiff, das transportfähige verwundete Soldaten aus Nordafrika nach Großbritannien evakuierte.[247] Die folgende Untersuchung konzentriert sich auf zwei Beispiele: Aufnahmen aus dem 38. Feldlazarett in der Nähe von Mignano im Cassino-Korridor, die im Spätherbst 1943 im Zusammenhang mit ihrem Auftrag für die Army Service Forces entstanden sind, und Fotografien aus der Erste-Hilfe-Station eines Bataillons der 88. Division aus ihrem Italienaufenthalt im Frühjahr 1945.[248] Bourke-White nimmt dabei eine eigenständige Position ein, die sich im Vergleich zu ihren Kollegen relativ weit von traditionellen Visualisierungssformen entfernt und eine neue Drastik sucht, die jedoch eingebettet ist in das beruhigende Versprechen einer hochmodernen Medizin. Spätestens mit dem Ersten Weltkrieg hatte sich eine dominante Konvention herausgebildet, die Krankenschwestern bei der Pflege im Bett liegender Verwundeter zeigte. So wurde das an christliche Vorstellungen anknüpfende Moment der Nächstenliebe und Caritas in den Vordergrund gerückt und dem Grauen des Krieges entgegengestellt.[249] Die Verwundeten erschienen wie Rekonvaleszente in einem sauberen Sanatorium, umsorgt von Krankenschwestern in weißen gestärkten Uniformen und nicht als im Krieg Verletzte und Verstümmelte. Dieser Bildentwurf, aber auch Motive aufopfernder weiblicher Fürsorge und eine christliche Ikonografie spielten auch in der Bildwelt des Zweiten Weltkrieges noch eine zentrale Rolle, etwa in Eugene Smiths Photo-Essay über ein provisorisches Krankenhaus in einer Kirche auf den Philippinen oder in Robert Capas vergleichbarer Serie über ein Lazarett in der Kirche von Maiori in Italien.[250]

Krieges, Visual Essay III, Abb. 1 u. Abb. 2. Traditionell galt die Darstellungen von Lazaretten und ihrer Arbeit vor allem als für Frauen geeigneter Fotoauftrag. So ist nicht verwunderlich, dass im Zweiten Weltkrieg neben Margaret Bourke-White auch zahlreiche Kolleginnen wie Lee Miller, Dickey Chapelle, Toni Frissell oder Martha Gellhorn über die Versorgung verletzter Soldaten berichteteten.

247 Bourke-White fotografierte 1943 in einem Zeltlazarett und auf einem medizinischen Überführungsschiff in Nordafrika, einem Feldlazarett bei Mignano, einem Feldlazarett der 5th Army vor Monte Cassino und im Winter 1944/1945 in einer Battalions-Erste-Hilfe-Station bei Loiano in Italien.

248 Die Negative aus dem 5th Army Feldlazarett gingen beim Transport verloren. Vgl. Bourke-White: *Purple Heart Valley*, S. 132.

249 Abbildungsbeispiele dazu siehe Paul: *Bilder des Krieges*, S. 155, 156.

250 Hospital on Leyte. In: *LIFE*, 25.12.1944, S. 13–17. Das Publikationsdatum am Weihnachtstag wurde wohl nicht zufällig gewählt. Das Motiv der seelischen und medizinischen Beutreuung amerikanischer Soldaten vor der Kulisse einer Kirche entspricht dem zu dieser Jahreszeit aktuellen Thema der christlichen Nächstenliebe. Vgl. Battle of Chiunzi Pass. In: *LIFE*, 18.10.1943, S. 30–35, insb. S. 34–35.

Grundsätzlich verschob sich der Fokus im Zweiten Weltkrieg jedoch auf die professionelle Versorgung durch Ärzte und medizinisches Personal, vor allem durch die Schilderung von Operationen. Das Hauptaugenmerk der Aufnahmen von Eugene Smith, Robert Capa und Lee Miller, die im Juni 1944 in einem Feldlazarett in der Normandie fotografiert hatte (Abb. 38), liegt auf den Ärzten, Schwestern und Pflegern, die sich am Operationstisch um den Patienten kümmern. Die Szenen bei Smith und Miller sind in ein dramatisches Licht gehüllt, das den OP-Tisch hell erstrahlen lässt, während der Rest des Raumes im Dunkeln versinkt. Diese Lichtführung fördert eine Atmosphäre des Dramatischen; sie erinnert an Beispiele aus der religiösen Malerei, etwa der holländischen Caravaggisten. Die Operation wird als nahezu magisches Ereignis vorgeführt. Hier, so scheinen die Aufnahmen nahezulegen, geschehen Wunder. In diese Richtung interpretierte auch die britische *Vogue* Millers Aufnahmen: „Lee Miller, Vogue's staff, first woman photographer to visit Normandy brought back these pictures, this account of medical wonders behind the battle front."[251] Die Tätigkeiten des Versorgungspersonals bei Smith, Capa und Miller bleiben jedoch diffus, der medizinische Hintergrund der Handlungen erschließt sich nur in Ausnahmefällen.[252] Die fotografierten Szenen bleiben so einer allgemeinen und tradierten Rhetorik der menschlichen Fürsorge und Nächstenliebe verpflichtet, die sich in Hinblick auf eine Stärkung des nationalen Zusammenhaltes nutzen ließ.[253]

Während die genannten Beispiele auf religiös oder christlich unterlegte Rahmungen zurückgriffen, schlug Margaret Bourke-White neue Wege ein. Vergleicht man ihre Aufnahmen aus dem Operationssaal mit denen von Lee Miller oder Eugene Smith, wird deutlich, dass sie anstatt einer dramatischen Lichtführung, die einzelne Partien punktuell aus dem Dunkel hebt, mit einer

251 Lee Miller: Unarmed Warriors. In: *British Vogue*, September 1944, zit. n. Menzel-Ahr: *Lee Miller*, S. 47.

252 Ein Ausnahmebeispiel wäre etwa die Aufnahme von Lee Miller, die einen Arzt beim Einführen eines Tubus in die Luftröhre eines Patienten zeigt. Abb. in Penrose (Hrsg.): *Lee Miller's War*, S. 28.

253 So betont beispielsweise die Schriftstellerin Martha Gellhorn, die auf einem Lazarettschiff während der Invasion der Normandie stationiert war, die identitätsstiftende Wirkung der medizinischen Versorgung und den nationalen Zusammenhalt: „We were together and we counted on one another. We knew that from the British captain to the pink-cheeked little London messboy, every one oft he ship's company did his job tirelessly and well. The wounded knew that the doctors and nurses and orderlies belonged to them utterly and would not fail them. And all of us knew that our wounded men were good men, and within their amazing help, their selflessness and self-control, we would get through all right." (Martha Gellhorn: The First Hospital Ship. In: *Collier's*, 05.08.1944, zit. n. Library of America (Hrsg.): *Reporting World War II. American Journalism 1944–1946*, Bd. 2. New York: Library of America 1995, S. 162.)

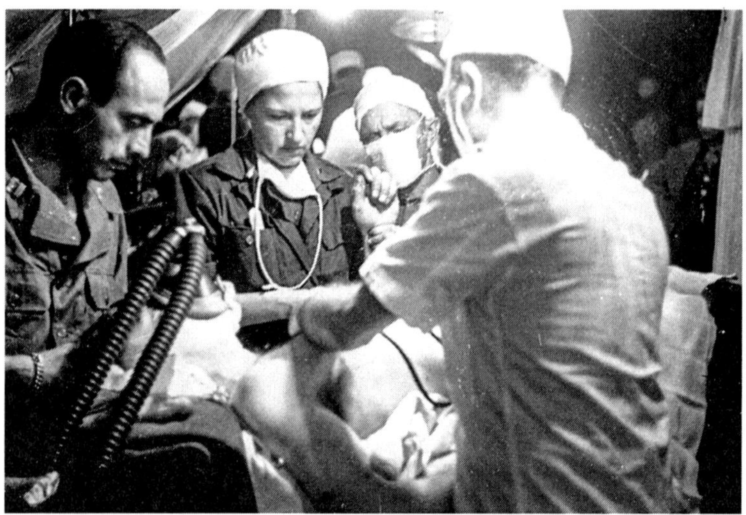

Abb. 38: Lee Miller: Operation im 44. Feldlazarett, in der Nähe von La Cambe, Normandie, Frankreich, Juni 1944.

weitgehend gleichmäßigen Beleuchtung arbeitete. Lee Millers Fotografien sind häufig durch sich überlappende Formen und Gegenstände und dicht um den Operationstisch gedrängt stehendes medizinisches Personal gekennzeichnet. Der enge Bildausschnitt schneidet die Personen und Gegenstände an, wodurch der Eindruck von Aktion und Spannung entsteht. Bourke-White hingegen lieferte den Betrachter*innen einen unverstellten und direkten Blick auf das Geschehen am Operationstisch. Der operierende Arzt und der Patient stehen im Zentrum. Die Handgriffe des Arztes sind fast immer gut sichtbar und zeigen Vorgänge, die auch für die heutigen Betrachter*innen noch verstörend wirken: Im Rahmen einer Gehirnoperation ist etwa das Setzen einer Spritze in die Schädeldecke des Patienten zu sehen, aus der Gehirnmasse herausquillt. Im Zuge der Behandlung eines Soldaten mit Luftröhrenschnitt fotografierte Bourke-White, wie über einen Schlauch Blut aus der Lunge des Patienten abgesaugt wird.
In noch stärkerem Maße gilt die Konzentration auf die Arbeit des Chirurgen für Nahaufnahmen, in denen der Körper geöffnet ist und sein Inneres in klaffenden Wunden zutage tritt, so in der Aufnahme einer massiven Bauchwunde, aus der eine künstliche Darmkanüle ragt.[254] (Abb. 39) Margaret Bourke-White

254 Auffallend ist, dass auch im Zweiten Weltkrieg die Zerstörung, die moderne Kriegstechnik am menschlichen Körper anrichten konnte, weitgehend ausgeklammert wurde. Es fließ kein Blut, alle Glieder sind intakt, die Körperoberfläche bleibt geschlossen oder wird wie etwa im

setzte in diesen Fotografien die Verletzung amerikanischer Soldaten mit einer radikalen Drastik ins Bild.[255] In den Aufnahmen der Gehirn- und der Bauchoperation überschritt sie das Tabu des geöffneten Körpers, das trotz einer Lockerung des Umganges mit Bildern von Verletzten und Toten weiterhin bestand; so sollten die zerstörerischen Auswirkungen der modernen Kriegstechnik auf den menschlichen Körper weitgehend verborgen bleiben.[256] Die drastischen Fotos spiegeln Bourke-Whites selbstgestellten Anspruch, die amerikanische Bevölkerung über die grausamen Seiten des Krieges aufzuklären. In *Purple Heart Valley* schrieb sie:

> Colonel Sanger [ein Chirurg des Lazaretts, Anm. d. Verf.] glanced up for an instant from his work. 'Go right ahead and take the pictures if you want to,' he said. 'It's not a pretty sight, but war is no pink tea party.' [...] I realized that people at home wanted to know what their boys were going through. They had a right to know, and it was my assignment to portray the reality of war as I found it.[257]

Die Forderung, „die Wahrheit des Krieges zu zeigen", diente jedoch gerade auch als Legitimation, die schockierenden Aufnahmen überhaupt erst zu machen und zu publizieren. Ein paar Seiten später konkretisierte Bourke-White, dass es ihr eben nicht allein um das Vermitteln der Kriegsrealität geht, um den Schockeffekt, sondern auch um eine Gewissensbildung an der Heimatfront: „As citizens of America, I thought, the many of us who are not called upon to fight must be deserving of this contribution which has been made for us."[258] Bourke-White fotografierte im Winter 1943/1944 und schien sich der Debatte, die um eine realistische Darstellung des Kriegsgeschehens in den USA geführt wurde, durchaus

Fall von Eugene Smith oder Lee Miller, die im Sommer 1944 das 44th Evacuation Hospital in Frankreich fotografierte, durch Verbände wieder verschlossen. Beide Fotografen legen es dabei auf ein Element der Komik und Absurdität an, die das Betrachten der zum Teil gravierenden Verletzungen erleichtert. Generell werden Verwundungen nicht offen gezeigt, sondern über deren Versorgung repräsentiert. Dies gilt nicht nur für Verbände, sondern auch die Darstellung von Operationen. Sowohl bei Smith, Miller und Capa ist vom Patienten am Operationstisch wenig zu erkennen, schon gar keine offenen Wunden.

255 Eine der wenigen mir bekannten Aufnahmen, die auch einen ‚geöffneten' Körper darstellt, ist das Foto von Melville Jacoby eines amerikanischen Soldaten auf Bataan, dessen Arm von Gasbrand betroffen ist und deshalb geöffnet wurde. Die Aufnahme erschien am 20. April 1942 in *LIFE* und wurde dort in ein Bildlayout eingebettet, da sieben weitere Verwundete – alles Einheimische – mit weitaus schwereren Verletzungen zeigte.

256 Vgl. Jarvis: *The Male Body at War*, S. 89, Roeder: *The Censored War*, S. 24.

257 Bourke-White: *Purple Heart Valley*, S. 111.

258 Ebd., S. 121.

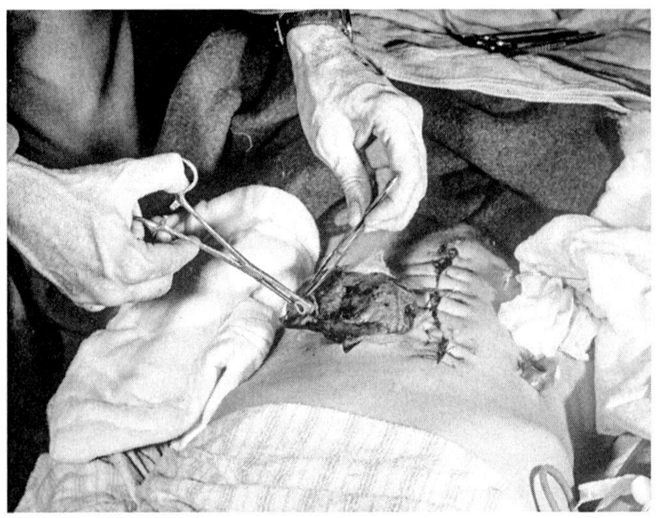

Abb. 39: Margaret Bourke-White: Darmoperation im 38. Feldlazarett, Italien, Herbst / Winter 1943–1944.

bewusst gewesen zu sein. Jedenfalls tragen ihre Bilder deutliche Spuren des Versuches, kein „sugar-coating of this hospital business" zu betreiben, wie sie Colonel Sanger vielsagend in den Mund legte.[259] Im Gegensatz vor allem zu Lee Miller, die für ein Frauen- und Modemagazin arbeitete, konnte Bourke-White auf die Unterstützung ihrer Redaktion zählen. Lee Miller berichtete zudem von der Normandiekampagne, die unter dem strengen Reglement der Briten stand, die Frauen als Kriegsberichterstatter gar nicht erst zulassen wollten.[260] Allerdings beschrieb sich Lee Miller in ihrem in *Vogue* veröffentlichten Artikel auch als jemand, der die Augen bewusst abwendete, weil sie Angst hatte, dass ihr Gegenüber – im konkreten Fall ein Schwerverletzter – in ihnen die Schwere seiner Verwundung erkennen könne: „I had turned away for fear my face would betray to him what I had seen."[261] Margaret Bourke-White nahm die gegenteilige Position ein. Sie ging schonungslos nahe heran und ließ die Betrachter*innen direkt in die Wunden und die zerstörten Körper des Krieges blicken. Dieser unterschiedliche Umgang mit den Motiven setzt sich auch in den Texten von Bourke-White und

259 Bourke-White: *Purple Heart Valley*, S. 117.

260 Siehe dazu Caldwell-Sorel: *The Women Who Wrote the War*, S. 242, sowie zu Bestrafungen bekannter Journalistinnen für das Missachten dieses Gebotes ebd., S. 224–234.

261 Miller 1944, zit. n. *Reporting World War II*, Bd. 2, S. 181.

Miller weiter fort: Während Miller die Benennung von Verletzungen sehr allgemein hält und mit Begriffen wie „operations on unorthodox wounds", „severe abdominal case" oder „badly mangled seargent"[262] *um*schreibt, spart Margaret Bourke-White nicht mit blutigen Details, in denen sie die grauenvollen Verwundungen der Soldaten *be*schreibt:

> The largest group were leaning over a soldier whose thighs had been practically amputated by a high explosive shell. Only raw strips of flesh and skin held the legs to the mangled body, and his right forearm had compound fractures of both bones.[263]

Offenbar gelang Bourke-White aber der schmale Grad zwischen schockierendem Effekt und Veröffentlichbarkeit. Die Nahaufnahme der Bauchoperation wurde im Februar 1944 als Teil eines Photo-Essays in *LIFE* veröffentlicht und auch die Fotos der Gehirnoperation wurden am 18. März 1944 unter der Auflage, den Namen des Patienten nicht zu nennen, von der Zensur freigegeben.[264] Die Nahaufnahmen, die nur den zu behandelnden Teil des Körpers und den Chirurg beziehungsweise seine Hände zeigen, nutzen Visualisierungsformen, die Margaret Bourke-White bereits in den 1930er Jahren bei anderen Berufen, etwa in der Elgin Uhrenfabrik, eingesetzt hatte und die auf das Spezialwissen und Können des Handwerkers verweisen. Es entsteht ein nüchtern sachlicher Eindruck, als würden chirurgische Handgriffe und Techniken für ein medizinisches Lehrbuch erläutert.[265] Dieser sachliche Grundton der Aufnahmen dominiert auch Bourke-Whites Text über das Lazarett. In *Purple Heart Valley* beschreibt sie beispielsweise das Vorgehen des Arztes, der Blut aus der Lunge eines Patienten ableitet: „To keep the boy from smothering, Colonel Sanger was

262 Lee Miller: U.S.A. Tent Hospital: July 1944. In: *American Vogue*, 15.09.1944, zit. n. *Reporting World War II*, Bd. 2, S. 179, 181, 191.

263 Bourke-White: *Purple Heart Valley*, S. 126. Das Kapitel über das Feldlazarett ist gespickt mit drastischen Beschreibungen offener Wunden und lebensgefähtlicher Verletzungen, etwa S. 111–113, 116, 118.

264 Evacuation Hospital. In: *LIFE*, 21.02.1944, S. 88–95. Die Kontaktabzüge tragen zwei Zensurstempel. Der erste vom 1. Februar 1944 verbietet eine Veröffentlichtung, der zweite vom 18. März gestattet sie. Interessant in dem Zusammenhang ist, dass im Gegensatz zu Aufnahmen der Bauchwunde die Gehirnoperation am 1. Februar als nicht publikationsfähig zensiert, am 15. März aber mit der Auflage, die Identität des verwundeten Mannes nicht preiszugeben, schließlich doch freigegeben wurde. Offensichtlich war weniger die erschreckende Darstellung ein Grund der Zensur, sondern die Sorge um die Anonymität des Verletzten.

265 Zum Beispiel die Publikation *The Medical Department of the United States Army in the World War*, Bd. 11: Surgery. Washington: Otis Historical Archives 1927. https://archive.org/details/WW1ArmyMedDeptHistV11-1 (Zugriff am 28.1.2017).

siphoning out the blood from the lungs through a metal tracheotomy tube, and the soldier's own blood was being returned to him through intravenous injection. An additional injection needle carried plasma into his system."[266] Unter dem wissenschaftlich-medizinischen Blick wird das Schicksal des Verletzten objektiviert und seine Wunde abstrahiert. Die schockierenden Verletzungen bilden schlussendlich, vergleichbar den zerstörten Gebäuden in Neapel, den Hintergrund, vor dem die Leistung der modernen Medizin und die Fähigkeiten der amerikanischen Chirurgen zur Geltung gebracht werden können. Bourke-White zeigt das, wovor sich die Soldaten am meisten fürchteten – Verletzungen an Kopf, Atemwegen und Weichteilen des Bauches – und liefert mit ihren Bildern zugleich das visuelle Gegengift: Auch den schlimmsten Fällen kann geholfen werden. Diese Lesart betont Bourke-White in ihrem Buch, indem sie sich mehrfach von den operierenden Ärzten die Überlebenschance der Patienten bestätigen lässt. So fragt sie in Hinblick auf den Mann mit verletzter Luftröhre: „Will he ever be normal again?" Und Sanger antwortet: „Oh, yes, he'll recover all right. He'll be as good as new."[267] Die Betonung des Vermögens der modernen Medizin korrespondierte durchaus mit realen Errungenschaften, etwa der massenhaften Anwendung von Penicillin und Bluttransfusionen oder der Verabreichung von Blutplasma, die das Leben vieler Soldaten retteten und die Bourke-White ebenfalls in einer Reihe von Fotos festhielt.[268] Im Gegensatz zu ihren Kolleg*innen ging es Bourke-White jedoch weniger um die Schilderung dramatischer Situationen zwischen Leben und Tod, sondern um die Demonstration der professionellen Arbeit der Chirurgen. Die moderne Medizin hilft den Verletzten, nicht ein Wunder.

LIFE veröffentlichte am 21. Februar 1944 einen Teil von Bourke-Whites Aufnahmen als achtseitiges Photo-Essay unter dem Titel „Evacuation Hospital".[269] Die unkonventionellen Szenen aus dem Operationssaal bettete *LIFE* in weitgehend traditionelle Narrationen ein. Aufnahmen der alltäglichen Beschwerlichkeiten wie primitive sanitäre Anlagen oder der allgegenwärtige schlammige Boden, mit denen das Pflegepersonal zu kämpfen hatte, schildern einleitend eine

266 Bourke-White: *Purple Heart Valley*, S. 111.

267 Ebd., S. 113. Das Überleben bestätigt sie nicht zuletzt auch durch ihre eigenen Fotos. Insgesamt drei Aufnahmen sind von diesem Patienten nach der Operation und mit großem Kopfverband in seinem Bett erhalten.

268 Zu den Entwicklungen der Kriegsmedizin siehe Melissa Larner / James Peto / Nadine Käthe Monem: *War and Medicine*. London: Black Dog 2008, S. 112.

269 Evacuation Hospital. Doctors and nurses work in Italian morass. In: *LIFE*, 21.02.1944, S. 88–95.

Welt, mit der sich die Leser*innen wohl besser identifizieren konnten als mit dem Ausnahmezustand des Operationssaales. Die Krankenschwestern und männlichen Rekonvaleszenten auf der ersten Doppelseite dienen den Betrachter*innen als Vermittler*innen zwischen der ‚Normalität' und der Welt der Schwerverletzten. Mit der Darstellung eines gehenden und lachenden Patienten auf der ersten Seite wird zudem von Anfang an klargestellt, dass die nachfolgend gezeigten Verwundungen einen guten Ausgang haben können. Die Gründe dafür liefert *LIFE* auf den folgenden zwei Doppelseiten: gute Ausrüstung, ausreichend Vorrat an Medikamenten, hervorragende Technik und das Können der Chirurgen in den Operationssälen. Auffallend ist die Zoombewegung mit der *LIFE* auf dieser Doppelseite operiert. Von einer Totalen, die zwei Operationstische im Blickfeld hat und auf denen die Patienten kaum zu sehen sind, über zwei Aufnahmen am Operationstisch, wo die Wunden größtenteils noch verborgen sind, bis hin zum Blick hinein in die offene Bauchwunde. Die Betrachter*innen werden auf dieser Weise langsam an den verstörenden Blick in das Innere des Körpers herangeführt. Die letzte Doppelseite versammelt schließlich Aufnahmen vom Abtransport Verwundeter in weiter hinter der Frontlinie liegende Spitäler, wo sich die Verletzten in Sicherheit weiter erholen konnten. Das Photo-Essay fügt damit die Aufnahmen verletzter Körper in einen chronologischen Ablauf von Einlieferung – Behandlung – Genesung ein, der einen positiven Ausgang der Verwundung nahelegt und die Bedrohlichkeit der schockierenden Aufnahme von der offenen Bauchwunde mildert.[270]

Ab 1944 radikalisierte sich Margaret Bourke-Whites Darstellung von Verletzung noch weiter. Was die Offensivität der Motive betraf – etwa den direkten Blick in eine offene Bauchwunde –, hatte sie den Spielraum bereits stark ausgereizt. Der nächste Schritt bestand nun darin, die sicherheitsversprechenden Rahmungen zu reduzieren und stark tabuisierte Motive, wie etwa die psychischen Auswirkungen des Krieges auf die Soldaten oder frische blutende Verletzungen zu thematisieren. Eine Möglichkeit dazu bot sich im Frühjahr 1945 in Italien, als Bourke-White die Arbeit einer Infanteriepatrouille der 5th Army begleitete und im Zuge dessen auch in einer Erste-Hilfe-Station fotografierte. Auch wenn einzelne Fotografien aus dieser Gruppe die Versorgung der Verwundeten durch Sanitäter zeigen, überwiegen Aufnahmen, in denen die Verletzten alleine und ohne den Rahmen der

270 Zur Veröffentlichung der Bauchwunde in *LIFE* finden sich keine Leserbriefe, aus denen sich eine Reaktion der Öffentlichkeit ableiten ließe. Allerdings publizierte *LIFE* im Februar 1946 ein Photo-Essay über „War Surgery", das auf mehreren Seiten (und in Farbe) Operationen in Nahaufnahme zeigte. Ein empörter Leser schreibt an die Redaktion „It was the most disgusting story I have ever read." (*LIFE*, 04.03.1946, S. 4.)

Fürsorge zu sehen sind. Nahaufnahmen von Verletzungen sind auch in diesem Fall ein wichtiges Motiv.[271] Auf mindestens vier Fotografien sind im Close-Up die Beine zweier Soldaten zu sehen, deren Füße durch Minen verletzt wurden. Im Gegensatz zu den Aufnahmen aus dem Feldlazarett handelt es sich hier nicht um ‚saubere' Wunden, sondern frische, noch blutende, die behelfsmäßig mit einem Verband umwickelt sind, durch den das Blut bereits herausgesickert ist. Bei einem der Männer, dessen Fuß, wie Margaret Bourke-White in ihrem Manuskriptmaterial beschreibt, durch eine Mine teilweise abgerissen worden war, läuft das Blut bereits auf die Bahre und den Boden, wo sich eine kleine Lache gebildet hat. Diese Aufnahmen widersetzen sich gleich mehrfach etablierten Konventionen der Kriegsberichterstattung. Die noch in den Aufnahmen des Feldlazarettes zelebrierte High-Tech-Medizin und das klinisch reine Umfeld sind hier dem Eindruck des Improvisierten gewichen. Mit dem blutenden Fuß untergrub Bourke-White in noch beängstigenderer Weise als in den Aufnahmen der Operationen das Tabu des „leaky body", des geöffneten männlichen Körpers, das Christina Jarvis als maßgebend für die Zensur ansieht. Offiziell gebrochen wurde es erst im Mai 1945 mit der Veröffentlichung einer Aufnahme von Robert Capa, die einen gerade erschossenen amerikanischen Heckenschützen in seiner eigenen Blutlache zeigt.[272] Die Aufnahme Bourke-Whites widersetzt sich zudem dem Tabu des verstümmelten Körpers.[273] Auch wenn der von einer Miene zerfetzte Fuß in einen Verband eingepackt ist, lässt sich unschwer erkennen, dass er im Gegensatz zum gesunden Fuß eine eigentümlich deformierte Form aufweist. Leider finden sich auf der Rückseite der Kontaktabzüge keine Zensurvermerke, so muss offen bleiben, ob Margaret Bourke-Whites Aufnahmen die

271 Ein Grund dafür liegt eventuell darin, dass die Nahaufnahme die Anonymität der Verletzten wahrt, und diese war für die Zensur von außerordentlicher Bedeutung. So wurde in Aufnahmen, die das Gesicht eines Verwundeten zeigen, dieses mit Rotstift zensiert. In den Notizen von Margaret Bourke-White wurden zudem Namen der Dargestellten gestrichen, wenn diese von ihr genannt wurden.

272 Jarvis: *Male Body at War*, S. 89. Blutige Verbände oder blutverspritzte Kleidung kamen immer wieder vor. Allerdings wurden die Wunden nicht mehr als blutend gezeigt und die verletzten Männer sind zumeist nicht mit ihrer Verletzung alleine gelassen, sondern von Kameraden, die sich um sie kümmern, umgeben. Zum Beispiel Aufnahmen von Eugene Smith auf Okinawa (Abb. unter http://images.google.com/hosted/life/0e8796ba460fc513.html, Zugriff am 28.01.2017) oder eine Aufnahme Lee Millers aus dem französischen Feldhospital (Menzel-Ahr: *Lee Miller*, S. 49).

273 Vgl. dazu George Roeder: Censoring Disorder: American Visual Imagery of World War II. In: Lewis A. Erenberg / Susan E. Hirsch (Hrsg.): *The War in American Culture. Society and Concsiousness During World War II*. Chicago: University of Chicago Press 1996, S. 46–70, hier S. 59.

Zensur passierten oder nicht.[274] In *LIFE* wurden die Aufnahme jedenfalls nicht abgedruckt, was aber auch damit zusammenhängen könnte, dass *LIFE* Verletzung und Tod zwar zeigte, aber in einer Form, die sich mit patriotischen Sinnversprechen aufladen ließ. Der noch blutende, nur notdürftig versorgte verstümmelte Fuß eines Infanteristen konnte größeres Unbehagen auslösen als die Aufnahme einer offenen Bauchwunde während einer Operation im Lazarett. In zumindest acht weiteren Aufnahmen widmete sich Margaret Bourke-White einem einzelnen Verwundeten in der Sanitätsstation: Sein Umhängegeschild, das ihm bei der Bergung angeheftet wurde, weist ihn als John Carter aus, der – so verzeichnet Margaret Bourke-White in ihren Notizen – von einer Granate am Bein verletzt worden war. Bis auf einen schmalen Verband am Unterschenkel trägt er allerdings keine offensichtlichen Anzeichen einer Verwundung. Bourke-White interessierte hier augenscheinlich nicht die körperliche Verletzung des Mannes, sondern sein psychischer Zustand, den sie in mehreren Porträts festzuhalten versuchte. Sie umkreiste ihn aus unterschiedlichen Blickpositionen, aus der Untersicht, ganzfigurig und konzentrierte sich schließlich in drei Aufnahmen nur auf sein Gesicht. Die gebeugte Körperhaltung, der starre Blick und Mimik und Gestik der Hände lassen Erschöpfung und Schmerz erkennen. Sie setzte damit ins Bild, was sie bei ihrem Italienaufenthalt ein Jahr zuvor nur in ihrem Text andeuten konnte:

> […] I did a lot of wondering about how those boys felt who had to stay up there week after week, and sometimes month after month, without even the break of getting out of it for a night. Later I was to see the deathly strain on their faces, the growing numbness that enveloped them like a shroud. This numbness was their only defense against an anxiety that had become intolerable. To live in a state of mental paralysis was the only way they could stand it.[275]

Mit der Frage nach den psychischen Auswirkungen eines Kampfeinsatzes betrat Margaret Bourke-White sensibles Terrain. Die Regierung versuchte, wie George Roeder gezeigt hat, alle Themen und Bilder aus dem Blickfeld der Bevölkerung zu verbannen „that suggested confusion, disruption, or disorder".[276] Der körperlichen Verwundung ließ sich durch Bilder medizinischer Versorgung

274 Die Kontaktabzüge einiger weiterer Aufnahmen aus der Erste-Hilfe-Station weisen durchaus Zensurvermerke auf, so wurden etwa die Gesichter zweier Verletzter mit Rotstift gestrichen. Dies könnte ein Hinweis darauf sein, dass die Fotos der verwundeten Füße die Zensur unter Einhaltung dieser Löschung bzw. Retuschierung passiert hatten.

275 Bourke-White: *Purple Heart Valley*, S. 63.

276 Roeder: Censoring Disorder, S. 51.

beikommen; sie stellte, so wollte man glauben machen, nach der Genesung keine Bedrohung für die Gesellschaft dar. Psychische Ausfälle und Erkrankungen hingegen wurden von vielen als die Kriegsanstrengungen und die Ordnung der Nachkriegsgesellschaft gefährdend angesehen und durch die Zensur bis auf wenige Ausnahmen von der Bevölkerung ferngehalten. Im Mai 1944, also knapp ein halbes Jahr bevor Bourke-White nach Italien kam, hatten sich die Zensurbestimmungen minimal gelockert, wodurch vielleicht auch die Veröffentlichung von Bourke-Whites Fotografie möglich wurde.[277] Auch wenn Bourke-White keinen gravierenden Fall eines „shell shock" oder einer „battle fatigue" zeigte, so widmete sie dennoch zahlreiche Bilder einem Mann, der weder glanzvoller Held, noch siegreicher Kämpfer ist.[278] Bei dem offensichtlich traumatisierten Soldaten setzte sie „unmännliche" und „unsoldatische" Gefühle wie Schmerz, Verzweiflung und vollkommene Erschöpfung ins Bild. Wie verpönt Emotionen und ein psychischer Zusammenbruch innerhalb des Militärs waren, verdeutlicht General George Pattons Reaktion auf einen wegen Kriegsneurose hospitalisierten Soldaten im August 1943 in Italien. „I gave him the devil, slapped his face with my gloves and kicked him out of the hospital. Companies should deal with such men, and if they shirk their duty they should be tried for cowardice and shot", wütete Patton in seinem Tagebuch.[279] Nachdem psychische Erkrankungen bis zu diesem Zeitpunkt kaum eine Rolle in den Medien gespielt hatten – auch *LIFE* ist hier keine Ausnahme –, erzeugte dieser Vorfall ein großes öffentliches Interesse.[280] Die Bevölkerung wurde aber weiterhin kaum mit Bildern traumatisierter und vom Kampf gezeichneter Soldaten konfrontiert. Eine der wenigen Ausnahmen ist die Fotografie erschöpfter Marines nach Kämpfen auf Eniwetok 1944 von Ray R. Platnick, die einen prominenten Platz in Edward Steichens MoMA-Ausstellung *Power in the Pacific* im Frühjahr 1945 erhielt. Dieses Bild ist auf einen ähnlichen emotionalen Zustand fokussiert wie das von Bourke-White. Allerdings geht sie in der Wiedergabe der psychischen Belastungssituation nicht so weit wie Platnick: Die von ihm gezeigten Soldaten tragen mit ihrer schmutzigen Kleidung und den erschöpften Gesichtern noch

277 Bis Mai 1944 wurde dieses Thema komplett aus den Medien herausgehalten. Allgemein dazu siehe Roeder: Censoring Disorder, S. 62.

278 Vgl. zum Beispiel Ralph Morses Porträts von Marines nach den gewonnen Kämpfen auf Buna, die sich martialisch mit nacktem Oberkörper und von den Japanern erbeuteten Waffen präsentieren. Booty at Buna. In: *LIFE*, 22.02.1943, S. 81–87.

279 Zit. n. Sweeney: *Secrets of Victory*, S. 156.

280 So veröffentliche beispielsweise die *New York Times* im November 1943, als der Fall bekannt wurde, mehrere Beiträge sowohl zu Pattons Verhalten als auch zum Thema „battle fatigue" an sich.

Abb. 40
Margarete Bourke-White: Letzte Seite aus dem Photo-Essay „Forgotten Front“, *LIFE*, 16. April 1945.

deutlich die Spuren des harten Einsatzes, der sie fast entstellt zu haben scheint. Bourke-White hingegen wählte mit John Carter einen Mann, der trotz seines Zustandes konventionellen Schönheitsidealen entsprach, und versuchte, ihn mittels einer ausgeprägten Untersicht in seiner Erschöpfung und seinem Schmerz zu heroisieren und zu monumentalisieren. Der Emotionen zeigende Soldat wird nicht als Feigling oder Versager bloßgestellt, sondern in seiner psychischen Ausnahmesituation gewürdigt. Ihre Aufnahmen sollten Empathie wecken für die Leistung und den Mut der Soldaten, nicht abschrecken: „It is hard to convey what a fearsome thing it is to go out on a patrol“, schreibt sie dazu in ihren Notizen.[281] Auch *LIFE* veröffentlichte eine Aufnahme des Mannes als letztes Bild seines Photo-Essays zur „Forgotten Front“ vom 16. April 1945, das die Arbeit

281 Bourke-White: Bourke-White Fifth Army, maschinengeschriebenes Manuskript. MBW Papers, Box 71, S. e.

der Infanterie-Patroullien in den Bergen vor Bologna vorstellte.[282] (Abb. 40) Das Magazin wählte damit wie bereits im Photo-Essay zu den Luftangriffen aus Großbritannien die Aufnahme eines Verwundeten als chronologischen und narrativen Schlusspunkt eines militärischen Einsatzes. Die Veröffentlichung dieser beiden Aufnahmen zeigt jedoch deutlich, wie sehr sich die Präsentation des Kriegsgeschehens in den fast drei Jahren verändert hatte: Während 1942 noch das offizielle Bild adretter Air-Force-Soldaten in ihren Uniformen das Heldenbild prägte, zeigte *LIFE* 1945 einen erschöpften und von Schmerzen gezeichneten Infanteristen in zerknitterter Einsatzkleidung und nachdenklicher Pose. Die in das Bild eingefügte Bildunterschrift konkretisiert diese Veränderung: „Patrol's End: A wounded man sits heavy with pain."[283] Nicht Ruhm und Ehre, sondern die ernüchternden menschlichen Kosten des Krieges sind ins Blickfeld gerückt.

Der unzivilisierte Tod:
Getötete amerikanische Soldaten in den Straßen deutscher Städte

Das auffallende Fehlen der Darstellung toter Menschen in den ersten drei Kriegsjahren sollte sich mit Margaret Bourke-Whites Überschreiten der Grenze nach Deutschland Anfang März 1945 drastisch ändern: Auf ihrem Weg quer durch das Land entstanden in den folgenden zwei Monaten zahlreiche Aufnahmen von zivilen und militärischen, deutschen und amerikanischen Toten. Die chaotische Situation vor Ort und unklare Frontverläufe erleichterten es ihr möglicherweise, nahe an die noch ungeräumten Kampfzonen heranzukommen. So haben sich immerhin knapp 70 Aufnahmen von Getöteten als Kontaktabzug im Archiv der Fotografin erhalten.[284]

Ungefähr ein Viertel der Aufnahmen zeigt die Leichen getöteter amerikanischer Soldaten. So wie sie im Fall der Visualisierung von Verwundung radikale Wege beschritt, orientierte sich Margaret Bourke-White auch in ihrer Darstellung amerikanischer Toter nicht an seit dem amerikanischen Bürgerkrieg gesellschaftlich etablierten Bildern. Diese konzentrierten sich auf pathetisch aufgeladene Schlachtenlandschaften mit Toten wie in *A Harvest of Death* von

282 Forgotten Front. U.S. Fifth Army Fights a Plodding War in Italy. In: *LIFE*, 15.04.1945, S. 79–87.

283 Ebd., S. 87.

284 Es ist anzunehmen, dass es darüber hinaus noch weitere Aufnahmen gibt. So notiert Bourke-White beispielsweise in ihrem Notizbuch zu Köln vier Aufnahmen eines toten deutschen Soldaten neben einem umgeworfenen Jeep, von denen kein Kontaktabzug existiert. MBW Papers, Box 70.

Timothy O'Sullivan 1863 und wirkten beispielsweise noch in George Strocks *Toten am Buna Beach* nach. Die weitgehend vom Krieg unversehrten landschaftlichen Umräume lieferten hier einen Gegenpol zu den toten Körpern, an dem sich das Auge der Betrachter*innen ‚ausruhen' konnte, und betteten die Getöteten in den Gesamtzusammenhang des großen Kreislaufs der Natur ein, im Fall von Strock etwa in den sich beständig wiederholenden Wellengangs des Meeres. Einerseits vermochte diese Einbettung Trost zu spenden, andererseits aber auch die Sinnlosigkeit des Kriegstodes vor Augen zu führen. Bourke-Whites Fotos lieferten hingegen ein entheroisiertes, entromantisiertes und trostloses Bild von mit Trümmern übersäten Straßenzügen, in denen die getöteten Soldaten wie weiterer ‚Kriegsabfall' herumlagen. Im Fokus ihrer Aufnahmen stand ein ungewöhnliches Motiv, das als wenig ehrenhaft galt und das unleugbare physische Faktum des toten Körpers ins Zentrum stellte: das Aufsammeln der Leichen durch die Quartermaster Burial Services. Auch diesem beunruhigenden und schockierenden Motiv widmete sich Bourke-White mit dem Pragmatismus einer Corporate Story, indem sie sich auf die einzelnen Arbeitsschritte der Tätigkeit konzentrierte. Nicht der tote Mensch an sich, sondern die Aktivitäten und Handgriffe um ihn herum wurden so zum eigentlichen Bildthema. Eine Bildfolge zeigt beispielsweise, wie sich zwei Männer über einen Toten an einer Brüstung beugen, ihn offensichtlich durchsuchen und schließlich auf eine Bahre hieven, auf der er davongetragen wird. In ihren Aufzeichnungen schreibt Margaret Bourke-White zu diesen Szenen:

> These pix show the sequence in which our QM Grave Section boys check and tend to our American fallen soldiers. First they examine body for booby trapping. Then they took off webbing, looked in knapsack, examine the soldier's arms, especially grenades. (This body which the QM boy is examining had rifle grenades and hand grenades. The pins had been pulled.) They have to watch this matter of the pins very carefully, before picking up body. Possibly the boy was fighting, had just pulled the pins, had no time to actually throw the grenade before being killed. This is dangerous and disagreable work on the part of the QM Grave Squad. Each regiment has an outfit who handles this.[285]

Weiter beschreibt sie, dass die Männer nach der Erkennungsmarke suchen und, falls sie diese nicht finden, nach dem Soldbuch des Soldaten. Diese, aber auch eine vergleichbare Szene an einer Straßenkreuzung in Frankfurt am Main, sind

285 Margaret Bourke-White: Frankfurt: Fritz, maschinengeschriebenes Manuskript. MBW Papers, Box 70, S. 8.

aus relativ großem Abstand aufgenommen. Grund dafür war wahrscheinlich die angesprochene Explosionsgefahr. Zugleich konnte auf diese Weise die Anonymität des Toten gewahrt werden, eine wichtige Voraussetzung, damit die Aufnahmen die Zensur passieren konnten.[286]

Margaret Bourke-White warf in diesen Aufnahmen einen vergleichsweise schonungslosen Blick auf das Sterben im Krieg und widmete sich einem doppelt tabuisierten Thema: Sie fotografierte die Leichen amerikanischer Soldaten und das auf eine Weise, die den toten Körper nicht ehrenhaft würdigte, sondern als das behandelte, was er war – leblose Materie. Deutlich wird dies in einer Aufnahme, in der ein toter Soldat wie ein Mehlsack an Armen und Beinen auf die danebenliegende Bahre gehievt wird. Eine andere zeigt auf noch drastischere Weise, wie ein Mitarbeiter des Quartermaster Corps den Toten am Kopf mit einer Schaufel auf die Bahre bugsiert; dabei raucht er lässig eine Zigarette. Der Tod des Kameraden scheint ihn völlig unbeeindruckt zu lassen, er erledigt einfach seinen Job. Laut George Roeder wurden Bilder des Verladens von Toten als so verstörend empfunden, dass sie grundsätzlich zensiert wurden; ein Umstand, dem Bourke-Whites zahlreiche Aufnahmen dieses Sujets und deren offensichtliche Freigabe – entsprechende Zensurvermerke sind auf den Kontaktbögen jedenfalls nicht zu finden – eindeutig widersprechen.[287] Von anderen Bildjournalist*innen wurde dieses Thema kaum bis gar nicht aufgegriffen.[288] Lediglich eine weitere Aufnahme von Lee Miller ist bekannt, die laut ihren Angaben allerdings das Verladen toter deutscher Soldaten durch Amerikaner zeigt und so ein Bild der Ehrenhaftigkeit der US-Armee im Umgang mit den Toten des Feindes entwirft.[289] George Roeder veröffentlichte in seiner Studie lediglich eine anonyme Aufnahme, die amerikanische Soldaten beim Verladen toter Kameraden auf einen Lkw zeigen soll.[290] Die umfangreiche Auseinandersetzung mit diesem Motiv kann also durchaus als ein Spezifikum von Margaret Bourke-Whites Kriegsfotografie angesehen werden und als Zeichen ihrer Radikalität im Umgang mit dem Thema Tod. Möglicherweise entstanden ihre

286 Zumindest die Fotos von der Straßenecke in Frankfurt tragen auf der Rückseite den Zensur-Stempel „Passed for Publication".

287 Roeder: *The Censored War*, unpaginierter Bildteil [S. 28].

288 Menzel-Ahr: *Lee Miller*, S. 124, Abb. 115. Um diese Aussage weiter zu untermauern, müssten allerdings die Archive der Kollegen von Margaret Bourke-White noch ausführlich gesichtet werden. Meine Aussage beruht auf den bei Menzel-Ahr veröffentlichten Aufnahmen Lee Millers und den im *LIFE*-Bildarchiv zugänglichen Aufnahmen der *LIFE*-Kollegen Bourke-Whites.

289 Abgebildet in Menzel-Ahr: *Lee Miller*, S. 124, Abb. 115.

290 Roeder: *The Censored War*, unpaginierter Bildteil [S. 41].

Aufnahmen erneut im Auftrag der Army Service Forces, denen die Quartermaster und der ihnen angegliederte Burial Service unterstellt waren. Dafür spricht, dass die Tätigkeit der Lebenden im Zentrum der Aufnahmen steht und nicht die toten Körper. Auch wenn es sich vielleicht nicht um einen offiziellen Auftrag handelte, so hatte Bourke-White möglicherweise durch ihre frühere Zusammenarbeit gute Kontakte zu entscheidungsbefugten Stellen, die es ihr überhaupt erst ermöglichten, derartige Einsätze zu begleiten.

Bourke-White widersetzte sich mit diesen Aufnahmen der Illusion des ruhmreichen Heldentodes, der in Darstellungen von Ehrenfriedhöfen oder Paraden auch von ihr selber zu einem früheren Zeitpunkt des Krieges ins Bild gesetzt worden war. Die von ihr in Deutschland fotografierten Leichen sind das Ergebnis eines brutalen Kampfes auf Leben und Tod. Dieser Tod, das zeigen ihre Aufnahmen überraschend offen, ist kein friedlicher. Die Toten sind zwar nicht verstümmelt und äußerlich gesehen intakt – ein wichtiger Punkt für die Zensur[291] – aber ihre Körper sind oft in einer unnatürlichen Haltung wiedergegeben. Im Zentrum eines Bildes, das den Abtransport eines amerikanischen Soldaten auf einer Bahre zeigt, steht etwa dessen abgewinkelter, blutdurchtränkter Arm mit geballter Faust, als würde der Mann im Tod noch eine Granate halten.[292] Eine andere Aufnahme schildert das Verladen einer Leiche in den bereitstehenden Lkw. Hier wird nicht nur der Kontrast zwischen den stehenden lebenden und dem liegenden toten Soldaten besonders offensichtlich. Von der dominierenden Diagonalen im Bild setzen sich auch dessen verkrampft in die Höhe ragenden Arme deutlich ab. Sein von Blutflecken oder Hämatomen übersäter Kopf ist gut zu sehen. Das Sterben wird von Margaret Bourke-White als etwas Schmerzhaftes und Gewalttätiges vorgeführt.

Auch wenn das Publikum Anfang 1945 bereits mit Aufnahmen amerikanischer Toter in Berührung gekommen war, stellte die Drastik, mit der Margaret Bourke-White den Tod amerikanischer Soldaten ins Bild setzte, eine Besonderheit dar, vergleichbar nur mit John Floreas Fotografien des Malmédy-Massakers, die am 15. Februar 1945 in *LIFE* veröffentlicht wurden.[293] In der Nähe der belgischen

291 Ebd., S. 3 und unpaginierter Bildteil [S. 35].

292 Margaret Bourke-White identifiziert den Toten in ihren Notizen zu den Bildunterschriften als Amerikaner: „9–12 QM grave section boys pick up American dead in streets." Aufgrund der Beschriftung der Negative als Rolle 5, Aufnahmen 9–12 lassen sich diese eindeutig zur Beschreibung zuordnen. MBW Papers, Box 70.

293 An diesem Punkt ist weitere Forschungsarbeit dringend nötig. Dazu zählen die Sichtung der Archive der US-Regierungsbehörden während des Krieges – wie sie bereits George Roeder für sein Buch *The Censored War* begonnen hat – und die der unpublizierten Aufnahmen der Fotografenkollegen von Margaret Bourke-White.

Stadt Malmédy hatten deutsche Einheiten der Waffen-SS Mitte Dezember 1944 an die hundert amerikanische Soldaten gefangen genommen und hingerichtet. Floreas Aufnahmen zeigen die verkrümmten und hart gefrorenen Leichen der Soldaten, halb bedeckt von Schnee, im Feld liegend. Grausame Details wie eine leere Augenhöhle bleiben in diesen Fotos nicht ausgespart.[294] Zentraler Unterschied zu Bourke-Whites Aufnahmen ist allerdings, dass die Toten nicht als unbeseelte Materie geschildert werden; ein Kriterium, dass laut George Roeder, besonders häufig Anstoß bei der Zensur erregte.[295] Im Gegenteil, die Figur eines Soldaten, der trauernd auf die toten Kameraden blickt, spricht diese als menschliche Wesen an und bindet sie zurück an eine Gemeinschaft und eine traditionelle Ikonografie der Trauer und des Gedenkens. Die schockierende Szene klagte zudem den Gegner an, der als Urheber dieses Massakers als bestialisch ausgewiesen wird. Bourke-White verweigert diesen entlastenden Rahmen der Trauer. Ihre Bilder zeigen auf ernüchternde Weise den Kriegstod als business as usual. Auch wenn der rückversichernde Rahmen der Fürsorge, die Bergung der Toten, die Aufnahmen zu einem gewissen Grad zu entschärfen vermochte, waren sie offensichtlich – obwohl von der Zensur freigegeben – dennoch zu brisant, um veröffentlicht zu werden.[296] Weder in *LIFE* noch in Margaret Bourke-Whites Buch *Dear Fatherland, Rest Quietly* wurde ein Foto aus dieser Motivgruppe abgedruckt.

Tote Deutsche als Manifestation amerikanischer Überlegenheit

Margaret Bourke-White fotografierte allerdings nicht nur eindeutig als Amerikaner identifizierbare Tote in den zerstörten Straßen Deutschlands, sondern auch Personen, bei denen es sich mit großer Wahrscheinlichkeit um deutsche Soldaten und Zivilisten handelte. Dazu zählen drei Aufnahmen eines Toten, der hinter einer Barrikade an einer Flusspromenade in Frankfurt am Main liegt. Die Bekleidung mit Umhängetasche und weißem Oberteil deutet auf einen deutschen Toten hin, wahrscheinlich ein Mitglied des Volkssturms.[297] Der Leichnam

294 Murder in the Snow. In: *LIFE*, 15.02.1945, S. 26–27.

295 Roeder: *The Censored War*, unpaginierter Bildteil [S. 28].

296 Des Weiteren konnte der Abtransport auf Bahren an ähnliche Situationen und Motive aus dem medizinischen Kontext angebunden werden. Dies zeigt etwa die Bildinformation, die das *LIFE*-Archiv zu einer Aufnahme des Verladens der Bahre in den Lkw liefert und fälschlicherweise von einem Verletzten spricht, der ins Feldlazarett abtransportiert wird: „Amer. soldiers lifting an Amer. battle casualty on a stretcher into a truck to be transported to a field hospital, just a few hours after the city was liberated by Allied forces.“ (http://images.google.com/hosted/life/8cfba968b7675957.html (Zugriff am 28.01.2017).)

297 Zudem ist es schwer vorstellbar, dass Margaret Bourke-White oder ihre Begleiter zugelassen hätten, dass ein toter amerikanischer Soldat vom Feind derart begafft wird.

liegt in den Trümmern einer Barrikade und wird von drei männlichen Radfahrern intensiv gemustert. Während sich die Amerikaner um ihre toten Soldaten kümmern – so legt diese Aufnahme nahe –, blicken die Deutschen ihre eigenen Toten nur reglos und verwundert an.[298] Die Sorge um die eigenen Toten zeichnet das amerikanische Heer aus und setzt es zivilisatorisch von den Deutschen ab, die „barbarisch" mit ihren Toten umgehen.

Drei weitere Fotografien aus Frankfurt am Main zeigen höchstwahrscheinlich ebenfalls einen toten deutschen Soldaten, identifizierbar an den Schulterklappen zur Ausweisung des Dienstgrades, die es an Uniformen der US-Armee nicht gab.[299] Margaret Bourke-White ging hier im Vergleich zu ihren Aufnahmen von toten amerikanischen Soldaten sehr nahe an den Toten heran. Sie nahm ihn vom Boden aus auf und scheint mit der Kamera fast unter sein Gesicht kriechen zu wollen. Nur einer siegreichen Partei ist es möglich, so nahe an die Toten des Feindes heranzukommen. Auch ihre Fotografien von zivilen toten Deutschen, die rund ein Drittel des Materials ausmachen, sind durchaus als Manifestation der Überlegenheit der amerikanischen Truppen zu verstehen. Vier Aufnahmen zeigen beispielsweise die Bergung einer männlichen Leiche durch einen amerikanischen Armeeangehörigen in Köln. In der gezeigten Straße steht kein einziges Haus mehr, nur im Hintergrund ragt zwischen Trümmerteilen und geborstenem Stahl der Turm des Kölner Doms hoch auf. Im Vordergrund ‚präsentiert' ein amerikanischer Soldat der Kamera den Leichnam eines in Mantel und Anzug gekleideten Mannes auf einer Bahre, den er in den folgenden Aufnahmen demonstrativ zudeckt. Auch hier geht es neben der physischen und visuellen Auslieferung des toten Feindes an den Blick der amerikanischen Betrachter*innen um den offensichtlich nachlässigen Umgang der Deutschen mit ihren eigenen Toten, wie Bourke-White in ihren Notizen zu diesem Foto festhielt: „Dead German on litter, which was simply left on the middle of a principal street in Cologne, and lay here for days. American boys came along and covered up the body. Taken near the Neumarkt – which was very badly damaged."[300] Nicht die Deutschen, sondern die Amerikaner bergen die deutschen Toten. Ein Umstand, der als organisatorisches, aber auch moralisches Versagen der deutschen Armee und Gesellschaft gelesen werden konnte.

298 Das Motiv der Emotionslosigkeit der Deutschen den eigenen Toten gegenüber findet sich auch bei anderen Autoren, etwa in einem Artikel von Harold Denny über die Selbstmorde hoher Parteivertreter im Leipziger Rathaus, in dem er schreibt: „The janitor viewed it all casually, although Ward [Dennys Begleiter, Anm. d. Verf.] and I were shaken." (Harold Denny: 2 Leipzig Leaders, Families End Their Lives at Rathaus. In: *New York Times*, 20.04.1945, S. 1, 5.)

299 Die Dienstgrad- und Rangabzeichen wurden als Aufnäher am Oberarm getragen.

300 Unbetiteltes, maschinengeschriebenes Manuskript. MBW Papers, Box 70.

Eine Aufnahme aus Schweinfurt zeigt eine männliche Leiche inmitten von Trümmern eines zerstörten Hauses am Boden liegen. Margaret Bourke-White ging hier ebenfalls sehr nahe an die Leiche heran und konzentrierte sich auf den oberen Teil des Körpers, wo an den Händen und Armen Verletzungsspuren und Blut zu erkennen sind. Auch wenn dem Mann in einer Geste des Respektes und zur Anonymisierung eine Jacke über das Gesicht gelegt wurde, setzte sie gezielt Zeichen der Entwürdigung ins Bild. Die Hose des Mannes steht offen, das Innenfutter hängt aus den Seitentaschen heraus. Ganz offensichtlich wurde der Tote bereits nach Habseligkeiten durchsucht.[301] Vor der Leiche liegt ein unleserlich beschriebener Zettel, auf dem einige Zeilen geschwärzt sind. Offensichtlich hatte Margaret Bourke-White weniger Vorbehalte, sich deutschen Toten zu nähern. Sie schreckte dabei auch vor der Darstellung schockierender Motive, wie abgerissenen Körperteilen, nicht zurück. Auf fünf Aufnahmen aus Köln ist eine abgetrennte Hand inmitten von Schuttteilen eines Hauses zu sehen. Ganz offensichtlich wurde die Hand auf dem Boden mit den Trümmerteilen arrangiert, um eine gelungen Komposition zu erzielen. In einer Aufnahme von oben markiert sie den Eckpunkt zwischen einer Holz- und einer Eisenstange, die im rechten Winkel aufeinander zulaufen. Die abgetrennte Hand nimmt genau das Zentrum des Bildes ein, während die Stangen den grauen Schuttboden als Diagonalen durchkreuzen. Eine weitere Aufnahme zeigt die Hand aus einem tiefer liegenden Blickwinkel. Sie ist wie eine Ware für die Werbefotografie hell ausgeleuchet und nimmt erneut das Zentrum der Komposition ein. Emotionslos benutzte Margaret Bourke-White das abgetrennte Körperteil wie eine Requisite für morbide Arrangements. In einer weiteren Aufnahme ging sie noch weiter in der Inszenierung und positioniert eine beschädigte Schreibmaschine neben der Hand. (Abb. 41) Durch die skurrile Gegenüberstellung wird die Zerstörung und Dysfunktionalität sowohl der Maschine als des Menschen, der sie bediente, vor Augen geführt. Der getötete Mensch, dem diese Hand einst gehörte, wird zur Nebensache. Die Hand ist für Bourke-White lediglich ein Objekt, das sie in ihren Fotografien zum Sprechen bringt. Im Arrangieren der Leichenteile wird die geringe Achtung spürbar, die Bourke-White den toten Deutschen gegenüber empfand. In diesen Aufnahmen artikuliert sich vor allem die Überlegenheit des Siegers, der über den Körper des getöteten Gegners verfügen kann, ihn als

301 Dass Tote ihrer Habseligkeiten beraubt wurden, war keine Seltenheit. Margaret Bourke-White berichtet selbst von einem weiteren Fall: an der abgerissenen Hand, soll laut Angaben des Soldaten, der sie hinführte, zuvor noch ein Goldring gesteckt haben. Unbetiteltes, maschinengeschriebenes Manuskript. MBW Papers, Box 70.

Trophäe ausstellt. Auch wenn es grundlegende Unterschiede in der Darstellung des deutschen und des japanischen Kriegsgegners gab, erinnern die Aufnahmen der abgerissenen Hand und die Art und Weise, wie Bourke-White sie in Szene setzte, an eine in *LIFE* veröffentlichte Aufnahme von Ralph Morse, die den Skalp eines japanischen Soldaten auf einem amerikanischen Jeep präsentierte.[302] Die pietätlose Handlung der Zurschaustellung schien für Bourke-White allerdings dadurch gerechtfertigt, dass es sich bei dem Leichnam angeblich um einen Nationalsozialisten gehandelt habe; so betonte sie in ihren Aufzeichnungen, dass die abgetrennte Hand auf dem Gelände eines Gestapo-Hauptquartiers gefunden worden sei.[303]

Tote deutsche Zivilisten in diesem Umfang zu fotografieren war ungewöhnlich. Auch wenn hier noch weitere Forschung notwendig ist, scheint zumindest Lee Miller keine solchen Aufnahmen gemacht zu haben. Auch die Recherche im *LIFE*-Bildarchiv ergab nur ein einziges Foto mit diesem Motiv: Eine Aufnahme von George Silk, die denselben toten Mann auf einer Bahre in Köln zeigt, den auch Margaret Bourke-White fotografiert hatte. Die zivilen Toten, die Bourke-White in den Trümmern der Straßen und Häuser zeigt, sind wohl zum Großteil den alliierten Luftangriffen geschuldet. Damit wurde ein politisch brisantes Thema angeschnitten, da diese Aufnahmen der These des „precision bombing" auf militärische Ziele und das Vermeiden ziviler Opfer widersprachen.[304] Möglicherweise liegt auch darin ein Grund, warum dieses Motiv so selten auftaucht. Zeigte Bourke-White aus der Luft die unheimlichen Ruinenstädte aus der Distanz, erinnern diese Aufnahmen an die tödlichen Folgen am Boden. Allerdings lassen ihre Aufnahmen keinen Anflug von Mitleid oder Empathie erkennen. Der tote Mann am Boden wird in unehrenhafter Position gezeigt, die abgerissene Hand zu morbiden Stillleben arrangiert. Von einer Anklage findet sich hier im Gegensatz zu deutschen Fotografen wie Richard Peter oder Hermann Claasen keine Spur.[305] Vielmehr stellen die Aufnahmen der Toten erniedrigte und entmenschlichte Körper zur Schau und machen – wie Linda

302 Guadalcanal Grassy Knoll Battle. In: *LIFE*, 01.02.1943, S. 21–27.

303 Unbetiteltes, maschinengeschriebenes Manuskript. MBW Papers, Box 70.

304 Sie dazu u. a. Bilstein: Airplane and American Experience, S. 25–26.

305 Erst zu einem späteren Zeitpunkt, als sie im Mai im Ruhrgebiet fotografierte, beschreibt Bourke-White die quälenden Todesumstände eines Luftangriffes: „In Wuppertal's most terrible fire bomb raid, the heat was so great that people were driven out of their shelters. When they came up the asphalt in the streets has melted and they had their shoes burned off their feet. Many people never got out of the liquid streets and it was 3 days before it cooled enuf [*sic*] to take the bodies out of the asphalt." (Unbetiteltes, maschinengeschriebenes Manuskript. MBW Papers, Box 70.)

Abb. 41: Margaret Bourke-White: Abgetrennte Hand im Schutt eines zerstörten Gebäudes, Köln, Deutschland, März 1945.

Hentschel in Hinblick auf ähnliche Praktiken während des 2. Irak-Krieges feststellte – aus den Leichen eine ‚erlegte Beute', die zum Objekt des überlegenen Blickes der amerikanischen Medienöffentlichkeit wurden. „[D]er Tod der anderen", so Hentschel weiter, „[wird] bisweilen obsessiv ausgestellt – als sei das Bild dieses anderen Todes eine Trophäe des eigenen Überlebens."[306]

Im Speziellen gilt die Auseinandersetzung mit deutschen Toten als Zeichen der eigenen Überlegenheit für die Aufnahmen von Selbstmorden deutscher Zivilisten, die im Gegensatz zu den bereits vorgestellten Einzelfotos ein immenses Medienecho auslösten. Am frühen Morgen des 20. April fotografierte Margaret Bourke-White im Leipziger Rathaus, wo sich der Stadtkämmerer Kurt Lisso

306 Hentschel: Haupt oder Gesicht, S. 196.

gemeinsam mit Frau und Tochter umgebracht hatte.[307] Das Ereignis rief einen regelrechten Aufmarsch an Journalisten hervor: Neben Margaret Bourke-White und ihrem *LIFE*-Kollegen Bill Walton waren auch die Journalistinnen Iris Carpenter und Helen Kirkpatrick vor Ort. Lee Miller und zwei weitere Kollegen fotografierten ebenfalls im Rathaus.[308] Der *New York Times* war das Ereignis einen mehrspaltigen Bericht wert. Ihr Korrespondent Harold Denny, der spätestens am 19. April – also einen Tag vor Bourke-White – vor Ort war, beschrieb in seinem Artikel die Szene, die er im Rathaus vorfand:

> The City Treasurer, Dr. Lisso, and his wife and daughter sat dead in his office, also looking quite peaceful. Between Lisso's office and Freyberg's [der Leipziger Bürgermeister, Anm. d. Verf.] was a small reception room. On the floor of this, on his face, lay the body of a big middle-aged man in a Volkssturm uniform. An empty poison bottle was on the table. His empty wallet lay beside him, and German banknotes of large denomination were scattered about. The City Treasurer sat at his desk, facing his wife and daughter. But he had leaned forward and died with his head on his folded arms on the desk. His daughter had been a pretty flaxen-haired girl, with unusually delicate features for a German. She wore the white cap and brassard of the German women's nursing service. It looked as if Lisso had considered shooting his wife and daughter and then himself. At his left elbow in the desk lay two loaded pistols. But he must have thought poison would be easier.[309]

Insgesamt sind 22 Aufnahmen des Stadtkämmerers und seiner Familie von Margaret Bourke-White erhalten.[310] Anhand der Nummerierung der Negative lässt sich ihre Annäherung an das schauerliche Motiv nachvollziehen. Am Beginn stehen Aufnahmen, die die gesamte Familie aus einer gewissen Distanz in den Blick nehmen und so einen ersten Überblick über die Szene ermöglichen.

307 Bourke-White: *Dear Fatherland*, S. 49. Die Uhr in einigen der Aufnahmen zeigt 8:45 Uhr.

308 Menzel-Ahr: *Lee Miller*, S. 145, Abb. 137. Auch in zwei von Margaret Bourke-Whites Aufnahmen sieht man die Beine einer weiteren Person, möglicherweise eines Fotografen, da auf einem Foto ein Blitzlicht zu sehen ist.

309 Denny: 2 Leipzig Leaders, S. 1.

310 Darüber hinaus existieren Aufnahmen eines Volkssturm-Mitglieds. Bilder des Bürgermeisters und seiner Familie sowie dreier weiterere Volkssturm-Angehöriger sind nicht überliefert. Möglicherweise liegt dies am Zustand der Leichen, zumindest der Volkssturm-Männer, die laut Denny inmitten lauter Blut lagen. Ähnliches vermutet auch Katharina Menzel-Ahr für Lee Miller, von der ebenfalls nur Aufnahmen der Lisso-Familie und des älteren Volksstürmers, nicht aber der restlichen sechs Personen erhalten sind. Vgl. Menzel-Ahr: *Lee Miller*, S. 146.

Abb. 42: Margaret Bourke-White: Tote Familie des Stadtkämmerers Kurt Lisso, Leipziger Rathaus, Deutschland, 20. April 1945.

Zuerst entstanden Fotografien, die aus einer erhöhten Position und hinter dem Rücken des nach vorne über den Tisch gebeugten Kurt Lisso aufgenommen wurden. Zu sehen sind im Vordergrund die Leiche des Stadtkämmerers, sein großer Schreibtisch und dahinter die Leichen seiner Ehefrau und seiner Tochter. Der Tisch nimmt dabei eine zentrale Rolle ein, er dominiert fast die gesamte untere Bildhälfte und wird vom Blitzlicht hell angestrahlt.[311] (Abb. 42) Er ist mit einer gediegenen Büroausstattung bestückt: ein Telefon, ein offener Taschenkalender, ein Tintenfass, Briefhalterungen und -ablagen, zwei Wiegestempel und zahlreiche unidentifizierbare Dokumente. Mit dem Schreibtisch setzte Margaret Bourke-White den Ort der Machtentfaltung des Stadtkämmerers ins

311 Lee Miller hat die Szene aus einer ähnlichen Position fotografiert, allerdings in quadratischem Format, sodass der Schreibtisch und Kurt Lisso an der rechten Seite beschnitten sind. Im Gegensatz zu Bourke-White steht in dieser Aufnahme ein Gemälde von Adolf Hitler im Türrahmen und „schließt" so den Kreis der Familie, die somit als Nazi-Anhänger entlarvt ist, wodurch auch eine Erklärung für den Grund ihres Selbstmordes angedeutet wird. Abgebildet in Menzel-Ahr: *Lee Miller*, S. 147, Abb. 140. Bei ihr steht die ‚nationalsozialistische Familie' im Vordergrund, während es meiner Meinung nach bei Bourke-White stärker um den Verlust von Rang, Stellung und Macht geht.

Zentrum ihrer Komposition, von wo aus er seine Befehle und Anordnungen erteilte. Sie wählte damit ein Motiv, das in der amerikanischen Presse als Attribut einflussreicher Politiker bis hin zu Roosevelt eingesetzt wurde; der Schreibtisch als Ort, an dem Politik und Weltgeschichte gemacht wurden.[312] Doch anstatt repräsentativ von vorne aufgenommen zu werden, wie es bei diesem Bildtypus üblich wäre, können die Betrachter*innen an dem ‚umgefallenen' Politiker vorbei auf die Geheimnisse auf seinem Schreibtisch blicken. Anhand von Staubspuren wird deutlich, dass einige Gegenstände bereits fehlen – etwa die von Denny erwähnten Pistolen. Offensichtlich haben Besucher bereits einige ‚Souvenirs' mitgenommen.[313] Über den Schreibtisch hinweg führt der Blick auf die zwei toten Frauen, die zusammengesackt in Polstermöbeln liegen. Der Eindruck des Umgefallen-Seins aller Personen wird durch die diagonale Ausrichtung der Komposition noch betont. Es ist das Bild der Demontage einer einstmals mächtigen Persönlichkeit, vergleichbar den „tumbled busts of Frederick the Great and a scattering of other fallen Prussians"[314], an denen Bourke-White angeblich im Stiegenhaus des Rathauses vorbei gegangen war, wie sie in *Dear Fatherland, Rest Quietly* erwähnt. Der gesamte Schreibtisch und der Boden sind mit einer dicken Staubschicht bedeckt. Gemeinsam mit dem dunklen Interieur und dem antiquiert wirkenden Mobiliar – „which represented the nineteenth-century German's idea of luxury"[315], wie Bourke-White betont – wirkt die Szene historisch angestaubt. Die nationalsozialistische Ideologie, für die der Stadtkämmerer und seine Familie stehen, wird als etwas Reaktionäres und nun auch Vergangenes und Überholtes präsentiert. Die Erwähnung einer Büste Friedrichs des Großen stellt eine in der US-Gesellschaft weithin verbreitete Vorstellung der Kontinuität zwischen dem preußischen König und Feldherrn und der

312 Vgl. zum Beispiel den *LIFE*-Artikel „The Roosevelt Party" vom 26. Oktober 1942, der Roosevelt und zahlreiche weitere Politiker in staatsmännischer Pose hinter dem Schreibtisch zeigt. Vgl. The Roosevelt Party. In: *LIFE*, 26.10.1942, S. 103–113, hier. S. 103. Am 9. Juni 1941 erschien ein anderer Beitrag, der Roosevelt an seinem Schreibtisch als souveränen Lenker des Staates präsentiert, auch in einem „national emergency", wie ihn die Bedrohung durch Hitler darstellte. Vgl. Roosevelt on Americas. He Says Hitler Threat Is Real. In: *LIFE*, 09.06.1941, S. 31–33. Gerade Roosevelts Schreibtisch übte offensichtlich eine große Faszination aus, so erschien am 10. August 1942 ein eigener Beitrag nur über seinen Schreibtisch und die darauf befindlichen Utensilien. Vgl. Speaking of Pictures … The President's Desk Is Covered with Gimcracks. In: *LIFE*, 10.08.1942, S. 8–9. Auch heute noch gilt ein Foto des amerikanischen Präsidenten hinter seinem Schreibtisch als repräsentatives Symbol für einen souveränen Staatsmann.

313 Bourke-White schreibt, dass auch ihr Begleiter Bill Walton Taschentücher vom Tisch mitgehen ließ. Bourke-White: *Dear Fatherland*, S. 50.

314 Ebd., S. 49.

315 Ebd., S. 50.

nationalsozialistischen Ideologie sowie dem damit verbundenen Militarismus her.[316] Indem nun beide Endpunkte dieser historischen Entwicklung als gestürzt und entmachtet vorgeführt werden, scheint der von Deutschland ausgehenden Gefahr endgültig ein Ende gesetzt zu sein.

Auf diese Aufnahmen folgten vier weitere, die Margaret Bourke-White von einer Balustrade aus aufgenommen hat; sie werfen aus einer deutlich erhöhten Position einen Blick auf die Szene. Von dem gediegenen Ambiente des Büros sind nun auch der Kronleuchter, die Wandvertäfelung und die Landschaftsgemälde an der Wand zu erkennen. Die Fotografin wollte offensichtlich einen Gesamtüberblick über die Szene liefern, bevor sie in den nächsten Aufnahmen wieder näher an ihr Sujet heranging und einzelne Personen ins Visier nahm.[317] Als erste Person fotografierte Bourke-White Kurt Lisso in Nahaufnahme. Als politische Führungspersönlichkeit scheint er für sie der Hauptprotagonist des Geschehens gewesen zu sein. Sie ging extrem nahe an ihn heran, scheint – wie bei dem auf der Straße liegenden toten Deutschen – fast unter sein Gesicht kriechen zu wollen. Der Tote wird mit Blitzlicht gnadenlos ausgeleuchtet. Details bis hin zur bereits etwas altersschlaffen Haut sind so deutlich zu erkennen. Im übertragenen Sinn ist die Leiche dem grellen Licht und sensationslüsternen Blick der Betrachter*innen ausgeliefert.[318] Lissos Position erscheint nicht ehrwürdig, sondern jämmerlich, als wäre der Kopf aus dem Sitzen regelrecht nach vorne auf die Tischkante geknallt. Vor Lissos linkem Arm liegt eine leere Phiole mit Wattebausch, die wohl auf seinen Selbstmord durch Gift hinweisen soll. Unter seinen linken Ellbogen ist ein Parteiausweis der NSDAP geschoben, der ihn offensichtlich als Nationalsozialisten ausweisen soll und so einen kausalen Zusammenhang zwischen dem Akt des Selbstmordes und seiner ideologischen Gesinnung herstellte. Ein vergleichbares Arrangement kennzeichnet auch die Aufnahme eines toten Volkssturm-Battalionsführers im Verbindungsraum zwischen zwei Büros. Der Tote und insbesondere sein Gesicht sind auch hier dem gleißenden Blitzlicht

316 Siehe allgemein dazu Michaela Hoenicke-Moore: *Know Your Enemy. The American Debate on Nazism*. Cambridge / New York / Melbourne: Cambridge UP 2010, S. 241–268, insb. S. 261–262. Siehe zu dieser populären Kontinuität auch den Propagandafilm *Here is Germany*, der 1945 unter der Regie von Frank Capra entstand.

317 Der *Daily Mirror* in London, der ebenfalls eine Aufnahme der Szene veröffentlicht, spricht von einem „police style scene of crime picture", eine Beschreibung, die durchaus auch auf Bourke-Whites Fotografien zutrifft. (Zit. n. Menzel-Ahr: *Lee Miller*, S. 297, Anm. 551.) Leider gibt Menzel-Ahr nicht an, ob der Fotograf der Aufnahme bekannt ist.

318 Eine Nahaufnahme zeigt Kurt Lisso ironischerweise aus einem Blickwinkel, in dem seine Hände wie eine hilflose Geste wirken sich vor dem zudringlichen Blick der Kamera zu schützen.

der Kamera ausgeliefert. Auf seiner Brust wurde ein kartenähnliches Objekt mit Foto abgelegt, möglicherweise ein Ausweis für eine nationalsozialistische Gruppierung, die ihn als deren Mitglied und damit eindeutig als Nazi identifizieren soll. Hinter dem Toten wurde ein mit einem Stuhlbein durchbohrtes Gemälde von Adolf Hitler arrangiert, und zwar auf eine Weise, als würde der Tote mit seiner zur Faust geballten Hand noch den Hitlergruß dem Bild gegenüber ausführen. So wird der Eindruck eines ‚Unverbesserlichen' evoziert, den nun doch die gerechte Strafe eingeholt hat. Diese Lesart findet sich in besonderer Weise auch bei Lee Miller, die denselben Toten fotografiert hat. Miller blieb auch hier stärker auf Distanz, dafür ist mehr vom restlichen Raum zu sehen. Die bestimmende Bilddiagonale führt auf das Fenster zu, vor dem eine Statue der Justitia zu sehen ist.[319] Während Lee Miller die „gerechte Strafe" betont, legt Bourke-White das Augenmerk auf den toten Körper und den entwürdigenden Umgang sowohl mit ihm als auch mit den Insignien und Ikonen des Nationalsozialismus. Durch gezielt arrangierte Inszenierungen werden beide Männer zunächst als Nazis gekennzeichnet, dann aber durch ihre Körperhaltung und die Kameraeinstellungen als ‚besiegt' ausgewiesen.

Das Arrangieren betraf allerdings nicht nur die Gegenstände, sondern auch die Personen, allen voran wurde Kurt Lisso umdrapiert und inszeniert. So sitzt der Stadtkämmerer in einer der letzten Aufnahmen der Familiengruppe plötzlich in einer anderen Position, nicht mehr seitlich über den Tisch gebeugt, sondern aufrecht mit herabhängendem Kopf und beiden Armen auf der Tischplatte aufliegend. Entsprechend der Nummerierung der Negative entstand diese Aufnahme nach den Nahaufnahmen von Lisso und drei weiteren Aufnahmen, die nur die Frauen zeigen. Wer den Toten umpositioniert hat, lässt sich nicht mit Sicherheit sagen. Interessanterweise wurde Lisso in einem Moment umdrapiert, der Bourke-Whites Komposition durchaus entgegen kam: Würde Lisso noch wie ursprünglich daliegen, wären nur sein linker Arm und seine Schulter im Foto zu sehen; so aber ist wieder die gesamte Familie im Blickfeld. In jedem Fall dürfte Lisso sich bei der Aufnahme von Bourke-White noch nicht lange in dieser Position befunden haben, da der Körper noch nicht vornüber in sich zusammen gesunken ist, wie in der Fotografie von Lee Miller, die laut Menzel-Ahr nach Bourke-White im Rathaus fotografiert hatte.[320] Der mangelnde

319 Siehe dazu auch Menzel-Ahr: *Lee Miller*, S. 146.

320 Ebd., S. 148, Abb. 144. Meiner Meinung nach lässt sich die Chronologie folgendermaßen rekonstruieren: Schleifspuren im Staub auf dem Schreibtisch weisen darauf hin, dass Lisso zunächst wohl in aufrechterer Position in sich zusammengesunken war, später aber auf die rechte Seite abgerutscht ist, in die Position, in der ihn Bourke-White in ihren ersten Aufnahmen

Respekt vor dem Toten, aber auch die wenig ehrenhafte Position, in der Margaret Bourke-White Lisso fotografierte, verweisen auf ihre Einstellung gegenüber den Selbstmörder*innen:

> But these people were the hawkers of Fascism, the hunters of soft jobs who had edged even higher in their party posts; they were representative of the men and women who had been personally responsible for many of the evils of Fascism. And when their pyramid of mounting brutalities had begun to slide down on them, in the last dizzy downhill coast, they were still well-fed, well-clothed, housed in comfortable, luxurious buildings.[321]

Die Familie des Stadtkämmerers zählte für sie zum inneren Kreis der nationalsozialistischen Täter, die aktiv an den Verbrechen und Ungerechtigkeiten beteiligt waren und davon profitiert hatten. Die Leichen sind nicht das Resultat eines militärischen, sondern eines ideologischen Todes. Diese Unterscheidung machte auch Iris Carpenter in ihrem Bericht über das Ereignis; sie beschrieb die Leiche der Ehefrau: „She wore a black tailored suit, and her sleek, graying, blond hair was dragged up from a face smoothed in a tranquility of death, a rare thing to see on a battlefield."[322]

Gerade die Unversehrtheit und Schönheit der Frauenleichen, die Carpenter hervorhob, übte große Anziehungskraft auf viele der Journalist*innen und Fotograf*innen aus. Kaum welche verabsäumte dies in ihren Berichten zu erwähnen.[323] Die Faszination für das attraktive Äußere der Frauen lässt sich auch im Kontext des allgemeinen Deutschlandbildes verstehen: Wie hinter der Schönheit des Landes verbarg sich auch auch hinter der trügerischen Schönheit der

fotografierte. Dass Lisso danach wieder in die aufrechte Haltung manövriert wurde, darauf verweisen die Druckstellen an der deformierten Hand in Bourke-Whites letzter Aufnahme, die wahrscheinlich durch den Abdruck der Tischkante in der seitlichen Lage entstanden sind. Als Lee Miller fotografierte, war Lisso bereits wieder nach vorne mit dem Kopf auf die Tischplatte gesackt. Dass Miller nach Bourke-White fotografiert hat, dafür spricht, dass die Hand ebenfalls die Druckstellen aufweist und noch mehr Gegenstände von Lissos Schreibtisch, beispielsweise Unterlagen aus dem Briefhalter auf der rechten Seite verschwunden sind.

321 Bourke-White: *Dear Fatherland*, S. 50.

322 Iris Carpenter: *No Woman's World*. Boston: Houghton Mifflin company 1946, S. 310–311, zit. n. Menzel-Ahr: *Lee Miller*, S. 297, Anm. 551.

323 Harold Denny beschreibt die Tochter in der *New York Times* als „pretty flaxen-haired girl, with unusually delicate features for a German". (Denny: 2 Leipzig Leaders, S. 5.) Miller schreibt über sie: „Leaning back on the sofa is a girl with extraordinarily pretty teeth [...]." (Zit. n. Menzel-Ahr: *Lee Miller*, S. 145.) Iris Carpenter beschreibt sie „exquisite as a Dresden doll, and much more beautiful." (Zit. n. Menzel-Ahr: *Lee Miller*, S. 297, Anm. 551.)

Menschen ein verbrecherischer Abgrund.[324] Vor allem Lee Miller widmete den Frauen große Aufmerksamkeit. In sanftem Lichteinfall liegen die toten Frauen bei ihr wie hingegossen in den Polstermöbeln. Der Tochter und ihrem makellosen Gesicht widmete sie eine eigene, viel rezipierte Aufnahme. An religiöse Darstellungen der Hingabe und Ekstase, wie etwa Berninis barocker Skulptur der Heiligen Katharina, erinnernd und damit auf den fanatischen Glauben an das NS-Regime verweisend, setzte sie die makellose Haut und die perfekten Zähne ins Bild. Die Art der Wiedergabe steht allerdings in einem starken Kontrast zur Identität der Toten, einer treuen Anhängerin des Nationalsozialismus; Miller vermittelte eine fast sentimental-melancholische Atmosphäre, die auch Gefühle des Mitleids zulässt. Interessanterweise interpretierte die Redaktion der *American Vogue* diese Aufnahme auch in diese Richtung und bezeichnete die junge Frau in ihrer Bildunterschrift als „a victim of Nazi philosophy“[325] und nicht als Täterin wie Bourke-White, die dementsprechend auch ein ganz anderes Körperbild vermittelte. Wie bereits bei den toten Soldaten in den Straßen gab sie auch hier den toten Körper drastischer wieder. Miller betont in ihren Aufnahmen der Frauen nicht nur die unversehrten Gesichter, sondern zeigt sie auch in eleganten Posen; Bourke-White hingegen setzt die grotesken Verrenkungen der einzelnen Gliedmaßen im Tod ins Bild. (Abb. 43) Während Miller zumeist auf Distanz blieb und viele Details in ihren Aufnahmen im sanften Licht verschwimmen, leuchtete Bourke-White die Körper regelrecht aus. Auf erschreckende Weise starren die toten offenen Augen der Mutter die Betrachter*innen an, während aus ihrem Mund ein getrocknetes Blutrinnsal läuft. Auch der Körper der Tochter wirkt nicht mehr so elegant, wirft man den Blick auf die eigentümlich verdrehten Füße auf dem Teppich, die bei Miller im Schatten verschwinden. Beide Frauen erscheinen im Vergleich zu Millers Aufnahmen vielmehr derangiert und grotesk.

Margaret Bourke-White war überzeugt, dass der Krieg erst beendet sein würde, wenn nicht nur auf militärischem Wege die Wehrmacht, sondern auch auf gesellschaftlicher Ebene die fanatische Nazi-Ideologie besiegt worden sei. Dies zeigt ein Ausspruch, den sie einem Bestatter in Leipzig in den Mund legte, der die Leichen der Toten abholte: „The fighting will be over only when Hitler takes

324 In dieser Hinsicht interpretiert auch Katharina Menzel-Ahr die Aufnahme: „Ebenso könnte die Fotografin in dieser Toten jedoch auch den wohlgenährten Spross eines kranken Volkes gesehen haben, also das gut getarnte Böse, die gefährliche Schönheit, die sie hinter allem Attraktiven im Feindesland vermute: ‚pretty but poisonous‘, wie sie an anderer Stelle Deutschland beschrieb.“ (Menzel-Ahr: *Lee Miller*, S. 152.)

325 Lee Miller: Nazi Harvest. In: *American Vogue*, Juni 1945, S. 106.

Abb. 43: Margarete Bourke-White: Tote Ehefrau und Tochter von Kurt Lisso, Leipziger Rathaus, Deutschland, 20. April 1945.

the same way out."[326] Bilder und Berichte über die Selbstmorde wurden dementsprechend vorwiegend im Kontext der deutschen Niederlage publiziert. So ging Harold Dennys Artikel in der *New York Times* einem Bericht der letzten Kämpfe und der Kapitulation Leipzigs voraus. Auch Bourke-Whites Aufnahmen erschienen auf einer Doppelseite in der *Victory-Europe*-Ausgabe von *LIFE* am 14. Mai 1945.[327] Sie folgten auf ein Foto der Unterzeichnung der Kapitulation durch deutsche Generäle, einem Bericht über die letzten Kriegstage in Deutschland und einer doppelseitigen Aufnahme, die ein Kriegsgefangenenlager aus der Vogelperspektive zeigte. Unter dem Titel „Suicides. Nazis go down to defeat in wave of 'Selbstmord'" wurden drei Aufnahmen aus Leipzig und ein Bild von Kindern aus Schweinfurt, die von ihrer Mutter getötet worden waren, abgedruckt. Auch *LIFE* unterschied auf diese Weise zwischen militärischer

326 Bourke-White: *Dear Fatherland*, S. 51.

327 Suicides. Nazis Go down to Defeat in Wave of 'Selbstmord'. In: *LIFE*, 14.05.1945, S. 32–33.

Niederlage – visualisiert über die Kapitulation und die Soldaten in Kriegsgefangenschaft – und der Niederlage der nationalsozialistischen Ideologie – versinnbildlicht in den Selbstmorden, die als gesellschaftliches Eingeständnis der Niederlage Deutschlands verstanden wurden:

> In the last days of the war the overwhelming realization of the utter defeat was too much for many Germans. Stripped of the bayonets and bombast which had given them power, they could not face a reckoning with either their conquerors or their conscience.[328]

Zugleich werden die Selbstmörder*innen als Feiglinge charakterisiert, die sich nicht ihrer Verantwortung stellen. Der Text betont, dass die dargestellten Ereignisse keine Einzelfälle, sondern Teil eines Massenphänomens sind, die auch die nationalsozialistische Führung mit einschloss: „[E]ven Hitler and Goebbels had killed themselves."[329] So lässt sich der Großteil der Aufnahmen der Toten in Deutschland als Zeichen dafür lesen, dass der Tod, den Deutschland in die Länder Europas gebracht hatte, nun heimgekehrt war und sich gegen die Deutschen selbst richtete.

328 Ebd., S. 32.
329 Ebd.

V.
Bilder vom Feind

In Kriegsfotografien steht zumeist die Darstellung der eigenen Helden und Taten im Vordergrund. Bilder des Feindes spielen dennoch eine wichtige Rolle in der Bild- und Vorstellungswelt einer Krieg führenden Nation. Während Feindbilder negative Vorstellungen und Assoziationen gegenüber Menschen oder bestimmten Werten und ideologischen Einstellungen bündeln, sind Bilder vom Feind deren visuelle Repräsentation. Negative Einstellungen gegenüber dem Gegner erhalten darin ihren visuellen Ausdruck, lassen sich in bildlicher Form zirkulieren und so zur Manipulation von Meinungen einsetzen.

Eine wichtige Rolle für das Verständnis sowie die Analyse von Feindbildern und Bildern vom Feind spielt der Begriff der Differenz, wie ihn Stuart Hall in seiner Theorie der Repräsentation als soziale Praxis geprägt hat. Über das Definieren von Differenz, beispielsweise ethnischer und sexueller Natur, wird ein Gegenüber als der/die/das Andere festgeschrieben. Diese Mechanismen der Abgrenzung vom Anderen beziehungsweise der Identifikation mit dem Eigenen erzeugen und festigen Identität und sichern die Stabilität gesellschaftlicher und kultureller Ordnung. Im Rahmen dieses Prozesses wird vor allem das Eigene gestärkt und geschützt. Dazu wird in die Differenz ein wertendes Machtverhältnis eingeschrieben, das das Eigene als positiv und das Andere als unterlegen oder negativ definiert.[1] In diesem Sinne dienen Feindbilder in Kriegszeiten zur Legitimation

1 Siehe dazu Stuart Hall: The Spectacle of the 'Other'. In: Ders. (Hrsg.): *Representation. Cultural Representation and Signifying Practices*. London / Thousand Oaks: Sage / Open University 2000, S. 223–290, insb. S. 234–238.

des Krieges und des Einsatzes tödlicher Mittel gegen andere Menschen und Nationen. Die Herausbildung der eigenen nationalen Kriegsidentität wird gestützt, indem negative Eigenschaften – wie etwa Brutalität und Amoralität – auf das feindliche Gegenüber projiziert werden. Die eigene Gesellschaft wird so nach innen homogenisiert und die Einheit an der Heimatfront gestärkt.[2] Aufbauend auf einer langen, von rassistischen Vorurteilen und Stereotypen geprägten Tradition gelang es in den USA relativ leicht, die japanische Nation als das kulturell und ethnisch Andere auszuweisen. Die deutsche Nation als feindliches Gegenüber zu etablieren, fiel bedeutend schwerer:[3] Im Gegensatz zu Japan teilten sich Deutschland und die USA grundlegende Werte und Kulturtraditionen. Viele US-Bürger*innen hatten Vorfahren, die aus Deutschland eingewandert waren. Zudem bestanden intensive Handels- und Wirtschaftsbeziehungen, über die Bourke-White selbst als Fotojournalistin berichtet hatte.[4] Da die Betonung einer rassistisch bedingten kulturellen und ethnischen Differenz im Fall der Deutschen nicht so einfach zum Tragen kommen konnte, mussten andere Argumente aktiviert werden, um die amerikanische Bevölkerung zu überzeugen, diese Nation abzulehnen. Margaret Bourke-White betont in ihren Fotografien von Deutschen die psychologische und vor allem moralische Differenz, die sich gerade nicht an Äußerlichkeiten, wie Hautfarbe oder einer als spezifisch angesehenen Physiognomie, festmachen ließ. Die damit verbundene Problematik, das Wesen der Deutschen einzuschätzen, wurde zu einem ihrer wichtigsten Themen im Frühjahr 1945. Aufbauend auf Halls Verständnis, dass der Konstruktion einer Differenz auch ein Machtverhältnis innewohnt, lassen sich Bourke-Whites Aufnahmen deutscher Zivilisten – in Ergänzung zur militärischen – auch als Bilder einer moralisch-zivilisatorischen Niederlage verstehen.

2 Vgl. dazu allgemein Astrid M. Eckert: *Feindbilder im Wandel: Ein Vergleich des Deutschland- und des Japanbildes in den USA 1945 und 1946*. Münster: Lit 1999.

3 Die binäre Struktur der Konstruktion von Differenz tendiert dazu, die Subjektivität einzelner Individuen zu vernachlässigen und mit generellen Charakterisierungen, etwa stereotypisierenden nationalen Zuschreibungen zum Wesen der Deutschen oder der Japaner, zu arbeiten. Da diese Zuschreibungen Thema dieses Kapitels sind, operiere ich auch hier mit dem Begriff „der Deutschen" obwohl ich mir bewusst bin, dass es sich um eine Form der Verallgemeinerung handelt.

4 Siehe allgemein dazu Hoenicke-Moore: *Know Your Enemy;* Eckert: *Feindbilder im Wandel*.

1. „Faceless Fritz" auf der Spur – Die Frage nach dem Wesen der Deutschen

Um den 10. März 1945 erreichte Margaret Bourke-White aus Italien kommend das am 6. März von den Alliierten eingenommene Köln.[5] Unter dem Arbeitstitel „Faceless Fritz" sollte sie für *LIFE* das Leben der besiegten Deutschen zunächst in Köln und später in Frankfurt fotografieren.[6] Der Vorname Fritz war bereits in den Jahren zuvor zu einem Synonym für die Deutschen schlechthin, insbesondere des deutschen Soldaten geworden.[7] Während dem „Landser Fritz" Charaktereigenschaften wie „inherited discipline", „unquestionable enduring faith" oder „national instinct for soldering" zugeschrieben wurden,[8] war die Einstellung gegenüber den deutschen Zivilisten von einer starken Unsicherheit geprägt. Der Begriff „Faceless" im Arbeitstitel des Photo-Essays verweist auf diese Gesichts- und damit Identitätslosigkeit, die eine eindeutige Unterscheidung zwischen Gut und Böse, Wir und die Anderen, problematisch machte.[9]

5 Ein Telegramm Bourke-Whites an die *LIFE*-Redaktion vom 8. März besagt, dass sie ihre „travel orders" habe, sehr bald nach Paris komme und „thrilled with Cologne opportunities" sei. In einem Telegramm vom 10. März gibt ihr Elmer Lower bereits den Auftrag, eine Messe im Kölner Dom zu fotografieren. MBW Papers, Box 50.

6 Zum ersten Mal taucht der Begriff in einer undatierten Abschrift eines Telegramms auf, das Margaret Bourke-White vor dem 26. März an Elmer Lower geschickt haben muss. In ihrer Überschrift schreibt sie „Very Enthusiastic Faceless Fritz Idea." (MBW Papers, Box 50.) Ein explizites „Faceless Fritz"-Photo-Essay wurde von *LIFE* trotz des umfangreichen Materials nie veröffentlicht. Lediglich zwei Beiträge über die Deutschen erschienen mit Aufnahmen von Margaret Bourke-White. Am 7. Mai ein textlastiger Artikel von Percy Knauth mit einer Abbildung von ihr und eine Woche später eine Bild-Doppelseite mit vier Aufnahmen. Vgl. Percy Knauth: The German People. In: *LIFE*, 07.05.1945, S. 69–76; The People. Without Their Nazi Masters They Have Nothing Left. In: *LIFE*, 14.05.1945, S. 34–35.

7 Siehe zum Beispiel die Berichte zweier bekannter Korrespondenten der *New York Times*: Drew Middleton: Germany Fights Hard to Avert Defeat. ‚Landser Fritz' Well Led and still Tough. In: *New York Times*, 15.10.1944; Cy Sulzberger: Fritz, the Landser. In: *New York Times*, 11.06.1944.

8 Sulzberger: Fritz, the Landser.

9 „Faceless" beschreibt meiner Meinung nach nicht den Gesichtsverlust der Deutschen nach der Entdeckung der Konzentrationslager, wie Ines Kampe in ihrer Forschung zum Deutschlandbild nach 1945 mehrfach argumentiert. Siehe Ines Kampe: Der schonungslose Blick 1945–1947. In: *Krauts – Fritz – Piefkes …? Deutschland von Außen*. Ausstellungskatalog Haus der Geschichte Bonn. Bonn: Bouvier 1999, S. 46–53; Ines Kampe: Vom „Faceless Fritz" zum „Otto Normalvebraucher". Zur Imagebildung der Deutschen in fotografischen Werken nach 1945. In: Andreas Köstler / Ernst Seidl (Hrsg.): *Bildnis und Image. Das Porträt zwischen Intention und Rezeption*. Köln / Weimar / Wien: Böhlau 1998, S. 309–325, hier S. 315. Gegen Kampes These spricht auch, dass Bourke-White mit der Serie „Faceless Fritz" bereits einige Wochen vor der Befreiung der Lager auf deutschem Boden beauftragt worden war. Die Entdeckung ließ die Frage nach dem „wahren Wesen" der Deutschen allerdings nur noch drängender werden.

Bis weit in die Endphase des Krieges dominierte in den USA eine durchaus positive Einstellung gegenüber der deutschen Bevölkerung. Deutschland wurde immer noch als Land der „German Gemütlichkeit", als Kulturnation und als Land außerordentlich pittoresker Landschaften angesehen.[10] Dieses Bild geriet ab Dezember 1944 ins Wanken, als zunehmend Kriegsverbrechen bekannt wurden, etwa das Massaker an amerikanischen Soldaten in Malmédy. Einschneidend veränderte es sich erst, als ab Mitte April 1945 die Konzentrationslager in Deutschland durch die Alliierten befreit wurden und Berichte darüber breiten Niederschlag in der Presse fanden. Das einstmals positive Image bildete nun eine Kontrastfolie, vor der die abscheulichen Taten der Deutschen eingeordnet werden mussten. Nicht nur dem Journalisten und Nobelpreisträger Joseph Pulitzer erschien es unvorstellbar, wie sich Gräueltaten wie die Konzentrationslager in so einem Land abspielen konnten.[11] Auch Filme für das Massenpublikum, wie der vom Office of War Information unter der Regie von Frank Capra 1945 produzierte Film *Here Is Germany*, bauten auf die kaum fassbare Diskrepanz zwischen friedlichen Landschaften, kultivierten Denkern und Dichtern und den geschehenen Verbrechen auf. Lee Miller beschrieb ihre Verwirrung in einem Brief: „I don't like Germany at all except that it's too pretty to believe and I don't believe it. I am horrible confused about the country and can't sort out my ideas at all."[12] Diese scheinbare Janusköpfigkeit der Deutschen beschäftigte auch Margaret Bourke-White. In ihren Aufnahmen aus Deutschland im Frühjahr 1945 suchte sie nach Antworten auf die brennenden Fragen: „What was a German really like?

10 Michaela Hoenicke-Moore zitiert Umfragen des *Public Opinion Quarterly* von 1944/1945, in denen fast zwei Drittel der Befragten noch im Dezember 1944 angeben, dass sie denken, die deutsche Bevölkerung sei nur durch die gesellschaftlichen Umstände und die politische Führung in den Krieg gedrängt worden. Vgl. Hoenicke-Moore: *Know Your Enemy*, S. 212, S. 183. Erst im Januar 1945, vor allem durch zunehmende Berichte über Verbrechen der deutschen Wehrmacht, unter anderem dem Massaker in Malmédy, änderte sich die Einstellung und vor allem die Unterscheidung zwischen „guter" Bevölkerung und „böser" Führung. Vgl. ebd., S. 214–216.

11 Der Journalist Joseph Pulitzer fasst in in seinem 1945 erschienen Buch *A Report to the American People* die drängende Frage folgendermaßen zusammen: „How could such things have happened in a beautiful country like Germany, which has produced such fine music and literature, such great inventive genius, and which has sent to our country so many immigrants who later were to become truly great American citizens? [...] How [could] such things have happened in an educated, highly literate and formerly Christian country?" (Zit. n. Eckert: *Feindbilder im Wandel*, S. 42, Anm. 58.) Auch *LIFE* ruft die Folie der idyllischen Landschaften und geschichtsträchtigen Orte in einem Beitrag über den Rhein auf: The Rhine. War against Germanys Historic River. In: *LIFE*, 04.12.1944, S. 77–85.

12 Zit. n. Menzel-Ahr: *Lee Miller*, S. 73.

What kind of people were these, whose aquiescence, either passive or criminal, had made it possible for such evil forces to grow?"[13] Die Suche nach dem „wahren Gesicht", dem Wesen der Deutschen prägte einen Großteil ihrer Berichterstattung aus Deutschland und kulminierte schließlich in ihrem 1946 veröffentlichten Buch *Dear Fatherland, Rest Quietly*.

Mitleid mit dem Feind? – Das Leben im zerstörten Deutschland

Wie Margaret Bourke-White 1946 in ihrem Buch über Deutschland schreibt, versuchte sie über die Auseinandersetzung mit den alltäglichen Lebensumständen der deutschen Zivilbevölkerung, zu einem tieferen Verständnis des Wesens der Deutschen zu gelangen:

> If we could look beneath the surface of defeat, what sort of beeing would we uncover? Outwardly, the motives of the conquered were reduced now to three very simple ones. How shall I feed myself? Where can I get shelter? When will I find my lost family? But under these immediate problems of self-preservation all the other problems were waiting. In the midst of chaos I was trying to take some pictures that might answer some of these questions.[14]

Mit diesen Sätzen umreißt sie ihr grundsätzliches Bildprogramm im Frühjahr 1945 in Deutschland. Die umfangreiche Auseinandersetzung mit dem Alltagsleben der deutschen Bevölkerung abseits der offensichtlichen Sieges-Symbolik ist ein Spezifikum von Bourke-White. Vor allem die intime Beschäftigung mit dem Feind zeichnet ihre Arbeit im Vergleich zu anderen Fotografen aus. So konstatiert Katharina Menzel-Ahr für Lee Miller, dass sie immer auf Distanz zu ihrem deutschen Gegenüber blieb, sie aus der Ferne fotografierte.[15] Ähnliches beschreibt Martin Caiger-Smith als allgemeines Phänomen der Aufnahmen alliierter Fotografen in deutschen Großstädten 1945:

13 Bourke-White: *Dear Fatherland*, S. 61. Dass diese Frage nicht nur sie, sondern auch die amerikanischen GIs beschäftigte, bekräftigt sie gleich auf den ersten Seiten ihres Buches: „I heard many serious discussions in which our soldiers really tried to figure out the Germans." (Ebd., S. 4–5.)

14 Ebd., S. 61–62.

15 Vgl. Menzel-Ahr: *Lee Miller*, S. 104, 130–131, 134–135.

> In vielen frühen Bildern von Berlin und anderen Städten werden die Bewohner aus der Distanz gesehen. Sie geraten vor den sich hoch auftürmenden Ruinen auf den Straßen zu Zwergen. Die Fotografien erscheinen gleichgültig, nüchtern; wie die Soldaten der Alliierten weigern sie sich zu fraternisieren [...].[16]

Seiner Meinung nach führte erst die Notwendigkeit, die gravierenden Probleme der Besatzungspolitik deutlich zu machen, zu einem Wandel der Motivwahl: „Vertraute Zeichen der Entbehrung beginnen sich abzuzeichnen: Das Gedränge nach Wasser um eine einzige Handpumpe, das endlose Schlangestehen nach Lebensmitteln."[17] Beides Motive, die Bourke-White bereits von März bis Mai 1945 in Deutschland ins Bild gesetzt hatte.

Der Kampf um Versorgungsgüter

In beinahe vierzig erhaltenen Aufnahmen zeigt Bourke-White Einwohner Kölns, die in den Ruinen der Häuser und Straßen nach brauchbaren Materialen suchen oder diverse Gegenstände nach Hause schleppen. Die rechtsrheinische Seite der Stadt war am 6. März von amerikanischen Truppen eingenommen worden. Zuvor, am 3. März, war Köln in umfangreichen Luftangriffen „sturmreif" gebombt worden. Nur 45.000 Einwohner waren in der Stadt zurückgeblieben und lebten in den Ruinen – ohne fließendes Wasser, Strom oder Heizung.[18] Fast drei Viertel der Gebäude waren zerstört, nur ein Fünftel überhaupt bewohnbar.[19] Margaret Bourke-White kam um den 10. März, also unmittelbar nach Einnahme der Stadt, nach Köln. Für ihre Außenaufnahmen positionierte sie sich an ausgewählten Standorten in der Stadt und wartete auf vorbeikommende Passanten.[20] Sie konzentrierte sich ganz auf einzelne vorübergehende Personen oder kleine Personengruppen, die sie in die Mittelachse ihrer Aufnahmen setzte. Die Kompositionen basieren zumeist auf wenigen, grundlegenden Achsen, die

16 Martin Caiger-Smith (Hrsg.): *Bilder vom Feind. Englische Pressefotografen im Nachkriegsdeutschland*, aus d. Engl. v. Marianne Schulz-Rubach. Berlin: Nishen 1988, S. 16.

17 Ebd., S. 17.

18 Otto Matzerath: Rheinische Großstädte nach dem Ende des Zweiten Weltkrieges. Notverwaltung oder Neubeginn? In: Kurt Düwell / Michael Matheus (Hrsg.): *Kriegsende und Neubeginn. Westdeutschland und Luxemburg zwischen 1944 und 1947.* Stuttgart: Steiner 1997. http://www.regionalgeschichte.net/?id=7686 (Zugriff am 08.09.2017).

19 Richard Bessel: *Germany 1945. From War to Peace*. London: Simon & Schuster 2009, S. 267.

20 Dies wird vor allem daran deutlich, dass unterschiedliche Personen vor dem immer gleichen Gebäude abgelichtet wurden.

häufig orthogonal ausgerichtet sind und den Aufnahmen Ruhe und Stabilität inmitten der chaotischen Ruinenlandschaft verleihen. Ungewöhnliche Blickwinkel, für die sie sonst bekannt war, bleiben außen vor. Der nüchterne Charakter der Aufnahmen steht im Vordergrund, möglicherweise um die Authentizität des Motivs für die Leser*innen in den USA zu bekräftigen, die einen derartigen Zerstörungsgrad aus eigener Anschauung wohl nicht kannten. Die Konzentration auf eine einzelne Person oder kleine Personengruppen, die frontal und mittig in ihrem Lebens- oder Arbeitsumfeld gezeigt werden, ist eine charakteristische Bildformel der sozial engagierten Fotografie. Die Vereinzelung führt dazu, dass der an sich anonymen und unerheblichen Person Bedeutung zugewiesen wird; sie wird als Individuum mit ihren Problemen und Sorgen ernst genommen und aus der gesichtslosen Masse herausgehoben.[21] Die Betrachter*innen können in eine Eins-zu-eins-Kommunikation mit dem dargestellten Gegenüber treten und sich mit dessen misslicher Lage auseinandersetzen. Für Bourke-Whites Köln-Aufnahmen würde dies nahelegen, dass die Betrachter*innen die schwierigen Lebensumstände in einer komplett zerstörten Stadt und die Bemühungen der mittellosen Menschen, in den Ruinen nach überlebensnotwendigen Dingen zu suchen, wahrnehmen und reflektieren. Ein Motiv, das beispielsweise auch der FSA-Fotografen John Vachon aufgriff, als er einen älteren Mann 1940 in Dubuque, Iowa, fotografierte, der auf einer Müllhalde nach Verwertbarem suchte.[22] (Abb. 44) Allerdings widersetzen sich bestimmte Bildelemente in Bourke-Whites Kölner Aufnahmen dieser Lesart. Am eindeutigsten fällt die Kleidung der Dargestellten auf: Sie zeigt ausschließlich Personen, die gutbürgerlich und ausreichend gekleidet sind. Die Männer tragen dicke Mäntel und Hüte, zum Teil sogar Anzüge mit Hemd, Jacke und Weste. Auch die Frauen sind durch Mäntel, Schals und Tücher vor der Witterung geschützt und wirken sauber und sorgfältig frisiert. Eine Frau, die gemeinsam mit zwei weiteren Personen nach Nägeln im Schutt sucht, trägt sogar schwarze Nylonstrümpfe. Die gute Kleidung und das adrette Aussehen passen so gar nicht zu dem Chaos der zerstörten Stadt. Dieser Gegensatz lässt sich als ins Bild gesetzte Entwürdigung des Gegners lesen, der aus seinen bürgerlichen Heimen herausgebombt wurde und nun wie ein Landstreicher auf der Straße die notwendigen Dinge des Lebens aufsammeln muss.

21 Als Beispiele für dieses Prinzip lassen sich etwa Aufnahmen von Lewis Hine zum Thema Arbeit und über die Immigranten auf Ellis Island oder die Porträts verarmter Pachtfarmer und Wanderarbeiter der FSA-Fotografen nennen.

22 Ein ähnliches Motiv, allerdings mit Kindern, fotografierte auch Russel Lee, siehe http://www.loc.gov/pictures/resource/fsa.8b21418/?co=fsa (Zugriff am 28.01.2017).

Abb. 44: John Vachon: Auf Nahrungssuche, städtische Müllhalde, Dubuque, Iowa, USA, April 1940.

Keine der dargestellten Personen schaut in die Kamera, ganz bewusst scheinen sie dem Blick der Fotografin auszuweichen, wollen offensichtlich nicht fotografiert werden. Als Angehörige der Siegermacht musste Bourke-White darauf aber keine Rücksicht nehmen. Ihre Aufnahmen sind so auch eine unfreiwillige Zurschaustellung der Not der Betroffenen, die vor dem Medienpublikum ausgebreitet wird. Sich dieser Position durchaus bewusst, ließ Bourke-White in ihrem Buch *Dear Fatherland* einen deutschen Passanten klagen: „It's awfully sad now. [...] Foreigners taking pictures of us and sending them to newspapers."[23] Die Personen wurden von Bourke-White so ins Bild gesetzt, als leiden sie nicht so große Not, wie die Zerstörung ihres Lebensumfeldes nahelegen könnte. Kleidung und Wohlgenährtheit lassen vermuten, dass sie keine ‚echten' Opfer sind.

23 Bourke-White: *Dear Fatherland*, S. 166. Katharina Menzel-Ahr beschreibt diese Haltung für Lee Miller als „durch den Akt des Fotografierens zu strafen". (Menzel-Ahr: *Lee Miller*, S. 136.)

Was sie durch die Stadt tragen, tragen sie nicht aus Not, sondern raffen es aus Gier an sich, wie die Fotografin in ihren Aufzeichnungen betonte:

> Germans carrying their possessions and bicycles. Many of these people are petty looters picking up everything usable they can find. These pix were taken just before the strict laws were passed bearing penalties for looting. Every German is out in the streets scrouching among the ruins to see what they can find.[24]

Diese Meinung unterstrich Bourke-White in ihren Aufnahmen durch einen Schwerpunkt auf Aktivitäten des Wegschleppens und einen Eindruck des sich Vorbeidrängens an der Kamera, als fürchteten die Fotografierten, bei einer unerlaubten Tätigkeit ertappt zu werden. Die abgelichteten Deutschen sind für sie Plünderer und keine Opfer, da die Versorgungslage offensichtlich immer noch ausreichend war, wie sie in ihren Aufzeichnungen berichtete:

> Compared with the citizens of Great Britain and Italy that we correspondents have seen, these Germans are unbelievable well dressed. When questioned about whether they had difficulty getting material for their dressmaking trade, the Lorenz sisters, said they had no troubles getting materials. I believe all of us on the outside were victims of wishful thinking during the war about the conditions under which the Germans were living.[25]

Besonders drastisch brachte sie die unverhältnismäßig gute Versorgungslage der Deutschen in ihrem Buch *Dear Fatherland, Rest Quietly* zur Geltung, indem sie die Bildstrecke über die Konzentrationslager mit den ausgemergelten Insassen genau an die Textstelle platziert, in der es um die gut gefüllten Vorratskeller der Deutschen geht. Mit dieser Einstellung entsprach Bourke-White der vorherrschenden Meinung, die Deutschen seien wohlgenährt und gut gekleidet, da sie im Krieg die besetzten Gebiete rücksichtslos ausgeplündert hätten.[26]

24 Margaret Bourke-White: Faceless Fritz – Cologne Captions, maschinengeschriebenes Manuskript. MBW Papers, Box 70, Roll 6, 1–9.

25 Unbetiteltes maschinengeschriebenes Manuskript, MBW Papers, Box 70. Diese Auffassung wiederholt Margaret Bourke-White noch einmal deutlich in ihrem Buch *Dear Fatherland, Rest Quietly.* Dort bringt sie die gute Versorgungslage in Zusammenhang mit der Nazi-Identität der Bewohner der Häuser, in denen sie prall gefüllte Vorratsschränke und Luxuskleidung gefunden haben will. Vgl. Bourke-White: *Dear Fatherland*, S. 33.

26 Zu Lee Miller siehe zum Beispiel Menzel-Ahr: *Lee Miller*, S. 138.

Kurze Zeit später fotografierte Margaret Bourke-White die Plünderung eines Güterzuges zwischen Frankfurt am Main und Darmstadt durch deutsche Zivilist*innen und Displaced Persons aus ehemals von Deutschen besetzten Ländern. (Abb. 45) Ihre Aufnahmen konzentrieren sich auf das entfesselte Verlangen nach den Waren im Zug. Sie zeigt, wie Menschen nur noch mit den Beinen aus den Waggonöffnungen hängen, sich vollbepackt mit Stoff aus den schmalen Türen zwängen, triumphierend einzelne Teile herauszerren oder sich am Boden durch die ausgebreiteten Kleidungsstücke wühlen. Während ihre Aufnahmen aus Köln Deutsche darstellen, die stoisch und mit starrer Miene das Gefundene wegschleppen, setzte sie hier Bilder einer – wie sie selbst schreibt – Massenhysterie ins Bild[27]. Auch wenn auf den meisten Fotos kein Unterschied zwischen Deutschen und anderen Nationen auszumachen ist, versuchte Bourke-White dennoch bei der Veröffentlichung der Fotos, in ihren Bildunterschriften und ihrem Text, eine moralische Hierarchie zu etablieren. So wird das Verhalten der Displaced Persons dadurch entschuldigt, dass die Waren eine Entschädigung für das durch die Deutschen zugefügte Leid seien und der gesamte Zuginhalt überhaupt aus gestohlener Ware aus Frankreich und Belgien bestehe.[28] Die Deutschen hingegen plünderten ihrer Meinung nach aus Gier. In einer Aufnahme konzentrierte sie sich auf zwei Frauen mittleren Alters, die laut lachend und sichtlich begeistert unterschiedliche Hüte anprobieren. In der Bildunterschrift ihres Buches kommentierte Bourke-White die im Lachen entblößten Zähne der Frau mit „[...] they did not suffer dietary deficiencies during the war."[29] *LIFE* veröffentlichte die Zugplünderung in seiner Ausgabe vom 16. April 1945. Noch viel schärfer als Bourke-White ziehen die anonymen Autor*innen des Textes eine Trennlinie zwischen den Displaced Persons, die sich „nur nahmen, was sie brauchten", und den Deutschen, „[who] went greedy beyond any sense of shame."[30]

Während es in den vorangegangenen Beispielen meist nicht um unmittelbar lebensnotwendige Waren ging, liegt die Vermutung nahe, dass das Urteil der Fotografin gegenüber Personen, die eindeutig auf Nahrungssuche waren,

27 Vgl. Bourke-White: *Dear Fatherland*, S. 67.

28 Ebd., S. 68–69.

29 Ebd., Bildteil III, o. P. [S. XIII].

30 Foreigners and Germans Loot Stalled Nazi Train. In: *LIFE*, 16.04.1945, S. 30–31, hier S. 30. Margaret Bourke-White fotografierte auch amerikanische Soldaten beim Plündern in einem deutschen Keller. Die Szenen wurden jedoch von der Zensur nicht freigegeben. Daran wird deutlich, dass das Verhalten des Plünderns nur mit der deutschen Nation in Verbindung gebracht werden sollte, um die moralische Integrität der amerikanischen Soldaten nicht ins Wanken zu bringen.

Abb. 45: Margaret Bourke-White: Plünderung eines Güterzuges, zwischen Darmstadt und Frankfurt, Deutschland, April 1945.

moderater ausfiel. Ein gutes Beispiel dafür ist eine Folge von dreizehn Aufnahmen, die zwei Männer bei der Suche nach Kartoffeln in einem zerstörten Haus zum Inhalt hat. Auch Robert Capa, der im August 1945 in Berlin fotografierte, setzte sich mit dem Thema der Kartoffelbeschaffung auseinander. Er zeigte eine Szene, in der Kartoffeln verkauft oder verteilt werden, und legte damit das Hauptaugenmerk auf den Akt der legitimierten Übergabe des wertvollen Gutes. In Nahaufnahme sieht man zwei ältere Männer mit Brille. Der eine schüttet Kartoffeln aus einer großen Schüssel in einen anderen Behälter. Der andere beäugt kritisch die Menge, die den Besitzer wechselt. Capa strich die hoch emotionale Seite dieser Transaktion hervor: die Spannung und Sorge, dass auch genug Kartoffeln in den mitgebrachten Behälter umsortiert werden und die Verteilung gerecht verläuft. Dagegen stellte Margaret Bourke-White auch in diesem Fall das Durchwühlen, Suchen und Fortschleppen in den Vordergrund. Das von ihr fotografierte Ereignis findet zum Teil in einem privaten Raum statt, wo die Männer die Kartoffeln aus einer kleinen Kommode entnehmen. Bourke-White

Abb. 46
Margaret Bourke-White: Wasserholen auf der Straße, bei Köln, Deutschland, März 1945, Einzelseite aus dem Buch *Dear Fatherland, Rest Quietly*, 1946.

fotografierte das Herausnehmen und Ablegen in einen mitgebrachten Eimer aus einem Blickwinkel, der die Szene halb verdeckt hinter einer Wand zeigt, und den Eindruck des heimlichen Beobachtens erweckt. Beides – das Stattfinden in einem privaten Umfeld und der verstohlene Blick – lassen die ganze Situation als unrechtmäßiges An-sich-Nehmen in einer fremden Wohnung, als Plünderung, erscheinen.

Auch Bilder des Wasserholens und Wäschewaschens an öffentlichen Plätzen geben Aktivitäten, die ansonsten im Schutz der Privatsphäre stattfanden, dem Blick der amerikanischen Öffentlichkeit preis. (Abb. 46) Sie zeigen die Beschwerlichkeit des alltäglichen Lebens einer Gesellschaft, der die Annehmlichkeiten des modernen Lebens entzogen wurden. Diese Aufnahmen stehen dafür, dass Deutschland den Status als hoch technisierte Nation verloren hat und die von ihm ausgehende Gefahr gebannt wurde. Während in den Ausgaben von *LIFE* im Frühjahr 1945 bereits wieder Luxusartikel und Konsumgüter für den Haushalt wie Staubsauger oder „electric kitchens" beworben wurden, müssen sich die Deutschen – so legen diese Aufnahmen nahe – das Wasser von der

Straße holen. Auffallend ist, dass vor allem Männer die Wäsche waschen und damit eine vorwiegend weiblich konnotierte Tätigkeit übernehmen. Dies lässt sich als weiteres Zeichen der Erniedrigung, vor allem aber als Symptom der „Entmännlichung" und damit auch Entmilitarisierung lesen.

Die Wohnsituation in den zerbombten Städten

Ein weiteres Thema, mit dem sich Bourke-White intensiv beschäftigte, war die Wohnsituation in Köln, dessen Bausubstanz zu mehr als der Hälfte zerstört war. Von besonderem Interesse war, wo und wie die Einwohner*innen Kölns in der verwüsteten Stadt Unterschlupf fanden und wie sie die schweren Bombenangriffe gegen Kriegsende überlebt hatten. Bereits am 19. März veröffentliche *LIFE* einen doppelseitigen Bericht über Kölns Leben im Untergrund, in dem der Autor Sidney Olsen die zahlreichen Keller und Bunker beschrieb, in denen die Bevölkerung die Luftangriffe seiner Meinung nach wohlbehalten überstanden hatte:

> When the bombs smash up the empty stone boxes above them, the people merely shrug and go to the cigaret store three cellars away, through the long winding caverns, to get tobacco to smoke in their lamp-lit, whitewashed stone basements.[31]

Auch Bourke-White besuchte mehrere Bunker in Köln. Zumindest 26 Aufnahmen widmete sie dem unterirdischen Leben. Im Zentrum ihrer Bilder steht wieder die einzelne Person, die beim Verrichten alltäglicher Tätigkeiten, etwa beim Lesen, Stricken oder Frisieren, gezeigt wird. Die Menschen haben offensichtlich Muße und Freizeit und müssen nicht ums tägliche Überleben kämpfen. Im Gegenteil, sie sind – so legen Bourke-Whites Aufnahmen nahe – im Bunker mit allem Notwendigen versorgt, auch mit Elektrizität und einem Ventilationssystem. Inmitten der verwüsteten Stadt veranschaulichte Bourke-White die Bunker als intakte Inseln, die für sie ein Zeichen des Vorbereitet-Seins der Deutschen auf den Krieg sind:

> The bunker is an important housing unit in Cologne built of almost impregnable concrete [...] housed many Cologne residents during the war; LIFE in them is organized and planned. This is just one of the many evidences of the thoroness with which the Germans prepared for War.[32]

31 Underground Cologne. In: *LIFE*, 19.03.1945, S. 28–29, hier S. 28.

32 Margaret Bourke-White: Life in Bunkers, maschinengeschriebenes Manuskript. MBW Papers, Box 70.

Besonders das Thema Ernährung lag ihr am Herzen. In mehr als einem Drittel der Aufnahmen zeigte sie die Bewohner beim Essen: eine ganze Familie, die um einen runden Tisch zusammensitzt, eine Mutter mit schicker Mütze und Sohn, die im Stockbett sitzend Tee und Brote verspeisen, oder eine ältere Frau mit Brille und Dutt, die sich auf einem kleinen Tischchen ihre Mahlzeit angerichtet hat und gerade ein Butterbrot schmiert. Fast obsessiv beschrieb sie in ihren Notizen das Essensritual dieser älteren Dame und schilderte akribisch die Nahrungsmittelrationen, die sie zugeteilt bekam.

> While these pix were taken her supper was brought to her bunker room. This was a uniform supper thruout [*sic*] all the bunkers which we saw frequently. Consisted of three slices –thin– of dark bread and a pitcher containing 2 cups coffee. She leaned under her bunk, pulled a cup from a box she kept there, opened a tiny folding table, reached for a crock of her own butter. The people are allowed one half pound of butter a month. It is real butter. They can get some margarine too. Butter cost 1 mark 80 pf. She has opened out the little folding table which she sets up neatly. Then she carefully cuts of the crust all the way around each slice of bread. Supper is a light meal – midday diet has potatoes every day – once a week they have meat for lunch. In the morning are given coffee – allowed [unlesbar, Anm. d. Verf.] lib coffee per month. Pay 45 fg.[33]

Sie legte darin nahe, dass es den Deutschen noch so gut geht, dass man es sich offensichtlich leisten konnte, die Kruste des Brotes abzuschneiden und nicht zu essen. Ihre Darstellung der Wohnsituation zielte weniger darauf ab, unter welch schwierigen Bedingungen die Menschen in Köln hausen, sondern führte den Betrachter*innen genau das Gegenteil vor Augen: dass es ihnen ausgesprochen gut ging. Sie konzentrierte sich dabei auf eine weitgehend intakte Form des Wohnens, ganz im Gegensatz zur katastrophalen Zerstörung über der Erde.[34] Vergleichbar den vorangegangenen Aufnahmen, sind auch die Bewohner*innen der Bunker nicht besonders sympathisch gezeichnet. Das grundsätzlich von ihr gezeigte Frauenbild wirkt grobschlächtig, aber wohlgenährt. In Hinblick auf die männlichen Bewohner nahm sie wiederholt Nazi-Attribute, wie einen Oberlippenbart in Hitler-Manier oder einen Jungen, der die Hosen der Waffen-SS

33 Bourke-White: Life in Bunkers, S. 28.

34 Die Lebenssituation über der Erde ist nur in wenigen Ausnahmefällen Thema, beispielsweise in den Fotografien zweier Männer, die in einer Wohnung im Inneren der Schuttberge Kartoffeln finden. Möglicherweise auch in Köln entstanden drei Aufnahmen, die zeigen, wie Bewohner über eine Leiter in die Wohung eines Hauses gelangen, dessen Fassadenwand in sich zusammengebrochen ist.

trug ins Bild. Die Bewohner*innen wurden so als Anhänger des Nationalsozialismus entlarvt, die von dessen Politik profitiert und ihre Bestrafung wohlverdient haben. Das Ins-Bild-Setzen derartiger Attribute nach Ende der Kampfhandlungen verwies zudem auf die Unverbesserlichkeit und Uneinsichtigkeit der Deutschen, die Bourke-White nicht müde wurde in ihrem Buch zu betonen.[35]

Vergleicht man Bourke-Whites Aufnahmen aus Deutschland mit ihren Fotografien zur Lebenssituation der Bewohner*innen Neapels aus dem Jahre 1943 wird deutlich, dass sie in Deutschland ein weitaus positiveres Bild der Lebenssituation zeichnete. In Neapel im Herbst 1943 widmete sie sich dem Schicksal tausender Familien, die ebenfalls vor den Bombenangriffen der Alliierten und später der Deutschen in unterirdische Höhlen und Straßentunnel geflüchtet waren und dort auf Tüchern am blanken Boden oder in zusammengezimmerten Baracken hausten. (Abb. 47) Fotografien von am nackten Boden kauernden Kindern oder auf schmutzigem Stroh und in Decken gehüllten Personen stehen in der Tradition der sozial ambitionierten Armutsreportage. Zu einem ihrer bekanntesten Vertreter zählt Jacob Riis, der in den späten 1880er und 1890er Jahren in den Slums der New Yorker East Side fotografierte. Mit seinen Aufnahmen, die in Lichtbildvorträgen, Büchern und Zeitungsberichten veröffentlicht wurden, versuchte er, auf die menschenunwürdigen Lebensbedingungen der vorwiegend aus Immigranten bestehenden Bewohner*innen aufmerksam zu machen und Reformen anzustoßen. Auch Bourke-White ging es in in Neapel darum, mit ihren Fotografien Kritik an der amerikanischen Militärverwaltung zu üben, die ihrer Meinung nach die sozialen Probleme nicht mit genügend Nachdruck bekämpfte. Überraschend offen kritisiert sie in *They Called It Purple Heart Valley* unter anderem den Lebensmittelschwarzmarkt in Neapel, an dem amerikanische Soldaten in großem Umfang beteiligt waren und von ihm profitierten.[36]

35 Mit dieser Bedeutung veröffentlicht *LIFE* ein anderes Männer-Porträt mit Hitler-Schnurrbart von Margaret Bourke-White. Es illustriert Percy Knauths Artikel *The German People* über die Deutschen genau an der Stelle, an der es um den unverbesserlichen Glauben zahlreicher Deutscher an die positiven Seiten des Nationalsozialismus geht. Während Knauth im Text die Lehrerin Emma Koch, die Bourke-White ebenfalls fotografiert hat, erwähnt, wird der Abschnitt von der Aufnahme Paul Pelzers begleitet, einem Straßenbahnschaffner aus Köln mit Hitlerbart, Nickelbrille und militärisch erscheinender Arbeitskleidung. Die Bildunterschrift konkretisiert: „A Hitler mustache still decorates Paul Pelzer, Cologne troley-car inspector. A typical small Nazi, he had confidence in Germany's victory until bombing stopped his cars." (Knauth: The German People, S. 76.)

36 „Among our American offices we have some honest and intelligent groups, who are doing a constructive job and deserve praise for their vision and understanding in a difficult undertaking. But the proportion of these is not high enough; too much of their good work is swamped in the

Abb. 47: Margaret Bourke-White: Familie vor ihrer behelfsmäßigen Unterkunft, Neapel, Italien, Herbst 1943.

Aufnahmen von Müttern mit ihren Kindern orientierten sich wiederum an Bildern der FSA-Fotograf*innen, allen voran Dorothea Lange. Lange rückte in ihren Fotografien zumeist die Würde und auch Kultiviertheit der Flüchtlingsfrauen in den Vordergrund, etwa indem sie die ordentliche Kleidung und Attraktivität der Frauen sowie intelektuelle Accessoires, wie eine Brille, betonte. (Abb. 48) Margaret Bourke-White hingegen kehrte den Schmutz und das Chaos, in dem die Familien lebten, hervor. Armut ungeschönt und schonungslos zu zeigen war durchaus typisch für sie und kennzeichnete bereits

general confusion. [...] We Americans, moving on as a victourious army, have an opportunity to mold the world – an occasion almost unprecedent in history. Our soldiers buy that opportunity with the dearest possession they have, We have no right to ask them to lay down their lives unless we administer what they have gained with the full intelligence that their sacrifice deserves." (Bourke-White: *Purple Heart Valley*, S. 38–39.)

Abb. 48: Dorothea Lange: Mutter mit zwei Kindern unterwegs auf der Straße, Tulelake, Siskiyou County, Kalifornien, USA, September 1939.

ihre sozialdokumentarischen Aufnahmen der 1930er Jahre. In weitaus größerem Maße als in Deutschland ging Bourke-White in Neapel auf die Missstände der Lebensbedingungen der Bevölkerung ein. Ihre Aufnahmen evozieren Anteilnahme, die sich auch in handfester Kritik an der Besatzungspolitik artikulierte. Die deutsche Bevölkerung wird im Gegensatz dazu als Nicht-Opfer charakterisiert. Allerdings wurden auch die italienischen Zivilisten nicht ausschließlich positiv präsentiert: Ihre Bilder zerlumpter, im Schmutz hausender Italiener*innen knüpften an ein Stereotyp an, das nicht zuletzt auch in Riis Aufnahmen Niederschlag gefunden hatte: die des italienischen Immigranten in den USA. Jacob Riis widmete ihnen in seinem Buch *How the Other Half Lives* ein ganzes Kapitel und charakterisierte sie folgendermaßen:

> [He] promptly reproduces conditions of destitution and disorder which, set in the framework of Mediterranean exuberance, are the delight of the artist, but in a matter-of-fact American community becomes its danger and reproach. The reproduction is made easier in New York because he finds the material reday to hand in the worst of slum tenements; but even when it is not he soon reduces what he does find to his own level, if allowed to follow his natural bent.[37]

Unordnung, Schmutz, Verwahrlosung und unkontrollierte Reproduktion lagen Riis zufolge im Naturell des „Italieners“ – Vorurteile, denen auch Margaret Bourke-Whites Fotografien Vorschub leisteten. Die Überlegenheit, die sie in den Aufnahmen in Neapel formulierte, ist also keine moralische wie in Deutschland, sondern vor allem eine kulturell-zivilisatorische, die die in Höhlen lebenden Neapolitaner*innen visuell in Kontrast setzte zur hoch technisierten amerikanischen Nation. Diese Gegenüberstellung fand nicht nur auf einer imaginären Ebene statt. Bourke-White legte sie den Betrachter*innen in *They Called It Purple Heart Valley* unmissverständlich nahe: Sie lässt in dem „The Wreck of Naples“ übertitelten Bildteil die Aufräumarbeiten der Army Engineers auf Aufnahmen der Bewohner*innen der Höhlen und Tunnel folgen. Auch *LIFE* stellte beide Motive in seinem Photo-Essay über Neapel einander direkt gegenüber.[38]

Flüchtlinge auf den Straßen Deutschlands

Als drittes Hauptmotiv beschäftigte sich Margaret Bourke-White mit den Problemen rund um die Vertriebenen. Sie zählten zu den schwierigsten Herausforderungen der US-Militärregierung nach Kriegsende. Millionen von Zwangsarbeitern, ehemaligen KZ-Häftlingen und Kriegsgefangenen, aber auch aus den Ostgebieten vertriebene oder aus den zerbombten Städten flüchtende Deutsche waren zu einer Zeit auf den Straßen Deutschlands unterwegs als die Verkehrsinfrastruktur völlig zusammengebrochen war. Obwohl Bourke-White sich auch mit der Re-Patriierung vor allem ausländischer Zwangsarbeiter beschäftigte, stehen in diesem Kapitel ihre Aufnahmen deutscher Flüchtlinge im Mittelpunkt, die im April 1945 bei Frankfurt und bis spätestens Mitte Juni bei Oberhausen entstanden sind.

„The highways thru the Ruhr are teeming with itinerant LIFE“, beschreibt Margaret Bourke-White in ihren Aufzeichnungen die Atmosphäre im

37 Jacob Riis: *How the Other Half Lives. Studies Among the Tenements of New York*. New York: C. Scribner's Sons 1890, S. 48–54, hier S. 48. Das Buch ist online einzusehen unter https://archive.org/details/howotherhalfliv00riisgoog (Zugriff am 28.01.2017).

38 Naples. Its citizens live underground in caves while allied engineers clear its harbor, destroyed by the Germans. In: *LIFE*, 24.01.1944, S. 17–23.

unmittelbaren Nachkriegsdeutschland. „Thousands of Germans who were evacuated from their homes are working their way back. Their few possessions are carried in baby carriages, on bicycles, in push carts, on their backs."[39] Aufnahmen von auf den Straßen sich fortbewegenden und lebenden Familien waren zu diesem Zeitpunkt durch die Arbeit der FSA und anderer sozialdokumentarisch arbeitender Fotografen, etwa Dorothea Lange für ihr Buchprojekt *An American Exodus*, bereits fest verankert im visuellen Bewusstsein der amerikanischen Bevölkerung. Auch Margaret Bourke-White hatte für ihr Buch *You Have Seen Their Faces* die heimatlos gewordenen Wanderarbeiter und ihre Familien fotografisch festgehalten. Diese Aufnahmen vermittelten die radikalen sozialen und wirtschaftlichen Ungerechtigkeiten und Umwälzungen innerhalb der USA in den 1930er Jahren, als verarmte und arbeitslose Landarbeiterfamilien auf der Suche nach Arbeit die Straßen des Landes bevölkerten. Sie wurden zum Symbol für eine existenzielle Krise des Landes, die aber in den Aufnahmen mit Würde ertragen wurde und für die die Programme der Regierung Linderung versprachen. In Deutschland 1945 stieß Margaret Bourke-White nun auf ein ähnliches Motiv.

Eine Reihe von Kontaktabzügen zeigt eine kleine Gruppe aus drei auf einem Leiterwagen sitzenden Kindern, einem Mann und einer Frau, die Bourke-White in oder in der Nähe von Frankfurt angetroffen hat. (Abb. 49) Die Gruppe zieht vor einem landschaftlichen Hintergrund vorüber. Die Aufnahmen sind fast ausnahmslos entlang einer stark diagonal ausgerichteten Bildachse orientiert, wodurch ein starker Zug nach vorne, aus dem Bildraum heraus, entsteht; dieser suggeriert ein rasches Vorwärtskommen. Bourke-White arbeitete mit ihrer bevorzugten Froschperspektive, für einige Aufnahmen dürfte die Kamera sogar auf dem Boden platziert gewesen sein. Die Figuren erscheinen so auf ihrem Weg nach vorne monumentalisiert. Der relativ nahe Bildausschnitt hält die Gruppe kompakt zusammen und wirkt dem Eindruck des Verlorenseins in der Weite des Himmels und des Landschaftsraumes entgegen. Die meisten Aufnahmen zeigen die Gruppe als Rückenfiguren, die auf der Straße dynamisch und energiegeladen aus dem Bildfeld schreiten. Nur in einer Aufnahme wird die Gruppe im Stehen gezeigt. Während die Frau sich dem Blick der Fotografin verweigert und nach vorne blickt, wendet sich der Mann mit einem fröhlichen Lächeln der Kamera zu. Die positive Grundstimmung, die Bourke-White vom Leben dieser Familie auf der Straße vermittelt, wird in der Gegenüberstellung mit Aufnahmen einer fast identischen Konstellation aus den 1930er Jahren, die die

39 Margaret Bourke-White: Life of the Roads, maschinengeschriebenes Manuskript. MBW Papers, Box 70.

Abb. 49
Margaret Bourke-White: Familie unterwegs in der Nähe von Frankfurt am Main, Deutschland, Frühjahr 1945.

Familie eines Wanderarbeiters aus Florida zeigt, die auf der Arbeitssuche bis nach Georgia gekommen war, noch deutlicher. (Abb. 50) Im Gegensatz zu der Gruppe in Deutschland nimmt Bourke-White die amerikanische Familie mit ihrem Planwagen von vorne auf; sie wirkt dadurch in ihrer Vorwärtsbewegung von der Kamera gestoppt. Die Familie bewegt sich nicht mehr, sondern hat angehalten. Auch hier bestimmt eine nach vorne aus dem Bildfeld kippende Diagonale die Komposition. Während dieses Bildelement der Aufnahme aus Deutschland Dynamik und Bewegung verleiht, wirkt sie hier destabilisierend, als würde die Gruppe im wörtlichen und übertragenen Sinne abrutschen. Die Familie erscheint müde und energielos, in ihrer aussichtslosen Lebenssituation gefangen und trotzdem ständig unterwegs: „It's a shame they have to walk so far, but they've got to go somewhere – they can't stay here", beschreibt die Bildunterschrift im Buch *You Have Seen Their Faces* die Situation der Familie.[40] Demgegenüber wird die deutsche Familie in Bewegung, mit breiten Ausfallschritten nach vorne gezeigt, wie wenn sie ein festes Ziel vor Augen hätte. Die Atmosphäre erscheint weit weniger ausweglos und hoffnungslos; der Krieg und die Zerstörung des Krieges, die die Flucht verursacht haben, werden sowohl

40 Bourke-White / Caldwell: *You Have Seen Their Faces*, unpaginierter Bildteil [S. XII].

Abb. 50: Margaret Bourke-White: *Ringold, Georgia*, für das Projekt *You Have Seen Their Faces*, März 1936.

motivisch als auch emotional ausgeblendet. Grundsätzlich könnte es sich auch um den Ausflug einer Familie ins Grüne handeln. Die Reise auf der Straße erscheint wie ein fröhlicher und hoffnungsfroher Aufbruch in eine positive Zukunft und nicht wie ein harter Kampf ums Überleben. Diesen Eindruck unterstreichen Bourke-Whites Notizen, in denen sie festhält, dass die Frau eine Deutsche und der Mann ihr belgischer Freund seien, mit dem sie sich mit ihren drei Kindern einen Neuanfang in Belgien erhoffte.[41]

Margaret Bourke-White und viele andere sozialdokumentarische Fotografen der 1930er Jahren konzentrierten sich jedoch weniger auf das Unterwegs-Sein als auf das Gestrandet-Sein. Zeltlager, mitgeführte Vehikel an den Straßenrändern und die prekären Lebensbedingungen zählten zu den häufigsten Motiven, wenn Wanderarbeiter gezeigt wurden.[42] Interessanterweise findet sich auch hier eine Parallele zu Margaret Bourke-Whites Aufnahmen in Deutschland. Fünf

41 Margaret Bourke-White: Fritz Bourke-White 26, maschinengeschriebenes Manuskript. MBW Papers, Box 70.

42 Unter dem Schlagwort „migrant workers" finden sich im digitalen Bildarchiv der FSA in der Library of Congress mehrere hunderte Aufnahmen, die die Lebensbedingungen der Wanderarbeiter darstellen. http://www.loc.gov/pictures/collection/fsa/item/fsa2000013361/PP/ (Zugriff am 28.01.2017).

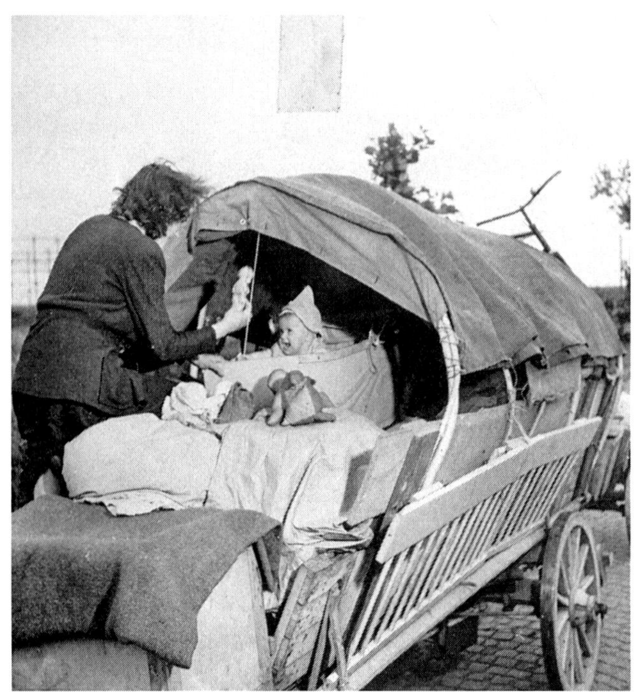

Abb. 51 Margaret Bourke-White: Mutter beim Spielen mit ihrem Baby, bei Oberhausen, Deutschland, Frühjahr 1945.

Kontaktabzüge widmete sie den Familien Esser und Gerhard, denen sie auf einer Straße in der Nähe von Oberhausen begegnet war. Die Familien, so schreibt sie in ihren Notizen, waren kurz vor dem Fall Aachens von der SS aus der Stadt vertrieben worden, obwohl eine der Frauen erst kurz zuvor ein Baby entbunden hatte. Die Familien kamen nun aus Hannover und befanden sich auf dem Weg zurück nach Essen.[43] Margaret Bourke-White traf sie während einer Mittagspause an. Das dabei entstandene Foto zeigt die Familien, wie sie gemeinsam um einen Tisch mit weißem Tischtuch am Straßenrand im Gras auf Stühlen sitzen, im Hintergrund ein leerer Gasbehälter und die Schornsteine von Oberhausen. Vor der Gruppe steht auf der Straße ihr großer Planwagen mit allem Hab und Gut. Die gesamte Szene wirkt fast idyllisch, die Familien sind offensichtlich gut ausgestattet und fähig, grundlegende bürgerliche Verhaltensweisen aufrechtzuerhalten, wie etwa das Essen an einem sauber gedeckten Tisch. In ihren Notizen unterstreicht Bourke-White diesen Eindruck: „They had made

43 Bourke-White: Life of the Roads, maschinengeschriebenes Manuskript. MBW Papers, Box 70.

Abb. 52: Dorothea Lange: Familie eines Wanderarbeiters, Nipomo, Kalifornien, USA, März / Februar 1936.

a science of LIFE on the roads, and were gay about it."[44] Nach der Mahlzeit fotografierte sie, wie die Familien ihre Habseligkeiten zusammenpackten. Ihr Fokus lag auf der jungen Mutter, die ihrem Säugling die Windeln wechselt und ihn mit einer Puppe bespaßt. (Abb. 51) Bourke-White wählte hier ein Motiv, das auch in der Ikonografie der FSA häufig anzutreffen ist. Vor allem Dorothea Lange widmete sich intensiv dem Thema Mutter und Kind. Zu ihren bekanntesten Aufnahmen zählt eine Mutter mit insgesamt sieben Kindern in Nipomo, Kalifornien, von denen eine Version unter dem Titel *Migrant Mother* bekannt wurde. (Abb. 52) Passivität und Hoffnungslosigkeit prägen diese Bilder, während in Bourke-Whites Aufnahmen alltägliche Tätigkeiten ausgeführt werden, die ein gewisses Maß an Normalität suggerieren.

Ausgehend von Judith Butlers These, dass innerhalb von Kriegszusammenhängen Rahmungen etabliert werden, die Leben als menschlich und damit als lebenswert und betrauerbar ausweisen, ließe sich im Falle von Bourke-White argumentieren, dass sie unter Berufung auf sozialdokumentarische Strategien

44 Ebd.

mit einer visuell-ideologischen Rahmung arbeitete, die das Leben der Dargestellten als potenziell verletzlich und damit als schützenswert vorführte.[45] Jedoch lassen sich Brüche mit der sozialdokumentarischen Ikonografie erkennen. Diese wurde von Bourke-White nicht dazu eingesetzt, um Ähnlichkeiten anzudeuten und Mitgefühl für die deutsche Bevölkerung zu stimulieren, sondern ganz im Gegenteil als Kontrastbild, vor dem sie die Andersartigkeit der Deutschen erst schärfer konturieren konnte. Das scheinbare Wohlergehen angesichts des Hungers und der Zerstörung in ehemals besetzten Gebieten, die negative Konnotation des Plünderns und die ideologische Unverbesserlichkeit markieren die moralische Differenz, die die Deutschen von den Protagonist*innen der Aufnahmen aus den 1930er Jahren unterscheidet. Bourke-White nutzte für die schwer zu visualisierenden Unterschiede zwischen der amerikanischen und der deutschen Bevölkerung eine Strategie, die zunächst eine Ähnlichkeit nahelegte, jedoch nur um diese sogleich zu widerlegen. Wie Butler beschreibt, kommt es durch das Verlassen des ursprünglichen Kontextes zu einer Bedeutungsverschiebung des Rahmens. Durch das Übertragen einer in der amerikanischen Kultur fest verankerten „Opfer-Ikonografie" konnte die deutsche Bevölkerung gerade als „Nicht-Opfer" dieses Krieges charakterisiert werden.

„Faceless Fritz" ein Gesicht geben:
die Problematik, Nationalsozialist*innen zu identifizieren

Mit Kriegsende entwickelte sich die Identifizierung und „Reinigung" der deutschen Gesellschaft von Personen nationalsozialistischer Gesinnung zu einem vorrangigen Anliegen der alliierten Militärregierung. Die Entnazifizierung sollte die Sicherheit ihrer eigenen Angestellten gewährleisten und einen Pool an deutschen Mitarbeitern herausbilden, die für Verwaltungsaufgaben herangezogen werden konnten. Eine grundlegende Ausmerzung der nationalsozialistischen Ideologie galt zudem als Voraussetzung für die Rückkehr Deutschlands zu einer demokratischen Gesellschaft. Auch Margaret Bourke-White beschäftigte sich intensiv mit der Problematik der Identifikation von Nationalsozialisten und der Frage, woran diese überhaupt zu erkennen seien. Dazu suchte sie Vertreter*innen gesicherter Positionen an beiden Enden der Ideologieskala auf und erhoffte sich Aufschlüsse über allgemeingültige Merkmale, die Sympathisant*innen der Nazis von Nazi-Gegner*innen zu unterscheiden helfen konnten. Sie begleitete einerseits Aktivitäten der Polizei der amerikanischen Militärregierung und des Counter Intelligence Corps, und fotografierte Verhaftungen, Verhöre und

45 Butler: *Raster des Krieges*, S. 74–77.

Gerichtsverhandlungen. Andererseits traf sie sich mit Personen und Personengruppen, die als Gegner*innen des Regimes angesehen wurden. Das Medium der Fotografie als Instrument, Verborgenes sichtbar zu machen und die Porträtfotografie als „Spiegel der Seele" im Besonderen, sollten ihr offensichtlich helfen, das „wahre Gesicht" der Dargestellten zu entlarven. Das der Fotografie zugeschriebene Vermögen Phänomene, die dem menschlichen Auge verborgen blieben sichtbar zu machen, verband sich dabei auf zweifache Weise mit dem Porträt. Einerseits mit der bürgerlichen Vorstellung, dass sich im Porträt die „subjektive" Wahrheit" eines Menschen, seine Psyche und sein Charakter offenbaren würden. Andererseits mit dem aus Anthropologie und Kriminalistik kommenden Versuch ethnische, kulturelle oder klassenspezifische Eigenschaften und damit auch verbundene psychische Attribute am Äußeren eines Menschen festzumachen und für bestimmte Gruppen typische Elemente zu identifizieren.[46] Seit den späten 1920er Jahren entstanden zunehmend auch künstlerisch ambitionierte Projekte, die diesen Zusammenhang aufgriffen: „Die meisten Fotografen der 1920er Jahre versuchten also, mit Hilfe der Kamera das bisher zwar objektiv Vorhandene, aber nicht Gesehene, ins Bild zu bringen. Voraussetzung dafür war der Glaube an die Objektivität der Kamera", so Monika Faber.[47] Faber nennt in diesem Zusammenhang vor allem den deutschen Fotografen August Sander. Ein anderes wichtiges Beispiel sind unter dem NS-Regime entstandene und geförderte Porträtprojekte, etwa von Erna Landvai-Diercksen, die auf der einen Seite ein homogenes und idealisertes Bild der deutschen Volksgemeinschaft entwarfen und auf der anderen Seite ein stereotypes und pejoratives Bild der Anderen.[48] Als dritter Eckpunkt des Spannungsfeldes, in dem sich Bourke-Whites Porträtfotografien aus Deutschland bewegen, ist die stark auf formale und

46 Zum Verhältnis von Fotografie und dem ihr zugeschriebenen Potential des „Sichtbarmachens", wie es sich insbesondere in Medizin, Psychologie und Naturwissenschaften des 19. Jahrhunderts entwickelte siehe Peter Geimer (Hrsg.): *Ordnungen der Sichtbarkeit. Fotografie in Wissenschaft, Kunst und Technologie.* Frankfurt am Main: Suhrkamp 2002, darin besonders die Beiträge von Joel Snyder und Tal Golan. Siehe außerdem den Sammelband Anja Zimmermann (Hrsg.): *Sichtbarkeit und Medium. Austausch, Verknüpfung und Differenz naturwissenschaftlicher und ästhetischer Bildstrategien.* Hamburg: Hamburg UP 2005. Eine ausgezeichnete Einführung in die Geschichte der Porträtfotografie liefert nach wie vor Klaus Honnef (Hrsg.): *Lichtbildnisse. Das Porträt in der Fotografie.* Ausstellungskatalog Rheinisches Landesmuseum Bonn. Köln: Rheinland 1982.

47 Monika Faber: Die Vision des Photographen. In: Honnef (Hrsg.): *Lichtbildnisse*, S. 168–177, hier S. 176.

48 Siehe dazu allgemein Falk Blask / Thomas Friedrich (Hrsg.): *Menschenbild und Volksgesicht. Positionen zur Porträtfotografie im Nationalsozialismus.* Berlin / Münster / Hamburg: Lit 2005.

medienspezifische Gesichtspunkte ausgerichtete Porträtfotografie des Neuen Sehens und der Neuen Sachlichkeit zu nennen. Ungewöhnliche Ausschnitte und Standpunkte und durch spezielle Lichtführung hervorgerufene visuelle Effekte lassen die Physiognomie der porträtierten Personen, die Oberflächenbeschaffenheit und Textur der Haut und der Haare zu abstrakten Volumina und Gestaltungselementen werden. Einen für Bourke-White möglicherweise nicht unbedeutenden Sonderfall in diesem Zusammenhang bildet Helmar Lerski, der in seinen Projekten *Köpfe des Alltags* (1931) und *Verwandlungen durch Licht* (1936) zwar auch mit dem Gesicht als plastisches Material arbeitete, dadurch aber gerade die Wandelbarkeit des Gesichtes eines Individuums demonstrierte und auf diese Weise die rassenideologische Typenfotografie des NS-Regimes unterlief.[49] Eine Auswahl ihrer Fotografien deutscher Bürger stellte Bourke-White in *Dear Fatherland, Rest Quietly* schließlich zu einer Art Typologie von Nationalsozialisten und Nazi-Gegnern zusammen. Mehr als ein Jahr nach ihrer Rückkehr aus Deutschland, im Herbst 1945, wird daran deutlich, dass sich ihre Hoffnung, die deutsche Bevölkerung aufgrund fotografischer Porträts und darin festgehaltener äußerer Merkmale ideologisch einzuordnen, nicht einlösen ließ.

„An unsavory collection of characters"[50] – Porträts von Nationalsozialist*innen

Eine größere Zahl von Fotografien Bourke-Whites, die unter anderem in Köln, Frankfurt und Essen aufgenommen wurden, zeigt Verdächtige beim Verhör oder der Verhandlung. Ihr besonderes Interesse galt dem Verhalten und dem Aussehen der Beschuldigten, in denen ihrer Meinung nach unterschiedliche typische Verhaltensweisen von Anhängern des Nationalsozialismus zum Ausdruck kamen. Allein siebzehn Aufnahmen widmete sie der Gerichtsverhandlung von Josef Mingels, einem Bannführer der Hitlerjugend in Köln, dem ersten Prozess der amerikanischen Militärregierung in Köln. Bourke-White fotografierte Mingels aus starker Untersicht, den Kopf stets schräg geneigt, die Lippen fest aufeinandergepresst und den Blick zumeist über die Betrachter*innen hinweg werfend. (Abb. 57, rechts) In ihren Notizen beschreibt sie Mingels als „cocky", eingebildet – ein Eindruck, den sie mit ihren Fotos untermauert. Kopfhaltung

49 Allgemein zu Lerski siehe Ute Eskildsen / Jan Christopher Horak (Hrsg): *Helmar Lerski, Lichtbildner. Fotografien und Filme 1910–1947.* Ausstellungskatalog. Essen: Museum Folkwang 1982; Ute Eskildsen / Florian Ebner (Hrsg): *Metamorphosen des Gesichts: die „Verwandlungen durch Licht" von Helmar Lerski.* Ausstellungskatalog Museum Folkwang Essen. Göttingen: Steidl 2002.

50 Bourke-White: *Dear Fatherland,* S. 64.

und Blick vermitteln Arroganz und Überheblichkeit, keineswegs den Anschein von Einsicht oder Bedauern, auch wenn Beweise seiner Schuld – Überreste verbrannter Nazi-Unterlagen – vor dem Richter auf dem Tisch liegen. Für sie ist er „a typical young Nazi".[51] Eine ähnliche Uneinsichtigkeit und negative Charakterisierung formulierte sie in Aufnahmen, die die Verhaftung des Schwarzmarkthändlers und ehemaligen Aufsehers eines Zwangsarbeiterlagers in Essen Heinrich Schleck zeigen. Im Zentrum steht die Gegenüberstellung mit einem Opfer des Angeklagten, der eine Wunde vorführt, die der Beschuldigte ihm am Bein zugefügt haben soll. Sowohl der amerikanische Beamte als auch das Opfer konfrontieren Schleck lautstark und gestenreich mit seinen Taten. Indem Bourke-White genau diese Szene für ihre Fotografie auswählte, betonte sie den Aspekt der Gegenüberstellung der beiden Parteien. In einer Nahaufnahme konzentrierte sie sich verstärkt auf die Physiognomie des Beschuldigten, dessen kahler Kopf und grobe Gesichtszüge den Vorstellungen eines brutalen deutschen „Hun" entsprechen, wie sie vor allem im Ersten Weltkrieg, aber vereinzelt auch in Karikaturen und Illustrationen des Zweiten Weltkrieges verbreitet wurden.[52] Die vorgelegten Beweise bewegen Schleck jedoch genauso wenig zur Einsicht wie Josef Mingels, sondern veranlassen ihn, so legt die aggressive Körpersprache nahe, umso vehementer zur Verteidigung. Bourke-Whites Aufnahmen sind Bilder einer unmissverständlichen Anklage und zugleich Bilder des Leugnens und des Unverständnisses – eine Haltung, die nicht nur Bourke-White, sondern auch andere amerikanische Journalisten als typisch deutsch erachteten und heftig kritisierten.[53] In beiden Fällen, wie auch in weiteren,[54] hält sie das Verhör

51 MBW Papers, Contact Print Box No. 13.

52 Zum Beispiel die Illustrationen von Arthur Szyk, die unter anderem im *Liberty Magazine* veröffentlicht wurden. Siehe dazu Hans J. Czech / Nikola Doll: *Kunst und Propaganda im Streit der Nationen 1930–1945*. Ausstellungskatalog Deutsches Historisches Museum Berlin. Dresden: Sandstein 2007, S. 437–438. Ein weiteres bekanntes Beispiel aus dem Ersten Weltkrieg ist das Poster von Frederik Strothman *Beat Back the Hun with Liberty Bonds* von 1918. Online anzusehen in der Library of Congress unter http://www.loc.gov/pictures/resource/cph.3g02950/ (Zugriff am 28.01.2017). Allgemein zum im englischen Sprachgebrauch verbreitetem Begriff des „deutschen Hunnen" im Ersten Weltkrieg siehe David Welch: Images of the Hun. The Portrayal of the German Enemy in British Propaganda in World War I. In: Ders (Hrsg.): *Propaganda, Power and Persuasion. From World War I To Wikileaks*. Ausstellungskatalog British Library. London / New York: Tauris 2013, S. 37–63.

53 Siehe dazu Eckert: *Feindbilder im Wandel*, S. 105–108.

54 Margaret Bourke-White fotografierte des Weiteren das Verhör des Kellners Schmidt in Frankfurt-Hoechst, der laut ihren Angaben Mitglieder der Kommunistischen Partei denunziert und damit ins Konzentrationslager gebracht haben soll, sowie das von Peter Nohles, laut ihren Angaben Gestapo-Chef in Essen und verantwortlich für den Mord an mehreren Zwangsarbeitern.

Abb. 53: Margaret Bourke-White: Verhaftung eines Nationalsozialisten (Herbert Plevoets), Essen, Deutschland, Mai / Juni 1945.

durch Mitglieder der Militärregierung, das Vorlegen von Beweisen und – im Fall von Mingels – auch die ordentliche Gerichtsverhandlung fest. Ihre Aufnahmen vermitteln dadurch den Eindruck von Rechtsstaatlichkeit im Umgang mit den deutschen Tätern, nicht den von blinder Rache oder Vergeltung. Sie betonen, dass in der chaotischen Zeit des Kriegsendes Ordnung und Kontrolle von den Alliierten aufrechterhalten werden, auch wenn die tatsächliche Situation diesem Wunschbild oft nicht entsprach.[55] Nur ein fotografiertes Ereignis zeigt Formen der Rache und Vergeltung, allerdings nicht ausgeübt von Amerikanern und ihren Verbündeten, sondern von Opfern des Angeklagten, dem Sturmbannführer Herbert Plevoets, der in Essen von Mitgliedern der oppositionellen Jugendgruppe Edelweißpiraten der Militärpolizei ausgeliefert worden war. Bourke-Whites Aufnahmen zeigen den Inhaftierten inmitten einer großen

55 Siehe dazu Volker Koop: *Besetzt. Amerikanische Besatzungspolitik in Deutschland*. Berlin: be.bra 2006, S. 58–65.

Gruppe von jungen Männern und Jugendlichen, die ihn bedrängen und entwürdigende Spiele mit ihm treiben, seinen Kopf rasieren, ihn an der Krawatte ziehen oder zwingen, für die Kamera den Hitlergruß auszuführen. (Abb. 53) Die Vertreter der Militärregierung nehmen nicht aktiv teil, stehen aber daneben und beobachten die Vorgänge. Offensichtlich war es legitim, Misshandlungen durch ausgewiesene Opfer – auf einer halben Seite beschreibt Bourke-White in ihren Aufzeichnungen die Verfolgung der Edelweißpiraten durch Plevoets und die Gestapo und deren Misshandlung bis hin zu Erschießungen einzelner Mitglieder – zu fotografieren. Vergleichbar sind Lee Millers Aufnahmen im Konzentrationslager Buchenwald, die ebenfalls gefangen genommene und verprügelte SS-Männer oder Lagerspione zeigen.[56] Während Miller in ihren Aufnahmen selbst in die Rolle einer potentiellen Gewalttäterin schlüpfte, die ihren verletzten Opfern gegenüberstand, zeigt Bourke-White die Erniedrigung durch andere, moralisch legitimierte Personen. Das Geschehen scheint allerdings regelrecht auf die Kamera ausgerichtet zu sein: Der Verhaftete befindet sich immer auf der zentralen Mittelachse und die weiteren Anwesenden sind sorgsam darauf bedacht, den Blick auf ihn nicht zu verstellen. Diese Aufnahmen und zwei Nahaufnahmen des Gesichtes, die Spuren der Misshandlung – wie eine aufgeplatzte Lippe – präsentieren, zeigen einen geschlagenen, erniedrigten Deutschen, der nicht mehr Herr seines Schicksals ist und keine Macht mehr über andere ausüben kann. Allen Aufnahmen ist gemeinsam, dass sie bereits identifizierte nationalsozialistische Täter, die Konfrontation mit ihren Opfern und Taten sowie deren Entmachtung zeigen.[57] Plevoets wird durch seine Opfer entwürdigt, Schleck und Mingels wird der Prozess gemacht. Den Angestellten der amerikanischen Militärregierung kommt dabei die Rolle der gerechten Richter zu, die nicht Vergeltung üben, sondern nach anerkannten Prinzipien der Rechtsstaatlichkeit handeln und so erneut moralisch-zivilisatorische Überlegenheit demonstrieren.

Während Margaret Bourke-White in dieser Gruppe von Aufnahmen den Prozess einer vorgeblich erfolgreichen Entnazifizierung ins Bild rückte, konzentrierte sie sich in einer weiteren Reihe von Aufnahmen, die deutsche Häftlinge im Gefängnis Frankfurt-Höchst zeigen, noch stärker auf die Charakterisierung von Physiognomie und Verhalten ausgewiesener Nationalsozialisten. Dabei bediente sie sich einer typologisierenden Darstellungsweise, die die Inhaftierten in vergleichbarer Pose als frontales ganzfiguriges Porträt in ihrer Zelle und in Nahaufnahme als

56 Abbildungen in Menzel-Ahr: *Lee Miller*, S. 186–193.

57 Bourke-White fotografierte aber auch Täterinnen, z. B. im Gefängnis Frankfurt-Höchst die BDM-Führerin Elsa Wartz. Vgl. Bourke-White: *Dear Fatherland*, S. 64.

Gesichtsporträt festhielt und existierende stereotypische Vorstellungen „schlechter“ Deutscher ins Bild setzte. Dies gilt zum Beispiel für Bourke-Whites Aufnahmen von Emil Rothengatter, einem bulligen Mann mit feistem Gesicht und Oberlippenbart. Mit schweren Stiefeln und Mantel steht er wie ein Fels in seiner Zelle und schaut die Betrachter*innen mit festem, aber emotionslosen Blick leicht von oben herab an. Auf dem Gesichtsporträt wirkt er ebenso bedrohlich, brutal und ungerührt angesichts seiner Haft und seiner Taten. Laut Bildunterschrift in Bourke-Whites Buch soll er Arbeitskollegen in ein Konzentrationslager gebracht haben.[58] Auch in Worten beschrieb die Fotografin ihn als „so brutish in appearance that he seemed a symbolic Nazi ogre come to LIFE.“[59] In ihren Notizen führte sie ihre Beobachtungen weiter aus und scheint vor allem vom Eindruck der Kaltherzigkeit so gefesselt, dass sie diese mehrfach betont:

> Emil Rothengatter, 55 yrs old, an official in local Nazi party. Emil was the picture of Nazi brutishness. He looked like an evil giant out of Grimms Fairy Tales. I hope the pictures will give this feeling. He stood, feet apart, in high boots, the light from the barred window of his cell, streaming down over his heavy shoulders, one fist on the table; he was the picture of brutishness.[60]

Ähnlich wie Heinrich Schleck in Essen versinnbildlichte er das drastische Feindbild eines emotionslosen und gewissenlosen Gewalttäters. Eine andere Form der negativen Charakterisierung lässt sich in der Aufnahme des SS-Mitglieds Jacob Hammacher in seiner Zelle aufzeigen. (Abb. 54) Auch seine Figur ist auf der zentralen Mittelachse angeordnet und aus leichter Untersicht fotografiert. Er ist das genaue Gegenteil Rothengatters: dünn, schmächtig, die Hände nervös verkrampft, schmales Gesicht mit leicht schielenden Augen. In ihren Aufzeichnungen beschreibt sie Hammacher als „vicious“, bösartig.[61] Im Gesamten erweckt seine Gestalt den Eindruck eines Psychopathen, ein durchaus geläufiges Erklärungsmodell für die scheinbare Janusköpfigkeit der deutschen Gesellschaft.

58 Die Anschuldigung, andere Personen durch Denunziation ins Konzentrationslager gebracht zu haben oder als Aufseher in Lagern gearbeitet zu haben, ist der häufigste Haftgrund, den Bourke-White angibt. Auch Schleck soll laut Angaben Bourke-Whites Arbeitskollegen durch Denunziation dorthin gebracht haben. Die Konzentrationslager wurden als ultimatives Verbrechen der Deutschen angesehen. Mit ihnen in Zusammenhang zu stehen, bedeutete offensichtlich, dass man ein Anhänger der Nationalsozialisten war und einer allgemein menschlichen Bösartigkeit anheim gefallen war.

59 Bourke-White: *Dear Fatherland*, S. 64.

60 Unbetiteltes, maschinengeschriebenes Manuskript. MBW Papers, Box 70.

61 Unbetiteltes, Manuskript. MBW Papers, Box 70.

Abb. 54: Margaret Bourke-White: Häftling im Gefängnis Frankfurt-Höchst (Jacob Hammacher), Deutschland, April 1945.

Auch Präsident Roosevelt, Vize-Präsident Henry A. Wallace und Staatssekretär Cordell Hull griffen mehrfach auf den Begriff der „diseased mentality" zurück, um dieses Phänomen zu beschreiben.[62] Bourke-Whites Kollegin Lee Miller konstatiert in einem Beitrag für die *Vogue*: „Germany is a beautiful landscape dotted with jewel-like villages, blotched with ruined cities, and inhabited by schizophrenics."[63] Einer damit im Zusammenhang stehenden Vorstellung folgen die Aufnahme Robert Martins, Anführer der Hitlerjugend in Höchst. Sein Äußeres umschreibt Bourke-White als „with a high intellectual forehead, fine eyes, and sensitively shaped features".[64] Ähnlich wie in den pittoresken deutschen Landschaften und Städtchen, die Miller beschreibt, und hinter denen

62 Allgemein zur Metapher der „German disease" siehe Hoenicke-Moore: *Know Your Enemy*, S. 217–233.

63 Zit. n. Penrose: *Lee Miller's War*, S. 161.

64 Unbetiteltes, Manuskript. MBW Papers, Box 70.

Abb. 55
Margaret Bourke-White: Deutsches Ehepaar, Frühjahr 1945. Einzelseite aus *Dear Fatherland, Rest Quietly*, 1946.

sich der Albtraum der Konzentrationslager verbarg, entsprechen die Porträts von Robert Martin ganz der Angst, dass sich hinter der Fassade eines freundlichen und kultivierten Menschen ein gewissenloser Nationalsozialist verbarg: „Sometimes they have the faces of poets and the souls of murderers" lässt Bourke-White ihren Begleiter Seargent Asch diese Diskrepanz in Martins Aussehen kommentieren.[65]

In *Dear Fatherland, Rest Quietly* bezeichnet Bourke-White die Häftlinge als „interesting and unsavory collection of characters".[66] Dies legt den Vergleich mit klassifikatorischen fotografischen Praktiken nahe, etwa aus dem Bereich der Polizeiarbeit oder anthropologischen Anwendungsgebieten, die damit arbeiteten, die physiognomischen Besonderheiten ihres Gegenübers zu erfassen, zu

65 Bourke-White: *Dear Fatherland*, S. 64.
66 Ebd.

bewerten und ihnen aufgrund dessen eine Identität zuzuweisen; Ziele die auch Margaret Bourke-White in ihrer Suche nach dem „Wesen der Deutschen" verfolgte. Allein die formale Nähe zu polizeilichen Aufnahmen führte dazu, die Dargestellten mit Verbrechern zu assoziieren. Mit dem frontalen, auf der zentralen Bildachse angeordneten ganzfigurigen Porträt wählte Bourke-White allerdings auch eine formale Variante, die Bezüge zu einem deutschen Fotoprojekt aufwies, das sich ebenfalls mit der Identität der deutschen Nation auseinandersetzte: August Sanders *Menschen des 20. Jahrhunderts.* Sander versuchte darin, die gesamte deutsche Gesellschaft anhand ihrer typischen Vertreter festzuhalten und zu systematisieren. Nicht nur Aufnahmen aus dem Gefängnis in Höchst, auch das Doppelporträt eines Metzgerehepaares in Köln entsprechen Sanders Kompositionsprinzip. (Abb. 55) Ob Bourke-White August Sanders Arbeit kannte, ist nicht nachweisbar. Drei Reisen nach Deutschland zwischen 1930 und 1932 hätten durchaus die Möglichkeit geboten, mit zeitgenössischen deutschen Fotografen in Kontakt zu kommen oder deren Werk kennenzulernen. Zudem war August Sander auch in den USA kein Unbekannter. So schrieb Walker Evans 1932 eine begeisterte Rezension über Sanders Buch *Antlitz der Zeit* im anerkannten New Yorker Kulturmagazin *Hound and Horn.*[67] Auffallend bleibt in jedem Fall, dass Bourke-White mit einer Darstellungsweise arbeitete, die möglicherweise besonders eng mit einer Typologie deutscher Identität verbunden war und als ‚typisch deutsch' verstanden wurde; diese Typologie wendete sie allerdings in eine stark stereotypisierende Negativcharakterisierung.

Die Gegner*innen des nationalsozialistischen Regimes

Am anderen Ende der ideologischen Skala fotografierte Margaret Bourke-White Personen, die als Gegner des nationalsozialistischen Regimes angesehen wurden und die sie in Kreisen der Kirche und der politischen Opposition zu finden glaubte. Auf den ersten Blick widerspricht der Versuch, ‚gute' Deutsche zu identifizieren, der immer wieder geäußerten pauschalen Aburteilung der Deutschen im Sinne einer Kollektivschuld. Allerdings war es im Rahmen der Besatzungspolitik offensichtlich wichtig zu zeigen, dass es Deutsche gab, die dem Nationalsozialismus kritisch gegenübergestanden hatten, die Schuld Deutschlands nicht leugneten und nun den Amerikanern beim Aufbau einer neuen Infrastruktur helfen und als moralische Orientierungspunkte für die restliche deutsche Gesellschaft

67 Vgl. Gabriele Conrath Scholl: August Sander. To See Things as They Are. In: Okwui Enwezor (Hrsg.): *Events of the Self. Portraiture and Social Identity.* Ausstellungskatalog The Walther Collection Neu-Ulm. Göttingen: Steidl 2010, S. 75–79, hier S. 75.

dienen konnten. Dieses Verständnis entsprach der allgemeinen Linie von *LIFE*, das bereits früh eine relativ pragmatische Position gegenüber Deutschland eingenommen hatte.[68] Ein Beispiel dafür ist Percy Knauths Artikel *The German People*, an dem er gemeinsam mit Bourke-White als Fotografin gearbeitet hatte, und der in *LIFE* im Mai 1945 erschien.[69]

Gemeinsam mit Knauth besuchte Margaret Bourke-White Besprechungen der neu eingesetzten Stadträte in Frankfurt und Frankfurt-Höchst, die die amerikanische Militärregierung bei der Verwaltung unterstützten und sich zum Großteil aus politischen Gegnern der Nationalsozialisten zusammensetzten. In Kronberg, ebenfalls in der Nähe von Frankfurt, wohnten beide der Versammlung eines antifaschistischen Abwehrrates bei, der über den Umgang mit den Nationalsozialisten der Gemeinde diskutierte. Die Aufnahmen der Sitzungen und Versammlungen zeigen in Anzug gekleidete Männer, die um einen Tisch versammelt sind oder stehen und diskutieren, und sind weitgehend unspektakulär. In Kronberg kommt das folkloristische Moment des Dorfgasthauses hinzu, auf das sich Bourke-White in einigen Aufnahmen, etwa Männer in Lederhosen und Trachtenjankern, konzentrierte. Einzelnen Vertretern des Stadtrates widmete sie auch Einzelporträts, so dem neu eingesetzten Bürgermeister Frankfurts, Wilhelm Hollbach. Die großen Hoffnungen, die ihr Kollege Percy Knauth in seinem *LIFE*-Artikel in diese Männer für die Zukunft Deutschlands setzte, lassen sich in Bourke-Whites Aufnahmen allerdings nicht erkennen. Wohl aus diesem Grund fand auch keine der Aufnahmen für Knauths Beitrag Verwendung. Besonders deutlich zeigt sich Bourke-Whites kritischere Haltung in einer Aufnahme, die den Militärgouverneur Grover Criswell mit Hans Bütow, Stadtratsmitglied und bis zu ihrem Verbot durch die Nazis 1943 Chefredakteur der *Frankfurter Zeitung*, an einem Tisch stehend ins Bild setzt. Criswell, links im Vordergrund, nimmt fast die halbe Bildfläche ein; Bütow, rechts neben ihm, wirkt im Vergleich wie ein kleines, schmächtiges Männlein, das zu seinem übermächtigen Gegenüber aufblickt. Das Foto gibt beredt Auskunft über die neuen Machtverhältnisse im Land. Als subtiles Sinnbild der Niederlage bringt es zum Ausdruck, dass sich die Deutschen von nun an die Bedingungen zur Verwaltung ihres eigenen Landes von der amerikanischen Militärverwaltung diktieren lassen müssen. Zugleich drückt sich darin Bourke-Whites skeptische Haltung

68 Siehe dazu das Editorial The End of the War in Europe. In: *LIFE*, 07.05.1945, S. 30. Für weitere Beispiele und einer Diskussion der zunehmend pragmatischen Haltung gegenüber Deutschland siehe Eckert: *Feindbilder im Wandel*, S. 110–117.

69 Vgl. Percy Knauth: The German People, S. 69–76, mit jeweils einer Aufnahme von Robert Capa, John Florea und Margaret Bourke-White.

gegenüber den neuen ‚Verbündeten' aus. So arbeitete Bütow beispielsweise nach der Schließung der *Frankfurter Zeitung* bis zum Kriegsende für eine lokale Publikation der Nationalsozialisten und ein anderes Stadtratsmitglied, Hermann Wilhelm Lumme, war Vorstandsvorsitzender der Frankfurter Metallgesellschaft AG, die zum Verbund der I. G. Farben gehörte; diese war für Bourke-White ein Synonym für die von Nationalsozialisten gesteuerte Kriegsindustrie.[70]
In Bezug auf kirchliche Institutionen stellte sich die Sachlage für Bourke-White eindeutiger dar. Religion und Nationalsozialismus standen für sie in einem gewissen Gegensatz. Zu erkennen ist dies beispielsweise in einem Telegramm an Bill Churchill von *LIFE,* in dem sie schreibt: „Realizes that Cologne Fritz not typical German Fritz / He less nazified and strongly catholic / Has his own special character."[71] Religion spielte allgemein eine nicht zu unterschätzende Rolle in der Kriegsberichterstattung von Margaret Bourke-White. In Rom hatte sie eine umfangreiche Serie über den Papst und den Vatikan angefertigt und außerdem den konvertierten Rabbiner Israel Zolli und seine Familie porträtiert. Ob sie dem Thema Religion aus eigenem Antrieb diese Bedeutung zuschrieb, ist unklar, da es von ihr weder Aussagen dazu gibt noch Hinweise auf eine aktiv gelebte Religiosität – weder im Sinne ihrer katholischen Erziehung noch der jüdischen Herkunft ihres Vaters. Im Gegensatz dazu zeigte sich *LIFE* sehr interessiert am religiösen Leben in Deutschland und gab Bourke-White per Telegramm mehrere Aufträge diesbezüglich, etwa die tägliche Messe im Kölner Dom oder die überlebende jüdische Bevölkerung Kölns beim Feiern des Pessachfestes zu fotografieren.[72] Der christliche Glaube war zudem nicht nur in der Berichterstattung in *LIFE*, sondern auch in der Informationspolitik der Regierung von Bedeutung. Er half, das Bild der USA als das einer toleranten, multiethnischen und multikulturellen Gesellschaft zu entwerfen – im Gegensatz zu totalitären Regimen wie dem nationalsozialistischen Deutschland.[73] Die christlichen Werte wurden als Gegenpol zum menschenverachtenden Regime der Nationalsozialisten angesehen; hier das religiöse Amerika, dort das gottlose Deutschland. Diese Vorstellung ging soweit, dass der Krieg als Kreuzzug gegen die Barbarei propagiert wurde, wie etwa in Frank Capras Propaganda-Filmreihe *Why We Fight.* Der Widerstand

70 In der Bildunterschrift in *Dear Fatherland* schreibt sie: „He was the Nazis' big man in I. G. Farben, the executive vice president of that massive segment of the German war machine." Bourke-White: *Dear Fatherland*, Section I, o. P. [S. III].

71 Telegramm vom 26. März 1945 an Bill Churchill. MBW Papers, Box 50.

72 Vgl. Telegramme von Elmer Lower an Margaret Bourke-White vom 10. und 23. März 1945. MBW Papers, Box 50.

73 Siehe dazu Hönicke-Moore: *Know Your Enemy*, S. 345.

gegen nationalsozialistische Einmischung in Glaubens- und Wertefragen hatte zur Verfolgung zahlreicher Kirchenmitglieder, wie Martin Niemöller, Pastor der Bekennenden Kirche, geführt und sie ins Gefängnis oder Konzentrationslager gebracht. Dieser Umstand bekräftigte die Glaubwürdigkeit der Kirche als Gegner des Nazi-Regimes. Gläubige Christen wurden gemeinhin als vom Nazi-Regime Verfolgte angesehen. Dies war allerdings eine Vereinfachung der Tatsachen, die wohl dem Wunsch geschuldet war, klare Richtlinien für die Unterscheidung zwischen ‚guten' und ‚bösen' Deutschen zu haben. Bereits Anfang der 1930er Jahre hatte sich beispielsweise aus den Reihen evangelischer Nationalsozialisten die Gruppierung der „Deutschen Christen" formiert, deren Ziel die Synthese von Nationalsozialismus und Christentum war.[74] Dass sich Glaube und Nationalsozialsmus nicht ausschlossen, belegte nicht zuletzt auch die Interviewreihe des Armee-Psychologen Saul K. Padover; er stellte fest, dass zahlreiche Deutsche, die sich aufgrund ihres katholischen Glaubens als Nazi-Gegner verstanden, durchaus konform gingen mit faschistischem Ideengut.[75] Auch die Glorifizierung Martin Niemöllers in US-Medien zum Widerstandskämpfer gegen das NS-Regime wurde im Laufe der Zeit zunehmend in Frage gestellt.[76] Deutlich wurde dies vor allem nach seiner Entlassung aus Dachau, als seine ehemals deutschnationale Gesinnung bekannt wurde und sich herausstellte, dass er nicht in allen Punkten mit der amerikanischen Besatzungsmacht übereinstimmte. Knauth äußert sich ein Jahr nach seinem *LIFE*-Artikel und nachdem er Niemöller persönlich getroffen hatte 1946 in seinem Buch *Germany in Defeat* desillusioniert:

> It was a painful and fruitless discussion, but it was an eye-opener, too. More clearly than ever before I saw the abysmal gap in the German mind that separates religion completely form any other phase of national life, that makes it possible for a German to be at one and the same time a firm, believing Christian and utterly immoral in his politics.[77]

Kurz nach Kriegsende waren Bourke-White und Knauth jedoch noch von der positiven Rolle der katholischen Kirche überzeugt. Dementsprechend fotografierte sie drei unterschiedliche Frauenkonvente, nahm an evangelischen und

74 Allgemein zum ambivalenten Verhältnis zwischen katholischer und evangelischer Kirche und Nationalsozialismus siehe Georg Denzler / Volker Fabricius: *Christen und Nationalsozialisten. Darstellung und Dokumente*. Frankfurt am Main: Fischer 2015.

75 Vgl. Hönicke-Moore: *Know Your Enemy*, S. 333.

76 Die *New York Times* berichtete beispielsweise seit 1933 über die Aktivitäten Niemöllers, dessen Verhaftung und Internierung 1937 ins KZ Sachsenhausen.

77 Percy Knauth: *Germany in Defeat*. New York: Knopf 1946, S. 145.

katholischen Gottesdiensten in Köln, Frankfurt am Main, Düsseldorf und Unterliedenbach teil und besuchte eine Gemeinde der Bekennenden Kirche sowie die Schwester von Martin Niemöller in Frankfurt. In diesen Aufnahmen formulierte sie auf unterschiedliche Weise die Hoffnungen, die mit der Kirche als Wegbereiterin einer erneuerten deutschen Gesellschaft verbunden waren: „The religious groups, Catholic and Protestant, seem to be the only organizations left to which anyone can turn during this formless period. It is too soon for politics."[78] Als Vorbild christlichen Mitgefühls fungieren beispielsweise Bourke-Whites Aufnahmen von Nonnen des Liebfrauenklosters in Frankfurt am Main, die während des Krieges Kranke und Alte in Kellerräumen unter der Oper gepflegt hatten und noch weiter pflegten. Auch die Porträts von jüdischen Ordensmitgliedern aus diesem Konvent, die von den Nonnen zum Schutze aufgenommen worden waren, offenbaren christliche Nächstenliebe und Widerstand gegen nationalsozialistische Indoktrination. Gottesdienste in Köln, Frankfurt am Main, Düsseldorf und Unterliedenbach zeigen schließlich die Gemeinschaft, auf die man für eine Zukunft Deutschlands setzte. Dieser Gedanke wird vor allem durch die Konzentration auf Kinder, die zum Teil in unschuldig weiße Erstkommunionssgewänder gekleidet sind, betont. Das folkloristisch-rituelle Element verlieh hingegen den Aufnahmen, wie auch den Szenen aus dem Dorfgasthaus in Kronberg, einen besonderen Reiz für die amerikanischen Betrachter*innen.

Besondere Aufmerksamkeit schenkte Bourke-White einer Gemeinde der Bekennenden Kirche in Frankfurt unter der Leitung von Pastor Goebel, die in den USA durch die Popularität Martin Niemöllers größere Bekanntheit erlangt hatte. Sie begleitete die Gemeinde bei einem Gottesdienst, dem Begräbnis eines Gemeindemitgliedes und veranschaulichte Spuren der Bedrohung und Bedrängung der Gemeinde durch die Nationalsozialisten. Dazu fotografierte sie etwa den unterirdischen Zufluchtsort, an dem sich die Gemeinde heimlich für Gottesdienste und Besprechungen versammelt hatte und der durch einen Bombentreffer stark zerstört worden war. Metaphern für den Neuanfang und das ‚Reinigen' von der Vergangenheit heben in Bourke-Whites Bildern den positiven Ausblick auf die Zukunft hervor, den nicht nur die führenden Gemeindemitglieder, sondern offensichtlich auch Knauth und Bourke-White mit der Bekennenden Kirche assoziierten. Für einige Fotografien begleitete Bourke-White Gemeindemitglieder in ihr ehemaliges Gemeindezentrum, das von den Nationalsozialisten als lokales Hauptquartier requiriert worden war. Hauptmotiv ist das Entfernen der Nazi-Insignien: Demonstrativ werden zwei

78 Bourke-White: *Dear Fatherland*, S. 40.

Hitler-Porträts abgehängt. In einer anderen Fotografie entrollen die Ehefrau Goebels und Reinhard Ring, ein weiterer Pastor der Gemeinde, für die Kamera die Fahne der Bekennenden Kirche, die unter den Nazis verboten war. Das Bild beschreibt einen Akt der Befreiung von der Unterdrückung und wurde in diesem Sinne in *LIFE* auch als einzige Aufnahme Bourke-Whites von Nazi-Gegnern abgebildet.[79] Nicht zuletzt spiegelte sich in dieser Auswahl die hohe Meinung, die der Kirche als oppositioneller Kraft zu diesem Zeitpunkt entgegengebracht wurde.

Ebenfalls in Frankfurt traf Bourke-White auf Pauline Kredel, die Schwester Martin Niemöllers, der als Opponent gegen die nationalsozialistische Einmischung in Kirchenangelegenheiten und als Leiter des Pfarrernotbundes in den USA als einer der Hauptvertreter des religiösen Widerstandes gegen die Nazis verstanden wurde. Sozusagen als Stellvertreterin seiner Person und seiner Gesinnung – Niemöller war zu diesem Zeitpunkt im Konzentrationslager Dachau interniert – besuchte Bourke-White die Schwester und ihre Familie. Die rund dreizehn erhaltenen Aufnahmen wirken unspektakulär und unterscheiden sich nicht grundsätzlich von den Porträts und Familienporträts, die Bourke-White kurze Zeit später in den Häusern anderer deutscher Familien, vor allem im Ruhrgebiet, aufgenommen hat. Pauline und Karl Kredel werden in einem gutbürgerlichen, wohlhabenden Interieur vor einem Jugendstil-Fenster auf Stuhl und Tisch sitzend gezeigt. Obwohl Pauline Kredel die Hauptperson ist, spielt sie in den Aufnahmen neben ihrem Mann nur eine unscheinbare Rolle. Dieser, Anwalt und Politiker – laut Angaben Bourke-Whites einer der Bürgermeister Frankfurts, der von den Nazis entmachtet worden war – lenkt ausladend gestikulierend und dozierend die Aufmerksamkeit auf sich. In zumindest fünf Nahaufnahmen rückt sie schließlich eine fast schüchtern posierende Pauline Kredel in den Mittelpunkt, die sie trotzdem als zentrales Motiv für die „Faceless-Fritz"-Serie ansieht: „I hope Noemuller's [*sic*] sister may be included in Faceless Fritz story. She had a fine strong face, just what one would expect from a stalwart anti Nazi who had suffered for her beliefs and for the church."[80] Deutlich drückt sich in diesen Worten noch Bourke-Whites Hoffnung aus, dass sich allein über die Physiognomie des Gesichtes beurteilen ließe, wer Nazi und wer Nazi-Gegner sei.

79 The People. They Have Nothing Left Without Their Nazi Masters. In: *LIFE*, 14.05.1945, S. 34.

80 Handgeschriebene Nachricht an *LIFE*. MBW Papers, Box 50.

„The German Look“[81] – Versuch einer physiognomischen Typologie

Im Dezember 1946 veröffentlichte Margaret Bourke-White unter dem Titel *Dear Fatherland, Rest Quietly. A Report on the Collapse of Hitler's Thousand Years* bei Simon & Schuster in New York ein Buch über ihre Erfahrungen und Erlebnisse in Deutschland. 20 Textkapitel werden von sieben Bildstrecken unterbrochen, in denen sie einen Einblick in die Situation Deutschlands aus den letzten Kriegstagen und unmittelbar nach Kriegsende gibt. In der Narration des Textes und der Bildfolgen greift sie als Leitmotiv die Suche nach dem wahren Wesen der Deutschen auf. In diesem Sinne wurde das Buch auch von den Rezensent*innen verstanden. Die *New York Herald Tribune* schrieb beispielsweise am 29. Dezember: „Since the war has ended the quest for the German soul has become a highly intellectual pursuit in which almost everyone has taken part except the Germans [...].“[82] So scheint es nicht verwunderlich, dass ein Großteil der Rezensionen von Aufnahmen aus der Rubrik *Faces* begleitet wurde. Auch der Verlag Simon & Schuster warb in einer ganzseitigen Anzeige für das Buch in der *New York Times* mit der Suche nach dem „Faceless Fritz“, die offensichtlich die Leser*innen immer noch fesselte: „Immediately after the fall of Germany Miss Bourke-White set out on her search to discover what had happened to the jolly, gemütlich, beer-drinking and music-loving sentimentalist so many of us remembered as the typical German citizen.“[83]

Den Auftakt der Fotostrecken bildete dementsprechend eine „Faces: The German Look“ übertitelte Sequenz, in der Bourke-White Porträts von zehn als Nazi-Anhänger und acht als Nazi-Gegner ausgewiesene Personen gegenüberstellte. Nahezu alle Porträts folgen dem für sie charakteristischen Typus mit engem, auf den Kopf konzentrierten Ausschnitt, leichter Untersicht und starker Ausleuchtung des Gesichtes. (Abb. 56–58) Die Dargestellten wirken plastisch und präsent, drängen aus dem Bild heraus den Betrachter*innen entgegen. Diese können sie ausgiebig und ungestört begutachten, da die Mehrzahl den Blick nicht erwidert, sondern abwendet. Zahlreiche Details bis hin zu Augenfältchen,

81 Titel des ersten Bildteils in Bourke-Whites Deutschlandbuch mit den Porträts deutscher Personen. Bourke-White: *Dear Fatherland*, Bildteil Section I, o. P. [S. 1].

82 Zeitungsausschnitt, MBW Papers, Box 90.

83 *New York Times*, 02.12.1946. Im Gegensatz zu Bourke-Whites differenzierter Auseinandersetzung mit dem Potenzial der Porträts im Kontext der Identifizierbarkeit von Nazis nutzt der Verlag auf plakative Weise den Gruseleffekt, der mit der Figur des „bösen Nazis“ verbunden war: „The Germany that Miss Bourke-White saw and so brilliantly records in this new book is a grotesque nightmare. Here, in photographs and in clear, sharp descriptions, is a physical and spiritual chamber of horrors [...].“ Illustriert ist die Anzeige mit fünf Porträts von Nazis, die ebenfalls der *Faces*-Reihe entnommen wurden und – wie auch bei Bourke-White – einer Miniatur-Aufnahme eines Leichenberges aus Buchenwald gegenübergestellt sind.

Abb. 56: Margaret Bourke-White: Porträts von Bernard Scholz und einem als „Kommunist Detleff" bezeichnetem Mann. Doppelseite aus *Dear Fatherland, Rest Quietly*, 1946.

Hautporen und Bartstoppeln werden durch die Nähe der Kamera und die Beleuchtung sichtbar. Die Porträtgestaltung legt nahe, dass dem entlarvenden Blick der Kamera nichts verborgen bleibt; die pointierte Lichtsetzung markiert die „Durchleuchtung" des Charakters der Dargestellten, das „Licht der Wahrheit", dem sie sich im objektiven Blick der Kamera stellen müssen. In dieser grundsätzlichen Darstellungsweise wird zwischen Nationalsozialisten und Nazi-Gegner kein Unterschied gemacht. Allerdings lässt sich der Versuch erkennen, die unterschiedlichen ideologischen Einstellungen durch Körperhaltung und Gesichtsausdruck voneinander abzugrenzen. Die Gesichter der Nazi-Gegner, wie das des Prälaten Jakob Herr, des Arztes Bernard Scholz oder von Niemöllers Schwester Pauline Kredel, wirken fahl, erschöpft und von Sorgenfalten gezeichnet. (Abb. 56 links; Abb. 58 links) Ihre Blicke erscheinen müde und desillusioniert, offensichtlich zermürbt vom Kampf gegen das Regime. Dieser Eindruck wird von den Bildunterschriften bestätigt, die beispielsweise im Falle von Jakob Herr erklärt: „It had been a long, tiring battle as a anti-Nazi, and he could not see the end of the road for his people."[84] Bernard Scholz wirkt laut Bildunterschrift

84 Bourke-White: *Dear Fatherland*, Bildteil Section I, o. P. [S. 5].

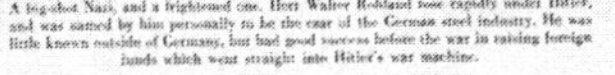
A big-shot Nazi, and a frightened one. Herr Walter Rohland rose rapidly under Hitler, and was named by him personally to be the czar of the German steel industry. He was little known outside of Germany, but had good success before the war in raising foreign funds which went straight into Hitler's war machine.

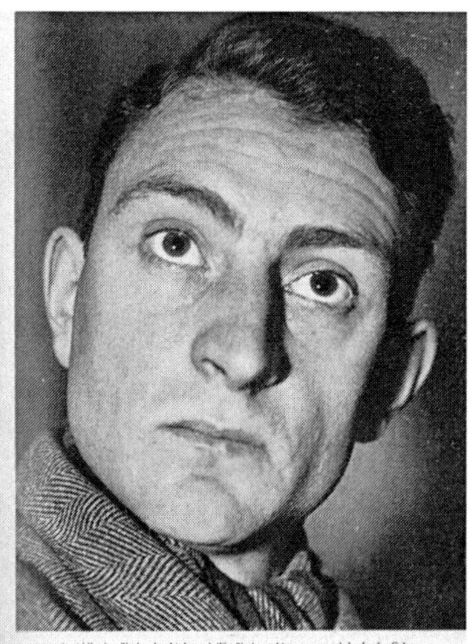
A middle-shot Nazi—also frightened. The Nazis set him up as youth leader for Cologne.

Abb. 57: Margaret Bourke-White: Porträts von Walter Rohland und Josef Mingels. Doppelseite aus *Dear Fatherland, Rest Quietly*, 1946.

„tired, and well he might".[85] Pauline Kredel blickt grau und erschöpft auf einen Punkt außerhalb der oberen rechten Bildecke, als würde sie sich im stillen Gebet an Gott wenden. Dass die Aufnahmen für das Buch entsprechend bestimmter Charakteristika ausgewählt wurden, lässt sich zumindest für Pauline Kredel eindeutig nachweisen. Von ihr existieren mehrere alternative Porträtstudien im Archiv der Fotografin, die sie auch lachend zeigen.

Die Porträts der als Nationalsozialisten ausgewiesenen Personen sind hingegen zum Großteil durch einen stechenden Blick, der durch Lichtreflexionen in den Pupillen hervorgerufen wird, und eine leicht geneigte, als arrogant lesbare, Kopfhaltung gekennzeichnet. (Abb. 57; Abb. 58, rechts) Der Eindruck von Überheblichkeit, Fanatismus und – als Resultat – Unbelehrbarkeit überwiegt. Persönlichkeiten aus den Bereichen der Wirtschaft und der Industrie dominieren die Porträtreihe: Heinrich Tully, Hermann Wilhelm Lumme, Walter Rohland, Ernst Tengelmann, ein nicht namentlich genannter Mitarbeiter eines Chemiekonzerns und andere. An dieser Auswahl wird deutlich, wie

85 Ebd., o. P. [S. 10].

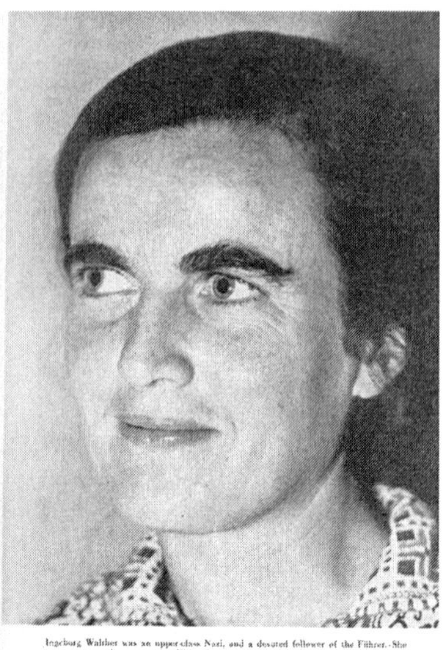

Abb. 58: Margaret Bourke-White: Porträts von Pauline Kredel und Ingeborg Walther. Doppelseite aus *Dear Fatherland, Rest Quietly*, 1946.

sehr Bourke-White die deutsche Industrie und ihre Vertreter als Herzstück des nationalsozialistischen Regimes und Motor des Krieges ansah.

Auf vier von neun Doppelseiten findet eine Gegenüberstellung von Vertreter*innen beider Gruppen statt. So stehen sich die Porträts von Pauline Kredel und Ingeborg Walther, einer BDM-Funktionärin, gegenüber. (Abb. 58) Kredel erscheint fast wie eine christliche Märtyrergestalt, während Walther – äußerlich zwar jugendlich und attraktiver – mit ihren von buschigen Brauen überwucherten Augen einen unheimlichen Eindruck erweckt: „I felt I was looking on the face of evil […]“, kommentiert Bourke-White das Porträt in der Bildunterschrift.[86] Auf einer weiteren Doppelseite sind ein Porträt des amerikanischen Generals George Patton und das eines deutschen Wehrmachtssoldaten arrangiert. Bourke-White formuliert hier eine Gegenüberstellung auf der Ebene des militärischen Menschenbildes. Das Porträt des Deutschen ist mit einem Zitat Winston Churchills unterlegt: „‘ … the dull brute mass of the ordinary German army and the German people, always so ready to be led trampling down in other

86 Bourke-White: *Dear Fatherland*, o. P. [S. 15].

lands of liberties and comforts, which they have never known in their own.'"[87] In Bourke-Whites Darstellung und Verständnis der deutschen Wehrmacht tritt eine populäre Einstellung zu Tage, die den deutschen Soldaten (aber auch Zivilisten) als Produkt einer Generationen andauernden Ideologisierung und Militarisierung der deutschen Gesellschaft sieht, die stumpfsinnige, gleichgeschaltete Persönlichkeiten und eine brutale, gewissenlose Massenarmee hervorbrachte.[88] Uniformität, intellektuelle Gleichschaltung, Gefühlslosigkeit und Brutalität wurden Werten wie Individualität, Autonomie und freiem Willen auf amerikanischer Seite gegenüber gesehen. Die Überlegenheit der Amerikaner spiegelt sich nicht nur auf militärischer, sondern auch auf Ebene der Männlichkeit. Während der Wehrmachtssoldat ein nahezu jämmerliches Bild abgibt, strotzen die Generäle George Patton und der auf der nächsten Seite abgebildete Dwight D. Eisenhower vor Entschlossenheit und der lässigen Nonchalance des Siegers.
Die gesamte Bildfolge wird im Buch von zwei Paarporträts am Anfang und am Ende eingerahmt, die ebenfalls als Gegensatz konzipiert sind. Zu Beginn steht das Porträt des evangelischen Pastors Goebel und seiner Frau, am Ende das Porträt eines anonymen Paares, das als „German butcher", also als „Deutsche Schlachter", ausgewiesen ist. (Abb. 55) Die Aufnahmeweise des Ehepaares Goebel erinnert an Bourke-Whites Porträts amerikanischer Flieger in Großbritannien: starke Untersicht, diagonaler Bildaufbau, der Blick nach rechts oben, einer hellen Lichtquelle entgegen gerichtet. Auch hier wird damit ein heldenhaftes Pathos und der Blick in eine neue, positive Zukunft vermittelt, während im Inneren der Bildstrecke die Nazi-Gegner von Resignation gekennzeichnet erscheinen. Das positive Beispiel am Beginn wird durch das Doppel-Porträt am Schluss konterkariert, das den Gegenpart zum Pastorenehepaar bildet. Gutbürgerlich in Mantel und Hut gekleidet wirkt das Paar fast karikaturhaft physiognomisch überzeichnet: die Frau mit ausgeprägtem Unterbiss, der Mann mit Doppelkinn und Hitlerbärtchen. Die negative Konnotation wird durch die dezidiert genannte Berufsbezeichnung betont. Wohl nicht zufällig bezeichnet Margaret Bourke-White das deutsche Ehepaar als Schlachter – zu verstehen als

87 Ebd., o. P. [S. 16].

88 Die Vorstellung des „deutschen Sonderwegs" des Militarismus und der agressiven Expansion schlug sich auch in populären Filmen wie Frank Capras *Here Is Germany* und in Comicbüchern nieder. Vgl. allgemein dazu Hoenicke-Moore: *Know Your Enemy*, S. 241–268, zu Capra insb. S. 259–266. Zum Bild der deutschen Wehrmacht in amerikanischen Comics siehe Murray: *Champions of the Oppressed*, S. 202–204.

Schlächter auch im übertragenen Sinn, wie die darauffolgende Bilderstrecke aus den Konzentrationslagern wohl nahelegen sollte.[89]

Auch wenn Margaret Bourke-White um eine gewisse Typisierung bemüht ist, wird die eindeutige Identifizierung von ‚gut' und ‚böse', wie sie die Gegenüberstellungen nahelegen, nicht vollständig eingelöst. Ohne identitätszuweisende Bildunterschriften lassen sich in einigen Fällen Nazi-Anhänger und Nazi-Gegner nicht eindeutig bestimmen. Dies wird beispielsweise in der Paarung des Arztes Bernard Scholz und eines als Kommunist Detleff bezeichneten Mannes deutlich (Abb. 56): Während das müde und erschöpft wirkende Äußere von Scholz, der trotz offiziellem Verbot jüdische Patienten behandelt hatte, anderen Nazi-Gegner vergleichbar ist, erinnert der Porträttypus von Detleff an die Bildnisse von Nationalsozialisten, etwa an das von Walter Rohland. Die Hoffnung, Nationalsozialisten anhand ihres Äußeren eindeutig identifizieren zu können, scheint dadurch grundsätzlich infragegestellt.[90] Die Betrachter*innen sind gefordert, sich selber eine Meinung zu den Porträtierten und ihrer Gesinnung zu bilden. In manchen Fällen wird ihr Urteil durch die Bildunterschrift bestätigt, in anderen liegen sie möglicherweise daneben. Bourke-White gibt so die Unsicherheit, die ihre Wahrnehmung der deutschen Bevölkerung vor Ort prägte und von der sie mehrfach im Buch schreibt, an die Leser*innen weiter, macht sie für sie nachvollziehbar, ja nach-erlebbar. Einmal mehr gelingt es ihr damit, Wahrnehmungsprozesse und damit erlebte Kriegserfahrung visuell an die Betrachter*innen zu vermitteln. Brüche im Glauben, Identität anhand von Äußerlichkeiten eindeutig zuweisen zu können, formuliert Bourke-White auch in den Bildunterschriften. Während viele die Identität der Dargestellten festschreiben, etwa als „staunch Nazi" oder als „big-shot" und „middle-shot Nazi", webt sie

89 Möglicherweise handelt es sich tatsächlich um ein Metzger-Ehepaar. In Margaret Bourke-Whites Aufzeichnungen aus Köln zur Identifikation der Negative findet sich ein Eintrag, der „close-ups of Heinrich Wust and his wife Elizabeth, a butcher", erwähnt. MBW Papers, Contact Prints, Box 4.

90 Ines Kampe kommt in ihrem Aufsatz zur Imagebildung der Deutschen in der Fotografie nach 1945 zu einem ähnlichen Schluss, sieht darin allerdings nicht die Unmöglichkeit allgemein ein Urteil aufgrund des Äußeren einer Person zu treffen, sondern einen medienreflexiven Ansatz: „Begangene Verbrechen oder gar eine Gesinnung, also einen inneren Zustand an äußeren, oberflächlichen Merkmalen mit dem seit der Erfindung als ‚authentisch' gekürten Medium festzumachen, deckt sie als uneinlösbar auf." (Kampe: Vom „Faceless Fritz" zum „Otto Normalvebraucher", S. 319.) Auch Ludger Derenthal widmet in seiner Untersuchung der Fotografie im sich teilenden Deutschland Bourke-Whites Porträts zwei Seiten. Allerdings sieht er darin lediglich die „‚objektive' Bestandsaufnahme der ganzen Bandbreite von Haltungen gegenüber dem Nationalsozialismus." Ludger Derenthal: *Bilder der Trümmer- und Aufbaujahre. Fotografie im sich teilenden Deutschland.* Marburg: Jonas 1999, S. 32–33.

auch Zweifel an der Identifizierbarkeit ein. Unter das Porträt von Lumme schreibt sie: „You could not tell a Nazi by the clothes he wore." Im Falle eines Mannes, der nach ihren Angaben für Zwangsarbeit in einem Chemiekonzern verantwortlich war, betont sie, dass paradoxerweise dieses „sensitive scholar's face" einem Nazi gehöre. Das Trügerische am Charakter der Deutschen wird gleich im Text des ersten Kapitels des Buches zum Thema, in das die Bildstrecke mit den Porträts eingebettet ist. Bourke-White berichtet darin von ihrem Besuch bei der Bremer Kaufmannstochter Hildegard Roselius, die sie während ihres Studiums an der Columbia University in New York kennengelernt und deren „progressive ideas" sie damals bewundert hatte. Der Verweis auf ihre „Bauhaus artist friends"[91] weist Hildegard als modern und liberal aus, offensichtlich eine Persönlichkeit, von der sich Bourke-White Aufschlüsse über die deutsche Seele erhoffen konnte. Sie traf allerdings auf eine Frau, die sich offen als Hitler-Anhängerin bekannte. Die Unmöglichkeit, hinter die Fassade der Gesichter zu blicken – und seien sie noch so intensiv ausgeleuchtet und fotografisch dokumentiert –, bildet den roten Faden, der sowohl die Porträts als auch einzelne Kapitel des Buches verbindet. Freund und Feind anhand physiognomischer Studien zu identifizieren, war für die amerikanische Bevölkerung und Leserschaft allerdings keine ungewöhnliche Vorstellung, sondern eine gängige Praxis, die populäre Vorbilder hatte: den japanischen Kriegsgegner. Am 22. Dezember 1941, also etwa zwei Wochen nach dem Angriff auf Pearl Harbour, veröffentlichte *LIFE* den Beitrag „How to Tell Japs from the Chinese".[92] Ziel war es, den Leser*innen zu erklären, wie sie die japanischen Aggressoren von der chinesischen Bevölkerung unterscheiden konnten.[93] Grundlage der Untersuchung waren auch hier enge Porträtausschnitte von Vertretern beider Seiten, der ‚guten' chinesischen und der ‚bösen' japanischen. (Abb. 59) Das Festschreiben der Unterschiede in *LIFE* stützte sich auf ein System der Vermessung des Gesichtes, das an anthropologische Studien fremder Volksgruppen angelehnt und in dieser Hinsicht in einem rassistischen Kontext zu verorten ist, der grundsätzlich das Feinbild Japans prägte. Die Differenz wurde allerdings eindeutig an der Physiognomie des Gesichtes festgemacht. Die deutsche Nation unterschied sich gerade nicht äußerlich, sondern auf Basis ihres Charakters von der amerikanischen. Dies betonten auch die Autoren des 1944

91 Bourke-White: *Dear Fatherland*, S. 4.

92 How to Tell Japs from the Chinese. In: *LIFE*, 22.12.1941, S. 81. Zeitgleich erschien im Schwesternmagazin *TIME* der Artikel „How to Tell Your Friends from the Japs".

93 Diese Fragestellung war so populär, dass sie in Form von Comics auch Eingang fand in den *Pocket Guide to China*, einer Broschüre der US-Armee. https://archive.org/details/PocketGuideToChina (Zugriff am 28.01.2017).

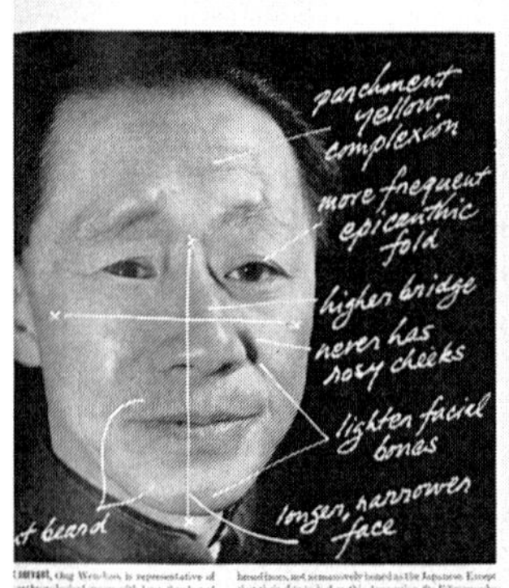

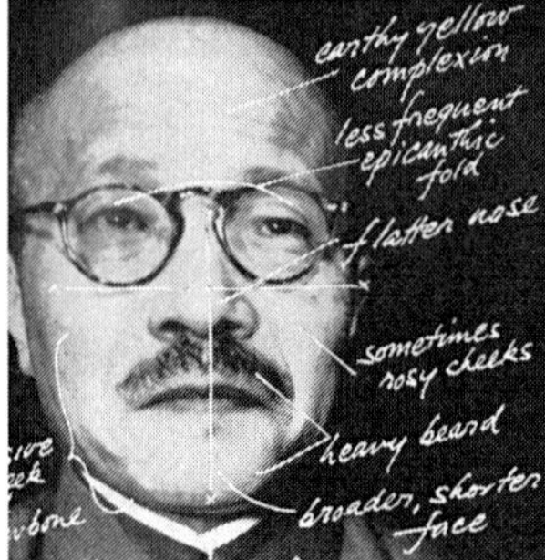

Abb. 59
Beitrag „How to Tell Japs from the Chinese", *LIFE*, 22. Dezember 1941.

gedruckten *Pocket Guide to Germany*, einer Broschüre für Armeeangehörige in Deutschland: „You may ask yourself how a guy who looks pretty much like one of us could believe and do all the things we know he believed and did. The difference is inside him – in his character."[94] Die Betonung des „anderen Charakters" knüpfte an die 1943 und 1944 populäre These der „German disease" an, die unter psychologischen Gesichtspunkten den Nationalsozialismus zur krankhaften Wesensart, zur „diseased mentality", erklärte.[95] Damit verbunden war – vor allem zu einem fortgeschrittenen Zeitpunkt des Krieges, als man sich bereits Gedanken über den zukünftigen Umgang mit den Deutschen machte – die Hoffnung, diese „Krankheit" durch eine strenge Besatzungspolitik und

94 Army Information Branch, Army Service Forces (Hrsg.): *Pocket Guide to Germany*, 1944, S. 9. https://archive.org/details/PocketGuideToGermany (Zugriff am 28.01.2017).
95 Siehe dazu Hönicke-Moore: *Know Your Enemy*, S. 217–232.

Umerziehung „kurieren“ zu können. Inwieweit Margaret Bourke-White derartigen Interpretationsmodellen nahestand, lässt sich heute nicht mehr nachvollziehen. In jedem Fall forderte sie neben der militärischen Entwaffnung Deutschlands eine grundlegende psychologische Strategie, die der nachhaltigen Indoktrination mit nationalsozialistischem Gedankengut entgegenwirken sollte. So spricht sie bereits im ersten Kapitel ihres Buches, ganz einer technischen Rhetorik verpflichtet, von der Notwendigkeit für „replacement parts for that philosophy“[96]. In den Vorträgen nach ihrer Rückkehr äußerte sie sich noch konkreter, wie die *Wilmington News* vom 12. Dezember 1945 berichten: „She urged educational measures and said that long supervision – not necessarily by military personnel – would be necessary to prevent the development of another fanatical leader.“[97]

Den deutschen Charakter sah sie in ihrem Buch am besten über Bilder der Konzentrationslager repräsentiert, die sie unter dem bezeichnenden Titel „The Nazi Soul: Two Concentration Camps“ als Bildstrecke auf die Porträtdarstellungen folgen ließ. Die drastische Gegenüberstellung der tadellos erscheinenden Gesichter mit den grauenhaften und verstörenden Aufnahmen aus den Lagern betonte die schier unglaubliche Diskrepanz zwischen der für jedermann sichtbaren Bürgerlichkeit und der dahinter gediehenen Bestialität.

2. „The Nazi Soul“[98] – das Konzentrationslager Buchenwald

Das bestimmende Ereignis, das die amerikanische Meinung über Deutschland maßgeblich prägen sollte, war die Befreiung der Konzentrationslager in Deutschland durch die amerikanischen und britischen Streitkräfte im April 1945. Margaret Bourke-White besuchte zwei Konzentrationslager, am 15. und 16. April Buchenwald und einige Tage später dessen Außenlager Leipzig-Thekla / Abtnaundorf.[99] Auch wenn in diesen Aufnahmen auf den ersten Blick

96 Bourke-White: *Dear Fatherland*, S. 10.

97 Zeitungsausschnitt. MBW Papers, Box 90.

98 Mit dieser Überschrift eröffnet Margaret Bourke-White die Bildstrecke über die Konzentrationslager in ihrem Buch *Dear Fatherland*. Vgl. Bourke-White: *Dear Fatherland*, Section II, o. P.

99 Leipzig-Thekla bestand aus drei Lagern. Das von Margaret Bourke-White fotografierte Massaker an KZ-Häftlingen fand in Leipzig-Abtnaundorf statt. Bedroht durch das Heranrücken der alliierten Truppen wurde das Lager (eine Unterkunft für Zwangsarbeiter der Flugzeugfabrik Erla) am 13. April geräumt; die Insassen wurden auf einen Todesmarsch geschickt. Rund 300 blieben zurück und wurden am 18. April auf heimtückische Weise von der SS in eine Falle gelockt, eingesperrt und verbrannt oder auf der Flucht erschossen. Nach eigenen Angaben

die Opfer im Mittelpunkt der Berichterstattung stehen, sprechen die Fotografien der Bildberichterstatter und des Army Signal Corps weniger von den Opfern als von der Einstellung, die die befreienden Nationen den Tätern gegenüber einnahmen. Aufnahmen der verübten Verbrechen und deren Opfern wurden genutzt, um Vorstellungen über die Deutschen zu transportieren; sie nahmen eine entscheidende Funktion in der Konstruktion einer nationalen Identität der Deutschen ein.[100] Das Wissen, die Berichte und die Bilder spielten eine wichtige Rolle dabei, die Deutschen endgültig als „die Anderen" zu markieren und sollten das nicht widerlegbare Argument für deren moralische Verwerflichkeit liefern. Aus diesem Grund werden Bourke-Whites Fotografien aus den Konzentrationslagern, auch wenn vielfach keine Deutschen darauf abgebildet sind, unter dem Oberbegriff „Bilder des Feindes" behandelt.

Anstatt Margaret Bourke-Whites Fotografien jedoch pauschal als Beweis für die Verbrechen in den Lagern und die Schuld der Deutschen zu verstehen und somit deren zeitgenössische Funktion fortzuschreiben, soll deren Funktionsweise untersucht und gefragt werden, wie bestimmte Sujets als Mittel der Beweisführung gegen die Deutschen und die inner- und außerbildlichen Blickverhältnisse in Hinblick auf einen Zeugnischarakter inszeniert und eingesetzt wurden.

Fotografieren im Konzentrationslager

Nach ihrer Befreiung entwickelten sich die Konzentrationslager auf deutschem Gebiet zu einem gigantischen Medienereignis, das von der amerikanischen Militär-Führung auch bewusst als solches inszeniert und genutzt wurde. Journalisten, Zeitungsmacher sowie Politiker und Regierungsmitarbeiter wurden aus den USA eingeladen, um sich von der Existenz und den Ausmaßen selbst

erreichte Margaret Bourke-White am 20. April auf der Suche nach den Erla-Werken gemeinsam mit ihrem *Time*-Kollegen Bill Walton das Lager. Zum Lager Abtnaundorf siehe Wolfgang Benz / Barbara Distel (Hrsg.): *Der Ort des Terrors. Geschichte der nationalsozialistischen Konzentrationslager*, Bd. 3: Sachsenhausen, Buchenwald. München: Beck 2006, S. 502–506; Karl-Heinz Rother: Das Massaker von Abtnaundorf. In: *Leipzigs Neue. Linke Monatszeitschrift für Politik, Kultur und Geschichte* 1 (2009), S. 7; Robert H. Abzug: *Inside the Vicious Heart. Americans and the Liberation of Nazi Concentration Camps*. New York: Oxford UP 1985, S. 75–76. Er gibt als Tag der Evakuierung den 15. April an.

100 Judith Butler hat in Hinblick auf die Aufnahmen der Folterungen in Abu Ghraib eine ganz ähnliche Bedeutung von Folter- und Gräuelbildern zur Konstruktion nationaler Identitäten festgestellt: Der damalige Verteidigungsminister Donald Rumsfeld lehne die Veröffentlichung der Fotos aus dem Grund ab, da sie dem Gegner gestatten würden, „uns als Amerikaner zu definieren". (Butler: *Raster des Krieges*, S. 72.)

ein Bild zu machen.[101] Darüber hinaus führte man deutsche Anwohner*innen der umliegenden Städte unter Führung des Militärs und ehemaliger Häftlinge durch die Lager. Diese Besichtigungen deutscher und amerikanischer Gruppen wurden wiederum fotografisch festgehalten und in den Medien veröffentlicht. Auch Margaret Bourke-White konnte sich dem Sensationswert der Ereignisse nicht entziehen und schrieb erschreckend enthusiastisch und zugleich nüchtern-professionell in einem Brief an den *LIFE*-Redakteur Elmer Lower:

> Have just finished captioning some terrific stuff – in the concentration camp of Buchenwald. I understand that Dave Scherman has already photographed another of these camps, but this was on such a colossal scale that I gave it a good coverage. Hundreds of dead bodies and people like skeletons. I'am dispatchin the stuff early tomorrow morning – 10 rolls and 1 filmpack and 8 pages captions.[102]

Noch drastischer beschrieb der *LIFE*-Fotograf David Scherman die heute unangemessen und pietätlos erscheinenden Reaktionen der befreundeten Lee Miller, mit der er gemeinsam in Dachau war:

> My point is that Lee, far from having an emotional breakdown and crying into her friend's arms, was in seventh heaven. This was journalist's finest hour, a story worth crossing Europe for. […] If she had any emotianal reaction at all it was almost orgasmic excitement over the magnitude of the story. She was, in her quiet, methodical, practical way, in seventh heaven, shooting a scoop. Shooting fish in a barrel.[103]

101 Insb. zur Journalistendelegation siehe Norbert Frei: „Wir waren blind, ungläubig und langsam". Buchenwald, Dachau und die amerikanischen Medien im Frühjahr 1945. In: *Vierteljahreshefte für Zeitgeschichte* 3 (1987), S. 385–401, hier S. 389–397. Allgemein dazu siehe Barbie Zelizer: *Remembering to Forget. Holocaust Memory through the Camera's Eye.* Chicago / London: University of Chicago Press 1998, S. 64; Cornelia Brink: *Ikonen der Vernichtung. Öffentlicher Gebrauch von Fotografien aus nationalsozialistischen Konzentrationslagern nach 1945.* Berlin: Akademie 1998, S. 38–39; Cora Sol Goldstein: *Capturing the German Eye. American Visual Propaganda in Occupied Germany.* Chicago / London: University of Chicago Press 2009, S. 24.

102 Brief vom 16. April 1945 an Elmer Lower. MBW Papers, Box 50. Erhalten geblieben sind knapp 100 Aufnahmen in Form von Kontaktabzügen, die sich ebenfalls im Archiv befinden. Die schriftlichen Aufzeichnungen sind im Archiv leider nicht erhalten.

103 David Scherman 1993 in einem Brief an Lee Millers Eheman Antony Penrose, zit. n. Menzel-Ahr: *Lee Miller*, S. 156.

Zumindest vier weitere *LIFE*-Kollegen von Bourke-White fotografierten in anderen deutschen Konzentrationslagern.[104] Einer der wenigen Fotografen, der sich diesem exzessiven Prozess des Bildermachens entzog war Robert Capa. In seiner Autobiografie *Slightly out of Focus* schrieb er dazu:

> The concentration camps were swarming with photographers, and every new picture of horror served only to diminish the total effect. Now, for a short day, everyone will see what happened to those poor devils in those camps; tomorrow, very few will care what happens to them in the future.[105]

Gründe für diese kritische Einstellung sind nicht bekannt. Möglicherweise stand sie in Verbindung mit seiner Herkunft aus einem jüdischen Elternhaus in Budapest, die ihn gegen das sensationsorientierte und die Opfer objektivierende Fotografieren in den Konzentrationslagern aufbrachte. Nicht zuletzt hatte er aus eigener Erfahrung die drohende Verfolgung erlebt und war von Deutschland zunächst nach Frankreich und schließlich in die USA emigriert. Aus Bourke-Whites Fotografien lassen sich hingegen keine direkten Rückschlüsse auf ihren jüdischen familiären Hintergrund ableiten. Auffallend an Bourke-Whites Fotografien aus den Konzentrationslagern ist, dass sie ein zum Teil selbstbewussteres Bild der Häftlinge lieferte und auch in zumindest einer Aufnahme den voyeuristischen Charakter des Fotografierens im Konzentrationslager thematisierte. Diese besondere Herangehensweise könnte aber auch in Zusammenhang mit ihrer Erfahrung aus der sozial-dokumentarischen Fotografie stehen, die eine gewisse Sensibilität für das Gegenüber und die Situation des Fotografierens mit sich brachte.

Neben akkreditierten Presse-Journalist*innen fotografierten Signal-Corps-Mitarbeiter und weitere Militärangehörige in offiziellem Auftrag in den befreiten Konzentrationslagern. Zu den durch ihre Buchenwald-Aufnahmen bekannt gewordenen Signal-Corps-Fotografen zählen Harry Miller und Walter Chichersky. Darüber hinaus fotografierten in Buchenwald der Leiter des Rehabilitation Service der U. S. Army, Rex L. Diveley und William B. Curtis, der dem OSS (Office of Strategic Services) angehörte. [106] Dazu kamen private

104 David Scherman in Buchenwald-Penig und Dachau, John Florea in Nordhausen, William Vandivert in Gardelegen und George Rodger in Bergen-Belsen.

105 Capa: *Slightly out of Focus*, S. 227.

106 Zahlreiche Aufnahmen der genannten Fotografen lassen sich in den Online-Archiven der Gedenkstätte Buchenwald und des USHMM einsehen: http://fotoarchiv.buchenwald.de/index.php?id=1160#/fotos und https://www.ushmm.org/ collections/the-museums-collections/about/photo-archives (Zugriff am 08.09.2017).

Abb. 60: Parke O. Yingst: Margaret Bourke-White trifft Vorbereitungen für eine Aufnahme, KZ Buchenwald, Deutschland, 15./16. April 1945.

Aufnahmen der um die Konzentrationslager stationierten Soldaten, die sie zum Teil nach Hause oder ebenfalls an die amerikanische Presse schickten.[107] Hauptsächliche Legitimation – sowohl der Militärs, der Fotografen und der Medien – war der Wunsch, die gesehenen Gräuel für die ganze Welt sichtbar zu machen. Auch Margaret Bourke-White führte diesen journalistischen Ethos ins Treffen: „I had a deep conviction that an atrocity like this demanded to be recorded. So I forced myself to map the place with negatives."[108] (Abb. 60) Interessant sind die Worte, die sie zur Beschreibung des Aktes des Fotografierens wählt: „to record" und „to map" – beides Begriffe, die eine objektive Aufzeichnung der Wirklichkeit nahelegen. Darin spiegelt sich die große Kontroverse um die Authentizität der Berichte aus den Konzentrationslagern, der sich auch die Fotografen stellen mussten. Die ersten Nachrichten erschienen so ungeheuerlich, dass deren Wahrheitsgehalt von der amerikanischen Öffentlichkeit angezweifelt wurde oder von Zeitungen und Reportern als „atrocity propaganda", wie sie im Ersten

107 Vgl. Zelizer: *Remembering to Forget*, S. 148.
108 Bourke-White: *Dear Fatherland*, S. 77.

Weltkrieg massiv eingesetzt worden war, missverstanden wurden.[109] Als angemessene Berichterstattung wurden zunächst Artikel in Form von Augenzeugenberichten veröffentlicht, die aus einer Aneinanderreihung des Gesehenen bestanden und zum Teil minutiös die besuchte Örtlichkeit beschrieben. Der Rundgang durch die Lager wurde oft als von einem ehemaligen Häftling begleitet geschildert, als zusätzlichen Garant für Authentizität.[110] Im Zentrum der Beiträge stand das Sehen des Horrors mit eigenem Auge. Häufig gaben die Reporter das Gesehene in Form einer Ich-Erzählung wieder, die gespickt war mit den Worten „I see". Trotz dieser Strategien sahen sich zahlreiche Tageszeitungen und Magazine genötigt, in separaten Kommentaren die Verlässlichkeit und Objektivität ihrer Korrespondenten zu betonen. Die New Yorker Tageszeitung *PM* schrieb zum Beispiel über ihren Korrespondenten „He is a trained observer. He did not write a story. He took notes of what he saw and what he was told". [111] Auch die *New York Times* verfuhr ähnlich und unterstrich den Zeugnischarakter des Berichtes ihres Korrespondenten Gene Currivan aus Buchenwald mit den Worten: „Gene Currivan's report in yesterday's NEW YORK TIMES on the German concentration camp at Buchenwald is irrefutable evidence. Mr. Currivan tells his story soberly, without comment or embroidery."[112] Als unhinterfragbarer Beweis für die reale Existenz der Konzentrationslager und der darin herrschenden Zustände galten jedoch Fotografien. Diese wurden gezielt zu dem Zweck eingesetzt „objektive Fakten" über die Lager herzustellen und zu vermitteln. Barbie Zelizer betont:

> [...] photographs were so instrumental in the broader aim of enlightening the world about Nazi actions that when Eisenhower proclaimed 'let the world see', he implicitly called upon photography's aura of realism to help accomplish that aim.[113]

Auch Margaret Bourke-White hielt fest, dass das Gesehene für sie erst in ihren Fotos real wurde. „[...] I hardly knew what I had taken until I saw prints of my

109 Siehe dazu Frei: Wir waren blind, S. 189–193; Zelizer: *Remembering to Forget*, S. 142–146.

110 Siehe dazu ausführlich Zelizer: *Remembering to Forget*, S. 49–85. Percy Knauth, Reporter für *Time* und *LIFE*, der mit Margaret Bourke-White nach Buchenwald kam, arbeitete im Kapitel über das Konzentrationslager in seinem Buch *Germany in Defeat* gleich mehrfach mit der Figur ehemaliger Häftlinge, darunter einem polnischen Jungen und einem tschechischer Arzt, die ihn und damit den Leser durch die einzelnen Bereiche des Lagers führen.

111 Zit. n. Zelizer: *Remembering to Forget*, S. 82.

112 *New York Times*, 19.04.1945.

113 Zelizer: *Remembering to Forget*, S. 86.

own photographs“, schreibt sie in ihrer Autobiografie.[114] Die Auffassung, dass Aufnahmen aus den Lagern die sich darin abspielende Realität wiedergeben, muss jedoch grundsätzlich infrage gestellt werden.[115] Sie stellen keineswegs eine Dokumentation der tatsächlichen Schrecken und Verbrechen in den Lagern dar, sondern zeigen den Blick der amerikanischen Besatzer und im Speziellen der Fotograf*innen auf die aktuelle Situation in den befreiten Lagern.[116]

Margaret Bourke-White erreichte gemeinsam mit ihrem *LIFE*-Kollegen Percy Knauth das Konzentrationslager Buchenwald am frühen Abend des 15. April 1945, also knapp zwei Tage nach dessen Befreiung durch amerikanische Truppen.[117] Möglicherweise kam sie auf Aufforderung General George Pattons, den sie knapp eine Woche zuvor im Zuge der Rheinüberquerung seiner Truppen porträtiert hatte.[118] Patton hatte am selben Tag das Konzentrationslager besichtigt und erschüttert von den Umständen angeordnet, dass am darauffolgenden Tag eine große Zahl Weimarer Bürger*innen zwangsweise durch das Lager geleitet werden sollte.[119] Das Ereignis wurde ganz bewusst für die alliierten Kameras und Medien inszeniert; neben Bourke-White fotografierten zumindest noch der Signal-Corps-Fotograf Walter Chichersky, der Armee-Ingenieur Parke O. Yingst und die *Vogue*-Korrespondentin Lee Miller. Die Besichtigung war als geführte

114 Bourke-White: *Portrait of Myself*, S. 259.

115 Die damals installierte Funktion dieser Fotografien als Beweis der Existenz der Konzentrations- und Vernichtungslager sowie der darin verübten Gräueltaten setzt sich bis heute fort. In diesem Zusammenhang sind sie – neben den immer weniger werdenden Augenzeugen – ein wichtiges Element der Erinnerungskultur. Vgl. dazu die umfangreichen Studien von Barbie Zelizer über den Gebrauch der Fotografien in der amerikanischen Erinnerungskultur sowie von Habbo Knoch innerhalb der deutschen. Vgl. Habbo Knoch: *Die Tat als Bild. Fotografien des Holocaust in der deutschen Erinnerungskultur.* Hamburg: Hamburger Edition 2001. In den letzten Jahren wurde aber auch auf die problematischen Seiten einer auf die Zeugnis ablegende Funktion reduzierte Lesart der Fotografien hingewiesen. Vgl. Zelizer *Remembering to Forget* S. 9–10, S. 160; Clément Chéroux (Hrsg.): *Mémoire des camps. Photographies des camps de concentration et d'extermination nazis.* Ausstellungskatalog Hôtel de Sully Paris. Paris: Marval 2001, S. 19, 116.

116 Siehe dazu auch Brink: *Ikonen der Vernichtung*, S. 78–80.

117 Bourke-White: *Dear Fatherland*, S. 74; David A. Hackett (Hrsg.): *Der Buchenwald-Report. Bericht über das Konzentrationslager Buchenwald bei Weimar.* München: Beck 2002, S. 34; Knauth: *Germany in Defeat*, S. 31. Am 11. April 1945 erreichten die ersten US-Soldaten das Lager Buchenwald, am 13. April 1945 wurde es formell von den Amerikanern besetzt. Zur Geschichte der Befreiung des Lagers siehe Jon Bridgman: *The End of the Holocaust. The Liberation of the Camps.* Portland: Areopagitica 1990, S. 77–85; Abzug: *Inside the Vicious Heart*, S. 45–59.

118 Bourke-White: *Dear Fatherland*, S. 19.

119 Chronologie der Befreiung von Buchenwald auf der Homepage der Gedenkstätte Buchenwald. http://www.buchenwald.de/470/ (Zugriff am 28.01.2017).

Tour konzipiert, bei der die Bürger Weimars entlang einer spezifischen Abfolge von Orten und Demonstrationssituationen geleitet wurden, die unter anderen den Innenhof des Krematoriums mit einem Lkw voller Leichen, die Öfen im Krematorium, den Galgen und einen Tisch mit Artefakten, die aus Überresten toter Häftlinge gefertigt worden waren, umfasste.

Vergleicht man Margaret Bourke-Whites Aufnahmen mit denen anderer Fotograf*innen und den Berichten verschiedener Medienvertreter*innen vom 16. April 1945, wird deutlich, dass sie sich größtenteils innerhalb des motivischen Rahmens bewegen, der an diesem Tag vom amerikanischen Militär abgesteckt worden war. Bis auf wenige Ausnahmen folgen sie dem Schema der Tour und zeigen entweder die den Deutschen präsentierten Sujets oder die deutsche Bevölkerung beim Betrachten derselben. Etwa die Hälfte der erhaltenen Aufnahmen ist den Bürger*innen Weimars, also den „Täter*innen", gewidmet; dann folgen zahlenmäßig Fotos Überlebender und schließlich die der Leichen Ermordeter. Das Hauptaugenmerk lag nicht auf einer umfassenden Dokumentation des Lagers, sondern – ganz im konfrontativen Gestus der organisierten Führung – darin, die deutschen und amerikanischen Betrachter*innen mit Motiven zu versorgen, die die brutalen und todbringenden Geschehnisse im Lager veranschaulichten; außerdem sollte die (inszenierte) Gegenüberstellung der deutschen Bürger*innen mit den in Buchenwald verübten Verbrechen festgehalten und vermittelt werden, um ein Leugnen der Geschehnisse unmöglich zu machen.

Überlebende in den Baracken als Demonstrationsobjekte deutscher Grausamkeit

Zu einem der bekanntesten Motive aus Buchenwald und der gesamten KZ-Ikonografie zählen die Unterkünfte der Häftlinge. In Buchenwald stammen die meisten Aufnahmen aus dem sogenannten Kleinen Lager, einfachsten Holzbaracken, die als Unterbringungsort vor allem für nicht mehr arbeitsfähige und kranke Häftlinge genutzt wurden. Unter katastrophalen menschlichen und hygienischen Bedingungen lebten hier in einer einzelnen Baracke bis zu 1.200 Häftlinge eingepfercht auf rohen Pritschen.[120]

Als Motiv waren diese Aufnahmen von besonderer Bedeutung, da sich daran die menschenverachtenden Lebens- und Unterkunftsbedingungen veranschaulichen ließen. Auch bei Margaret Bourke-White finden sich über 20 Aufnahmen, die die ehemaligen Häftlinge in den Baracken des Kleinen Lagers zeigen. In diagonaler Flucht oder frontal sind die Holzpritschen zu sehen, in denen unzählige

120 Abzug: *Inside the Vicious Heart*, S. 54–55.

Menschenkörper lagern, von denen hauptsächlich die ausgemergelten Gesichter und Köpfe sichtbar sind. Der diagonale Aufbau betont die Länge der Pritschen und damit die Enge und die große Anzahl der Betroffenen. Der frontale Blickwinkel lenkt die Aufmerksamkeit auf die orthogonale Struktur der Verschläge, innerhalb derer die Männer lagern. (Abb. 61) Der flache Bildraum mit der unmittelbar an die Pritschen anschließenden Wand verstärkt den Eindruck des Eingesperrtseins; ein Aspekt, den auch andere Fotografen betonten. Besonders deutlich kommt dies in einer Aufnahme des Signal-Corps-Fotografen Walter Chichersky zum Ausdruck, die am 15. April entstanden ist. (Abb. 62) Aus etwas größerem Abstand aufgenommen als Bourke-Whites Foto, die sich auf einen einzelnen Zwischenabschnitt konzentriert, wird das Gestell der Holzkojen zu einem sich regelmäßig wiederholenden orthogonalen Gerüst, innerhalb dessen sich die runden Formen der Köpfe der Männer wiederholen. Der formale Eindruck der Wiederholung des Immergleichen überschreibt die Individualität der Männer und reproduziert ihren Status als verdinglichte Körper, die weggesperrt, ausgebeutet und bis zum Tod misshandelt werden konnten. In der Aufnahme Chicherskys, aber auch anderer alliierter Fotografen werden die Körper der befreiten Häftlinge zu Demonstrationsobjekten für die katastrophale Unterbringung der KZ-Häftlinge, die Masse an Menschen und Enge der Verschläge.[121] Nicht das individuelle Schicksal steht im Vordergrund; vielmehr sollen die Unmenschlichkeit und Brutalität der dafür Verantwortlichen den Betrachter*innen vor Augen geführt werden. Auch Margaret Bourke-White folgte dieser grundsätzlichen Richtlinie, allerdings scheint es ihr trotz allem wichtig, den dargestellten Personen eine menschlichere und individuellere Dimension zu verleihen. Im Vergleich zu Chicherskys Aufnahme fängt sie einen Moment ein, der die Männer nicht passiv liegend und in die Kamera blickend zeigt, sondern unterschiedliche Handlungen und Reaktionen festhält. Durch die nähere Aufnahmeposition kommt es zu einer verstärkten Individualisierung der Gesichtszüge, an denen unterschiedliche emotionale Reaktionen ablesbar sind: in der untersten Pritschenreihe sind Männer zu sehen, die nicht auf die Anwesenheit der Fotografin reagieren beziehungsweise reagieren können. Einer scheint sich regelrecht gegen das Fotografiertwerden zu wehren, indem er sich eine Decke über den Kopf gezogen hat. In der Reihe darüber blickt ein anderer Mann mit aufgerissenen Augen erschrocken oder einfach nur vom Blitz geblendet in die Kamera.

121 Dazu zählen u. a. Addison Moll, Donald Ornitz und Harry Miller. Deren Aufnahmen sind über das Online-Fotoarchiv der Gedenkstätte Buchenwald sowie das Online-Fotoarchiv des USHMM abrufbar.

Abb. 61: Margaret Bourke-White: Innenaufnahme einer Baracke im Kleinen Lager, KZ Buchenwald, Deutschland, 15./16. April 1945.

Neben ihm ist eine weitere Person beim Essen zu sehen, während sein Nachbar überraschend heiter in die Kamera lächelt. Die zwei Männer über ihm scheinen sogar in die Kamera zu winken. Als Fotografin, die seit Jahren mit Strategien der sozialdokumentarischen Fotografie und der Darstellung menschlichen Leids vertraut war, scheint sie mehr Gespür für die Individualität ihres Gegenübers und fein nuancierte Gemütsaudrücken entwickelt zu haben.[122] Während Aufnahmen wie die von Chichersky die befreiten Häftlinge passiv in ihrer ihnen

122 Der Einfluss der sozialdokumentarischen Fotografie der 1930er Jahre auf Magaret Bourke-Whites Fotografien aus den Konzentrationslagern, aber auch auf andere Fotografen, wie etwa des Signal-Corps-Mannes und ehemaligem Studenten des Black Mountain College John M. Stix, stellt ein wichtiges Forschungsdesiderat dar; im Rahmen dieser Arbeit kann das Thema leider nicht eingehender untersucht werden. Ein Unterschied könnte jedoch auch im Geschlecht der Fotografin liegen. Auf eine Frau reagierten die ehemaligen Häftlinge möglicherweise anders und offener als auf einen männlichen Angehörigen der US-Armee. Dank an Kathrin Hoffman-Curtius für diesen Hinweis.

Abb. 62: Walter Chichersky: Innenaufnahme einer Baracke im Kleinen Lager, KZ Buchenwald, Deutschland, 15. April 1945.

zugeschriebenen Rolle als Opfer festschreiben, fotografierte Bourke-White auch Szenen, in denen die Männer eindeutig Akteure sind. In einer Folge von drei Aufnahmen demonstrieren beispielsweise mehrere Häftlinge, wie sie in die oberen Abteilungen der Verschläge klettern. Natürlich handelt es sich auch hier um eine Inszenierung des Lagerlebens, die möglicherweise auf Veranlassung der Fotografin oder ihrer Begleiter ausgeführt wurde. Dennoch schreibt sie den Häftlingen eine weitaus aktivere Rolle zu, in der sie selbst einen Gestaltungsspielraum haben und kam damit dem Bedürfnis vieler Häftlinge entgegen, ihre Erlebnisse mitzuteilen und für die Besucher*innen auch nachzustellen.[123]

123 Habbo Knoch belegt dieses Bedürfnis mit der Aussage des Schriftstellers, jüdischen Emigranten und damaligen US-Soldaten in Buchenwald Stefan Heym, der schrieb: „Auch die Schwächsten von ihnen [...] wollen uns die Geschichte ihrer Leiden erzählen." (Zit. n. Knoch: *Die Tat als Bild*, S. 129.) Als eines der drastischsten Beispiele für ein Re-Enactment erlebter Gewalt sind mehrere Fotos der von ehemaligen Häftlingen nachgestellten Folterpraxis des „Baumhängens" in Buchenwald zu nennen, die Sandra Starke ausführlich untersucht hat. Vgl.

Eine häufige Variante der Innenansichten der Baracken, die auch bei Bourke-White zu finden ist, zeigt neben den in den Pritschen liegenden Personen zumindest eine stehende. Diese Figur ist ausnahmslos nur teilweise bekleidet. Entweder die Beine oder der Oberkörper sind nackt und geben den Blick frei auf das volle Ausmaß der körperlichen Auszehrung und Zerstörung, die bei den liegenden Personen nicht in dem Maße sichtbar wird. Vor den Verschlägen aufgebaut wirken auch diese entblößten Körper nicht wie das Porträt eines Individuums, sondern als sichergestelltes Beweisstück für die an ihm ausgeführte Gewalt. Allen Aufnahmen gemeinsam ist ein konfrontativer Charakter: Durch den frontalen Bildaufbau kann der Blick der Betrachter*innen dem gezeigten Elend nicht ausweichen. Die diagonalen Raumfluchten führen den Blick vielmehr direkt auf die stehende Figur als Hauptelement. Das Nicht-wegsehen-Können kommt in Margaret Bourke-Whites Fotografie besonders deutlich zum Ausdruck, da die Häftlinge den Blick der Betrachter*innen erwidern und damit festhalten. Die aus dem Dunkel des Pritschenhintergrundes auftauchenden Gesichter mit ihren großen Augen bedrängen regelrecht die Betrachter*innen. Wohin er oder sie auch blickt, von überall sieht ihnen ein anderes Augenpaar entgegen. Das Reagieren der Männer auf die Kamera und damit in weiterer Folge auf den Blick der Betrachter*innen verwickelt diese auf ganz unmittelbare Weise in das Geschehen. Die einander Anblickenden in Bild- und Realraum bestätigen sich gegenseitig in ihrer Existenz. Die Blickkonstellation führt zu einer Betrachtungssituation, in der sich das Gesehene nicht mehr abstreiten lässt – dies gilt für die amerikanischen wie für die deutschen Betrachter*innen gleichermaßen. Die Amerikaner*innen sollten die wahren Ausmaße der Verbrechen der Nationalsozialisten verstehen; den Deutschen hingegen sollten die Möglichkeit des Leugnens dieser Taten genommen werden. Die Fotografien führen damit den Hauptzweck der geführten Besichtigung vor Ort, an der nur ein kleiner Personenkreis teilnehmen konnte, auf einer bildlichen Ebene weiter. So scheint es auch nicht verwunderlich, dass eine vergleichbare Aufnahme des Signal-Corps-Fotografen Harry Miller eines der am häufigsten veröffentlichten Fotos aus den Konzentrationslagern wurde, sowohl in amerikanischen als auch für den deutschen Markt bestimmten

dazu ihren Vortrag „‚…davon kann man sich kein Bild machen.' Entstehung, Funktion und Bedeutung des Baumhängen-Fotos" im Zuge der Tagung „Photographs from the Camps of the Nazi Regime" am Centrum für Jüdische Studien in Graz im November 2016. Der Vortrag erscheint als Beitrag im Tagungsband, der in der Schriftenreihe des Centrums für Jüdische Studien im Böhlau Verlag erscheinen wird.

Abb. 63: Harry Miller: Innenaufnahme einer Baracke im Kleinen Lager, KZ Buchenwald, Deutschland, 16. April 1945.

Publikationen.[124] (Abb. 63) Ein Vergleich mit dieser Aufnahme offenbart auch hier Margaret Bourke-Whites differenzierteren Blick auf die Situation. Miller zeigt spiegelverkehrt eine fast identische Szene mit einer langen Reihe aus Pritschenkojen, aus denen Gesichter blicken. Auf der rechten Seite, an einen Pfosten gelehnt, steht ein junger Mann mit entblößtem Oberkörper. Miller zeigt die Baracke in einem Zustand, der nahelegt, dass den Männern bereits geholfen wurde. So besitzen nahezu alle eine Schüssel mit Essen. Miller betont damit die Leistung und Fürsorge der amerikanischen Armee. Seine Aufnahme, die zu *dem* Symbol für das Lagerleben in den Konzentrationslagern wurde, zeichnet im Vergleich zu Bourke-White ein bereinigtes Bild: Er bietet nicht nur einen von

124 Carol Zemel schreibt die Fotografie von Harry Miller fälschlicherweise Margaret Bourke-White zu. Carol Zemel: Emblems of Atrocity. Holocaust Liberation Photographs. In: Shelley Hornstein / Florence Jacobowitz (Hrsg.): *Image and Remembrance. Representation and the Holocaust.* Bloomington: Indiana UP 2003, S. 201–219, hier S. 210.

Verbänden, Wunden und Unrat gesäuberten Körper und Umraum, sondern liefert für das Ungeheuerliche, das die Aufnahme zu sehen gibt, auch einen allegorischen Rahmen. Die stehende Figur knüpft an christliche Darstellungen des nackten Jesus mit Lendenschurz an; dieser ist gerade als Schmerzensmann oft durch eine drastische körperliche Abmagerung gekennzeichnet, bei dem die Rippen – wie bei dem von Miller fotografierten Mann – deutlich unter der Haut hervortreten. Miller bettete damit das Leid der KZ-Häftlinge, das die Vorstellungskraft der Amerikaner*innen an der Heimfront vermutlich überstiegen hätte, in eine nachvollziehbare und rückversichernde Narration von Leid und Erlösung ein. Solche Anleihen an eine christologische Ikonografie finden sich häufiger in Aufnahmen aus den Konzentrationslagern und machen deutlich, dass sich die Bilder eindeutig an eine christliche Leserschaft wandten und die oftmals jüdische Identität der Dargestellten negierten oder bewusst verleugneten.[125] Die durch ihr schockierendes Äußeres zum Teil entmenschlichten Häftlinge werden so im Sinne von Judith Butlers These des betrauerbaren Lebens zu einem würdigen Opfer, zu einem Teil der westlichen Werte- und Glaubensgemeinschaft, für die man Mitleid empfindet und Sorge tragen konnte und wollte.

Margaret Bourke-White lieferte hingegen auch hier ein drastischeres Bild der Häftlinge und ihrer Lebensbedingungen. Als Hauptperson für zwei Aufnahmen wählte sie einen vom körperlichen und psychischen Terror und Mangel stark gezeichneten Mann. (Abb. 64) Wie in ihrem viel kritisierten sozialdokumentarischen Projekt *You Have Seen Their Faces* entschied sie sich auch hier gegen eine heroisch oder religiös überhöhte Wiedergabe des Leids; vielmehr setzte sie die katastrophalen körperlichen und mentalen Folgen der menschenverachtenden Lebensbedingungen schonungslos ins Bild. Bourke-White gönnte den Betrachter*innen weder einen räumlichen noch einen symbolischen Ausweg, sondern drängte ihren Blick regelrecht zum Hauptmotiv des Bildes: ein nur mit einem weißen Hemd bekleideter, abgemagerter und schielender Mann. Dieser steht fast in der Mittelachse des Bildes und wird mittels der Beleuchtung aus dem dunklen Umraum herausgeholt und betont. Die diagonale Flucht in das Rauminnere und damit in den Bildhintergrund ist durch eine Türe verschlossen. Wortwörtlich auswegslos und unerbittlich werden die Betrachter*innen mit dem schockierenden Ergebnis brutalster körperlicher und psychischer Gewalt konfrontiert. Die Medien zogen hingegen würdige Opfer vor, die nicht

125 Zemel: Emblems of Atrocity, S. 202. Ein weiteres Beispiel für eine christliche Ikonographie ist die Aufnahme eines unbekannten Fotografen aus dem KZ Bergen-Belsen, die ein Typhusopfer in der Position eines Gekreuzigten zeigt. Menzel-Ahr: *Lee Miller*, S. 167, Abb. 159.

Abscheu, sondern Mitleid erregten. Vergleichbar mit ihren Aufnahmen aus den 1930er Jahren, ging es Bourke-White nicht allein darum, eine nüchterne Bestandsaufnahme der Lager anzufertigen (auch wenn das in ihrer Aussage zum „Kartografieren dieses Ortes" nahegelegt wird), sondern darum, Bilder zu finden, die ihre Betrachter*innen wachrütteln und die das Entsetzen über das Gesehene nicht im selben Zug durch beruhigende Rahmungen abschwächten. In ihrer zum Teil erschreckend schonungslosen Haltung steht sie weniger den Aufnahmen der Signal-Corps-Fotografen oder Fotojournalist*innen-Kollegen nahe, sondern Fotografien des Direktors des Rehabilitation Service der U. S. Army, dem Arzt Rex L. Diveley. Er hatte ebenfalls am 16. April die katastrophale gesundheitliche Situation der Häftlinge in Buchenwald in einer erschütternden fotografischen Bestandsaufnahme festgehalten, die allerdings nur für interne Zwecke und nicht zur Verwendung in den Massenmedien bestimmt war.[126] (Abb. 65)
Die bis auf das Skelett abgemagerten Körper der Häftlinge stehen auch im Mittelpunkt einer weiteren Reihe von Aufnahmen, die der medizinischen Versorgung der Häftlinge gewidmet ist. Die drastische Darstellung der bis zur Unkenntlichkeit abgemagerten Körper wird, wie in Bourke-Whites früheren Aufnahmen amerikanischer Verwundeter, hier in eine Rahmung der medizinischen Versorgung eingebettet; sie legitimiert den voyeuristischen Blick auf die geschundenen Körper und verweist zugleich auf die Befreiung durch die Amerikaner, durch die erst Hilfe im größerem Umfang möglich wurde. Eine Aufnahme zeigt den ausgemergelten Körper eines Mannes, der sich mit dem Rücken den Betrachter*innen zuwendet. Diese können die muskellosen Gliedmaßen, die schlaffe Haut und die offenen Wunden mit genauso intensiver und sachlich-pragmatischer Aufmerksamkeit studieren, wie es der Arzt bei seiner Untersuchung des Häftlings vormacht. Ein Mann in Häftlingskleidung, der rechts neben der Gruppe steht, verortet die Szene in einem Konzentrationslager und kontextualisiert dadurch den gequälten Körper als ein Verbrechen der Deutschen. In diesen Aufnahmen findet, im Gegensatz zu den zuvor besprochenen, keine direkte Kontaktaufnahme zwischen Häftling und Betrachter*innen statt. Stattdessen wird die Wahrnehmung der ausgemergelten Körper bezeichnenderweise durch das medizinische Personal gefiltert. So auch in einer Aufnahme, die den Arzt beim Bestreichen der offenen Hautstellen mit einer Tinktur zeigt.

126 Siehe dazu die Informationen im Fotoarchiv der Gedenkstätte Buchenwald: http://www.buchenwald.de/fileadmin/buchenwald/fotoarchiv/image.php?f_provenienzen_0=29--1&f_provenienzen_29=54--0&smode=suche&page=2&inventarnr=2297 (Zugriff am 28.01.2017).

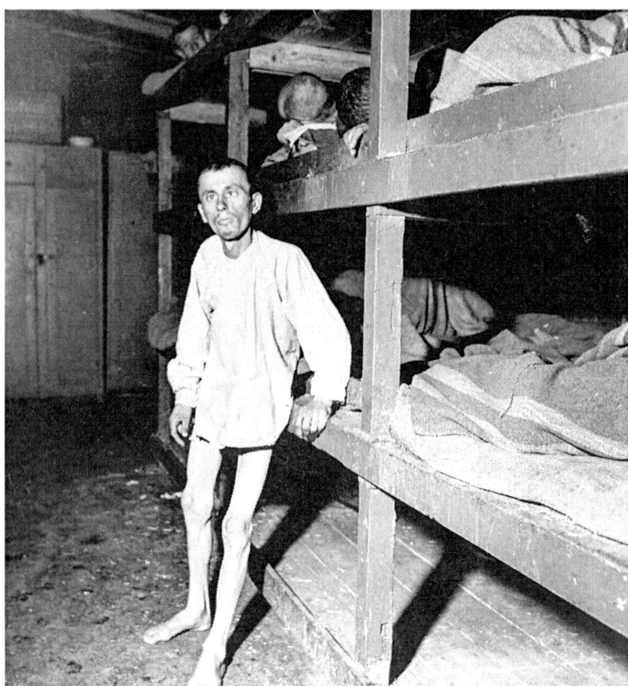

Abb. 64: Margaret Bourke-White: Innenaufnahme einer Baracke im Kleinen Lager, KZ Buchenwald, Deutschland, 15./16. April 1945.

Der Häftling blickt den Arzt an, der sich auf seine Arbeit konzentriert. Die Sichtachse endet beim Gehilfen des Arztes, der im Vordergrund steht und als einziger besorgt aus dem Bild blickt, als wolle er den Betrachter*innen den Ernst der Lage der Patienten deutlich machen, von denen trotz der medizinischen Versorgung noch viele sterben sollten. Die Mangelernährung und die Misshandlungen waren von solch einem Ausmaß, dass viele Patienten nicht mehr gerettet werden konnte, wie auch Margaret Bourke-White in ihrem Buch notierte:

> American Medics, who began feeding the inmates as soon as Buchenwald was captured, were unable to stop the ravages of long suffering and mistreatment. Twelve hundred had died the month before, and people would continue to die there for some time to come.[127]

127 Bourke-White: *Dear Fatherland*, S. 74.

Abb. 65
Rex Diveley:
Innenaufnahme einer Baracke im Kleinen Lager, KZ Buchenwald, Deutschland, 16. April 1945.

Die Körper der Häftlinge werden so zu einem umkämpften Terrain zwischen der Vernichtungswut der Deutschen und den lebenserhaltenden Maßnahmen der Amerikaner. Bourke-White setzte den offensichtlichen Spuren der Misshandlungen an den Körpern der Inhaftierten Momente der Fürsorge und Pflege entgegen, die auf die veränderten Machtverhältnisse im Konzentrationslager und die menschliche und moralische Überlegenheit der Befreier hinwiesen.[128]

128 Margaret Bourke-White zeigt allerdings keine amerikanischen Ärzte des 120th Evacuation Hospital, das in den ersten Tagen nach der Befreiung nach Buchenwald verlegt worden war, sondern einen tschechischen Arzt, selbst Häftling, der sich bis dahin notdürftig um die Versorgung der Häftlinge gekümmert hatte. Percy Knauth schreibt auch über diesen Arzt, der in seinem Buch sein Begleiter durch das Kleine Lager wird. Ähnlich wie in Margaret Bourke-Whites Aufnahme dienen in seiner Beschreibung der Arzt und sein medizinischer Blick als Vermittler zu den fast unmenschlich wirkenden Insassen. Vgl. Knauth: *Germany in Defeat*, S. 38. Dass es sich um keine amerikanischen Ärzte handelt, steht einer Interpretation der Fotografien

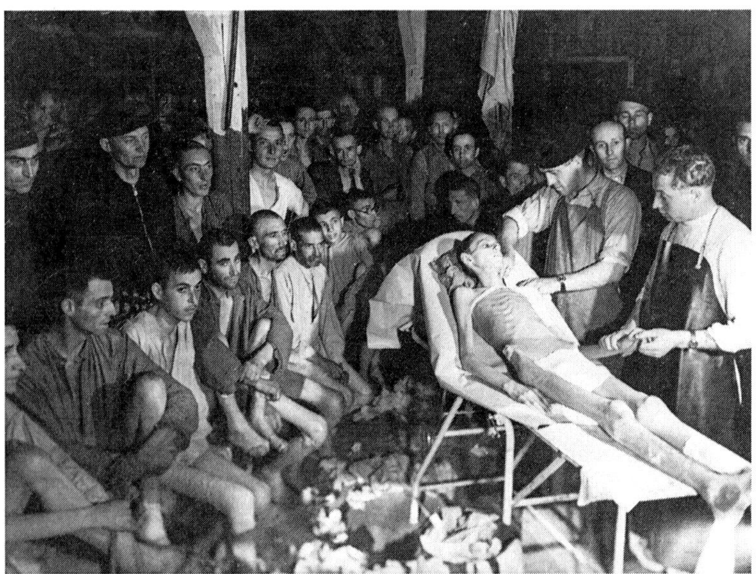

Abb. 66: Margaret Bourke-White: Medizinische Versorgung eines ehemaligen Häftlings, KZ Buchenwald, Deutschland, 15./16. April 1945.

Im selben Raum, möglicherweise einer zur behelfsmäßigen Krankenstation umgebauten Baracke im Kleinen Lager, entstanden weitere Aufnahmen, die sich auf einen ausgezehrten und entkräfteten jungen Mann konzentrieren. Dieser liegt im Zentrum des Raumes, umgeben von einer großen Gruppe von Mithäftlingen, auf einer Bahre. (Abb. 66) Margaret Bourke-White arbeitete auch hier mit einem starken Hell-Dunkel-Kontrast. In diesem Fall nutzte sie die Beleuchtung – Scheinwerfer oder Blitzlicht –, um den Körper des jungen Mannes aus der Masse der restlichen ehemaligen Häftlinge herauszuheben. Das Licht und die leicht schräge Position der Bahre erzeugen einen ausgeprägten Präsentationsgestus. Der Körper ist Untersuchungsobjekt für den forschenden Blick der Kamera, die aufdringlich nah herangeht. In einer Aufnahme ist der Blick noch enger gefasst: auf die ausgezehrte, scheinbar nur noch durch Verbände zusammen gehaltene Hüfte des Mannes, die wie auf einem OP-Tisch zur besseren Betrachtung hell ausgeleuchtet ist. Die Art der Präsentation des Patienten

als Zeichen der moralischen Überlegenheit der Amerikaner nicht im Wege, da sie neben eigenem Personal auch auf inhaftierte Mediziner zurückgriffen, um die Versorgung der Menschen in den Anfangstagen der Befreiung zu gewährleisten. Vgl. Knauth: *Germany in Defeat*, S. 47.

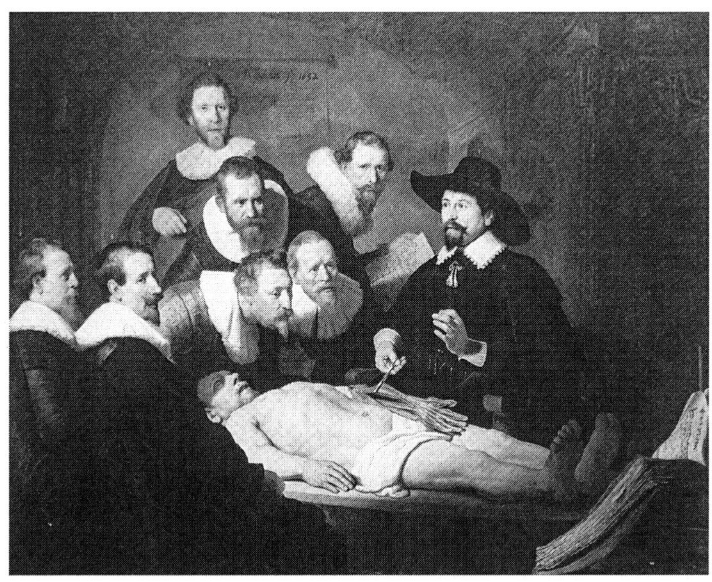

Abb. 67: Rembrandt van Rijn: *Die Anatomie des Dr. Tulp*, 1632, Öl auf Leinwand, 170 x 216 cm, Mauritshuis, Den Haag (Original in Farbe).

erinnert – sowohl in der diagonalen Lagerung auf einer Bahre und der Lichtführung als auch dem objektivierten Blick auf den halb nackten Körper – an eine Anatomie-Vorführung, etwa Rembrandts *Die Anatomie des Dr. Tulp* von 1632 (Abb. 67), die bezüglich ihrer Komposition gut mit den Aufnahmen Bourke-Whites zu vergleichen ist. Der Körper des ehemaligen Häftlings ist jedoch nicht Demonstrationsobjekt für einen medizinischen Zweck, sondern für die menschenverachtende Behandlung durch die Deutschen. Während sich Margaret Bourke-White in den zuvor besprochenen Aufnahmen aus den Baracken einer religiösen Rahmung entzieht, lassen sich an diesem Motiv auch Bezüge zur Aufbahrung von Toten, im speziellen des Leichnams Christi, feststellen. Die Fotografin weist in ihrer Darstellung des noch Lebenden also bereits auf dessen Tod hin.[129] In noch stärkerer Weise als in den zuvor angesprochenen Aufnahmen thematisierte Bourke-White hier das Sterben der ehemaligen Häftlinge, das auch nach der Befreiung noch nicht zu Ende war. Gleichzeitig bettete sie die Szene in

129 In der Bildunterschrift zu einer Aufnahme aus dieser Folge schreibt sie in ihrem Buch *Dear Fatherland:* „This boy is dying in the Buchenwald murder factory." (Bourke-White: *Dear Fatherland*, Section II, Abb. 1.)

eine Ikonografie ein, die bei den Betrachter*innen Trauer und Kontemplation aufrief, die in ihrem christologischen Moment aber auch Erlösung für den leidenden und sterbenden Menschen versprach.

Gefangenschaft und Befreiung: Überlebende am Stacheldrahtzaun

Ein weiteres wichtiges Motiv aus Buchenwald, dem sich auch Margaret Bourke-White in mehreren Aufnahmen gewidmet hat, sind Häftlinge hinter Stacheldrahtzaun. Während die Innenaufnahmen vor allem die körperliche und seelische Mißhandlung vor Augen führten, betonten diese die Freiheitsberaubung und den Umstand der Gefangenschaft, aber auch deren Überwindung. Letzteres war vor allem für Signal-Corps-Fotografen von Bedeutung, die als Militärangehörige den Moment der Befreiung besonders hervorhoben.[130]

Von Margaret Bourke-White sind drei Aufnahmen mit Personengruppen am Stacheldrahtzaun erhalten, die allerdings alle auf sehr unterschiedliche Weise das Motiv der Gefangenschaft ins Bild setzten. Eine Fotografie zeigt eine Gruppe von Kindern hinter Stacheldraht, der sich als Gitterstruktur über den gesamten Bildraum legt und so für die Kinder zur unüberwindbaren Barriere wird. Die Gefangenschaft der Kinder wird durch den flachen Bildraum noch betont. Auch andere Fotograf*innen entschieden sich für dieses Motiv, zuweilen lassen sich die gleichen Kinder identifizieren wie etwa in einer Aufnahme von William B. Curtis. (Abb. 68) Dies mag einerseits damit zu tun haben, dass sich zum Zeitpunkt der Befreiung über 900 Minderjährige im Lager befanden und die Fotograf*innen diesem Umstand Rechnung trugen. Andererseits waren Kinder

130 In mindestens vier Beispielen von Signal-Corps-Fotografen teilt der Stacheldrahtzaun den Raum in ein Innen und Außen. Diese Aufteilung benennt aber nicht mehr eine Eingrenzung beziehungsweise Ausgrenzung. Stattdessen liegt der Schwerpunkt darauf, dass diese Grenzmarkierung obsolet geworden ist, indem beispielsweise der Draht heruntergeknickt ist oder Männer in Häftlingskleidung auf beiden Seiten des Zauns stehen oder liegen. Für Beispiele siehe z. B Foto Nr. 78799 im USHMM Online-Archiv oder Foto Nr. 325.008, 325.009 und 325.012 im Online-Bildarchiv der Gedenkstätte Buchenwald (beide Zugriff am 28.01.2017). Einen anderen Blick auf den Stacheldrahtzaun vermitteln die Aufnahmen von Alfred Stüber, selbst ehemaliger Häftling und Angestellter des Fotolabors im Lager. Auch in seinen Aufnahmen durchzieht der Zaun den Raum oder stellt sich als Gitter vor den Ausblick in den Hintergrund. Auf der gegenüberliegenden Seite, also im „Außen“ sieht man weit entfernt fast ausschließlich amerikanische Soldaten. Stübers Fotografien vermitteln den Blick des Häftlings, der von Innen die Handlungen der Amerikaner beobachtet. Aufnahmen von Stüber siehe z. B. Nr. 013-02.052 oder 013-02.044 im Online-Bildarchiv der Gedenkstätte Buchenwald (Zugriff am 28.01.2017). Zu einer ausführlichen Diskussion des Stacheldrahtmotivs in Aufnahmen des befreiten Konzentrationslagers Buchenwald siehe den Aufsatz Maria Schindelegger: Grenzverschiebungen. Das Motiv des Stacheldrahtes in Fotografien des befreiten Konzentrationslagers Buchenwald im Tagungsband der Konferenz *Photographs from the Camps of the Nazi Regime* am Centrum für Jüdische Studien in Graz, der in der Schriftenreihe des Centrums für Jüdische Studien im Böhlau Verlag erscheinen wird.

Abb. 68: William B. Curtis: Jugendliche ehemalige Häftlinge am Stacheldrahtzaun, KZ Buchenwald, Deutschland, April 1945.

besonders gut geeignet, die Ungerechtigkeit und Willkür der Gefangenschaft in einem Konzentrationslager anzuprangern. Sie verkörperten auf paradigmatische Weise die Unschuld der KZ-Insassen. Die Kinder selbst blicken in Bourke-Whites Aufnahme bis auf eine Ausnahme nicht in die Kamera, sondern auf ein Ereignis oder eine Person links neben ihr, möglicherweise auf einen anderen Fotografen oder auf Bourke-Whites Kollegen Percy Knauth, der sich mit ihnen unterhielt. Auch wenn die Kinder durch den Stacheldrahtzaun als Gefangene dargestellt werden, sind die Sphären vor und hinter dem Stacheldraht nicht völlig voneinander getrennt, sondern durch Blicke und Gesten, etwa durch das Lächeln einzelner Kinder oder deren Händen am Zaun, miteinander verbunden. Es kommt zu einer visuellen Verschleifung beider Sphären, die eine Aufhebung der Grenze nahelegt. Die materielle Grenze in Form des Stacheldrahtes wird zwar als weiter bestehend gezeigt, um den Umstand der Gefangenschaft der Kinder zu verdeutlichen. Die totalitäre Macht, die die Grenze unter Todesandrohung und Terror überwachte, ist allerdings gewichen.

Die bekannteste Aufnahme von Bourke-White aus Buchenwald ist eine Gruppe erwachsener Männer hinter Stacheldraht, die paradoxerweise häufig als die „lebenden Toten von Buchenwald“ bezeichnet wird. (Abb. 69) Es ist eher unwahrscheinlich, dass es sich hier um ein Motiv handelt, das sie während der ‚geführten Tour‘ für die Weimarer Bürger fotografierte. Dafür spricht nicht zuletzt auch die relative Dunkelheit, in der die Fotografie aufgenommen wurde. Möglicherweise entstand sie noch am Abend ihrer Ankunft im Konzentrationslager. An ihr wird deutlich, dass Bourke-White bemüht war, ein differenzierteres Bild der Überlebenden jenseits einer Festschreibung als passive Opfer zu entwickeln. Vergleichbar mit der Fotografie der Kinder drängt auch hier eine Menschengruppe innerhalb des flachen Bildraums nach vorne zum sie eingrenzenden Stacheldrahtzaun. Häftlingskleidung und das über die gesamte Bildfläche laufende Raster des Stacheldrahtes weisen sie als Gefangene aus. Sie sind allerdings weniger von dem Erlittenen gezeichnet als die Masse der bis zur Unmenschlichkeit und Ununterscheidbarkeit abgemagerten ehemaligen Häftlinge im Kleinen Lager. Stattdessen wird die Individualität der einzelnen Personen am Zaun hervorgehoben. Drei Männer im Vordergrund der Gruppe werden durch die Lichtführung besonders betont: rechts ein älterer Mann in geflicktem Mantel, mit Kappe und Gehstock, in der Mitte ein kräftig erscheinender junger Mann mit dickem Wintermantel über der Häftlingskleidung und links neben ihm ein Jugendlicher, der scheinbar nachdenklich die Hand an sein Kinn gelegt hat. Inwieweit Bourke-White einzelne Personen im Bild bewusst für die Aufnahme arrangiert hat, lässt sich nicht rekonstruieren. Augenscheinlich stehen aber Männer dreier unterschiedlicher Altersgruppen in vorderster Reihe, die auch drei unterschiedliche emotionale Reaktionen zeigen. Als einziger blickt der alte Mann in die Kamera. Sein trauriger Blick lässt sich als stumme Anklage und mit der erhobenen Hand auch als Hilferuf an die Betrachter*innen verstehen. Die zwei anderen blicken rechts an der Kamera vorbei aus dem Bildraum heraus. Auch hier ist es möglich, dass Kollegen oder andere Personen neben Margaret Bourke-White standen, die die Aufmerksamkeit auf sich zogen. Während der Jugendliche das Kinn nachdenklich in seine Hand stützt und den Blick in die Ferne richtet, als wolle er über seine unsichere Zukunft nachdenken, wirkt die Körperhaltung des Mannes in der Mitte kraftvoll, aber angespannt. Herausgehoben durch einen Lichtkegel erscheint er als Leitfigur einer Gruppe, die ihre Rechte einfordert. Fast scheint er ansetzen zu wollen, den Stacheldraht einzureißen. Die Vorstellung passiver Opfer oder Demonstrationsobjekte, die viele der Fotografien aus Buchenwald und den Konzentrationslagern allgemein beherrschte, wird hier revidiert. Eher erinnert das Motiv an politische Demonstrationen oder Veranstaltungen. Die ehemaligen Häftlinge werden hier als ernst zu nehmende Gruppe beschrieben, die nicht

Abb. 69: Margaret Bourke-White: Ehemalige Häftlinge am Stacheldrahtzaun, KZ Buchenwald, Deutschland, 15./16. April 1945.

ohnmächtig ‚verwaltet' werden kann, sondern eigene Vorstellungen und Forderungen hat, mit denen sich die Befreier auseinandersetzen müssen. Der ursprüngliche Anlass dieser Aufnahmen ist leider nicht mehr nachvollziehbar, da keine Notizen von Bourke-White aus Buchenwald erhalten geblieben sind. Dennoch fällt auf, dass auch Bourke-Whites Begleiter Percy Knauth selbstermächtigte Häftlinge in Buchenwald ausführlich thematisierte und nach seinem Bericht der katastrophalen Zustände im Kleinen Lager in seinem 1946 Buch erschienenen Buch *Germany in Defeat* anfügte:

> You might think that a place like that would kill the soul of any man. You might think that it would put out forever any fires that may have burned within him – fires of love, or fires of hate, or fires of idealism for a nation or for a cause. You would be wrong. Man's spirit is an extraordinary thing. In some it can be broken with one lash of a whip; in others, torture and opression only harden its resolve.[131]

131 Knauth: *Germany in Defeat*, S. 46.

Auf insgesamt sechs Seiten berichtet er im Anschluss von der Arbeit des Internationalen Lagerkomitees, das widerständige Operationen durchführte, die Befreiung maßgeblich vorbereitete und nach der Besetzung des Konzentrationslagers als wichtiger Kooperationspartner der US-Armee das Leben im befreiten Lager organisierte. Sowohl Bourke-Whites Aufnahmen der Häftlinge als auch Knauths Berichte liefern ein alternatives Bild der Gefangenen im Konzentrationslager, das sie nicht auf einen Objektstatus als Opfer oder Beweisstück der Grausamkeit der Nationalsozialisten reduzierte. Möglicherweise aus diesem Grund wurde die Aufnahme der Häftlingsgruppe nicht zeitnah zu den Ereignissen publiziert. Stattdessen dominierte das Bild der eindeutig als Opfer gekennzeichneten Häftlinge – lebend oder tot. Dies kam dem Ansinnen des Militärs und der Politik entgegen, eindeutige Verhältnisse zwischen Gut und Böse, Opfer und Täter zu schaffen und so die Einstellung der amerikanischen Bürger gegenüber der deutschen Nation zu lenken. Auch in Margaret Bourke-Whites Buch *Dear Fatherland, Rest Quietly*, das von einem tiefen Misstrauen gegenüber den Deutschen geprägt ist, wurde das Foto nicht veröffentlicht, sondern erst in ihrer Autobiografie 1963. Hier repräsentiert das Foto als einzige Aufnahme aus den Konzentrationslagern diesen Ort, zu einem Zeitpunkt, als die Ereignisse bereits fast zwanzig Jahre zurücklagen. Nun ging es nicht mehr um die visuelle Fixierung des Gegensatzes von Schuld/Täter und Unschuld/Opfer oder darum, den Krieg zu rechtfertigen oder Argumente für eine harte Besatzungspolitik zu haben. Stattdessen kamen Bilder ins Spiel, in denen sich die Dokumentation des Unfassbaren und die Funktion der Zeugenschaft in Richtung eines stärker symbolischen Gehaltes verschoben, in dem konkrete Gründe und Umstände der Haft in den Hintergrund traten.[132] In diesen Aufnahmen stellte Bourke-White die eigentlich schon befreiten Häftlinge wieder als Gefangene dar, re-inszenierte visuell deren Gefangenschaft, um den Umstand der gewaltsamen Freiheitsberaubung für die Betrachter*innen sichtbar und nachvollziehbar

132 Interessant sind in diesem Zusammenhang die Bezüge, die von den Autoren hergestellt wurden, die das Bild 1952 und 1972 publizierten. Sowohl Wilson Hicks als auch Theodor M. Brown sehen das Foto in der Tradition Goyas. (Siehe Zitate in Derenthal: *Bilder der Trümmer- und Aufbaujahre*, S. 271, Anm. 21.) Beide Autoren finden zu dieser Analogie, ohne dass es offensichtliche formale oder motivische Bezüge zwischen Margaret Bourke-Whites Aufnahmen und den *Desastres de la Guerra* von Goya gibt. Der Vergleich verdeutlicht jedoch, dass die Fotografien nicht mehr als unmittelbarer Beweis für die Verbrechen der Nationalsozialisten angesehen wurden, sondern an einen etablierten „Antikriegs-Diskurs" angeknüpft wurden, der das Grauen des Krieges im Allgemeinen anprangert und nicht die Verbrechen einer einzelnen Kriegspartei.

Abb. 70: Margaret Bourke-White: Ehemalige Häftlinge am Stacheldrahtzaun, KZ Buchenwald, Deutschland, 15./16. April 1945.

zu machen. Dies unterschied sie von Aufnahmen ehemaliger Häftlinge wie Alfred Stüber oder Angehöriger des Signal-Corps, die als Vertreter des Militärs gerade den Moment der Befreiung, das Öffnen und Überwinden der Zäune thematisierten.

In einer anderen Aufnahme kehrte Bourke-White die Blickverhältnisse um und thematisierte das voyeuristische Element der Aufnahmen, aber auch der allgemeinen Berichterstattung über die Konzentrationslager. (Abb. 70) Die Fotografin und mit ihr die Betrachter*innen befinden sich nun selbst innerhalb einer mit Stacheldraht umzäunten, im spitzen Winkel nach vorne zulaufenden Umfriedung. In einer Ecke, die aus aufeinanderzulaufenden Balken und Zaunelementen gebildet wird, steht zusammengekrümmt eine dürre menschliche Gestalt, die nur mit einem Oberhemd bekleidet ist. Die Person ist aus extrem niedrigem Blickwinkel aufgenommen – die Kamera war offensichtlich am Boden platziert. Mit ihrer linken Hand hält sie das Hemd zwischen den Beinen zusammen, damit ihr nicht unter die Kleidung auf die Genitalien geblickt werden kann. Die ganze Haltung der Person wirkt bedrängt und schutzlos, fast als wolle sie sich vor dem Kameraauge verstecken. Die Fotografin und die Betrachter*innen können allerdings nicht ungestört auf den mitleiderregenden Körper starren, denn die eindimensionale voyeuristische Beobachtungssituation ist aufgebrochen: Fotografin und Betrachter*innen werden selbst beim Betrachten des ausgemergelten Häftlings von einer Gruppe ehemaliger Häftlinge beobachtet. Von oben herab starren sie auf die Betrachter*innen, deren niedrige Blickposition das Gefühl des Sich-Klein-Machens und Versteckens vermittelt. Als einzige mir bekannte Aufnahme von alliierten Fotograf*innen wird hier thematisiert, dass das Fotografieren in den Konzentrationslagern einen voyeuristischen und intrusiven Charakter hatte, der auf die Persönlichkeitsrechte und die Bedürfnisse der Dargestellten keine Rücksicht nahm. Zugleich wohnt dieser Aufnahme ein Akt der Zeugenschaft inne, ein Aspekt der grundsätzlich eine wichtige Rolle in Bourke-Whites Bildern aus den Konzentrationslagern spielt. Die Betrachter*innen werden beim Betrachten eines Motivs, das für die Unmenschlichkeit der Konzentrationslager steht, selbst beobachtet. In dieser Funktion bestätigen die ehemaligen Häftlinge, dass die Betrachter*innen diese Szene tatsächlich gesehen haben und deshalb nicht mehr leugnen können. Die Auseinandersetzung mit Blickverhältnissen findet sich nicht nur bei den Motiven am Stacheldrahtzaun, sondern auch in den Fotografien der Baracken; ihren stärksten Ausdruck erhält sie jedoch in Aufnahmen, die Deutsche während ihres Rundgangs durch das Konzentrationslager zeigen, die im folgenden Kapitel besprochen werden.

„White horror"[133] – Die Leichen der getöteten Häftlinge und ihre Betrachter*innen

Neben der Darstellung der Überlebenden zählen Leichen und Relikte ermordeter Häftlinge wie Aschehaufen und Hautpräparate zum dritten wichtigen Hauptmotiv in Buchenwald. Während sich an den Überlebenden die menschenverachtenden Lebensbedingungen demonstrieren ließen, verweisen die Toten auf den massenhaft tödlichen Ausgang der Haft und die perfiden Tötungsmethoden.

In Buchenwald stechen zwei Motive heraus, denen Margaret Bourke-White jeweils große Aufmerksamkeit gewidmet hat: ein mit Leichen beladener

133 Bourke-White: *Dear Fatherland*, S. 73.

Lkw-Anhänger und ein Leichenstapel am Boden, beide im Hof des Krematoriums. Ihnen kam eine zentrale Rolle als Demonstrationsobjekt in den geführten Touren zu. Allein den Anhänger hat Margaret Bourke-White in über 20 Aufnahmen festgehalten. Die überwiegende Mehrheit zeigt den Wagen und seine grauenvolle Fracht in Gegenüberstellung zur deutschen Bevölkerung, die durch Buchenwald geführt wurde. Darin lag die große Bedeutung des Motivs: die Konfrontation der Deutschen mit ihren Verbrechen und deren Reaktion darauf festzuhalten. Ihre während der Führung aufgenommenen Fotografien reagieren auf dieses Bedürfnis und inszenieren ein komplexes Blickverhältnis, das um den Akt des Sichtbarmachens, des Zum-Sehen-Gebens, des Beim-Sehen-Zusehens und des Einsehens kreist. Die Betrachter*innen werden über die Aufnahmen nicht nur selbst mit den Verbrechen konfrontiert, sondern fungieren ihrerseits als Zeugen der Konfrontation der Deutschen und deren Reaktion darauf. Damit setzte Bourke-White das politische Ziel der geführten Tour visuell um und fort.

Im Zentrum dieser Blickkonstellation stehen im Fall des mit Leichen beladenen Wagens im Hof des Krematoriums eine Gruppe von Deutschen und Vertreter des amerikanischen Militärs. Das Motiv zählt zu einem der meistfotografierten in Buchenwald. Die Konfrontation mit den Taten der Nationalsozialisten wird in diesen Aufnahmen zum innerbildlichen Bildmotiv, das die Gegenüberstellung der Täternation mit ihren Taten und den getöteten Opfern demonstriert. Der Moment der Konfrontation ist dabei um die Figur eines amerikanischen Soldaten als Stellvertreter der Befreier und als Aufdecker der Taten erweitert, mit dem sich die im Bild gezeigten Deutschen ebenfalls auseinandersetzen müssen. Die Konfrontation der deutschen Besucher mit den alliierten Befreiern war vor allem Thema der Signal-Corps-Fotografie, beispielsweise in der viel publizierten Aufnahme von Walter Chichersky, die von einer Mauer aus hinter den deutschen Besuchern aufgenommen wurde. (Abb. 71) Deutsche auf der einen und Vertreter der Amerikaner und ehemalige Häftlinge auf der anderen Seite stehen sich hier frontal gegenüber. Was sie räumlich und gleichzeitig moralisch voneinander trennt, ist der Wagen mit den Leichenstapeln. Als Scharnier zwischen den beiden Gruppen fungiert ein einzelner US-Soldat am linken Bildrand, der möglicherweise die Besucher über das Gezeigte belehrt und so eine Vermittlerfunktion zwischen beiden Positionen einnimmt.[134]

134 Ähnlich, aber etwas anders aufgebaut ist eine Fotografie von Parke O. Yingst, der aus der Position des am Wagen stehenden Soldaten fotografierte. Der in dunklen Nuancen gehaltenen, verschatteten Gruppe der Deutschen steht im rechten Winkel die hell im Sonnenlicht

Abb. 71: Walter Chichersky: Weimarer Bürger*innen im Innenhof des Krematoriums, KZ Buchenwald, Deutschland, 16. April 1945.

Margaret Bourke-White hingegen stellt in einer Aufnahmereihe weniger die Gegenüberstellung als den Akt des Zeigens in den Vordergrund.[135] Zu sehen ist auf dem zeitlich ersten Foto ein Soldat von hinten, der gestikulierend den Deutschen zugewandt ist. (Abb. 72) Seine Mittlerfunktion zwischen Leichen und Lebenden wird durch seine Position auf der Scheitellinie des Winkels, den beide Motive bilden, und seine Drehbewegung um 360 Grad, die sich in den

strahlenden Laderampe mit den weißen Körpern der Leichen gegenüber. Der Lichteinsatz sorgt für die Unterscheidung zwischen hell und dunkel, gut und böse. Auch hier steht trennend der Wagen mit den Toten dazwischen, der sowohl den Deutschen im Bild als auch dem als Amerikaner*innen verstandenen außerbildlichen Betrachter*innen die absolute moralische Differenz zwischen diesen beiden Nationen vor Augen führt. Die Abbildung ist unter der Nummer 60623 einzusehen im Online-Bildarchiv des USHMM.

135 Auf ähnliche Weise fotografierte sie auch die Gegenüberstellung der Deutschen mit dem Galgen, an dem nun eine Puppe für Demonstrationszwecke hing, und den Verbrennungsöfen im Krematorium, in denen zum Teil noch nicht vollständig verkohlte Überreste von Leichen lagen.

Abb. 72 Margaret Bourke-White: Amerikanischer Soldat spricht vor Weimarer Bürger*innen im Innenhof des Krematoriums, KZ Buchenwald, Deutschland, 16. April 1945.

darauffolgenden Aufnahmen vollzieht, deutlich.[136] In der Bildfolge wird er selbst vom Erklärenden zum Beobachter des Wagens und demonstriert so den Deutschen den ‚richtigen' Umgang mit der Situation. Auch die Fotografin wechselte ihre Position und vollzog das geforderte Hinsehen in ihren Aufnahmen für sich und die Betrachter*innen nach. Fast überlebensgroß im Vergleich zum Soldaten und den Personen im Hintergrund ragt in der darauffolgenden Aufnahme der Wagen in den Bildraum hinein. Der Blick fällt unweigerlich auf den erschreckenden Anblick der Leichen, angezogen vor allem durch ein in der Mitte aus dem Chaos an Gliedmaßen und Köpfen ragendes Gesicht. Nachdem die Betrachter*innen sich nun selbst von der Existenz der Leichen aus nächster Nähe überzeugen konnte, lenkt die Diagonale der Ladefläche des Wagens den Blick direkt auf die Gruppe der Deutschen im Hintergrund. Wie reagieren diese auf den grauenhaften Anblick? Die gesamte Bildfolge erklärt den

136 Insgesamt setzt sich diese Drehbewegung aus sechs Aufnahmen zusammen, die als Kontaktabzug im Archiv der Fotografin erhalten sind.

Betrachter*innen – charakteristisch für Bourke-White – den von den Amerikanern angeleiteten *Prozess* des Zeigens, des Sehens und der daraus erhofften Einsicht der Schuld. Veröffentlicht wurde keine der Aufnahmen. Möglicherweise wurden sie als zu didaktisch angesehen und das zu diesem Zeitpunkt bevorzugte Motiv der Gegenüberstellung zwischen Gut und Böse wurde im Vergleich zu der viel publizierten Fotografie von Chichersky als zu wenig offensichtlich empfunden.

Um die direkte Konfrontation der deutschen Bevölkerung mit ihren Verbrechen geht es in einer weiteren Aufnahmereihe, in der Margaret Bourke-White die Reaktionen der deutschen Besucher*innen auf einen am Boden liegenden Leichenstapel im Innenhof des Krematoriums ins Zentrum rückt. Es ging nicht nur darum, sicherzustellen, dass so viele Deutsche wie möglich die Gräuel in den Konzentrationslagern sahen und dass diese Konfrontation fotografisch dokumentiert wurde, sondern auch darum, die Reaktion der Deutschen auf das Gesehene festzuhalten und daraus auf deren ideologische Gesinnung zu schließen. Bourke-Whites Fotografien erscheinen in diesem Zusammenhang wie eine Versuchsanordnung, bei der die deutschen Besucher*innen auf die Probe gestellt werden. Ihre Kamera hatte sie so postiert, dass der Blick frontal auf einen Leichenstapel vor ihr gerichtet war. An dem Leichenstapel – und damit auch an der Kamera – wurden die Deutschen, angeleitet durch die im Hintergrund stehenden Soldaten, vorbeigeführt. Die Diskrepanz zwischen den dürren, unbekleideten Leichen und den wohlgenährten, gut gekleideten Deutschen ist augenfällig und unterstreicht das Ungerechtigkeitssystem, deren Opfer die Toten auf dem Leichenstapel wurden. Dieser Gegensatz wurde von den Medien in ihrer Bildberichterstattung auch bewusst hergestellt, beispielsweise in einem Beitrag der britischen *Picture Post* vom 5. Mai 1945. Die Titelseite des Artikels zeigt unter der Bildunterschrift „Inside the Wire“ eine großformatige Aufnahme zum Skelett abgemagerter ehemaliger Häftlinge und unter „And Outside“ eine wohlgenährte Mutter mit Kind, die als „typical, pleasant looking German family, to whom what happened inside meant nothing“ charakterisiert wurde.[137]

In keiner der insgesamt fünf Aufnahmen blickt eine Person direkt auf die Leichen am Boden. Bis auf eine Frau, die ihren Blick eher beiläufig in die Richtung wendet, drehen alle ihren Kopf in eine andere Richtung. Eine junge Frau hebt ihre Hand in einer unklaren Geste zum Gesicht. Vielleicht wischt sie sich Tränen aus den Augen oder sie will ihr Gesicht abschirmen, um auf dem Foto nicht erkannt zu werden. Letzteres ist durchaus ein plausibler Grund dafür, dass

137 *Picture Post*, 05.05.1945, S. 7. Abb. in Caiger-Smith: *Bilder vom Feind*, S. 41.

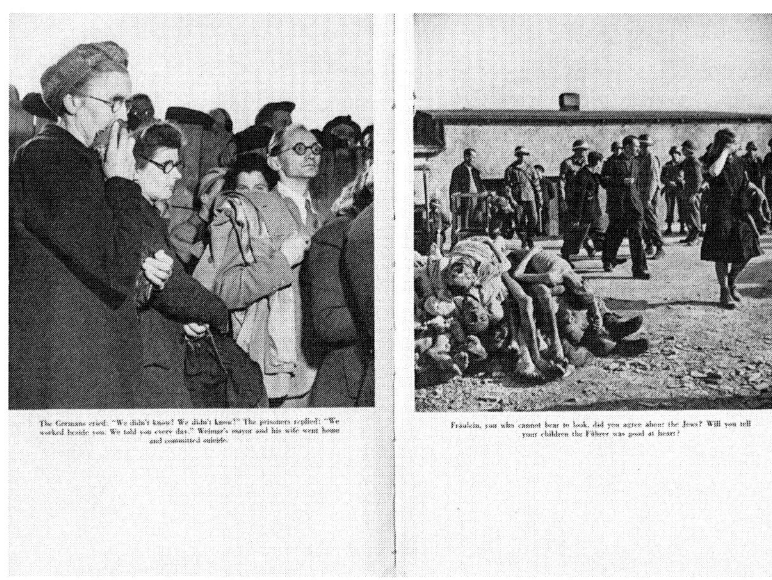

Abb. 73: Margaret Bourke-White: Weimarer Bürger*innen im KZ Buchenwald, Deutschland, 16. April 1945. Doppelseite aus *Dear Fatherland, Rest Quietly*, 1946.

niemand auf den Bildern auf die Leichen und damit in die Linse der dahinterstehenden Kamera blickt. Kaum einer traute sich wohl, in dieser Situation die Leichen direkt anzusehen und damit in die dahinter lauernde Kamera zu schauen. Auch wenn die gezeigten Personen aus unterschiedlichen Gründen ihren Blick in eine andere Richtung wenden, fotografierte und interpretierte Margaret Bourke-White diese Geste für sich als Weigerung, die Schuld und das Wissen um die Geschehnisse einzugestehen. In ihrem Buch *Dear Fatherland, Rest Quietly* veröffentlichte sie die Aufnahme einer sich abwendenden jungen Frau (Abb. 73, rechts) und beschrieb sie als Geste des ostentativen Wegsehens: „Fräulein, you who cannot bear to look, did you agree about the Jews? Will you tell your children the Führer was a good heart?“[138]

In dieser Konstellation geht es ebenfalls um das Verhältnis von Sehen und dem Anerkennen der Existenz des Gesehenen. Wie bereits in anderen Aufnahmen von Bourke-White aus Buchenwald, werden die außerbildlichen Betrachter*innen auch hier in die innerbildliche Betrachtungssituation mit einbezogen und so der Demonstrationsgestus der Führung auf die Ebene der

138 Bourke-White: *Dear Fatherland*, Bildteil II, o. P. [S. XI].

Fotografie verlagert. Auch die außerbildlichen Betrachter*innen werden frontal mit dem schockierenden Leichenstapel konfrontiert. Die Leiche mit halb geöffneten Augen in der Mitte des Stapels scheint die Betrachter*innen fast anzusehen, mit ihnen Kontakt aufzunehmen. Der Einsatz dieses Kompositionselements erschwert es den Betracher*innen, sofort wieder wegzusehen. Im Bild sehen sie nun auch ihr Verhalten durch die innerbildlichen Betrachter*innen gespiegelt, die im Gegensatz dazu aber ihren Blick abwenden. Während sich die außerbildlichen Betrachter*innen also „richtig" verhalten, indem sie hinsehen, wird ihnen das ‚falsche' Verhalten der innerbildlichen Betrachter*innen – der deutschen Anwohner*innen – umso deutlicher vor Augen geführt.[139] In den Aufnahmen drückte sich Margaret Bourke-Whites fester Glaube aus, dass die Mehrheit der Deutschen über die Existenz der Naziverbrechen Bescheid gewusst habe, dieses Wissen aber leugneten. In *Dear Fatherland, Rest Quietly* schreibt sie 1946 bitter:

> 'We didn't know! We didn't know!' I first heard these words on a sunny afternoon in mid-April, 1945. They were repeated so often during the weeks to come, and all of us heard them with such monotonous frequency, that we came to regard this as a kind of national chant for Germany. [...] Of course they knew, as did most Germans.[140]

Der Wagen mit den aufgestapelten Leichen der getöteten Häftlinge im Hof des Krematoriums war allerdings auch ohne die Konfrontation mit den deutschen Anwohner*innen ein von den Fotograf*innen bevorzugtes Bildmotiv. Die meisten zeigten den ganzen Wagen und verorteten ihn als Demonstrationsobjekt der Führung räumlich im Innenhof des Krematoriums, wie beispielsweise in einer Aufnahme von Parke O. Yingst (Abb. 74) oder der Fotografie Walter Chicherskys (Abb. 71).[141] Im Gegensatz dazu ging Margaret Bourke-White extrem nahe an die Toten auf dem Wagen heran und konzentrierte sich aus einem frontalen Blickwinkel auf die Füße und die Schädel, die in einem chaotischen Wirrwarr auf die Ladefläche geschichtet waren. (Abb. 75) Diese füllen die Bildfläche fast vollständig aus, nur ein schmaler Streifen der Wagenpritsche

139 Die Bildinszenierung funktioniert auch umgekehrt: Der außerbildliche Betrachter blickt zuerst auf die Personen, die sich abwenden. Wenn er sehen möchte, wovon sich diese wegdrehen, hat er den Leichenstapel bereits wahrgenommen.

140 Bourke-White: *Dear Fatherland*, S. 73, 74.

141 In den Online-Fotoarchiven der Gedenkstätte Buchenwald und des USHMM befinden sich weitere elf Aufnahmen des Wagens von Parke O. Yingst, William Chichersky, Rex Diveley, Ardean Miller und anderen Fotografen.

am unteren und ein Streifen Himmel am oberen Rand sind noch zu sehen. Der flächige Bildaufbau lässt die Körperteile in ihrer Gesamtheit zu einem ornamentalen Fries werden. Der individuelle Tote wird so einer starken Entindividualisierung und Objektivierung unterzogen. Die Leichen werden vor der Linse der Kamera zu Kompositionselementen verdinglicht und ihre Reduzierung auf einen Objektstatus wiederholt. Den emotionslosen Blick auf das Schrecken beschreiben zahlreiche Fotografen und Journalisten, die ebenfalls im Konzentrationslager fotografiert haben, so auch Percy Knauth: „There without any sense of shock, I saw the first corpses I had ever seen in my LIFE [*sic*]: a pile of them, stacked more or less the way I stack my firewood back home, not too carefully."[142] Möglicherweise wollte Bourke-White damit auf die Entmenschlichung der Häftlinge im Lager verweisen, die auch nach ihrem Tod noch weiter fortwirkte, indem sie „wie ein Stück Feuerholz" auf den Wagen gestapelt wurden.[143] Die diagonale Ausrichtung der Komposition, die sich wiederholende Abfolge der Körperteile und der Anschnitt des Leichenberges an beiden Bildrändern, der eine endlose Fortsetzung nahe legt, erinnern an Kompositionsprinzipien ihrer Produktfotografien. Vielleicht versuchte Bourke-White dadurch das massenhafte und entindividualisierte, nahezu industriell organisierte Töten und Sterben in Buchenwald anzudeuten. Dies legt zumindest eine Bemerkung in ihrem Buch *Dear Fatherland, Rest Quietly* nahe, in der sie Buchenwald als „murder factory" bezeichnet.[144]

Die Fotografien folgen chronologisch auf die Aufnahmen mit dem Soldaten vor dem Anhänger. Im Kontext dieser Bildfolge vollziehen sie in einer Art Zoom-Bewegung den von den deutschen Betrachter*innen geforderten Nahblick für den außerbildlichen Betrachter*innen nach. Die Nahaufnahmen gaben auch diesen die Möglichkeit, ganz genau hinzusehen und sich die schockierenden Ausmaße der Verbrechen im Lager zu vergegenwärtigen. Die Konzentration nur auf die Köpfe und Füße, und nicht die ausgemergelten Körper in ihrer Gesamtheit, sowie die nach stark formal-ästhetischen Gesichtspunkten gestaltete

142 Knauth: *Germany in Defeat*, S. 36. Ähnliches beschreibt auch der britische *LIFE*-Fotograf George Rodger, der in Bergen-Belsen die mit Leichen überfüllten Massengräber fotografiert hatte: „Ich hatte tausend Tote um mich herum. Ich stieg über sie hinweg und ich hatte keine Gefühle in mir. Ich versuchte gute Bilder zu machen. Etwas, was mich heute über mich erschüttert." (Zit. n. Derenthal: *Bilder der Trümmer- und Aufbaujahre*, S. 24.)

143 Der Begriff des gestapelten Feuerholzes war eine beliebte Analogie zur Beschreibung der Leichenstapel und findet sich neben Knauth u. a. auch bei David Scherman. Vgl. Menzel-Ahr: *Lee Miller*, S. 156.

144 Bourke-White: *Dear Fatherland*, Bildteil Section II, Bildunterschrift zur ersten Abbildung, o. P. [S. 1].

Abb. 74: Parke O. Yingst: Lkw mit Leichen im Innenhof des Krematoriums, KZ Buchenwald, Deutschland, 16. April 1945 (Original in Farbe).

Komposition reduzierten jedoch den schockierenden Effekt der Fotografien. Das Motiv wurde in der Nahaufnahme abstrahiert und so für die Betrachter*innen besser bewältigbar gemacht. Bourke-White könnte sich aber noch aus einem anderen Grund für eine Nahaufnahme und eine tiefe Aufnahmeposition entschieden haben. Gene Currivan, der für die *New York Times* über die Führungen durch Buchenwald am 16. September berichtete, schreibt in seinem Artikel, dass sich auf dem Leichenstapel auch die wohlgenährten und bekleideten Leichen zweier Täter befanden.[145] Auf den Aufnahmen von Parke O. Yingst, der zum selben Zeitpunkt wie Margaret Bourke-White fotografierte, sieht man die schweren Stiefel und auch den Kopfansatz und den Rücken zumindest einer dieser Personen ganz obenauf liegen.[146] (Abb. 74) Bei Margaret Bourke-White sind diese Figuren – bis auf eine Aufnahme, in der man gerade noch die Stiefelspitze erkennen kann – weitgehend ausgeblendet. Die strikte Trennung zwischen Täter und Opfer sollte offensichtlich aufrechterhalten bleiben.

145 *New York Times*, 18.09.1945, S. 8.
146 Inventar Nr. 60633 und 60623 im USHMM.

Abb. 75: Margaret Bourke-White: Lkw-Anhänger mit Leichen im Innenhof des Krematoriums, KZ Buchenwald, Deutschland, 16. April 1945.

Margaret Bourke-White fotografierte neben den Leichen auf dem Wagen auch den am Boden arrangierten Leichenstapel isoliert von den vorübergehenden Besucher*innen.[147] Allerdings zeigte sie ihn nicht isoliert in einem engen Bildausschnitt, sondern eingebettet in die Handlung des Hinzufügens von Leichen.

147 Als Demonstrationsobjekt im Rahmen von Führungen wurde auch dieses Motiv häufig fotografiert. In den Online-Fotoarchiven des Gedenkstätte Buchenwald und des USHMM in Washington befinden sich allein 14 weitere Aufnahmen unterschiedlicher Fotografen. Auch Lee Miller hat den Leichenstapel bei ihrem Besuch fotografiert. Parke O. Yingst fotografierte ihn sogar im selben Moment wie Bourke-White.

In weitaus größerem Maß als auf dem Wagen sind die Leichen hier als tote menschliche Körper erkennbar, die von körperlicher Auszehrung gezeichnet sind. Die Körper auf dem Leichenstapel wirken ungeordnet, hohlwangige Köpfe und dürre Beine sind in- und übereinander verschränkt. Ganz obenauf liegt eine männliche Leiche mit entkleidetem Unterkörper und entblößten Genitalien. Die Aufnahme zeigt, wie zwei Männer gerade eine weitere Leiche schwungvoll wie einen Sack Mehl auf den Stapel werfen. Der Mann mit geöffneten Augen und Mund scheint auf erschreckende Weise noch lebendig zu sein, als er geworfen wird. Auch hier thematisierte Bourke-White die Verdinglichung und Entmenschlichung der Häftlinge im System der Konzentrationslager. Es herrschte der „weiße Horror", der massenhafte, würdelose und entindividualisierte Tod, der auch nach der Befreiung noch nicht gestoppt war, wie das Anwachsen des Leichenberges signalisierte.

Lee Miller fokussierte in ihren Aufnahmen desselben Leichenstapels ganz auf die Gesichter und die ausgezehrten Gliedmaßen der Leichen. Die von ihr gezeigten Menschen scheinen immer noch zu leiden, mit weit aufgerissenen Mündern und Augen sind die Leiber ineinander verkeilt. In der Betonung der erschütternden Expressivität der Gesichter und Körper konfrontierte sie die Betrachter*innen schonungslos mit dem qualvollen Sterben dieser Menschen. Lee Miller versuchte, wie Katharina Menzel-Ahr feststellte, „trotz aller Nivellierung der Persönlichkeit, des Hungertodes und der Entmenschlichung durch das KZ-System [...] jeden der Ermordeten als einzelnen Menschen mit seinem eigenen Leben"[148] sichtbar zu machen. Im Gegensatz dazu betonte Bourke-White in ihren Fotos der Leichenstapel gerade den entmenschlichten Objektstatus der Getöteten – sowohl vor als auch nach der Befreiung – während sie in ihren Aufnahmen der Überlebenden auf Möglichkeiten des Ausdrucks von Individualität achtete.

Die Aufnahme Bourke-Whites entspricht einem verbreitenden Motiv, das vor allem Deutsche, vereinzelt aber auch ehemalige Häftlinge bei den ‚Aufräumarbeiten' oder der Bestattung der Leichen aus Konzentrationslagern zeigte.[149] Während die erzwungene Handhabung und Bestattung toter KZ-Häftlinge durch Deutsche als Akt der Konfrontation und Umerziehung verstanden werden

148 Menzel-Ahr: *Lee Miller*, S. 163.

149 Bei Dagmar Barnouw sind eine Vielzahl von Aufnahmen dieser Begräbnissituationen abgebildet. Besonders schockierend in dem Zusammenhang sind sicherlich George Rodgers Fotografien aus dem typhusverseuchten Lager Bergen-Belsen.

kann,[150] sind auf Bourke-Whites Fotografie ehemalige Häftlinge zu sehen.[151] Deutsche sind in der gezeigten Situation nur als Zuschauer, nicht in der Rolle der Akteure vorgesehen. Für ihre Augen wird die Handlung inszeniert, wie zwei Aufnahmen von Parke O. Yingst deutlich machen. Ein erstes Foto zeigt, wie der Leichnam noch auf dem Wagen liegt, während die Männer darum herumstehen. Auf einem zweiten tragen die Männer die Leiche, beratschlagen sich aber offensichtlich noch; eine Diskussion, in die sich auch der danebenstehende Soldat mit Helm gestikulierend einschaltet. Während Yingst einen schrägen Blickwinkel bevorzugte, der die diskutierenden Personen in den Vordergrund stellte, wählte Bourke-White einen Standpunkt, der die ausgemergelten Gesichter und Körperteile frontal ins Bild setzte und zugleich mit den im Hintergrund stehenden Reihen deutscher Beobachter*innen hinterlegt. Auch hier wird der Akt des Hinsehens der außerbildlichen Betrachter*innen durch die innerbildlichen deutschen Betrachter*innen gespiegelt. Allerdings lassen sich aufgrund der Entfernung kaum Reaktionen auf deren Gesichtern erkennen.

Wohl aus diesem Grund fotografierte Margaret Bourke-White neben den ‚Konfrontationsobjekten' der geführten Tour auch deutsche Anwohner*innen in Nahaufnahme. So war es ihr möglich, deren Gestik und Mimik im Detail zu zeigen, um daran das Verhalten der Personen angesichts der offenbarten Verbrechen besser ablesen zu können. Zumindest elf Aufnahmen widmete sie diesem Motiv und beschäftigte sich damit mit der im Kontext der Re-Education zentralen Frage nach der Reaktion der Deutschen auf die Verbrechen in den Konzentrationslagern.[152] Die Fotografien zeigen die Besucher*innen, wie sie auf etwas außerhalb der Bildfläche blicken und zum Teil heftig darauf reagieren, sich

150 Siehe dazu vor allem Dagmar Barnouw: *Ansichten von Deutschland (1945). Krieg und Gewalt in der zeitgenössischen Photographie*. Frankfurt am Main: Stroemfeld 1997, S. 75–91. Sie schreibt: „Den Deutschen sollte mit diesem Ritual eingeprägt werden, dass sie sich nicht einfach abwenden dürften, sondern dass sie ansehen, anfassen, in ihren eigenen sakralen Raum einlassen mussten, was die Nazis – mit ihrer Hilfe – so brutal ausgegrenzt hatten und was nun als die grausigste, fremdeste Last zu ihnen zurückkam." (Ebd., S. 90–91.)

151 Diese Annahme wurde durch Holm Kirsten, Leiter der historischen Sammlungen der Gedenkstätte Buchenwald, bestätigt. Seit 1941/1942 trugen die Häftlinge dort auch zivile Kleidung. Vgl. E-Mail-Korrespondenz vom 22. April 2013.

152 Parke O. Yingst, Lee Stinchfield und Dan Lechner zeigen vereinzelt auch deutsche Bürger ohne die ihnen vorgeführten Verbrechen. Abbildungen sind einsehbar im Online-Archiv des USHMM unter den Inventarnummern 60635, 60637 und 42739 (Zugriff am 28.01.2017). Die einzig vergleichbare Aufnahme stammt von einem unbekannten Signal-Corps-Fotografen (U. S. National Archives, Sign.: 111-SC-203420), abgebildet in Barnouw: *Ansichten von Deutschland*, S. 90.

etwa Taschentücher oder die Hand vor das Gesicht halten. Die Gräueltaten, zu deren Besichtigung sie gekommen waren, werden im Bild jedoch nicht gezeigt. Die Aufnahmen setzen voraus, dass sie den außerbildlichen Betrachter*innen bereits bekannt sind. Sie wenden sich damit an moralisch überlegene Betrachter*innen, die den Akt des Sehens und Anerkennens bereits vollzogen haben und nun darauf warten, wie die Deutschen reagieren.

Margaret Bourke-White wählte häufig Personen als Motiv ihrer Aufnahmen, die durch ihr Äußeres einer deutschlandkritischen Aussage zuarbeiteten oder von ihr als „typisch deutsch" empfundene Reaktionen lieferten. Eine Personengruppe, die sie dreimal fotografierte, zeigt zwei Frauen und einen Mann, die konzentriert auf etwas rechts außerhalb der Bildfläche blicken. (Abb. 73, links) Alle drei sind Brillenträger und verweisen so indirekt auf die Notwendigkeit des „Besser-Sehens" und die erzwungene „Sehhilfe" durch die Alliierten. Die ältere Frau im Vordergrund hält sich – wohl aufgrund des Geruches der Leichen – ein Taschentuch vor den Mund; eine Geste, die auch in anderen Fotografien immer wieder zu beobachten ist, die aber durchaus auch als Ausdruck des Entsetzens oder der Trauer gelesen werden kann.[153] Im Zentrum der Aufnahmen steht allerdings der Versuch, das angeleitete und zielgerichtete Sehen der Deutschen sichtbar zu machen. In Nahaufnahmen einzelner Personengruppen gelang dies besser als in Fotografien der innerbildlichen Konfrontation mit den Leichen. Indem Bourke-White sowohl die deutschen Betrachter*innen als auch die Verweise auf die im KZ verübten Gräueltaten getrennt voneinander aufnahm, ließen sich diese im Layout der Publikationen in einer Art Schuss-Gegenschuss-Verfahren so gegenüberstellen, dass beide Motive gut erkennbar blieben. Die Konfrontation wurde aus dem Bildraum in den Raum des Buches oder der Zeitung ausgelagert. Das geforderte „Hinsehen" der deutschen Bevölkerung konnte so in den Publikationen eindeutig und gut sichtbar nachgestellt beziehungsweise erst hergestellt werden. Margaret Bourke-Whites Zusammenstellung aus Konzentrationslager-Fotografien für *Dear Fatherland, Rest Quietly* beinhaltet zwei solcher über das Layout erzeugten Konfrontationen.[154] (Abb. 73) Auch die unter alliierter Kontrolle stehende deutsche Nachrkiegspresse bediente sich der Vorgehensweise. In der *Bayerischen Landeszeitung* wurde beispielsweise das Foto von Zivilisten eines unbekannten Signal-Corps-Fotografen der Aufnahme eines

153 Auch in Leipzig-Thekla fotografiert Bourke-White Frauen in noch offensichtlicheren Gesten des Entsetzens, abgebildet unter anderem in Bourke-White: *Dear Fatherland*, Bildteil II, o. P. [S. 16].

154 Bourke-White: *Dear Fatherland*, Bildteil II, o. P. [S. 8–9, S. 10–11].

Leichenstapels von Walther Chichersky gegenübergestellt.[155] Die Methode der auf der Ebene des Bildlichen erzwungenen Konfrontation der deutschen Bürger*innen mit den Gräueltate wirkt bis heute nach und findet sich beispielsweise im Buch von Barbie Zelizer, die genau diese Aufnahme von Weimarer Bürgern gegenüber einem Massengrab aus Bergen-Belsen arrangierte.[156]
Die Nahaufnahmen der Weimarer*innen verbildlichen allerdings nicht nur den zentralen Akt des Sehens der Deutschen und lenken deren Blick über das Layout in die gewünschte Richtung; sie geben auch das komplexe Blickverhältnis in den Konzentrationslagern kurz nach der Befreiung wieder und verorten die Bedeutung dieses Sehens innerhalb des politischen Kontextes der Zeit: die Notwendigkeit des Sehens und des Anerkennens der Geschehnisse in den Konzentrationslager und das Einsehen der (Mit-)Schuld als Grundlage der alliierten Re-Education-Bemühungen. Die außerbildlichen Betrachter*innen sind dabei keine unbeteiligten Zuschauer*innen, sondern werden über innerbildliche Figuren, die Augenkontakt mit ihnen herstellen, aktiv eingebunden. Eine weiter im Hintergrund und durch andere Personen halb verdeckte Frau richtet in der besprochenen Abbildung, aber auch in einer vergleichbaren Gegenüberstellung im Buch *Dear Fatherland, Rest Quietly*, ihren Blick direkt in die Kamera und damit auf die Betrachter*innen. Diese Figuren ziehen die außerbildlichen Betrachter*innen in das Bildgeschehen hinein und machen zugleich deutlich, dass sie sich der „Kontrolle" ihres Sehens durch die Fotografin und die außerbildlichen Betrachter*innen bewusst sind. Eine weitere Blickachse verläuft zur Gruppe von ehemaligen Häftlingen, die auf und hinter dem Zaun, der den Hof des Krematoriums vom restlichen Lager abgrenzt, stehen. Sie bilden den realräumlichen, aber auch metaphorischen Hintergrund, vor dem das „Hinsehen" der Deutschen einzuordnen ist. Die deutschen Betrachter*innen sind schließlich zwischen den Blicken der ehemaligen Häftlinge und dem der Fotografin als Vertreterin des alliierten Blicks wie in einen Schraubstock eingespannt. Die Blick- und Machtverhältnisse haben sich umgekehrt: Nicht die ehemaligen Häftlinge, sondern die Täter*innen stehen nun unter Beobachtung. Den Aufnahmen wohnt zudem ein, auch politisch bedeutsamer, Zeugnischarakter inne: Das Wissen um das Gesehene soll sich von diesen deutschen Bürger*innen nicht mehr leugnen lassen und wird durch einen dreifachen, sich gegenseitig bestätigenden Zeugnisakt belegt: Die deutschen Besucher*innen nehmen Zeugnis von den in

155 *Bayerische Landeszeitung*, 25.05.1945. Abb. in Knoch: *Die Tat als Bild*, S. 141.
156 Vgl. Zelizer: *Remembering to Forget*, S. 104–105.

ihrem Namen begangenen Verbrechen, die Fotografin bezeugt und dokumentiert dieses Zeugnisablegen. Die ehemaligen Häftlinge bestätigen wiederum die Anwesenheit der Fotografin und in weitere Folge die der außerbildlichen Betrachter*innen und kontrollieren deren Aufgabe als Zeug*innen dieses Aktes.

Zusammenfassung und Ausblick

Als sich Margaret Bourke-White als Kriegsberichterstatterin akkreditieren ließ, konnte sie bereits auf eine fast zwanzigjährige erfolgreiche Karriere als Fotografin zurückblicken. Sie hatte sich als Industrie- und Produktfotografin für das Magazin *Fortune* und die Werbung, mit dem sozialdokumentarischen Buchprojekt *You Have Seen Their Faces* und als Fotojournalistin für das auflagenstarke Bildmagazin *LIFE* einen Namen gemacht. Aufbauend auf ihre Erfahrungen und ihren Erfolg auf diesen Gebieten erhielt sie als Kriegsfotografin Aufträge – vor allem der U. S. Air Force und der Army Service Forces –, die an diese Kompetenzen anknüpften. Es gelang ihr, Repräsentationsformen für den Zweiten Weltkrieges zu entwickeln, die auf die moderne technologisierte Kriegsführung und die damit verbundenen Veränderungen der Wahrnehmung sowie auf den Erfahrungshorizont einer unter den Bedingungen der Massenkultur sozialisierten Gesellschaft an der Heimatfront Bezug nahmen. Ihre Fotografien blieben dabei zunächst im gewünschten propagandistischen Rahmen.

Vor allem in den ersten beiden Jahren der Kriegsteilnahme der USA war Bourke-White bemüht Repräsentationsformen zu entwickeln, die dezidiert die moderne, technisierte und industrialisierte Kriegsführung und die damit verbundenen Veränderungen der Wahrnehmung ins Bild setzten und an die zivilen Betrachter*innen vermittelten. Wie Beispiele von Planungen eines Luftangriffes in Großbritannien, aber auch von Montage- und Aufräumarbeiten in Nordafrika und Neapel zeigten, schlossen ihre Aufnahmen in mehrfacher Hinsicht an Vorbilder der jüngsten amerikanischen Vergangenheit an, die für das Können und die technologische Vorreiterrolle der USA standen: die Massenproduktion am Fließband, die moderne Hochhausstadt und die Bauprojekte des New Deal. Auf diese Weise reihte sie die Herausforderungen des Krieges in eine bezwingende nationale Erfolgsgeschichte ein und schürte das Vertrauen der Betrachter*innen in das Können der eigenen Nation und den erfolgreichen Ausgang des Krieges. Mit den jeweils unterschiedlichen Konzepten und Bildern von Arbeit wurden ganz bestimmte Interpretationsansätze auf die militärische Arbeit übertragen. Während das Motiv des Fließbandes auf prozessualer Ebene einen Luftangriff als reibungslose und gut durchorganisierte Abfolge einzelner Arbeitsschritte vorstellte, verwies es im Auslieferungslager in Oran auf den potenziell nicht endenden Waffennachschub, den diese Produktionsweise garantierte. Bezüge zum Bau der Wolkenkratzer und zu New-Deal-Projekten wie dem Fort Peck Staudamm oder den Wandgemälden der Public Work Administration lieferten positive Anknüpfungspunkte für Aufräum- und Aufbauarbeiten im zerstörten Neapel in denen technische Schwierigkeiten und gesellschaftliche Krisensituationen überwunden werde konnten. Sie standen nicht nur für den technischen, sondern auch den gesellschaftlichen Fortschritt und betonten die Bedeutung der gemeinschaftlichen Arbeit und des nationalen Zusammenhaltes für eine bessere Zukunft. Bourke-White bediente sich auch der Protagonisten des *Machine Age* der 1920er und 1930er Jahre – der Pilot, der Ingenieur, der Manager und der industrielle Arbeiter – als Bezugspunkte für eine Neuformulierung militärischer Heldenfiguren. Die Parallelisierung militärischer und ziviler Arbeit half Bourke-White, die Kluft zwischen militärischer Front und Heimatfront zu schließen. Die Arbeit in den Rüstungsfabriken wurde einerseits aufgewertet, andererseits wurde nahegelegt, dass sich der Dienst im militärischen Kontext nicht von zivilen Tätigkeiten unterscheidet und damit verbunden auch das Gefahrenpotenzial zu vergleichen ist.

Über die Bezüge zu Technik, Massenproduktion und populärer Unterhaltungskultur ‚befriedete' Bourke-White den Krieg, sodass er sich auch von einer zu Beginn des Krieges noch kriegsunwilligen Bevölkerung akzeptieren ließ. Zugleich schilderte sie den Zweiten Weltkrieg dezidiert als massenindustrialisierten Krieg, obschon zunächst begrenzt auf seine positiven Aspekte. Vereinzelte Beispiele der zerstörerischen Gewalt des Krieges aus den ersten beiden Kriegsjahren, die Bourke-White fotografierte, etwa ein abgestürztes US-Flugzeug oder die Folgen eines deutschen Luftangriffes auf einen Luftwaffenstützpunkt der Air Force wurden zensiert und nicht veröffentlicht. Der mit den Kampfhandlungen einhergehende massenhafte Tod wurde von ihr – etwa in Aufnahmen eines Soldatenfriedhofes in Nordafrika – zunächst nur angedeutet.

Auffallend ist Bourke-Whites Bezugnahme auf das visuelle Repertoire der Massenkultur. Ihre Heldenfiguren, allen voran die Mitglieder der U. S. Air Force, die sie 1942 in Großbritannien fotografieren konnte, orientierten sich an populären Kontexten wie dem Hollywood-Kino oder Superhelden-Comics. Die Auseinandersetzung mit Bourke-Whites Kriegsfotografien konnte somit auch deutlich zeigen, dass die Verflechtung zwischen Krieg und Massenkultur weitaus früher begann als bisher untersucht.[1] Wie Vergleiche mit Rekrutierungsbildern und Beispielen aus der Werbung zeigen, bewegte sich Bourke-White dabei durchaus innerhalb der gewünschten propagandistischen Ikonografie der Zeit.

Auch in Ihrer Auseinandersetzung mit der Kriegsindustrie sowohl der USA als auch Deutschlands würdigte Margaret Bourke-White die gigantischen Ausmaße eines industrialisierten Massenkrieges und die Bedeutung der Kriegswirtschaft. Ihre Aufnahmen der monumentalen und im scheinbaren Überfluss vorhandenen Waffen und Kriegsgerätschaften der USA verbildlichten nicht nur diese Monumentalität, sondern liefern auch eine Vorstellung der gigantischen Kräfte, die die USA mobilisieren konnte. So sehr sich darin eine rückversichernde Botschaft für die eigene Nation ausdrückte, so sehr ließ sich darin auch eine Drohgeste an das feindliche Lager erkennen, das von der offensichtlichen industriellen und logistischen Übermacht beeindruckt werden sollte. Bourke-White arbeitete auch hier mit Motiven der modernen Industrieproduktion, insbesondere dem Herstellungsprozess am Fließband und der Visualisierung von Konsumgütern der Massenproduktion. Damit verbundene Vorstellungen, wie etwa die der kontinuierlichen Warenströme, wurden von ihr auf den Bereich der Nachschublieferung und Logistik übertragen.

Für ihre Aufnahmen aus zerstörten deutschen Fabriken nutzte Margaret Bourke-White Visualisierungsmethoden der späten 1920er und 1930er Jahre, wie die Monumentalisierung und die Umsetzung der kontinuierlichen Bewegungsflüsse der Massenproduktion. Zunächst deutete sie dadurch die Ausmaße der deutschen Kriegsproduktion und die davon ausgehende Bedrohung an; in einem weiteren Schritt zeigte sie die physische Zerstörung der Fabriken und die damit verbundene Defunktionalisierung der deutschen Kriegsindustrie. Im selben Zug führte sie erneut die Stärke und Überlegenheit der amerikanischen Streitkräfte vor Augen, denen es gelungen war, diese zu zerschlagen. Bourke-White ging es aber nicht allein um die Schilderung der zerstörten Fabriken. Sie versuchte ebenso, die hinter der Kriegsindustrie stehenden politischen und wirtschaftlichen Netzwerke und ihre Protagonisten aufzudecken sowie deren Entmachtung zu verdeutlichen. In den Gegensätzen, die sie in ihren Aufnahmen und

1 Vgl. Tonn: *Rock and Roll als Deutungsschema*; Holert / Terkessidis: *Entsichert*. Alle Autoren beginnen ihre Analyse mit dem Vietnamkrieg.

Serien zur deutschen und amerikanischen Kriegsindustrie erzeugte, wie intakt/zerstört, high-tech/vormodern-agrarisch, manifestierte sich eine Unterscheidung zwischen Sieger und Besiegten, zwischen Überlegenheit und Unterlegenheit. Speziell in ihren Luftaufnahmen aus Nordafrika, Italien und Deutschland entwickelte Bourke-White Visualisierungsmöglichkeiten, die auf die spezifischen, vor allem technologischen Innovationen des Zweiten Weltkrieges und die damit veränderte Wahrnehmung reagierten. Bereits im Ersten Weltkrieg wurden Luftaufnahmen im großen Stil angefertigt und auch technisches Kriegsgerät fotografiert.[2] Bourke-White ging jedoch weit über eine motivische Bezugnahme hinaus. Neu an ihrem Ansatz war eine strukturelle Auseinandersetzung mit den veränderten Wahrnehmungsformen und -prozessen moderner technologisierter Kriege, vor allem der Unübersichtlichkeit und Abstraktion des Kriegsgeschehens, der Distanz zum Gegner und der Medialisierung des Kriegsgeschehens; alles Phänomene, die durch das fotografische Medium selbst maßgeblich mitkonstituiert wurden.

Vor allem der Luftaufnahme als entscheidendem Sehmechanismus des Zweiten Weltkrieges widmete sie großer Aufmerksamkeit. Mithilfe ihres synoptischen Potentials versuchte Bourke-White von den unüberschaubar gewordenen und entleerten Schlachtfeldern, etwa um Monte Cassino in Italien, eine Illusion der Übersichtlichkeit zu liefern, die vom Boden aus so nicht herstellbar war. Indem sie die Betrachter*innen in die Blickposition militärischer Befehlshaber, die in Aufklärungsflugzeugen über die Frontabschnitte mitflogen, versetzte, ermöglichte sie ihnen eine räumlich, technologisch, aber auch ideologisch privilegierte Wahrnehmung, die sie dem Kriegsgeschehen scheinbar nahebrachte, tatsächlich aber davon distanzierte.

In ihren Luftaufnahmen aus Italien, die im Zusammenhang mit der Luftaufklärung für die alliierte Artillerie entstanden, setzte sich Bourke-White dezidiert mit den geänderten Wahrnehmungsbedingungen eines modernen, industrialisierten und technologisierten Krieges auseinander. In den ins Ungegenständliche tendierenden Bildern spiegelte sich der starke Abstraktionsgrad des Kriegsgeschehens,

2 Interessanterweise wurde der industrielle und technische Charakter des Ersten Weltkrieges häufig in ein romantisches Gewand gekleidet. Rauch und Nebel verunklären das Motiv, wie etwa in der Aufnahme eines unbekannten Fotografen, der britische Soldaten mit nacktem Oberkörper beim Bedienen eines Geschützes zeigen (Paul: *Bilder des Krieges*, S. 159, Abb. 7). Andere populäre Aufnahmen wie die des australischen Kriegsfotografen Frank Hurley arbeiten neben Rauchschwaden mit pathetischen Wolkenformationen und Himmelsbildern. Diese Aufnahmen stehen offensichtlich noch in der malerischen Tradition des Piktorialismus, der sich in einer späteren Phase durchaus den Motiven des modernen Lebens und der modernen Technik zuwandte, sie allerdings in eine romantische Bildsprache umsetzte.

das sich nicht mehr in Form der Gegenüberstellung feindlicher Heere oder einer klaren Frontlinie beobachten ließ. Diesen übersetzte sie in ihren Aufnahmen in zunehmend abstrakte Kompositionen, in die ein an abstrakten Kompositionsprinzipien der Moderne geschulter Blick eine ästhetische Dimension hineinlesen konnte. Die Unverständlichkeit und das Grauen der Kriegszerstörung wurden so in eine kulturelle Seherfahrung eingebettet, die ebenfalls zwischen gegenständlich und abstrakt changierte, der Krieg auf diese Weise zivilisiert, ja kultiviert. Im Zuge der sich stetig verbessernden Luftaufklärung wurde die Frage nach der Sichtbarkeit – der eigenen und der des Gegners – zudem zu einem kriegsentscheidenden Faktor. Allerdings konnten die vom Krieg verursachten Spuren nur mit einem speziellen Wissen gelesen und gedeutet werden, das den Betrachter*innen in den Bildunterschriften der jeweiligen Publikationsmedien erklärt wird. Das Vexierspiel zwischen intelligibel und nicht-intelligibel führte den Leser*innen die kriegswichtige Bedeutung von Sichtbarkeitsverhältnissen vor Augen, ließ sie aber auch im Stile eines Suchspiels zur Unterhaltung werden.
Am Beispiel von Luftaufnahmen aus Nordafrika wurde deutlich, dass Bourke-White sie auch als Mittel einer rein bildlich vollzogenen Inbesitznahme von Terrain einsetzte. Visuell vorbereitet wurde diese Funktion durch touristische Landkarten und Atlanten, die mit der Vogelperspektive als Medium der virtuellen Reise arbeiten. Touristische, visuelle Eroberung wurde so mit einer (behaupteten) militärischen überblendet. Als Beispiel sind hierfür die Aufnahmen des Luftangriffes auf den Flugplatz El Aouina bei Tunis zu nennen. Bourke-White und vor allem *LIFE* in seinem Photo-Essay lieferten Interpretationsangebote, die bis zu einem gewissen Grad den tatsächlichen Ereignissen zuwiderliefen, eine Niederlage zu einem Sieg umdeuteten. Die Medialisierung des Krieges betrifft also nicht nur dessen Vermitteltheit durch technische Sehhilfen und -apparate, sondern auch die Konstruktion des Kriegsgeschehens in den Printmedien. Der in *LIFE* geschilderte ‚Sieg' der Alliierten wird medial erst hergestellt und das mit dem Medium der Luftaufnahme verbundenen Paradigma der Objektivität und besseren Sichtbarkeit genutzt, um die Bedeutung und den Wahrheitsgehalt des gezeigten Geschehens zu erhöhen.
Dystopisches und utopisches Potential der Luftaufnahme spielte Bourke-White schließlich in ihren Aufnahmen der zerstörten Städte Deutschlands aus. Einerseits suggerierte die maximale Sichtbarkeit der Zerstörung die vollkommene Ausgeliefertheit des Gegners an den Sieger. Andererseits knüpfte Bourke-White an die Verwendung der Vogelperspektive in fortschrittsgläubigen Zukunftsvisionen der Stadt- und Infrastrukturentwicklung als Kontrastfolie an, um die prosperierende Urbanisierung der USA der gestoppten Entwicklung in

Deutschland entgegen zu halten und so auf einer zweiten Ebene Überlegenheit zu formulieren.

Aufnahmen von nächtlichen Lichteffekten des Bombenkrieges, von Explosionen und Rauchwolken zeigten schließlich weitere Möglichkeiten, den modernen, technisierten Krieg zu repräsentieren. Einerseits wurden damit spezifisch technische Elemente der Kriegsführung, der Luftkrieg und die moderne Artillerie, ins Bild gesetzt, andererseits ermöglichten diese Motive, den gewaltigen, alle Sinne überwältigenden und erschütternden Kräften des Krieges Ausdruck zu verleihen. Zugleich nutzte Bourke-White sie zur Zivilisierung des Geschehens indem sie visuell Anleihe nahm an der Darstellung von Naturschauspielen, etwa einem Vulkanausbruch, oder der elektrifizierten und erleuchteten Großstadt. In der auf technologische Errungenschaften fokussierten Motivwahl wie die Fabrik, Brücken, Elektrifizierung und dem Blick von oben (den Hochhäusern) spiegelt sich die Bedeutung des technolgisch Erhabenen als zentrale Bezugskategorie, das in Abgrenzung zum traditionellen Erhabenen, das in Verbindung zur Größe der Natur stand, vor allem in den USA als wichtiger Identifikationsfaktor für die Gesellschaft, als Bindemittel für nationale Größe und Gemeinschaft verstanden und eingesetzt wurde.[3]

Ein Hauptschwerpunkt von Margaret Bourke-Whites Kriegsberichterstattung lag auf der Visualisierung der technologischen Seite und des Massencharakters des Zweiten Weltkrieges. Damit nahm sie eine eigenständige Position ein, die sie von der vorherrschenden, sich im Spanischen Bürgerkrieg durchsetzenden Tendenz abgrenzt, den Blick auf den Krieg zu subjektivieren und die menschliche und emotionale Dimension des Krieges zu vermitteln. Hauptvertreter dieser Richtung waren unter anderen Robert Capa, Eugene Smith oder George Strock, die alle ebenfalls für das Magazin *LIFE* tätig waren. Bourke-White stand damit mit am Beginn einer folgenreichen Tendenz, die den technologischen Aspekt innerhalb der visuellen Repräsentation von Krieg hervorhob, der allerdings erst nach dem Vietnamkrieg ins Zentrum der Kriegsberichterstattung rückte. Nachdem die Fotograf*innen in Vietnam die Schrecken des Krieges zum Teil schonungslos und im Stile der teilnehmenden, humanistischen Berichterstattung ins Bild gesetzt hatten und damit die Mehrheit der Bevölkerung gegen den Krieg mobilisiert hatten, entwickelte sich die offizielle Berichterstattung in den folgenden kriegerischen Konflikten hin zur Propagierung eines sauberen und durch technologische Wahrnehmungsfilter geordneten und zivilisierten Krieges. Beispiele dafür sind etwa die Nachtaufnahmen der Bombardierung

3 Siehe ausführlich dazu Nye: *Technological Sublime*.

Bagdads 1991 durch die US-Luftwaffe und Sarajewos 1999 durch die NATO.[4] Mit den Aufnahmen durch Nachtsichtgeräte, aber auch Kameras der Bombenflugzeuge mit Fadenkreuz kam die Medialisierung und Virtualisierung des realen Kriegsgeschehens, wie sie bei Bourke-White in Form des gezielten Einsatzes von Luftaufnahmen als Vermittlungsmedium für die Zivilbevölkerung begonnen hatte, in eine neue Phase.

In den letzten beiden Kriegsjahren widmete sich Bourke-White zunehmend auch den menschlichen Kosten und dem Grauen des Krieges. Ab 1943 war ihre Herangehensweise an das Thema Tod und Verletzung von einem zunehmend schonungslosen und sich radikalisierenden Umgang geprägt, der mit etablierten Tabus in Hinblick auf die gewaltsamen Auswirkungen des Krieges auf den menschlichen Körper brach. In ihren Aufnahmen amerikanischer Soldaten gab sie Einblicke in offene Wunden und damit in das Innere des Körpers, setzte verstümmelte Gliedmaßen ins Bild und thematisierte die psychischen Auswirkungen von Kriegshandlungen. Sie unterlief die vorherrschende Strategie, Leichen amerikanischer Soldaten als gefallene Helden zu visualisieren, indem sie diese als leblose Materie präsentierte.

Auffallend ist, dass Margaret Bourke-White zwar grauenerregende Motive fotografierte, etwa eine Gehirn- oder Darmoperation oder später in Deutschland die erstarrten Leichen getöteter Soldaten, allerdings mit einem ungemein sachlichen und nüchternen Blick. Die verwundeten und toten Körper werden fast auf den Status eines Demonstrationsobjektes für die an ihnen vollzogenen Handlungen reduziert; das konnte das medizinische Können der Chirurgen oder die gut organisierte Bergung Getöteter vom Schlachtfeld sein. Der sich darin manifestierende didaktisch-erklärende Gestus lässt sich ebenfalls aus Bourke-Whites Unternehmens- und Produktfotografien erklären, in denen sie die wichtigsten Handgriffe eines Herstellungsprozesses oder Arbeitsablaufes akribisch festgehalten hatte. Gerade diese emotionslose Schilderung hat wohl auch dazu beigetragen, dass die Aufnahmen trotz ihres abschreckenden Inhaltes von der Zensur freigegeben wurden und zumindest die Aufnahmen von Operationen sowohl in *LIFE* als auch von Bourke-White in ihrem Buch abgedruckt wurden. Die Fotografin arbeitete aber noch mit einem weiteren Aspekt, der die potenziell

4 Allgemein zur visuellen Repräsentations des Zweiten Golfkrieges und des Kosovokrieges siehe Paul: *Bilder des Krieges*. Insb. zum Zweiten Golfkrieg siehe Markus Lohoff: Krieg zwischen Science und Fiktion. Zur Funktion technischer Bilder im Zweiten Persischen Golfkrieg. In: Arbeitskreis Historische Bildforschung (Hrsg.): *Krieg im Bild – Bilder vom Krieg. Hamburger Beiträge zur historischen Bildforschung*. Frankfurt am Main: Lang 2003, S. 105–132.

bedrohlichen Themen Verwundung und Tod ‚zähmte'. Traditionell wurde vor allem der Bereich der Verletzung und damit verbunden die medizinische Versorgung mit Vorstellungen der Fürsorge und Nächstenliebe emotional aufgeladen und an das christliche Weltbild der Mehrzahl der Betrachter*innen angebunden. Bourke-White hingegen nutzte auch in diesem Fall die technologische Innovation, konkret die Errungenschaften der modernen Medizin, als sicherheitsversprechende Rahmung. Mit der Bergung getöteter Soldaten demonstrierte sie schließlich, dass in diesem durchorganisierten Krieg an alles gedacht wurde; auch für die Toten wurde Sorge getragen. Sie wurden nicht – so versprechen die Bilder – am Schlachtfeld zurückgelassen und damit möglicherweise dem Feind ausgeliefert. In diesen beiden Komponenten spiegelte sich das Vermögen der Motive Tod und Verletzung, Machtverhältnisse zwischen den Kriegsgegnern zum Ausdruck zu bringen. So ließen sich die Aufnahmen aus den Lazaretten in Italien mit der modernen Ausstattung, auf die Bourke-White besonderes Augenmerk legt, als Beispiele technologischer Überlegenheit lesen. Die Aufnahmen der Bergung toter amerikanischer Soldaten hingegen verwiesen auf die moralische und zivilisatorische Überlegenheit, da die eigenen Toten nicht wie die der Deutschen nach den Kampfhandlungen zurückgelassen werden und vom Gegner entwürdigt werden können. Diesen Akt der Entwürdigung des getöteten Feindes als Geste der Macht setzte Bourke-White selbst in ihren Aufnahmen deutscher Toter fotografisch um. Sie hielt sie in unwürdigen Posen fest oder arrangierte sie sogar für die Kamera. Sie verkörperten für sie die Unehrenhaftigkeit der Deutschen und der damit verbundenen nationalsozialistischen Ideologie. Vor allem die Toten im Leipziger Rathaus, die sie kurz nach ihrem Besuch im Konzentrationslager Buchenwald fotografiert hatte, stellten für Bourke-White ein Schuldeingeständnis dar, vor dessen Konsequenzen sich die Toten jedoch in den Freitod geflüchtet haben. Als Gegenpart zu Aufnahmen der militärischen Niederlage vermittelten sie den ideologisch-weltanschaulichen Sturz des nationalsozialistischen Regimes und wurden in diesem Sinne auch von *LIFE* publiziert.

Ein weiterer Schwerpunkt und auch ein Spezifikum von Margaret Bourke-Whites Berichterstattung aus dem Zweiten Weltkrieg ist die intensive Auseinandersetzung mit der deutschen Zivilbevölkerung und ihren Lebensbedingungen. Bereits seit dem Spanischen Bürgerkrieg war die Zivilbevölkerung in das Blickfeld der Bildberichterstattung gerückt.[5] Im Gegensatz zu den Fotograf*innen im Spanischen Bürgerkrieg war sie aber mit dem Widerspruch konfrontiert, schwierige Lebensbedingungen der Zivilbevölkerung zu schildern,

5 Siehe dazu u. a. Paul: *Bilder des Krieges*, S. 217

ohne dadurch Empathie und Mitleid für den Feind zu wecken. Für ihre Aufnahmen der Lebenssituation der deutschen Zivilbevölkerung knüpfte sie motivisch und kompositorisch an Beispiele der amerikanischen sozialdokumentarischen Fotografie an, insbesondere der Bildwelt der FSA, aber auch ihres eigenen Projektes *You Have Seen Their Faces*. Damit entwickelte sie zunächst eine visuelle Vergleichbarkeit zwischen den Opfern der amerikanischen Agrar- und Wirtschaftskrise und der Lebenssituation der deutschen Bevölkerung in den zerbombten Städten. Die Vergleichbarkeit diente jedoch nicht dazu, Mitgefühl für die deutsche Bevölkerung hervorzurufen, sondern als Kontrastbild, vor dem sich die Andersartigkeit der Deutschen entfalten sollte. Sie plünderten aus Habgier und nicht aus Not, schienen sich durchaus mit schwierigen Lebenssituationen wie Obdachlosigkeit gut zu arrangieren und zum Teil weiterhin unverbesserliche Nationalsozialisten zu sein. Über das Aufrufen einer in der amerikanischen Kultur fest verankerten „Opfer-Ikonografie“ konnte die deutsche Bevölkerung gerade als „Nicht-Opfer“ dieses Krieges charakterisiert werden. Deren Verhalten markiert die moralische Differenz, die die Deutschen von den Protagonist*innen der Aufnahmen aus den 1930er Jahren unterscheidet.

Bourke-White gab damit der weitverbreiteten Meinung, dass sich die deutsche Bevölkerung nicht äußerlich, sondern vor allem charakterlich von der amerikanischen unterscheide, einen visuellen Ausdruck. Die damit einhergehende Problematik, „gute“ von „bösen“ Deutschen, Nazi-Anhänger von Nazi-Gegnern zu unterscheiden, wurde zu einem der Hauptthemen ihres mehrmonatigen Deutschlandaufenthaltes im Frühjahr 1945. Im Auftrag von *LIFE* sollte sie unter dem Arbeitstitel „Faceless Fritz“ das Wesen der Deutschen ergründen. Ein Beitrag dazu wurde nie veröffentlicht, wohl auch deshalb, weil *LIFE* und Bourke-White erkennen mussten, dass es keine eindeutige Antwort auf diese Frage gab. Diesen Schluss legt auch Bourke-Whites Bildfolge „The German Look“ in ihrem Buch *Dear Fatherland, Rest Quietly* über das Kriegsende in Deutschland nahe, die sie an Methoden einer vergleichenden Typologie orientierte, darin aber gerade die grundsätzliche Unmöglichkeit, Nationalsozialisten anhand ihres Äußeren zu identifizieren, veranschaulichte. Was sich in dieser Bildfolge erneut verdeutlichte, ist Margaret Bourke-Whites Interesse an der Visualisierung und Verständlichmachung von Prozessen. Einerseits von Arbeitsprozessen, wie im Falle der Air Force und der Army Service Forces, und andererseits von Wahrnehmungsprozessen, etwa den Sichtbarkeitsverhältnissen auf den modernen Schlachtfeldern und in diesem Fall den Schwierigkeiten, die deutsche Bevölkerung charakterlich und ideologisch einzuschätzen.

Eine klare und endgültig negative Einstellung gegenüber der deutschen Bevölkerung erlangte Margaret Bourke-White durch ihre Besuche in zwei

Konzentrationslagern Mitte April 1945, Buchenwald und dessen Außenlager Leipzig-Thekla. Grundsätzlich interessierten sich die Fotografen in den Konzentrationslagern wenig für die individuellen Schicksale der ehemaligen Häftlinge. Ihre Aufnahmen übernahmen vor allem die Funktion, die Deutschen als einerseits grausam und andererseits schuldig an den verübten Verbrechen festzuschreiben. Auch Bourke-Whites Fotografien bildeten in diesem Zusammenhang keine Ausnahme. Hinweise auf die Taten, wie ausgemergelte Überlebende, die Krematorien, Leichenberge oder Präparate, die aus den Getöteten gefertigt worden waren, werden darin als Vorführobjekte der deutschen Grausamkeit inszeniert. In diesem Bestreben folgten ihre Fotografien der Logik der vom amerikanischen Militär geleiteten Tour, die Weimarer Bürger durch das Konzentrationslager Buchenwald führte und an der Bourke-White während ihres Besuches teilnahm. In ihren Fotografien erweiterte sie allerdings die Konfrontation auf die außerbildlichen Betrachter*innen. Die in den Konzentrationslagern entstandenen Aufnahmen konnten so nicht nur die Gegenüberstellung der Deutschen mit ihren Taten zeigen und über die Publikation an öffentlichen Plätzen und in deutschen Medien auch initiieren, sondern ebenfalls die Gesellschaften der Alliierten mit den Geschehnissen konfrontieren und zu einer Anerkennung ihrer Existenz beitragen. Margaret Bourke-White nutzte dazu vor allem die Inszenierung der Blickverhältnisse zwischen den innerbildlichen Betrachter*innen-Gruppen, vorrangig den deutschen Besucher*innen und ehemaligen Häftlingen, und den außerbildlichen Betrachter*innen. Hauptaufgabe der umgesetzten Blickkonstellationen ist das Bezeugen des Sehens der Deutschen und ihrer Konfrontation mit Hinweisen auf die im Konzentrationslager verübten Verbrechen, um ein Leugnen der Geschehnisse unmöglich zu machen. Diese Funktion spielte vor allem im Zusammenhang der Re-Education-Politik eine wichtige Rolle, als deren Grundlage das Schuldeingeständnis der Deutschen gesehen wurde. Daneben wurde jedoch auch deutlich, dass Margaret Bourke-White Alternativen zu dieser politisch motivierten und bis heute dominanten Ikonografie entwickelte. Sie thematisierte den voyeuristischen Charakter des Fotografierens im Konzentrationslager und lieferte mit der Darstellung selbstbewusster und kraftvoller Häftlinge ein Gegengewicht zu deren objektiviertem Status als Opfer der deutschen Grausamkeit.

Ziel der Untersuchung war es Margarete Bourke-Whites Aufnahmen aus dem Zweiten Weltkrieg innerhalb der visuellen Kultur der 1930er und 1940er Jahre zu verorten und zu kontextualisieren. Im Vordergrund stand die Frage, wie Bourke-White versuchte, über ihre Bildentwürfe Akzeptanz für den Krieg zu schaffen, ihn zu legitimieren, aber auch in Frage zu stellen. Bourke-Whites Visualisierung der Machtverhältnisse zwischen den gegnerischen Parteien im Krieg wurde ebenso beleuchtet wie die Funktion der Aufnahmen, Überlegenheit und Unterlegenheit visuell zu manifestieren. Dieser Fokus, aber auch die Breite des Quellen- und Vergleichsmaterials führte notgedrungen zu Auslassungen, die Potential für weitere Forschung zu diesem Thema liefern. So stand grundsätzlich der Versuch, Bourke-Whites Kriegsfotografien in der zeitgenössischen amerikanischen visuellen Kultur zu verorten, im Mittelpunkt der Analyse. Vergleiche mit vergangenen Kriegen wie dem Ersten Weltkrieg oder dem Spanischen Bürgerkrieg erfolgten nur punktuell, um zu zeigen, ob und wie sich Bourke-White zu traditionellen Visualisierungsstrategien positionierte. Gerade aber eine intensivere Untersuchung der Auseinandersetzung mit der technologischen Seite des Krieges, beginnend mit dem Ersten Weltkrieg könnte bis jetzt noch wenig berücksichtigte Einblicke in die Geschichte der visuellen Kriegsrepräsentation liefern, zumal Gerhard Paul gerade auch für die deutsche Kriegsfotografie eine starke Bezugnahme auf das Themenfeld Arbeit beobachtete.[6] In Hinblick auf die Einbeziehung von Narrativen und Bildsprache der Massenkultur kam ein weiterer Aspekt zu kurz: das Verhältnis von Bourke-Whites Aufnahmen, die nachweislich ein enges Verhältnis zu einigen Studiobossen hatte, und Filmen des Hollywood-Kinos, das in großem Umfang in Propaganda und Mobilisierungsmaßnahmen eingebunden war. Wichtige Forschungsarbeit auf diesem Gebiet leisteten bereits Colin Shindler, Clayton Koppes oder Elisabeth Bronfen, die nun auch für die Aufnahmen Bourke-Whites oder die amerikanische Kriegsfotografie aus dem Zweiten Weltkrieg allgemein fruchtbar gemacht werden könnte.[7]

Ein Anliegen der Arbeit war es, die unterschiedlichen Publikationsformen der Aufnahmen und die damit einhergehende Textproduktion in die Analyse mit einzubeziehen, vorrangig in *LIFE* publizierte Photo-Essays und teilweise auch die von Bourke-White selbst veröffentlichten Bücher und Artikel zum Zweiten Weltkrieg. Gerade letztere geben die Möglichkeit, Bourke-Whites eigene

6 Paul sieht beispielsweise einen Darstellungsschwerpunkt des Soldaten als „Facharbeiter des Krieges" oder in Anlehnung an Ernst Jünger des Krieges als „deutsche Qualitätsarbeit". (Paul: *Bilder des Krieges*, S. 236–237.)

7 Colin Shindler: *Hollywood Goes to War. Films and American Society 1939–1952*. London / Boston: Routledge / Keagan Paul 1979; Clayton R. Koppes: *Hollywood Goes to War. How Politics, Profits, and Propaganda Shaped World War II Movies*. New York: Free Press 1987; Elisabeth Bronfen: *Specters of War. Hollywood's Engagement with Military Conflict*. New Brunswick, NJ: Rutgers UP 2012.

Meinung und Bildauswahl nachzuvollziehen, hatte sie doch kaum Einfluss auf die Veröffentlichung in *LIFE*. Als eigenständiges ästhetisches und narratives Medium gebührt ihnen eine komplexere Analyse, wie auch allgemein den Buchveröffentlichungen bekannter Kriegsfotografen aus dem Zweiten Weltkrieg, die bis dato kaum als eigenständige Form der Kriegsberichterstattung wahrgenommen wurden.[8]

Zuletzt sei ein wichtiger Punkt erwähnt, den die Arbeit ebenfalls nur am Rande zu tangieren vermochte: die Kategorie des Geschlechtes. Einerseits umfasst dies die besonderen Möglichkeiten und Herausforderungen von Frauen und speziell von Margaret Bourke-White als Kriegsberichterstatterin. Immer wieder sah sie sich gängigen Vorurteilen gegenüber berufstätigen Frauen und im Speziellen von Frauen im Feld ausgesetzt. Die Zeit während des Zweiten Weltkrieges war allerdings auch gekennzeichnet durch eine zumindest temporäre Verschiebung von Geschlechtergrenzen. Traditionelle starre Rollenbilder wurden destabilisiert. So arbeitete Bourke-White an einem umfangreichen Photo-Essay über Frauen in der Kriegsindustrie, andererseits propagierte sie selber immer wieder ein besonders weibliches Bild von sich selbst.[9] In diesem Zusammenhang bietet sich auch die Untersuchung einer relativ umfangreichen Gruppe an Fotografien an, die nicht mit in die Untersuchung einbezogen werden konnten:

8 Einen ersten wichtigen Beitrag zur Analyse von Kriegsfotobüchern lieferte Ulrich Keller: Die posttraumatische Kamera: Amerikanische Kriegsfotobücher von Gettysburg bis Vietnam. In: *Fotogeschichte* 116 (2010), S. 7–22. Zu Bourke-Whites Kriegsfotobüchern siehe Schindelegger: Das Fotobuch als Medium autonomer Kriegsberichterstattung, S. 156–173. Weitere Fotobücher bekannter Fotografen zum Zweiten Weltkrieg sind etwa Robert Capa: *Slightly out of Focus*; Edward Steichen: *The Blue Ghost. A Photographic Log an Personal Narrative of the Aircraft Carrier U. S. S. Lexington in Combat Operation.* New York: Harcourt, Brace 1947, aber auch andere Veröffentlichungen wie John Steinbeck: *Bombs Away. The Story of a Bomber Team.* New York: Viking 1942, für die U. S. Air Force mit Fotografien von John Swope oder die Kataloge zu den Kriegsfotoausstellungen im MoMA in New York, so z. B. *Road to Victory* und *Power in the Pacific.*

9 Das Photo-Essay erschien unter dem Titel *Women in Steel* am 9. August 1943 in *LIFE*. Vor allem in ihrer Autobiografie tauchen immer wieder Verweise auf, die deutlich machen, dass es ihr offenbar wichtig war ihre Weiblichkeit trotz des vermeintlich männlichen Berufes, den sie ausübte, zu betonen, um zu zeigen, dass sie trotz allem innerhalb der vorgegebenen Geschlechterrollen agierte. So schreibt sie z. B. im Zusammenhang mit dem Schiffbruch ihres Truppentransportschiffes von Großbritannen nach Nordafrika: „While not shedding a tear about my five cameras which would go down with the ship – that was part of the hazard of war – I grieved disproportionately about the loss of my cosmectics case“, gefolgt von einer ausführlichen Beschreibung. Bourke-White: *Portrait of Myself*, S. 212. Ein weiteres Beispiel sind ausführliche Berichte über Friseurbesuche und ihr Kleid für einen Ball im besetzten Neapel 1944. Vgl. Bourke-White: *Purple Heart Valley*, S. 90–99, S. 102.

Aufnahmen, die Bourke-White bei beziehungsweise in Zusammenhang mit ihrer Arbeit als Kriegsberichterstatterin zeigen. Hier ließe sich anschaulich ihre Selbst- und Fremdrepräsentation (zum Beispiel durch *LIFE*) untersuchen und in Zusammenhang mit den sich verändernden Geschlechterrollen und -stereotypen im Zweiten Weltkrieg stellen, sei es an der Heimatfront oder an den Kriegsschauplätzen in Übersee.

Dank

Dieses Buch ist die leicht überarbeitete Fassung meiner Dissertation, die am Institut für Kunstgeschichte der Ludwig-Maximilians-Universität München entstanden ist.

Mein Dank geht allen voran an Prof. Dr. Burcu Dogramaci, die sich auf dieses Abenteuer eingelassen hat und mit nie nachlassendem Interesse und unermüdlichem Engagement das Projekt über mehrere Jahre hinweg begleitet und unterstützt hat. Prof. Dr. Fabienne Liptay vom Seminar für Filmwissenschaften der Universität Zürich und Prof. Dr. Michael Hochgeschwender vom Amerika-Institut der LMU München haben durch ihren eigenen fachlichen Blickwinkel wertvolle Anregungen für die Publikation geliefert. Ihnen sei ebenfalls herzlich gedankt.

Von der Idee zum Buch ist es ein langer Weg. Zahlreiche Institutionen haben maßgeblich zum Vorankommen dieses Projektes beigetragen. Am Anfang stand ein Reisestipendium des Graduate Center der LMU. Es ermöglichte mir Einblicke in das Archiv von Margarete Bourke-White an der Syracuse University, ohne die diese Forschungsarbeit nicht möglich gewesen wäre. Am Ende stand die Drucklegung, die durch die großzügige Gewährung von Druckkostenzuschüssen durch die Geschwister Boehringer Ingelheim Stiftung für Geisteswissenschaften, die Fonte Stiftung zur Förderung des geisteswissenschaftlichen Nachwuchses – hier geht ein besonderer Dank an Prof. Dr. Renate Kroll – und die LMU München aus Mitteln des Oskar-Karl-Forster-Stipendiums ermöglicht wurde.

Dem Berliner Neofelis Verlag danke ich für sein Interesse und seine Bereitschaft, den Titel in sein Programm aufzunehmen. Mit ihrer Erfahrung und ihrem Fachwissen verhalfen Matthias Naumann, Annika Ermel und Sebastian Schirrmeister diesem Buch erst in die Welt.

Bei der oftmals langwierigen Recherche und den Bildrechten wurde ich dankenswerterweise von einer Vielzahl von Personen unterstützt. Genannt seien Nicolette Dobrowski von den Special Collections der University Library der Syracuse University, Holm Kirsten vom Fotoarchiv der Gedenkstätte Buchenwald, Christina Richtfelds von der Bibliothek der Universität der Bundeswehr in Neubiberg und Ruby Fluegel und Parastuh Shafé von Getty Images Deutschland.

Ein umfangreiches Projekt wie dieses bringt immer wieder Höhen und Tiefen mit sich, Enthusiasmus und Zweifel. Das Münchner Kolloqium von

Prof. Dr. Burcu Dogramaci gab nicht nur die Möglichkeit zu anregenden Diskussionen, sondern auch gegenseitiger Ermunterung. Besonders danken möchte ich außerdem Karin und Betti für unzählige anregende Gespräche und einen kritischen Austausch.
Zu guter Letzt gibt es zwei Menschen, die wohl am meisten vom Arbeitspensum dieser Arbeit betroffen waren: Heiner und Alma, die so viele Stunden meiner Abwesenheit geduldet haben, um dieses Projekt zum Abschluss zu bringen. Ihnen ist dieses Buch gewidmet.

Anhang

Chronologie

14. Juni 1904	Geburt in New York
1921–1927	Studium an den Universitäten Columbia, Ann Arbor, Purdue, Case Western Reserve und Cornell
ab 1927	Arbeit als selbständige Fotografin in Cleveland mit Schwerpunkt Architektur und Industrie; Aufträge für Otis Steel und die Eisebahnmagnaten Van Sweringen
1929	Beginn der Arbeit für Fortune
1930	Erste Reise nach Deutschland und nach Russland; eröffnet Studio im Chrysler Building, New York
1931–1932	Zwei weitere Reisen nach Russland und eine nach Deutschland
1933	Knüpft Kontakte zu Hollywood, u. a. zu Oscar Serler / Paramount und David Selznick / MGM
1934	Arbeit zur Dust Bowl für Fortune
1934/1935	Zahlreiche Aufträge der Luftfahrtindustrie (TWA, Eastern Airlines)
1936	Arbeit an You Have Seen Their Faces mit dem Schriftsteller Erskine Caldwell; Beginn der Tätigkeit für *LIFE*
1938	Reisen nach Spanien, in die Tschechoslowakei und Ungarn
1939–1940	Dezember–März: Reisen nach Großbritannien, Rumänien, in die Türkei, Syrien und Ägypten
1941	März–Oktober: Reise nach Russland 7. Dezember: japanischer Angriff auf Pearl Harbour 8. Dezember: Kriegserklärung an Japan 11. Dezember: Kriegserklärung Deutschlands an die USA
1942	Frühjahr: erstmalige Akkreditierung als Kriegsberichterstatterin August: Reise nach Großbritannien, Arbeit auf unterschiedlichen Luftwaffenstützpunkten für die 8th U. S. Air Force Mitte Dezember: Einschiffung nach Nordafrika; Arbeit für die U. S. Air Force, u. a. am Luftwaffenstützpunkt der 8th Air Force in Biskra und an Flugplätzen in Frontnähe
1943	22. Januar: Begleitung eines Luftangriffes auf El Aouina bei Tunis Frühjahr: Rückkehr in die USA Anfang September: Abreise nach Nordafrika im Auftrag der Army Service Forces, Arbeit u. a. im Auslieferungs- und Reparaturlager in Oran und Bizerte Ende September / Anfang Oktober: Ankunft in Neapel und Dokumentation der Räumung im Hafen, der Entminung der Stadt, der Lebenssituation der Bevölkerung im Untergrund; von Neapel aus Begleitung der Artillerie, der Minenräumdienste und der Armee-Ingenieure in den Cassino-Korridor, Arbeit in einem Feldlazarett

1944	Ende Januar/Anfang Februar: Rückkehr in die USA Ende Oktober: erneute Ankunft in Italien November/Dezember: Rom, fotografiert im Vatikan, den Papst, eine Messe im Petersdom, den konvertierten Rabbiner Israel Zolli, italienische Politiker, Wohlfahrtseinrichtungen für die Zivilbevölkerung und den Schwarzmarkt
1945	Ende Dezember–Anfang Januar: Pisa und Florenz Mitte Januar–Anfang März: fotografiert die 88th Division der 5th Army in der Nähe von Bologna (Livergnano und Loiano) Anfang März: Ankunft in Deutschland Bis Ende Mai: Luftaufnahmen für „Air bombardement story" von Schweinfurt, Ludwigshafen, Darmstadt, Bremen, Köln, Leipzig, Lübeck, Worms, Würzburg, Bochum, Jülich, Jena, Düsseldorf, Mainz, München, Berlin u. a. März: Köln April: Frankfurt am Main, Höchst, Unterliedenbach Mitte April: Buchenwald, Schweinfurt, Leipzig Mitte Mai–Juni: Ruhrgebiet, u. a. Düsseldorf, Essen, Oberhausen Juni: Berlin Oktober: Rückkehr in die USA
1946–1947	Fotografiert den Prozess der Teilung Indiens
1952	Arbeitet als Kriegsberichterstatterin im Korea-Krieg
1954	Parkinson wird diagnostiziert
1971	Stirbt in Stamford, Connecticut

Literaturverzeichnis

Quellenmaterial

Bild- und Textmaterial im Archiv der Fotografin, Margaret Bourke-White Papers, George E. Arendt Research Library, Syracuse University, Syracuse, New York

LIFE-Bildarchiv unter http://images.google.com/hosted/life

LIFE, Ausgaben 1936–1945

Look, Ausgaben 1941–1945

New York Times, Ausgaben 1941–1945

Online-Zeitschriftenarchive, u. a. mit Ausgaben der Zeitschriften *PM* und *Colliers* unter http://fultonhistory.com/Fulton.html und http://www.unz.org

Online-Fotoarchiv der Gedenkstätte Buchenwald unter http://www.buchenwald.de/fileadmin/buchenwald/fotoarchiv/

Online-Fotoarchiv des United States Holocaust Memorial Museum in Washington (USHMM) unter http://collections.ushmm.org/search/catalog?f%5Brecord_type_facet%5D%5B%5D=Photograph

Literatur

Abzug, Robert H.: *Inside the Vicious Heart. Americans and the Liberation of Nazi Concentration Camps*. New York: Oxford UP 1985.

Adams, Henry (Hrsg.): *Thomas Hart Benton. An American Original.* Ausstellungskatalog Nelson Atkins Museum of Art, Kansas City. New York: Knopf 1989.

Adams, Michael C. C.: The Best War Ever. *America and World War II.* Baltimore: Johns Hopkins UP 1994.

Allred, Jeff: *American Modernism and Depression Documentary.* Oxford: Oxford UP 2010.

Amad, Paula: From God's-eye to Camera-eye. Aerial Photography's Post-humanist and Neo-humanist Visions of the World. In: *History of Photography* 36,1 (2012), S. 66–86.

Andriessen, J. H. J.: *World War I in Photographs.* Rochester: Grange 2003.

Apel, Dora: *War Culture and the Contest of Images.* New Brunswick, NJ: Rutgers UP 2012.

Arbeitskreis Historische Bildforschung (Hrsg.): *Der Krieg im Bild – Bilder vom Krieg. Hamburger Beiträge zur historischen Bildforschung.* Frankfurt am Main: Lang 2003.

Asendorf, Christoph: *Super Constellation – Flugzeug und Raumrevolution. Die Wirkung der Luftfahrt auf Kunst und Kultur der Moderne.* Wien / New York: Springer 1997.

// Bewegliche Fluchtpunkte. Der Blick von oben und die moderne Raumanschauung. In: Christa Maar / Hubert Burda (Hrsg.): *Iconic Worlds. Neue Bilderwelten und Wissensräume.* Köln: DuMont 2006, S. 19–49.

Assmann, Aleida / Monika Gomille / Gabriele Rippl (Hrsg.): *Ruinenbilder*. München: Fink 2002.

Augspurger, Michael: *An Economy of Abundant Beauty. Fortune Magazine and Depression America*. Ithaca, NY: Cornell UP 2004.

Baker, Simon (Hrsg.): *Conflict – Time – Photography*. Ausstellungskatalog Tate Modern. London: Tate 2014.

Bammé, Arno / Günter Feuerstein / Renate Genth / Eggert Holling et al.: *Maschinen-Menschen, Mensch-Maschinen. Grundrisse einer sozialen Beziehung*. Reinbek: Rowohlt 1983.

Barnes, Lucinda (Hrsg.): *A Collective Vision. Clarence H. White and His Students*. Ausstellungskatalog. Long Beach, CA: California State University Art Museum 1985.

Barnouw, Dagmar: Sehen, Ansehen, Einsehen. Deutschlands Zusammenbruch als Thema amerikanischer Dokumentarfotografie. In: Sigrid Schneider (Hrsg.): *Aus dem Ruhrgebiet der Nachkriegszeit*. Ausstellungskatalog Ruhrlandmuseum Essen. Bottrop / Essen: Pomp 1995, S. 49–55.

// *Ansichten von Deutschland (1945). Krieg und Gewalt in der zeitgenössischen Photographie*. Frankfurt am Main: Stroemfeld 1997.

Bartl, Angelika / Josch Hoenes / Patricia Mühr / Kea Wienand (Hrsg.): *Sehen-Macht-Wissen. ReSaVoir. Bilder im Spannungsfeld von Kultur, Politik und Erinnerung*. Bielefeld: Transcript 2011.

Bartsch, Ingo / Maurizio Scudiero (Hrsg.): *... auch wir Maschinen, auch wir mechanisiert! ... Die zweite Phase des italienischen Futurismus 1915–1945*. Bielefeld: Kerber 2002.

Baughman, James: *Henry R. Luce and the Rise of the American News Media*. Boston: Twayne 1987.

Beck, Alfred M. / Abe Bortz / Charles W. Lynch / Lida Mayo et al. (Hrsg.): *The Corps of Engineers. The War against Germany*. Washington: Center of Military History, United States Army 1985.

Beckmann, Angelika: Abstraktion von oben. Die Geometrisierung der Landschaft im Luftbild. In: *Fotogeschichte* 12,45/46 (1992), S. 105–115.

Bendavid-Val, Leah: *Photographie und Propaganda*, aus d. Engl. v. Ulrich Blumenbach. Zürich / New York: Stemmle 1999.

Benz, Wolfgang / Barbara Distel (Hrsg.): *Der Ort des Terrors. Geschichte der nationalsozialistischen Konzentrationslager*, Band 3: Sachsenhausen, Buchenwald. München: Beck 2006.

Bessel, Richard: *Germany 1945. From War to Peace*. London: Simon & Schuster 2009.

Biggs, Lindy: *The Rational Factory. Architecture, Technology and Work in America's Age of Mass Production*. Baltimore: Johns Hopkins UP 1996.

Bilstein, Roger E.: *Flight in America: From the Wrights to the Astronauts*. Baltimore: Johns Hopkins UP 2001.

// The Airplane and the American Experience. In: Dominick A. Pisano (Hrsg.): *The Airplane in American Culture*. Ann Arbor: University of Michigan Press 2003, S. 16–35.

Blask, Falk / Thomas Friedrich (Hrsg.): *Menschenbild und Volksgesicht. Positionen zur Porträtfotografie im Nationalsozialismus*. Berlin / Münster / Hamburg: Lit 2005

Blum, John Morton: *V was for Victory. Politics and American Culture during World War II.* New York: Harcourt Brace Jovanovich 1976.

Böger, Astrid: *People's Lives, Public Images. A Critical Study of New Deal Documentary Practices.* Tübingen: Narr 2001.

Boot, Max: *War Made New. Technology, Warfare, and the Course of History 1500 to Today.* New York: Gotham 2006.

Bourke-White, Margaret: Dust Changes America. In: *The Nation*, 22.05.1935.

// Photographing This World. In: *The Nation*, 19.02.1936.

// *Shooting the Russian War.* New York: Simon & Schuster 1942.

// *They Called It Purple Heart Valley. A Combat Chronicle of the War in Italy.* New York: Simon & Schuster 1944.

// *Dear Fatherland, Rest Quietly. A Report on the Collapse of Hitler's Thousand Years.* New York: Simon & Schuster 1946.

// *Portrait of Myself.* Boston: Hall 1985.

Bourke-White, Margaret / Erskine Caldwell: *You Have Seen Their Faces.* New York: Modern Age 1937.

// *North of the Danube.* New York: Da Capo 1939.

Bowman, Martin W.: *B-17 Combat Missions. Fighters, Flak, and Forts. First-Hand Accounts of Mighty 8th Operations Over Germany.* London: Greenhill 2007.

Bredekamp, Horst im Interview mit Ulrich Raulff: Wir sind befremdete Komplizen". In: *Süddeutsche Zeitung*, 28.05.2004, S. 17.

Bridgman, Jon: *The End of the Holocaust. The Liberation of the Camps.* Portland: Areopagitica 1990.

Brewster, Chamberlin / Marcia Feldman (Hrsg.): *The Liberation of the Nazi Concentration Camps 1945. Eyewitness Accounts of the Liberators.* Washington: United States Holocaust Memorial Council 1987.

Brink, Cornelia: *Ikonen der Vernichtung. Öffentlicher Gebrauch von Fotografien aus nationalsozialistischen Konzentrationslagern nach 1945.* Berlin: Akademie 1998.

Bronfen, Elisabeth: *Specters of War. Hollywood's Engagement with Military Conflict.* New Brunswick, NJ: Rutgers UP 2012.

Brothers, Caroline: *War and Photography. A Cultural History.* London / New York: Routledge 1997.

Brown, Theodore M.: *Margaret Bourke-White, Photojournalist.* Ausstellungskatalog. Ithaca, NY: Andrew Dickson White Museum of Art, Cornell University 1972.

Brown, Elspeth: *The Corporate Eye. Photography and the Rationalization of American Commercial Culture 1884–1929.* Baltimore / London: Johns Hopkins UP 2005.

Brown, Elspeth / Catherine Gudis / Marina Moskowitz (Hrsg.): *Cultures of Commerce. Representation and American Business Culture, 1877–1960.* New York: Palgrave Macmillan 2006.

Büchl, Robert Marco: *Shooting War – Kriegsbilder als Bildquellen. Der Zweite Weltkrieg aus Sicht der US-Kriegsfotografie*. Marburg: Tectum 2009.

Budd, Lucy: The View from the Air. The Cultural Geographies of Flight. In: Philipp Vannini (Hrsg.): *The Cultures of Alternative Mobilities. Routes Less Travelled*. Burlington, VT: Ashgate 2009. https://dspace.lboro.ac.uk/2134/8930 (Zugriff am 17.02.2016).

Butler, Judith: *Raster des Krieges. Warum wir nicht jedes Leid beklagen*, aus d. Amerik. v. Reiner Ansen. Frankfurt am Main / New York: Campus 2010.

Caiger-Smith, Martin (Hrsg.): *Bilder vom Feind. Englische Pressefotografen im Nachkriegsdeutschland*, aus d. Engl. v. Marianne Schulz-Rubach. Berlin: Nishen 1988.

Caldwell Sorel, Nancy: *The Women Who Wrote the War*. New York: Arcade 1999.

Callahan, Sean: *The Photographs of Margaret Bourke-White*. New York: Bonanza / New York Graphic Society 1972.

// *Margaret Bourke-White. Photographer*. Boston: Little, Brown 1998.

Cameron, Ardis (Hrsg.): *Looking for America. The Visual Production of Nation and People*. Malden: Blackwell 2005.

Capa, Robert: *Sommertage, Friedenstage. Berlin 1945*, hrsg. v. Diethard Kerbs. Berlin: Nishen 1986.

// *Slightly out of Focus*. New York: Modern Library 2001.

Carlebach, Michael: *American Photojournalism Comes of Age*. Washington: Smithsonian Institution Press 1997.

// *The Origins of Photojournalism in America*. Washington / London: Smithsonian Institution Press 1992.

Carodzier, V. R.: *The Mobilization of the United States in World War II. How the Government, Military and Industry Prepared for War*. Jefferson: McFarland 1995.

Carruthers, Susan L.: *The Media at War. Communication and Conflict in the Twentieth Century*. Basingstoke: Macmillan 2009.

Center of Military History United States Army (Hrsg.): *From the Volturno to the Winter Line*. Washington D. C.: Center of Military History, United States Army 1990.

// *Fifth Army at the Winter Line*. Washington D. C.: Center of Military History, United States Army 1990.

Chéroux, Clément: *Diplopie. Bildpolitik des 11. September*, aus d. Franz. v. Robert Fajen. Konstanz: Konstanz UP 2011.

// (Hrsg.): *Mémoire des camps. Photographies des camps de concentration et d'extermination nazis*. Ausstellungskatalog Hôtel de Sully Paris. Paris: Marval 2001.

Colman, Penny: *Where the Action Was. Women War Correspondents*. New York: Crown 2002.

Conrath Scholl, Gabriele: August Sander. To See Things as They Are. In: Okwui Enwezor (Hrsg.): *Events of the Self. Portraiture and Social Identity*. Ausstellungskatalog The Walther Collection Neu-Ulm. Göttingen: Steidl 2010, S. 75–79.

Cooper Carson, Jeanie: *Interpreting National Identity in Time of War. Competing Views in US Office of War Information Photography 1940–1945*. Ann Arbor UMI 1995.

Corn, Joseph J.: *The Winged Gospel. America's Romance with Aviation 1900–1950*. Baltimore / New York: Johns Hopkins UP 2002.

Correll, John T.: The Real Twelve O'Clock High. In: *Air Force Magazine* 1/2011, S. 70–73. http://www.airforcemag.com/MagazineArchive/Documents/2011/January%202011/0111high.pdf (Zugriff am 05.06.2014).

Corwin, Sharon / Jessica May / Terri Weissman: *American Modern. Documentary Photography by Abbott, Evans, and Bourke-White*. Berkeley / Chicago: University of California Press 2010.

Cosgrove, Denis / William L. Fox: *Photography and Flight*. London: Reaktion 2010.

Craig, Charles: *The British Documentary Photograph as a Medium of Information and Propaganda during the Second World War*. Masterarbeit, Middlesex University 1983. https://eprints.mdx.ac.uk/10174/ (Zugriff am 28.01.2017).

Cunningham, Valentine: Zerbombte Städte. Die vorzeitigen Ruinen des Zweiten Weltkriegs. In: Aleida Assmann / Monika Gomille / Gabriele Rippl (Hrsg.): *Ruinenbilder*. München: Fink 2002, S. 105–130.

Czech, Hans J. / Nikola Doll (Hrsg.): *Kunst und Propaganda im Streit der Nationen 1930–1945*. Ausstellungskatalog Deutsches Historisches Museum Berlin. Dresden: Sandstein 2007.

Dabakis, Melissa: *Visualizing Labor in American Sculpture. Monuments, Manliness, and the Work Ethic, 1880–1935*. Cambridge / New York: Cambridge UP 1999.

Davis, Melody: Lee Miller. Bathing with the Enemy. In: *History of Photography* 4 (1997), S. 314–318.

Denzler, Georg / Volker Fabricius: *Christen und Nationalsozialisten. Darstellung und Dokumente*. Frankfurt am Main: Fischer 1995.

Derenthal, Ludger: *Bilder der Trümmer- und Aufbaujahre. Fotografie im sich teilenden Deutschland*. Marburg: Jonas 1999.

Deres, Thomas / Martin Rüther (Hrsg.): *Fotografieren verboten! Heimliche Aufnahmen von der Zerstörung Kölns*. Köln: Emons 1995.

Deriu, Davide: The Ascent of the Modern Planeur. Aerial Images and Urban Imaginary in the 1920s. In: Christian Emden / Catherine Keen / David A. Midgley (Hrsg.): *Imagining the City*, Bd. 1: The Art of Urban Living. Oxford / New York: Lang 2006, S. 189–211.

// Picturing Ruinscapes: The Aerial Photograph as Image of Historic Trauma. In: Frances Guerin / Roger Hallas (Hrsg.): *The Image and the Witness. Trauma, Memory and Visual Culture*. London: Wallflower 2007, S. 189–203.

Didi-Huberman, George: *Bilder trotz allem*. München / Paderborn: Fink 2007.

Doherty, Thomas: *Projections of War. Hollywood, American Culture, and World War II*. New York: Columbia UP 1993.

Donald, Ralph / Karen McDonald: *Reel Men at War. Masculinity and the American War Film*. Lanham / Toronto: Scarecrow 2011.

Doss, Erika: *Benton, Pollock and the Politics of Modernism*. Chicago: University of Chicago Press 1991.

// (Hrsg.): *Looking at LIFE Magazine*. Washington: Smithsonian Institution Press 2001.

// Looking at Labor. Images of Work in 1930s American Art. In: *The Journal of Decorative and Propaganda Arts* 24 (2002), S. 230–257.

Earhart, Amelia: *20 hrs. 40 min. Our Flight in the Friendship. The American Girl, First across the Atlantic by Air, Tells Her Story*. New York: Putnam 1928.

Eckert, Astrid M.: *Feindbilder im Wandel. Ein Vergleich des Deutschland- und des Japanbildes in den USA 1945 und 1946*. Münster: Lit 1999.

Edey, Maitland (Hrsg.): *Great Photographic Essays from Life*. Boston: New York Graphic Society 1978.

Elson, Robert T.: *The World of Time Inc. The Intimate History of a Publishing Enterprise, 1923–1941*. 2 Bde., hrsg. v. Duncan Norton-Taylor New York: Atheneum 1968–1973.

Enwezor, Okwui (Hrsg.): *Events of the Self. Portraiture and Social Identity*. Ausstellungskatalog The Walther Collection Neu Ulm. Göttingen: Steidl 2010.

// / Patrizia Dander (Hrsg.): *Bild-Gegen-Bild*. Ausstellungskatalog Haus der Kunst München. Köln: König 2012.

Erenberg, Lewis A. / Susan E. Hirsch (Hrsg.): *The War in American Culture. Society and Consciousness during World War II*. Chicago: University of Chicago Press 1996.

Erwin, Kathleen A.: Photography of the Better Type. The Teaching of Clarence H. White. In: Marianne Fulton (Hrsg.): *Pictorialism into Modernism. The Clarence H. White School of Photography*. Ausstellungskatalog George Eastman House Rochester. New York: Rizzoli 1996.

Eskildsen, Ute / Jan Christopher Horak (Hrsg): *Helmar Lerski, Lichtbildner. Fotografien und Filme 1910–1947*. Ausstellungskatalog. Essen: Museum Folkwang 1982.

Eskildsen, Ute / Florian Ebner (Hrsg): *Metamorphosen des Gesichts. Die „Verwandlungen durch Licht" von Helmar Lerski*. Ausstellungskatalog Museum Folkwang Essen. Göttingen: Steidl 2002.

Fabian, Rainer / Hans Christian Adam: *Bilder vom Krieg. 130 Jahre Kriegsfotografie – eine Anklage*, hrsg. v. Rolf Gillhausen. Hamburg: Gruner & Jahr 1983.

Falkenhausen, Susanne von: Verzwickte Verwandschaftsverhältnisse. Kunstgeschichte, Visual Culture, Bildwissenschaft. In: Philine Helas / Maren Polte / Claudia Rückert / Bettina Uppenkamp (Hrsg.): *Bild / Geschichte. Festschrift für Horst Bredekamp*. Berlin: Akademie 2007, S. 3–14.

Faram, Mark D.: *Faces of War. The Untold Story of Edward Steichen's WWII Photographers*. New York: Berkley Caliber 2009.

Fayer, Roger (Hrsg.): *Gewaltbilder. Zur Ästhetik der Gewalt*. Ausstellungskatalog. Zürich: Museum Bellerive 2002.

Follansbee Quinn, Jeanne: The Work of Art. Irony and Identification in „Let Us Now Praise Famous Men". In: *NOVEL. A Forum on Fiction* 43,3 (2001), S. 338–368.

Fowle, Barry W. (Hrsg.): *Builders and Fighters. U. S. Army Engineers in World War II*. Fort Belvoir, VA: Office of History, United States Army Corps of Engineers 1992.

Fox, Robert (Hrsg.): *Camera in Conflict. Armed Conflict. The Hulton Getty Picture Collection.* Köln: Könemann 1996.

Franklin, Bruce H.: "Peace is our Profession". The Bombers Take Over. In: Dominick A. Pisano (Hrsg.): *The Airplane in American Culture.* Ann Arbor: University of Michigan Press 2003, S. 333–353.

Frei, Norbert: „Wir waren blind, ungläubig und langsam". Buchenwald, Dachau und die amerikanischen Medien im Frühjahr 1945. In: *Vierteljahresheft für Zeitgeschichte* 3 (1987), S. 385–401.

Frissell, Toni: *Photographs 1933–1967.* New York / London: Doubleday 1994.

Fuchs, Caroline: *Wa(h)re Geschichte. Anfänge der Kriegsfotografie (1846–1865).* Magisterarbeit. HU Berlin 2006.

Fulton, Marianne: *Eyes of Time. Photojournalism in America.* Boston: Little, Brown 1988.

// (Hrsg.): *Pictorialism into Modernism. The Clarence H. White School of Photography.* Ausstellungskatalog George Eastman House Rochester. New York: Rizzoli 1996.

Gallagher, Jean: *World Wars through the Female Gaze.* Carbondale: Southern Illinois UP 1998.

Geimer, Peter: (Hrsg.): *Ordnungen der Sichtbarkeit. Fotografie in Wissenschaft, Kunst und Technologie.* Frankfurt am Main: Suhrkamp 2002.

// „Wir müssen diese Bilder zeigen" – Ikonografie des Äußeren. In: Karin Harrasser / Thomas Macho / Burkhard Wolf (Hrsg.): *Folter. Politik und Technik des Schmerzes.* Paderborn / München: Fink 2007, S. 119–132.

Gellhorn, Martha: *Das Gesicht des Krieges. Reportagen 1937–1987,* München / Hamburg: Knaus 1989.

Glunz, Claudia / Schneider, Thomas F. (Hrsg.): *Wahrheitsmaschinen. Der Einfluss technischer Innovationen auf die Darstellung und das Bild des Krieges in den Medien und Künsten.* Göttingen: V&R-Unipress 2008.

Goldberg, Vicki: *Margaret Bourke-White. A Biography.* London: Heinemann 1987.

// (Hrsg.): *Margaret Bourke-White. A Retrospective.* Ausstellungskatalog International Center of Photography. New York: United Technologies 1992.

// / Carol McCusker (Hrsg.): *Breaking the Frame: Pioneering Women in Photojournalism.* Ausstellungskatalog. San Diego: Museum of Photographic Arts San Diego 2006.

Goldman Rubin, Susan: *Margaret Bourke-White. Her Pictures Were Her Life.* New York: Abrams 1999.

Griffey, Randall R. / Elizabeth Mankin Kornhause / Stephanie L. Herdrich (Hrsg): *Thomas Hart Benton's America Today. The Metropolitan Museum of Art Bulletin* 72,3 (2015).

Gropman, Alan (Hrsg.): *The Big L. American Logistics in World War II.* Washington: National Defense UP 1997.

Guillén, Mauro F.: Scientific Management's Lost Aesthetic. Architecture, Organization, and the Taylorized Beauty of the Mechanical. In: *Administrative Science Quarterly* 42,4 (1947), S. 682–715.

Hackett, David A. (Hrsg.): *Der Buchenwald-Report. Bericht über das Konzentrationslager Buchenwald bei Weimar.* München: Beck 2002.

Hall, Stuart: The Determination of News Photographs. In: Stanley Cohen / Jock Young (Hrsg.): *The Manufacture of News. Social Problems, Deviance and the Mass Media*. London: Constable 1973, S. 176–190.

// The Spectacle of the 'Other'. In: Ders. (Hrsg.): *Representation. Cultural Representation and Signifying Practices*. London / Thousand Oaks: Sage / Open University 2000, S. 223–290.

Hambourg, Maria / Christopher Phillips (Hrsg.): *The New Vision. Photography between the World Wars*. Ausstellungskatalog. New York: Metropolitan Museum of Art / Abrams 1989.

Hastings, Max: *The Faces of World War II*. London: Cassell 2008.

Haus, Andreas: Luftbild – Raumbild – Neues Sehen. In: *Fotogeschichte* 12,45/46 (1992), S. 75–89.

Heath, Terrence (Hrsg.): *Margaret Bourke-White, 1904–1971: Photographs*. Ausstellungskatalog. Toronto: Jane Corkin Gallery 1988.

Henke, Klaus-Dietmar: *Die amerikanische Besetzung Deutschlands*. München: Oldenbourg 2009.

Hentschel, Linda (Hrsg.): *Bilderpolitik in Zeiten von Krieg und Terror. Medien, Macht und Geschlechterverhältnisse*. Berlin: b_books 2008.

Herbert, Ulrich / Axel Schildt (Hrsg.): *Kriegsende in Europa. Vom Beginn des deutschen Machtzerfalls bis zur Stabilisierung der Nachkriegsordnung 1944–1948*. Essen: Klartext 1998.

Hermann, Arnhold / Rudolf Wakonigg (Hrsg.): *1945 im Blick der Fotografie. Kriegsende und Neuanfang*. Ausstellungskatalog. Westfälisches Landesmuseum für Kunst und Kulturgeschichte. Münster: Landschaftsverband Westfalen-Lippe 2005.

Hillgärtner, Jule: *Krieg darstellen*. Berlin: Kadmos 2013.

Hirsch, Marianne: Surviving Images. Holocaust Photographs and the Work of Postmemory. In: *The Yale Journal of Criticism* 1 (2001), S. 5–37.

Hoenicke-Moore, Michaela: *Know Your Enemy. The American Debate on Nazism*. Cambridge / New York / Melbourne: Cambridge UP 2010.

Hoffmann, Detlef: Fotografierte Lager. Überlegungen zu einer Fotogeschichte deutscher Konzentrationslager. In: *Fotogeschichte* 14,54 (1994), S. 3–20.

// (Hrsg.): *Kunst nach dem Krieg*. Rehberg-Loccum: Evangelische Akademie Loccum 2004.

Hoffmann, Felix (Hrsg.): *Unheimlich vertraut. Bilder vom Terror*. Ausstellungskatalog C/O Berlin. Köln: König 2011.

Holert, Tom: *Imagineering. Visuelle Kultur und Politik der Sichtbarkeit*. Köln: Oktagon 2000.

// *Regieren im Bildraum*. Berlin: b_books 2008.

// Überlebenswissen. Zur Normalisierung des Militärischen. In: Thomas Oberender / Wim Peeters / Peter Risthaus (Hrsg.): *Kriegstheater. Zur Zukunft des Politischen III*. Berlin: Alexander 2006, S. 23–66.

// / Mark Terkessidis: *Entsichert. Krieg als Massenkultur im 21. Jahrhundert*. Köln: Kiepenheuer & Witsch 2002.

Holzer, Anton: Das elektrische Auge. Das Licht, die Fotografie und der Krieg. In: *Mittelweg 36* 11,5 (2002), S. 77–91.

// (Hrsg.): *Mit der Kamera bewaffnet. Krieg und Fotografie*. Marburg: Jonas 2003.

// *Die andere Front. Fotografie und Propaganda im Ersten Weltkrieg.* Darmstadt: Primus / WBG 2012.

// Ästhetik der Zerstörung. Die Schlachtfelder des Ersten Weltkriegs in der Fotografie. In: Detlef Hoffmann (Hrsg.): *Kunst nach dem Krieg.* Rehberg-Loccum: Evangelische Akademie Loccum 2004, S. 203–210.

// (Hrsg.): *Fotogeschichte* 12,45/46 (1992). Marburg: Jonas 1992.

Honey, Maureen: *Creating Rosie the Riveter. Class Gender and Propaganda during World War II.* Amherst: University of Massachusetts Press 1984.

Honnef, Klaus (Hrsg.): *Lichtbildnisse. Das Porträt in der Fotografie.* Ausstellungskatalog Rheinisches Landesmuseum Bonn. Köln: Rheinland 1982.

// *Ende und Anfang. Photographen in Deutschland um 1945.* Ausstellungskatalog. Berlin: Deutsches Historisches Museum 1995.

Hornstein, Shelley / Florence Jacobowitz (Hrsg.): *Image and Remembrance. Representation and the Holocaust.* Bloomington: Indiana UP 2003.

Howe, Peter: *Shooting under Fire. The World of the War Photographer.* New York: Artisan 2002.

Hüppauf, Bernd: Kriegsfotografie an der Schwelle zum Neuen Sehen. In: Bedrich Loewenstein (Hrsg.): *Geschichte und Psychologie. Annäherungsversuche.* Pfaffenweiler: Centaurus 1992, S. 205–233.

// Experiences of Modern Warfare and the Crisis of Representation. In: *German Critique* 59 (1993), S. 41–76.

// Kriegsfotografien. In: Wolfgang Michalka (Hrsg.): *Der Erste Weltkrieg. Wirkung, Wahrnehmung, Analyse.* Weyarn: Seehamer 1997, S. 875–909.

// Fotografie im Ersten Weltkrieg. In: Rolf Spilker / Bernd Ulrich (Hrsg.): *Der Tod als Maschinist. Der industrialisierte Krieg 1914–1918.* Ausstellungskatalog Museum Industriekultur Osnabrück. Bramsche: Rasch 1998, S. 109–123.

// Das Schlachtfeld als Raum im Kopf. Mit einem Postscriptum nach dem 11. September 2001. In: Steffen Martus / Marina Münkler / Werner Röcke (Hrsg.): *Schlachtfelder. Codierung von Gewalt im medialen Wandel.* Berlin: Akademie 2003, S. 207–233.

// Fliegerhelden des Ersten Weltkriegs. Fotografie, Film und Kunst im Dienst der Heldenbildung. In: *Zeitschrift für Germanistik* 18,3 (2008), S. 575–595.

// *Fotografie im Krieg.* Paderborn: Fink 2015.

Imperial Airways (Hrsg.): *Through Africa by the Empire Flying Boat.* 1938

Jarvis, Christina S.: *The Male Body at War. American Masculinity during World War II.* DeKalb: Northern Illinois UP 2004.

Johnston, Patricia: *Real Fantasies. Edward Steichen's Advertising Photography.* Berkeley: University of California Press 1997.

Jürgens-Kirchhoff, Annegret: Verbrannte Erde. Kriegslandschaften in der Kunst zum Ersten und Zweiten Weltkrieg. In: Bruno Thoß / Hans-Erich Volkmann (Hrsg.): *Erster Weltkrieg, Zweiter Weltkrieg. Ein Vergleich. Krieg, Kriegserlebnis, Kriegserfahrung in Deutschland.* Paderborn / München / Wien / Zürich: Schöningh 2002, S. 783–819.

// (Hrsg.): *Warshots. Krieg, Kunst und Medien*. Weimar: Verlag und Datenbank für Geisteswissenschaften 2006.

// Spektakel des Krieges. Zur Geschichte der Schlachtenmalerie. In: Hermann Nöring / Thomas F. Schneider / Rolf Spilker (Hrsg.): *Bilderschlachten. 2000 Jahre Nachrichten aus dem Krieg*. Ausstellungskatalog Museum Industriekultur Osnabrück. Göttingen: Vandenhoeck & Ruprecht 2009, S. 112–123.

Kampe, Ines: Vom „Faceless Fritz" zum „Otto Normalverbraucher". Zur Imagebildung der Deutschen in fotografischen Werken nach 1945. In: Andreas Köstler / Ernst Seidl (Hrsg.): *Bildnis und Image. Das Porträt zwischen Intention und Rezeption*. Köln / Weimar / Wien: Böhlau 1998, S. 309–325.

// Der schonungslose Blick 1945–1947. In: Haus der Geschichte Bonn (Hrsg.): *Krauts – Fritz – Piefkes …? Deutschland von außen*. Ausstellungskatalog. Bonn: Bouvier 1999, S. 46–53.

Kaulbach, Hans Martin: Icon exactissima – Darstellungen von ‚Augenzeugenschaft'. In: Annegret Jürgens-Kirchoff (Hrsg.): *Warshots. Krieg, Kunst und Medien*. Weimar: Verlag und Datenbank für Geisteswissenschaften 2006, S. 31–44.

Keating, Patrick: *Hollywood Lighting from the Silent Film Era to Film Noir*. New York: Columbia UP 2010.

// From the Portrait to the Close-up: Gender and Technology in Still Photography and Hollywood Cinematography. In: *Cinema Journal* 45,3 (2006), S. 90–108.

Keegan, John: *Der Zweite Weltkrieg*, aus d. Engl. v. Hainer Kober. Reinbek: Rowohlt 2009.

// / Philipp Knightley (Hrsg.): *The Eye of War*. London: Weidenfeld & Nicolson 2003.

Keller, Ulrich: Die posttraumatische Kamera: Amerikanische Kriegsfotobücher von Gettysburg bis Vietnam. In: *Fotogeschichte* 116 (2010), S. 7–22.

// Der Weltkrieg der Bilder. Organisation, Zensur und Ästhetik der Bildreportage 1914–1918. In: *Fotogeschichte* 130 (2013), S. 5–50.

Kennedy, David M.: *Freedom from Fear. The American People in Depression and War, 1929–1945*. New York / Oxford: Oxford UP 2001.

Kennedy, G. Roger: *When Art Worked*. New York: Rizzoli 2009.

Kimmel, Michael: *Manhood in America. A Cultural History*. New York / London: Free Press 1996.

Klinger, Claudia: Die Wiederkehr der erhabenen Natur in der Gegenwart. In: Christophe Girot / Albert Kirchengast (Hrsg.): *Miszellen zur Landschaft*. Zürich: gta 2013, S. 65–85.

Knauth, Percy: *Germany in Defeat*. New York: Knopf 1946.

Knieper, Thomas / Müller, Marion G. (Hrsg.): *War Visions. Bildkommunikation und Krieg*. Köln: Halem 2005.

Knoch, Habbo: *Die Tat als Bild. Fotografien des Holocaust in der deutschen Erinnerungskultur*. Hamburg: Hamburger Edition 2001.

Koppes, Clayton R.: *Hollywood Goes to War. How Politics, Profits, and Propaganda Shaped World War II Movies*. New York: Free Press 1987.

Köppen, Manuel: Luftkrieg und Fernweh. Zur Mediatisierung des Blicks im 20. Jahrhundert. In: Ders. / Rüdiger Steinlein (Hrsg.): *Passagen. Literatur-Theorie-Medien. Festschrift für Peter Uwe Hohendal*. Berlin: Weidler 2001, S. 307–330.

// *Das Entsetzen des Beobachters. Krieg und Medien im 19. und 20. Jahrhundert*. Heidelberg: Winter 2005.

// Das Luftbild im Ersten Weltkrieg. In: Hermann Nöring / Thomas F. Schneider / Rolf Spilker (Hrsg.): *Bilderschlachten. 2000 Jahre Nachrichten aus dem Krieg*. Ausstellungskatalog Museum Industriekultur Osnabrück. Göttingen: Vandenhoeck & Ruprecht 2009, S. 236–245.

// Luftbilder. Die Medialisierung des Blicks. In: Gerhard Paul (Hrsg.): *Das Jahrhundert der Bilder. 1900–1949*. Göttingen: Vandenhoeck & Ruprecht 2009, S. 180–187.

Koop, Volker: *Besetzt. Amerikanische Besatzungspolitik in Deutschland*. Berlin: be.bra 2006.

Korte, Barbara / Horst Tonn (Hrsg.): *Kriegskorrespondenten. Deutungsinstanzen in der Mediengesellschaft*. Wiesbaden: VS 2007

Kozloff, Max: Photographers at War. In: *Art in America* 73,12 (1985), S. 74–83.

Kozol, Wendy (Hrsg.): *LIFE's America. Family and Nation in Postwar Photojournalism*. Philadelphia: Temple UP 1994.

Kulessa, Detlef: *Vision und Dokumentation. Sozial-dokumentarische Photographie der 30er in den USA. Eine ikonologische Betrachtung*. Frankfurt am Main / Bern: Lang 1989.

Larner, Melissa / James Peto / Nadine Käthe Monem: *War and Medicine*. London: Black Dog 2008.

Leff, Laurel: *Buried By The Times. The Holocaust And America's Most Important Newspaper*. Cambridge: Cambridge UP 2006.

Lewinski, Jorge: *The Camera at War. A History of War Photography from 1848 to the Present Day*. London: Allen 1987.

Library of America (Hrsg.): *Reporting World War II. American Journalism 1944–1946*. 2 Bde. New York: Library of America 1995.

Lindquist, Sven: *A History of Bombing*, aus d. Schwed. v. Linda Haverty Rugg. New York: New Press 2000.

Lingeman, Richard: *Don't You Know There's a War On? The American Homefront 1941–1945*. New York: Putnam 1970.

Lipstadt, Deborah: *Beyond Belief. The American Press and the Coming of the Holocaust 1933–1945*. New York: Free Press 1986.

Littman, Roger / Ralph Graves (Hrsg.): *LIFE. The First Decade 1936–1945*. Boston: New York Graphic Society 1979.

Loengard, John: *LIFE Photographers. What They Saw*. Boston / New York: Little, Brown 1998.

Lohoff, Markus: Krieg zwischen Science und Fiktion. Zur Funktion technischer Bilder im Zweiten Persischen Golfkrieg. In: Arbeitskreis Historische Bildforschung (Hrsg.): *Krieg im Bild – Bilder vom Krieg. Hamburger Beiträge zur historischen Bildforschung*. Frankfurt am Main: Lang 2003, S. 105–132.

Lovegreen, Alan: Aerial Homesteading. Aerofuturismus in Interwar America. In: *Criticism* 57,2 (2015), S. 235–257.

Lowell, Thomas: *European Skyways. The Story of a Tour of Europe by Aeroplane*. Boston: Mifflin 1927.

Luce, Henry: The American Century. In: *LIFE*, 17.02.1941, S. 61–65.

Lukic, Karen: *Charles Sheeler and the Cult of the Machine*. Cambridge: Harvard UP 1991.

Lyotard, Jean-François: *The Inhuman. Reflections on Time.*, aus d. Franz. v. Geoffrey Bennington / Rachel Bowlby. Cambridge: Polity / Blackwell 1991.

Marchand, Roland: *Creating the Corporate Soul. The Rise of Public Relations and Corporate Imagery in American Big Business*. Berkeley: University of California Press 1998.

Martus, Steffen / Marina Münkler / Werner Röcke (Hrsg.): *Schlachtfelder. Codierung von Gewalt im medialen Wandel*. Berlin: Akademie 2003.

Marshall, Jennifer Jane: *Machine Art, 1934*. Chicago / London: University of Chicago Press 2012.

Maslowski, Peter: *Armed with Cameras. The American Military Photographers of World War II*. New York: Free Press / Macmillan 1993.

Matzerath, Otto: Rheinische Großstädte nach dem Ende des Zweiten Weltkrieges. Notverwaltung oder Neubeginn? In: Kurt Düwell / Michael Matheus (Hrsg.): *Kriegsende und Neubeginn. Westdeutschland und Luxemburg zwischen 1944 und 1947*. Stuttgart: Steiner 1997. http://www.regionalgeschichte.net/?id=7686 (Zugriff am 08.09.2017).

McEuen, Melissa A.: *Seeing America. Women Photographers etween the Wars*. Lexington: UP of Kentucky 2000.

Menzel-Ahr, Katharina: *Lee Miller. Kriegskorrespondentin für* Vogue. *Fotografien aus Deutschland 1945*. Marburg: Jonas 2005.

Meyer, Petra Maria (Hrsg.): *Gegenbilder. Zu abweichenden Strategien der Kriegsdarstellung*. Paderborn / München: Fink 2009.

Mielke, Christine: Geisterstädte. Literarische Texte und Bilddokumentationen zur Städtebombardierung des Zweiten Weltkriegs und die Personifizierung des Urbanen. In: Dies. / Andreas Böhm (Hrsg.): *Die zerstörte Stadt. Mediale Repräsentationen urbaner Räume von Troja bis SimCity*. Bielefeld: Transcript 2007, S. 125–180.

// / Andreas Böhm (Hrsg.): *Die zerstörte Stadt. Mediale Repräsentationen urbaner Räume von Troja bis SimCity*. Bielefeld: Transcript 2007.

Miller, Lee: Nazi Harvest. In: *American Vogue*, Juni 1945.

Milward, Alan S.: *War, Economy and Society 1939–1945*. Berkeley: University of California Press 1979.

Mirzoeff, Nicholas: *Watching Babylon. The War in Iraq and Global Visual Culture*. New York / London: Routledge 2005.

Mitchell, W. J. T.: *Das Klonen und der Terror. Der Krieg der Bilder seit 9/11*, aus d. Amerik. v. Michael Bischoff. Berlin: Suhrkamp 2011.

Moeller, Susan D.: *Shooting War. Photography and the American Experience of Combat*. New York: Basic 1989.

// *Compassion Fatigue. How the Media Sell Desease, Famine, War, and Death*. New York / London: Routledge 1999.

Mora, Gilles / Beverly W. Brannan: *FSA. The American Vision*. New York: Abrams 2006.

Morrow-Lindbergh, Anne: *North to the Orient*. New York: Harcourt, Brace 1935.

Morshed, Adnan: The Aesthetics of Ascension in Norman Bel Geddes's Futurama. In: *Journal of the Society of Architectural Historians* 63,1 (2004), S. 74–99.

Münkler, Herfried: *Die neuen Kriege*. Reinbek: Rowohlt 2002.

// *Der Wandel des Krieges. Von der Symmetrie zur Asymmetrie*. Weilerswist: Velbrück 2006.

// Die neuen Kriege und der jüngste Golfkrieg. In: Thomas Oberender / Wim Peeters / Peter Risthaus (Hrsg.): *Kriegstheater. Zur Zukunft des Politischen III*. Berlin: Alexander 2006, S. 163–185.

// 9/11. Das Bild als Waffe in einer globalisierten Welt. In: Stiftung Haus der Geschichte Bundesrepublik Deutschland (Hrsg.): *Bilder im Kopf. Ikonen der Zeitgeschichte*. Ausstellungskatalog Haus der Geschichte. Köln: DuMont 2009, S. 151–161.

// / Jens Hacke (Hrsg.): *Strategien der Visualisierung. Verbildlichung als Mittel politischer Kommunikation*. Frankfurt am Main / New York: Campus 2010.

Murray, Christopher: *Champions of the Oppressed? Superhero Comics, Popular Culture, and Propaganda in America During World War II*. Cresskill, NJ: Hampton 2011.

Nemerov, Alexander: *Wartime Kiss. Visions of the Moment in the 1940s*. Princeton: Princeton UP 2013.

Newhall, Beaumont: *Airborne Camera. The World from Air and Outer Space*. London: Hastings House 1969.

Nierhaus, Irene: Im Auge des Piloten. Ordnungen des Territorialen in der Aeropittura des Futurismus. In: Angelika Bartl / Josch Hoenes / Patricia Mühr / Kea Wienand (Hrsg.): *Sehen-Macht-Wissen. ReSaVoir. Bilder im Spannungsfeld von Kultur, Politik und Erinnerung*. Bielefeld: Transcript 2011, S. 59–74.

Nöring, Hermann / Thomas F. Schneider / Rolf Spilker (Hrsg.): *Bilderschlachten. 2000 Jahre Nachrichten aus dem Krieg. Technik-Medien-Kunst*. Ausstellungskatalog Museum Industriekultur Osnabrück. Göttingen: Vandenhoeck & Ruprecht 2009.

Nye, David E.: *American Technological Sublime*. Cambridge: MIT Press 1994.

O'Barr, William M.: *Culture and the Ad. Exploring Otherness in the World of Advertising*. Boulder / San Francisco: Westview 1994.

Oberender, Thomas / Wim Peeters / Peter Risthaus (Hrsg.): *Kriegstheater. Zur Zukunft des Politischen III*. Berlin: Alexander 2006.

Ostman, Ronald E. / Harry Litell: *Margaret Bourke-White. The Early Work 1922–1930*. Boston: David R. Godine 2005.

Overy, Richard: *Why the Allies Won*. New York: Norton 1995.

// *Der Bombenkrieg: Europa 1939–1945*, aus d. Engl. v. Hainer Kober. Berlin: Rowohlt 2014.

Paul, Gerhard: *Der Bilderkrieg. Inszenierungen, Bilder und Perspektiven der „Operation Irakische Freiheit“*. Göttingen: Wallstein 2005.

// (Hrsg.): *Bilder des Krieges – Krieg der Bilder. Die Visualisierung des modernen Krieges.* München: Fink 2004.

// (Hrsg.): *Das Jahrhundert der Bilder 1900–1949*. Göttingen: Vandenhoeck & Ruprecht 2009.

// Das Bild als Tat und die neuen Bilderkriege. In: Felix Hoffmann (Hrsg.): *Unheimlich vertraut. Bilder vom Terror.* Ausstellungskatalog C/O Berlin. Köln: König 2011, S. 134–148.

Pearson, Alastair W.: Allied Military Model Making during World War II. In: *Geography and Information Science* 29,3 (2002), S. 227–241. www.geography.wisc.edu/histcart/.../09pearson.pdf (Zugriff am 10.09.2017).

Peeler, David P.: *Hope among Us yet. Social Criticism and Social Solace in Depression America.* Athens / London: University of Georgia Press 1987.

Pendergast, Thomas D.: *Creating the Modern Man: American Magazines and Consumer Culture, 1900–1950.* Columbia: University of Missouri Press 2000.

Penrose, Anthony (Hrsg.): *Lee Miller's War. Photographer and Correspondent with the Allies in Europe 1944–45.* Boston / Toronto: Little, Brown 1992.

Phillips, Christopher: *Steichen at War.* New York: Abrams 1981.

Phillips, Stephen Bennett (Hrsg.): *Margaret Bourke-White. The Photography of Design, 1927–1936.* Ausstellungskatalog. New York: Phillips Collection / Rizzoli 2003.

Piehler, G. Kurt / Sidney Pash (Hrsg.): *The United States and the Second World War. New Perspectives on Diplomacy, War, and the Home Front.* New York: Fordham UP 2010.

Pine, Joseph B.: *Mass Customization: The New Frontier in Business Competition.* Boston: Harvard Business School Press 1993.

Pisano, Dominick A. (Hrsg.): *The Airplane in American Culture.* Ann Arbor: University of Michigan Press 2003.

Pyle, Ernie: *Brave Men.* New York: Holt 1944.

Rabinowitz, Paula: Margaret Bourke-White's Red Coat. Or, Slumming in the Thirties. In: Ardis Cameron (Hrsg.): *Looking for America. The Visual Production of Nation and People.* Malden: Blackwell 2005. S. 147–169.

Ray, Gene: *Terror and the Sublime in Art an Critical Theory. From Auschwitz to Hiroshima to September 11.* New York: Palgrave Macmillan 2005.

Reer, Felix / Klaus Sachs-Hombach / Schamma Schahadat (Hrsg.): *Krieg und Konflikt in den Medien. Multidisziplinäre Perspektiven auf mediale Kriegsdarstellungen und deren Wirkungen.* Köln: Halem 2015.

Reinhardt, Mark / Holly Edwards / Erina Duganne (Hrsg.): *Beautiful Suffering. Photography and the Traffic on Pain.* Ausstellungskatalog Williams College Museum of Art Williamstown. Chicago: University of Chicago Press 2007.

Requardt, Annika: *Im Visier der Kamera. Der Krieg im amerikanischen Stummfilm, 1898–1930.* Trier: Wissenschaftlicher Verlag Trier 2010.

Roeder, George: *The Censored War. American Visual Experience During World War II.* New Haven: Yale UP 1993.

// Censoring Disorder: American Visual Imagery of World War II. In: Lewis A. Erenberg / Susan E. Hirsch (Hrsg.): *The War in American Culture. Society and Concsiousness During World War II.* Chicago: University of Chicago Press 1996, S. 46–70.

Rodger, George / Bruce Bernard: *Humanity and Inhumanity.* London: Phaidon 1999.

Rogoff, Irit: Studying Visual Culture. In: Nicholas Mirzoeff (Hrsg.): *The Visual Culture Reader.* London / New York: Routledge 1998, S. 14–26.

Rother, Karl-Heinz: Das Massaker von Abtnaundorf. In: *Leipzigs Neue. Linke Monatszeitschrift für Politik, Kultur und Geschichte* 1 (2009), S. 7.

Rubio, Oliva María (Hrsg.): *Margaret Bourke-White. Moments in History.* Ausstellungskatalog Martin Gropius Bau 2013. Madrid: Fábrica 2013.

Rupp, Leila: *Mobilizing Women for War: German and American Propaganda 1939–1945.* Princeton: Princeton UP 1978.

Sandweiss, Martha A. / Rick Stewart / Ben W. Huseman (Hrsg.): *Eyewitness to War. Prints and Daguerreotypes of the Mexican War, 1846–1848.* Ausstellungskatalog Amon Carter Museum of Western Art, Fort Worth. Washington, D. C.: Smithsonian Institution Press 1989.

Schindelegger, Maria: Das Fotobuch als Medium autonomer Kriegsberichterstattung. Margaret Bourke-Whites Buchpublikationen zum Zweiten Weltkrieg. In: Burcu Dogramaci / Desirée Düdder / Stefanie Dufhues / Anna Volz et al. (Hrsg): *Gedruckt und erblättert. Das Fotobuch als Medium ästhetischer Artikulation seit den 1940er Jahren.* Köln: König 2016, S. 156–173.

Schmidt, Gunnar: *Visualisierung des Ereignisses. Medienästhetische Betrachtungen zu Bewegung und Stillstand.* Bielefeld: Transcript 2009.

Sekula, Allan: Das instrumentalisierte Bild. Steichen im Krieg. In: *Fotogeschichte* 12,45/46 (1992), S. 55–73.

Shindler, Colin: *Hollywood Goes to War. Films and American Society 1939–1952.* London / Boston: Routledge / Keagan Paul 1979.

Siegert, Bernhard: Luftwaffe Fotografie. Luftkrieg als Bildverarbeitungssystem 1911–1921. In: *Fotogeschichte* 45/46 (1992), S. 41–54.

Silverman, Jonathan: *For the World to See. The Life of Margaret Bourke-White.* New York: Viking 1983.

// (Hrsg.): *Margaret Bourke-White. The Humanitarian Vision.* Ausstellungskatalog. Syracuse: Lowe Art Gallery, Syracuse University 1983.

Silverman, Kaja: Dem Blickregime begegnen. In: Christian Kravagna (Hrsg.): *Privileg Blick. Kritik der visuellen Kultur.* Berlin: ID-Archiv 1997, S. 41–64.

Slavishak, Edward: *Bodies of Work. Civic Display and Labor in Industrial Pittsburgh.* Durham / London: Duke UP 2008.

Slotkin, Richard: *The Fatal Environment. The Myth of the Frontier in the Age of Industrialization 1800–1890.* New York: Atheneum 1985.

// *Gunfighter Nation. The Myth of the Frontier in Twentieth Century America*. New York: Atheneum 1992.

Smith, Terry: *Making the Modern. Industry, Art, and Design in America*. Chicago / London: University of Chicago Press 1993.

Smith, Arthur L.: Feindbild Deutschland. Die politische Erziehung der amerikanischen Soldaten im Zweiten Weltkrieg. In: Günther Wagenlehner (Hrsg.): *Feindbild. Geschichte-Dokumentation-Problematik*. Frankfurt am Main: Report 1989, S. 75–83.

Sol Goldstein, Cora: *Capturing the German Eye. American Visual Propaganda in Occupied Germany*. Chicago / London: University of Chicago Press 2009.

Solomon-Godeau, Abigail: Wer spricht so? Einige Fragen zur Dokumentarfotografie, aus d. Amerik. v. Wilfried Prantner In: Herta Wolf (Hrsg.): *Diskurse der Fotografie. Fotokritik am Ende des fotografischen Zeitalters*, Bd. 2. Frankfurt am Main: Suhrkamp 2003, S. 53–74.

// The Armed Vision Disarmed. Radical Formalism from Weapon to Style. In: Dies.: *Photography at the Dock. Essays on Photographic History, Institutions, and Practices*. Minneapolis: University of Minnesota Press 2003, S. 52–84.

Spilker, Rolf / Bernd Ulrich (Hrsg.): *Der Tod als Maschinist. Der industrialisierte Krieg 1914–1918*. Ausstellungskatalog Museum Industriekultur Osnabrück. Bramsche: Rasch 1998.

Steichen, Edward: *The Blue Ghost. A Photographic Log an Personal Narrative of the Aircraft Carrier U. S. S. Lexington in Combat Operation*. New York: Harcourt, Brace 1947.

Steinbeck, John: *Once There Was a War*. London: Heinemann 1959.

// *Bombs Away. The Story of a Bomber Team*. New York: Viking 1942.

Stolley, Richard B. (Hrsg.): *World War 2. History's Greatest Conflict in Pictures*. Boston / New York: Little, Brown 2001.

Stomberg, John: A Genealogy of Orthodox Documentary. In: Mark Reinhardt / Holly Edwards / Erina Duganne (Hrsg.), *Beautiful Suffering. Photography and the Traffic on Pain*. Ausstellungskatalog Williams College Museum of Art Williamstown. Chicago: University of Chicago Press 2007, S. 37–56.

// / Kim Sichel (Hrsg.): *Power and Paper. Margaret Bourke-White, Modernity, and the Documentary Mode*. Ausstellungskatalog. Boston: Boston University Art Gallery 1998.

Stott, William: *Documentary Expression and Thirties America*. Chicago / London: University of Chicago Press 1986.

Struk, Janina: *Photographing the Holocaust. Interpretations of the Evidence*. London / New York: Tauris 2005.

// *Private Pictures. Soldiers' Inside View of War*. London: Tauris 2011.

Swanberg, W. A.: *Luce and His Empire*. New York: Scribner 1972.

Sweeney, Michael S.: *Secrets of Victory. The Office of Censorship and the American Press and Radio in World War II*. Chapel Hill / London: University of North Carolina Press 2001.

// *From the Front*. The Story of War Featuring Correspondents' Chronicles. Washington: National Geographic 2002.

Syracuse University (Hrsg.): *Margaret Bourke-White. The Deco Lens.* Ausstellungskatalog Joe and Emily Lowe Art Gallery, College of Visual and Performing Arts, Syracuse University. Syracuse: The Gallery 1978.

Tagg, John: *The Burden of Representation. Essays on Photographies and Histories.* Amherst: University of Massachusetts Press 1988.

Taylor, John: *War Photography, Realism in the British Press.* London / New York: Routledge 1991.

// *Body Horror. Photojournalism, Catastrophe and War.* New York: New York UP 1998.

The New Gallery of Contemporary Art Cleveland (Hrsg.): *Margaret Bourke-White. The Cleveland Years, 1927–1930.* Ausstellungskatalog. Cleveland: The New Gallery of Contemporary Art 1976.

Thoß, Bruno / Hans Erich Volkmann (Hrsg.): *Erster Weltkrieg, Zweiter Weltkrieg. Ein Vergleich. Krieg, Kriegerlebnis, Kriegserfahrung in Deutschland.* Paderborn / München / Wien / Zürich: Schöningh 2002.

Tonn, Horst: Wie wird Krieg erzählt? Rock and Roll als Deutungsschema in amerikanischen Kriegsreportagen zwischen Vietnamkrieg und Irakkrieg. In: Ders. / Barbara Korte (Hrsg.): *Kriegskorrespondenten. Deutungsinstanzen in der Mediengesellschaft.* Wiesbaden: VS 2007, S. 287–319.

Tucker, Anne / Will Michels / Natalie Zelt (Hrsg.): *War / Photography. Images of Armed Conflict and Its Aftermath.* Ausstellungskatalog Museum of Fine Arts Houston. New Haven / London: Yale UP 2012.

Van Riper, Bowdoin A.: *Imagining Flight. Aviation and Popular Culture.* College Station: Texas A & M UP 2004.

Vials, Chris: The Popular Front in the American Century. *LIFE* Magazine, Margarete Bourke-White, and Consumer Realism, 1936–1941. In: *American Periodicals. A Journal of History, Criticism, and Bibliography* 16,1 (2006), S. 74–102.

Virilio, Paul: *Krieg und Kino. Logistik der Wahrnehmung*, aus d. Franz. v. Frieda Gräfe / Enno Patalas. München / Wien: Hanser 1986.

Wagenlehner, Günther (Hrsg.): *Feindbild. Geschichte-Dokumentation-Problematik.* Frankfurt am Main: Report 1989.

Wagner, Lilya: *Women War Correspondents of World War II.* New York: Greenwood 1989.

Wainwright, Loudon: *The Great American Magazine. An Inside History of Life.* New York: Knopf 1986.

Welch, David: Images of the Hun. The Portrayal of the German Enemy in British Propaganda in World War I. In: Ders. (Hrsg.): *Propaganda, Power and Persuasion. From World War I To Wikileaks.* Ausstellungskatalog British Library. London / New York: Tauris 2013, S. 37–63.

Werckmeister, Otto Karl: *Der Medusa Effekt. Politische Bildstrategien seit dem 11. September 2011.* Berlin: form + zweck 2005.

Werner, Elke Anna: Embedded Artists. Augenzeugenschaft als visuelle Strategie in Kriegsdarstellungen des 16. Jahrhunderts. In: Thomas Knieper / Marion G. Müller (Hrsg.): *War Visions. Bildkommunikation und Krieg.* Köln: Halem 2005, S. 57–79.

Whelan, Richard: *This is War! Robert Capa at Work.* Ausstellungskatalog International Center of Photography New York. Göttingen: Steidl 2007.

Williams, Val: *Warworks. Women, Photography and the Iconography of War.* London: Virago 1994.

Wilson, Richard Guy / Dianne H. Pilgrim / Dickran Tashijan (Hrsg.): *The Machine Age in America 1918–1941.* New York: Brooklyn Museum of Arts / Abrams 1986.

Winkler, Allan: *The Politics of Propaganda. The Office of War Information, 1942–1945.* New Haven: Yale UP 1978.

Wohl, Robert: *The Spectacle of Flight. Aviation and the Western Imagination 1920–1950.* New Haven: Yale UP 2005.

Wolf, Herta: The Tears of Photography. In: *Grey Room* 29 (2008), S. 66–89.

Yochelson, Bonnie: Clarence H. White. Peaceful Warrior. In: Marianne Fulton (Hrsg.): *Pictorialism into Modernism. The Clarence H. White School of Photography.* Ausstellungskatalog George Eastman House Rochester. New York: Rizzoli 1996.

Zelizer, Barbie: *Remembering to Forget. Holocaust Memory through the Camera's Eye.* Chicago / London: University of Chicago Press 1998.

// / Stuart Allan (Hrsg.): *Reporting War: Journalism in Wartime.* London: Routledge 2004.

Zemel, Carol: Emblems of Atrocity. Holocaust Liberation Photographs. In: Shelley Hornstein / Florence Jacobowitz (Hrsg.): *Image and Remembrance. Representation and the Holocaust.* Bloomington: Indiana UP 2003, S. 201–219.

Zim, Larry / Mel Lerner / Herbert Rolfes (Hrsg.): *The World of Tomorrow. The 1939 New York World's Fair.* New York: Harper & Row 1988.

Zimmermann, Anja (Hrsg.): *Sichtbarkeit und Medium. Austausch, Verknüpfung und Differenz naturwissenschaftlicher und ästhetischer Bildstrategien.* Hamburg: Hamburg UP 2005.

Zitzewitz, Jutta von: *Die Stadt, der Highway und die Kamera. Fotografie und Urbanisierung in New York zwischen 1945 und 1965.* Berlin / München: Deutscher Kunstverlag 2014.

Internetquellen

U. S. Army in World War II. The Technical Services. In: *U. S. Army Center of Military History.* http://www.history.army.mil/html/bookshelves/collect/ww2-ts.html

The United States Strategic Bombing Survey, Summary Report (European War), September 1945. Reprint der Air University Press Maxwell Air Force Base Alabama, Oktober 1987. https://www.dtic.mil/cgi-bin/GetTRDoc?AD=ADA421958

http://www.jamesnachtwey.com/

https://books.google.de/books/about/LIFE.html?id=R1cEAAAAMBAJ&redir_esc=y

https://eprints.mdx.ac.uk/10174/

http://www.slightly-out-of-focus.com/robert_capa_301_BG.html

http://www.slightly-out-of-focus.com/James_Jarche_97th_Bomb_Group.html

http://www.airforcemag.com/MagazineArchive/Documents/2011/January%202011/0111high.pdf

http://www.ospreypublishing.com/articles/world_war_2/12_oclock_high/

http://www.history.army.mil/html/books/060/60-15.../CMH_Pub_60-15-1.pdf

http://aerial.rcahms.gov.uk

https://archive.org/details/productiongoesto00unit

http://www.dtic.mil/cgi-bin/GetTRDoc?AD=ADA421958

https://archive.org/details/WW1ArmyMedDeptHistV11-1

http://www.regionalgeschichte.net/?id=7686

http://www.loc.gov/pictures/resource/fsa.8b21418/?co=fsa

http://www.loc.gov/pictures/collection/fsa/

https://archive.org/details/howotherhalfliv00riisgoog

http://www.loc.gov/pictures/resource/cph.3g02950/

https://archive.org/details/PocketGuideToChina

https://archive.org/details/PocketGuideToGermany

http://www.buchenwald.de

http://www.buchenwald.de/fileadmin/buchenwald/fotoarchiv

http://www.ushmm.org/collections/the-museum-collections/about/photo-archives

Filme

Victory through Airpower (USA 1943, R: Perce Pearce).

Why We Fight, 7-teilige Filmserie (USA 1942–1945, R: Frank Capra).

Here Is Germany (USA 1945, R: Frank Capra).

Abbildungsverzeichnis

Werktitel oder offizielle Bildbeschreibungen sind im Unterschied zu eigenen Beschreibungen kursiv gesetzt.

Abb. 57: Margaret Bourke-White: Porträts von Walter Rohland und Josef Mingels. Doppelseite aus *Dear Fatherland, Rest Quietly*, 1946. Quelle: Bourke-White: *Dear Fatherland*, Section I, o. P. [S. 8–9].

Abb. 58: Margaret Bourke-White: Porträts von Pauline Kredel und Ingeborg Walther. Doppelseite aus *Dear Fatherland, Rest Quietly*, 1946. Quelle: Bourke-White: *Dear Fatherland, Rest Quietly. A Report on the Collapse of Hitler's Thousand Years.* New York: Simon & Schuster 1946, Section I, o. P. [S. 14–15].

Abb. 59: Beitrag „How to Tell Japs from the Chinese", *LIFE*, 22. Dezember 1941. Quelle: *LIFE*, 22.12.1941, S. 81.

Abb. 60: Parke O. Yingst: Margaret Bourke-White trifft Vorbereitungen für eine Aufnahme, KZ Buchenwald, Deutschland, 15./16. April 1945. Quelle: United States Holocaust Memorial Museum, courtesy of Patricia A. Yingst.

Abb. 61: Margaret Bourke-White: Innenaufnahme einer Baracke im Kleinen Lager, KZ Buchenwald, Deutschland, 15./16. April 1945. © Photo by Margaret Bourke-White / The LIFE Picture Collection / Getty Images.

Abb. 62: Walter Chichersky: Innenaufnahme einer Baracke im Kleinen Lager, KZ Buchenwald, Deutschland, 15. April 1945. Quelle: Fotoarchiv KZ Gedenkstätte Buchenwald / National Archives, Washington.

Abb. 63: Harry Miller: Innenaufnahme einer Baracke im Kleinen Lager, KZ Buchenwald, Deutschland, 16. April 1945. Quelle: Fotoarchiv KZ Gedenkstätte Buchenwald / National Archives, Washington.

Abb. 64: Margaret Bourke-White: Innenaufnahme einer Baracke im Kleinen Lager, KZ Buchenwald, Deutschland, 15./16. April 1945. © Photo by Margaret Bourke-White / The LIFE Picture Collection / Getty Images.

Abb. 65: Rex Diveley: Innenaufnahme einer Baracke im Kleinen Lager, KZ Buchenwald, Deutschland, 16. April 1945. Quelle: Fotoarchiv KZ Gedenkstätte Buchenwald / National Archives, Washington.

Abb. 66: Margaret Bourke-White: Medizinische Versorgung eines ehemaligen Häftlings, KZ Buchenwald, Deutschland, 15./16. April 1945. © Photo by Margaret Bourke-White / The LIFE Picture Collection / Getty Images.

Abb. 67: Rembrandt van Rijn: *Die Anatomie des Dr. Tulp*, 1632, Öl auf Leinwand, 170 x 216 cm, Mauritshuis, Den Haag (Original in Farbe). Quelle: Epco Runia / Ariane van Suchtelen (Hrsg.): *Rembrandt in the Mauritshuis*. Zwolle 2007, S. 35.

Abb. 68: William B. Curtis: Jugendliche ehemalige Häftlinge am Stacheldrahtzaun, KZ Buchenwald, Deutschland, April 1945. Quelle: United States Holocaust Memorial Museum, courtesy of Diane Kathryn Lavett.

Abb. 69: Margaret Bourke-White: Ehemalige Häftlinge am Stacheldrahtzaun, KZ Buchenwald, Deutschland, 15./16. April 1945. © Photo by Margaret Bourke-White / The LIFE Picture Collection / Getty Images.

Abb. 70: Margaret Bourke-White: Ehemalige Häftlinge am Stacheldrahtzaun, KZ Buchenwald, Deutschland, 15./16. April 1945. © Photo by Margaret Bourke-White / The LIFE Picture Collection / Getty Images.

Abkürzungsverzeichnis

BDM	Bund Deutscher Mädel
CBS	Columbia Broadcasting System
CIC	Counter Intelligence Corps
FSA	Farm Security Administration
USHMM	United States Holocaust Memorial Museum
KZ	Konzentrationslager
OSS	Office of Strategic Services
OWI	Office of War Information
PWA	Public Work Administration
RAF	Royal Air Force
SS	Schutzstaffel
TWA	Trans World Airlines
USSBS	United States Strategic Bombing Survey
USSTAF	United States Strategic Air Forces
WPA	Works Progress Administration

Die Arbeit entstand als Dissertation am Institut für Kunstgeschichte
der Ludwig-Maximilians-Universität München.

Gedruckt mit freundlicher Unterstützung
der Geschwister Boehringer Ingelheim Stiftung für Geisteswissenschaften
in Ingelheim am Rhein.

Dieses Buch wurde gefördert von
FONTE Stiftung zur Förderung des geisteswissenschaftlichen Nachwuchses.

Gefördert aus Mitteln des Oskar-Karl-Forster Stipendiums.

Bibliografische Information der Deutschen Nationalbibliothek
Die Deutsche Nationalbibliothek verzeichnet diese
Publikation in der Deutschen Nationalbibliografie;
detaillierte bibliografische Daten sind im Internet
über http://dnb.d-nb.de abrufbar.

Umschlaggestaltung: Marija Skara,
unter Verwendung der Fotografie von Margaret Bourke-White:
Drei britische Soldaten mit Ferngläsern, Italien, 1943.

Lektorat & Satz: Neofelis Verlag (sesch/ae)
Druck: PRESSEL Digitaler Produktionsdruck, Remshalden
Gedruckt auf FSC-zertifiziertem Papier.
ISBN (Print): 978-3-95808-146-8
ISBN (PDF): 978-3-943414-99-8